Wolfgang Jakubek
Knaurs Briefmarkenbuch

Die ganze Welt der Philatelie

Mit 500 teils farbigen Abbildungen

Droemer Knaur

1. bis 30. Tausend

© 1976 Droemersche Verlagsanstalt
Th. Knaur Nachf. München/Zürich
Schutzumschlag: Atelier Blaumeiser
Satz und Druck: Druckerei Georg Appl, Wemding
Aufbindung: Großbuchbinderei Wennberg, Leonberg
Printed in Germany · 2576
ISBN 3-426-02244-3

Inhalt

Vorwort

Als Leitmotiv für »Knaurs Briefmarkenbuch« sollen die Worte gelten, die ein Grandseigneur der Philatelie seinen Freunden widmete. Es war der große Komponist Robert Stolz, der sagte: »Philatelie ist eine der schönsten Leidenschaften! Sie erfüllt die Neugierde und die romantische Sehnsucht nach fernen Ländern und Kulturen. Sie baut eine Brücke zwischen Nationen und Generationen.«
Treffender und charmanter kann man wohl das verbreitetste Sammelgebiet nicht charakterisieren. Ich habe versucht, in »Knaurs Briefmarkenbuch« die ganze Welt der Philatelie wie mit einem Weitwinkelobjektiv einzufangen und all das Wesentliche um den Briefmarkensport und seine Jünger in allgemeinverständlicher und leicht lesbarer Form zu schildern, aufgelockert mit eigenen Erlebnissen und Geschichten um die Briefmarken und ihre Sammler. Das trockene Aufzählen nüchtern beschriebener Fachbegriffe und der damit zwangsläufig verbundene Lexikoncharakter sollte unter allen Umständen vermieden werden. Es ist klar, daß ein so unendlich großes Sammelgebiet – wie es die Philatelie nun einmal ist – nicht auf 312 Seiten erschöpfend behandelt werden kann. Ich habe mit diesem Buch beabsichtigt, allen Lesern, den Laien und Anfängern genauso wie den Fortgeschrittenen und Profis, etwas zu bieten – und obenan stand immer der Gedanke, besonders bei denen, die der Philatelie bisher noch keine große Aufmerksamkeit schenkten, das Interesse an diesem ungewöhnlich reizvollen und vielseitigen Hobby zu wecken. Um Freude und Entspannung bei den Briefmarken zu finden, muß man sich von ihrer eigenartigen Faszination einfangen lassen.
Es ist wie bei der Musik, nur wenn man sie aufmerksam hört, bekommt man ein Gefühl für Melodie und Rhythmus. Welcher Richtung sich dann der einzelne zuwenden will, bleibt ganz seinem Geschmack überlassen, es gibt klassische und moderne Musik, und es gibt klassische und moderne Sammelgebiete. Die Musik kennt Gassenhauer und Juwelen der Tonkunst, auch diese beiden musischen Kontraste lassen sich in die Philatelie übersetzen, wie der Leser feststellen wird. Die große Liebe zu den kleinen Marken entspringt bei allen Sammlern aus der eigenen Begeisterungsfähigkeit. Viele Millionen in aller Welt besitzen diese schöne Eigenschaft. Ihr sozialer Stand, ihre Mentalität oder Nationalität spielen dabei überhaupt keine Rolle.

1840 – das Geburtsjahr der Briefmarke

Als Sir Roland Hill – der schlicht als »Erfinder der Briefmarke« gilt – nach jahrelangen Bemühungen erreichte, daß Großbritannien am 6. Mai 1840 als erstes Land der Welt begann, Briefe durch aufklebbare Postwertzeichen zu frankieren, konnte er nicht ahnen, daß damit das Steckenpferd mit der wohl größten internationalen Anhängerschaft überhaupt geboren wurde. Sir Roland Hill war bestrebt, das britische Postwesen zu reformieren, alles praktikabler zu gestalten und besonders die Frankierung von Poststücken zu vereinfachen, was durch die »Neuheit« Briefmarke erreicht wurde. Die Frankierung von Briefen durch den Absender, wie sie heute gang und gäbe ist, war in der Vormarkenzeit oder Vorphilatelie nicht möglich. Damals war es

Sir Roland Hill, der Erfinder der Briefmarke

Die erste Briefmarke der Welt erschien am 6. Mai 1840

notwendig, die Briefe am Postschalter aufzugeben, der Beamte errechnete die jeweiligen Postsätze, was häufig recht kompliziert war, denn es waren viele Details zu berücksichtigen – Gewicht, Entfernungen, Land- oder Seeweg zum Beispiel, alles eben viel weniger vereinheitlicht als heute. Nach Ermittlung der Gebühr wurde diese dann in bar bezahlt und der Brief mit entsprechenden Porto- und Taxvermerken versehen, das geschah zum Teil handschriftlich, zum Teil durch Stempel verschiedenster Art. Briefe aus dieser Zeit gehören zur Periode der Vorphilatelie und begeistern wegen ihres großen Reizes viele Sammler ganz besonders. Gehen wir noch weiter zurück, bis etwa ins späte siebzehnte Jahrhundert, so verschwinden auch die Stempel von den Vorderseiten der Briefe, denn sie waren damals noch unbekannt. Bestenfalls handschriftliche Vermerke geben Auskunft über den Aufgabeort und die Art der Beförderung. Poststücke aus dieser Zeit sind überwiegend amtlicher Herkunft oder an hochgestellte Persönlichkeiten gerichtet, gelegentlich finden sich

Vorphilatelistischer Brief von 1841, aus Berlin nach Hannover, mit Aufgabestempel und Taxvermerken; links unten »Frey Gränze«

Vorphilatelistischer Brief von 1675, noch ohne Poststempel, nur mit dem handschriftlichen Vermerk »Franco« nach Hannover adressiert

auch wohlhabende Bürger und Handelsherren als Empfänger. Diese Briefe sind von philatelistischer Warte aus betrachtet von geringerem Interesse, ihr Wert ist mehr dokumentarischer oder kulturhistorischer Natur. Wegen ihrer häufig prunkvollen Anschriften werden solche Poststücke auch Schnörkelbriefe genannt.

Aber zurück zur gerade eingeführten Briefmarke. Der Erfolg mit der neuen »Markenmethode« in England ließ andere Postverwaltungen nicht ruhen. Der Schweiz blieb es vorbehalten, als erster auf dem europäischen Kontinent die Briefmarke eingeführt zu haben. Es war der Kanton Zürich, der 1843 zwei Freimarken mit den Wertstufen von 4 Rappen für Lokal- und 6 Rappen für Kantonalbriefe einführte. Beide Marken zählen heute zu den klassischen Seltenheiten der Philatelie.

1843: Auf dem europäischen Kontinent erscheinen im Kanton Zürich die beiden ersten Marken

Zwei Jahre später, 1845, verausgabte der Kanton Basel eine $2^1/_2$-Rappen-Marke, das sogenannte »Baseler Täubchen«, die heute eine der beliebtesten Briefmarkenraritäten ist. Diese Marke wurde in einer für die damalige Zeit äußerst aufwendigen Art hergestellt, und zwar in dreifarbigem Buchdruck, der mit einem farblosen Prägedruck des »Täubchens« kombiniert wurde.

Damit hat die Schweiz die erste dreifarbige und gleichzeitig erste Prägedruckmarke der Welt verausgabt. Ihre klassische Schönheit und nicht zuletzt der Preis für besonders gut erhaltene Exemplare lassen philatelistische Herzen höher schlagen.

1845 erschien das »Baseler Täubchen«, eine der beliebtesten klassischen Raritäten

1849 war es auch in deutschen Landen soweit: Das Königreich Bayern brachte seine ersten Briefmarken heraus – die berühmte schwarze 1-Kreuzer-Marke, den Schwarzen Einser, er ist nicht nur die Nr. 1 nach seinem Erscheinungsdatum, sondern auch in der Beliebtheitsskala aller klassischen deutschen Marken. Das mag unter an-

1849 wird die berühmte schwarze 1-Kreuzer-Marke in Bayern verausgabt

derem daran liegen, daß sein Preis zwar in der gehobenen, aber noch für viele Sammler erschwinglichen Preisklasse liegt. Ein Jahr später folgte das Königreich Preußen mit eigenen Frei-

13

marken; es hielt sich an das britische Vorbild und zeigte den Kopf des Herrschers auf seinen Wertzeichen. Der Druck erfolgte im Stahlstich. Graviert wurde das Markenbild vom preußischen Hofgraveur Schilling.

Links: Die Staatsdruckerei in Berlin stellte nach einem Entwurf von Prof. Eichens die ersten Marken des Königreichs Preußen her. Rechts: 1850 erscheint in Sachsen die berühmte »3-Pfennig-rot«

Das Königreich Sachsen orientierte sich am bayerischen Vorbild und brachte 1850 seine berühmte rote 3-Pfennig-Marke heraus, die mit ihrer zentral angebrachten Wertziffer und der Schriftanordnung der bayerischen 1-Kreuzer-Marke sehr ähnlich sieht. Zwischenzeitlich hatten Belgien und Frankreich eigene Marken verausgabt. 1850 erschien auch in Spanien die erste Briefmarke mit dem Kopfbild der Königin Isabella, genau wie die zehn Jahre zuvor erschienene erste Marke der Welt – in schlichtem Schwarz gehalten. In ziemlich rascher Folge gesellte sich nun ein europäisches Land nach dem anderen zu den bereits Marken verausgabenden Staaten.
Bisher waren alle Wertzeichen noch auf unperforierten Bogen gedruckt und mußten mit der Schere abgeschnitten werden. 1854 zeigte sich England abermals avantgardistisch und brachte nach diversen Versuchen das erste perforierte Postwertzeichen

heraus, wodurch die Frankierung vereinfacht und somit beschleunigt wurde. Am 1. Juli 1855 verausgabte Schweden seine erste, aus fünf verschiedenen Werten bestehende Freimarken-Serie; auch diese Markenbogen waren bereits perforiert.

Links: 1855 erschien die erste Marke Schwedens, sie ist bereits perforiert Rechts: Norwegens erste Marke, auch 1855 erschienen, hat noch keine Perforation und mußte mit der Schere vom Bogen geschnitten werden

Das erste überseeische Markenland war Brasilien. Erstaunlicherweise verausgabte es bereits 1843 seine ersten Briefmarken. Eine reizvolle Ausgabe, die aus drei verschiedenen Wertstufen bestand, einer 30-Reis-Marke, einer zu 60 und einer zu 90 Reis. Merkwürdigerweise enthalten diese Marken weder eine Landesbezeichnung noch einen Hinweis, daß es sich um Postwertzeichen handelt. Auch eine Angabe der Währung fehlt, lediglich die große Wertziffer, zentrisch in einem ornamentalen Rahmen angeordnet, stellt das Markenbild dar. Die Druckfarbe war schwarz. Wegen ihrer Größe und eigenartigen Zeichnung gingen diese Marken unter der Bezeichnung »Ochsenaugen« in die Philatelie ein.
Bis etwa 1860 war die Briefmarke in den meisten Ländern eingeführt und begann sich allmählich zu einem Spie-

Ein »Ochsenauge«, 1843 in Brasilien erschienen

gel von Geschichte und Kultur der Staaten zu entwickeln. Zunächst waren Landeswappen oder Herrscherporträts jahrzehntelang die Hauptmotive der meisten Postwertzeichen. 1853 wurde die bis dahin stets rechteckige Markenform erstmals durch eine dreieckige bereichert. Die britische Kolonie Kap der Guten Hoffnung wollte mit diesem Format einen optisch sofort erkennbaren Unterschied zu den Marken seines Mutterlandes schaffen. Etwa zehn Jahre lang wurden in der Kap-Kolonie »Dreiecke« verausgabt, die seit eh und je auf Briefmarkenfreunde einen besonderen Reiz ausüben.

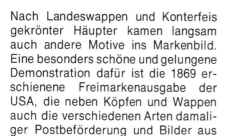

Die erste dreieckige Marke der Welt

Nach Landeswappen und Konterfeis gekrönter Häupter kamen langsam auch andere Motive ins Markenbild. Eine besonders schöne und gelungene Demonstration dafür ist die 1869 erschienene Freimarkenausgabe der USA, die neben Köpfen und Wappen auch die verschiedenen Arten damaliger Postbeförderung und Bilder aus

Freimarkenserie der USA von 1869

15

der amerikanischen Geschichte zeigt. Von der 15-Cent-Wertstufe aufwärts erfolgte der Druck sogar zweifarbig, und die außergewöhnlich feine Stahlstich-Ausführung erhebt diese Serie zu graphischen Miniaturkunstwerken. Das deutsche Kaiserreich verausgabte 1900 erstmals geschichtliche Motive auf den höchsten Werten seiner Freimarken. Die 3-Mark- und 5-Mark-Marken der sogenannten Reichspostserie zeigen die Enthüllung des Denkmals Kaiser Wilhelms I. beziehungsweise die Reichsgründungsfeier im weißen Saal des Berliner Schlosses nach Gemälden von W. Pape. Eine ausführliche

Die 5-Mark-Reichspost aus dem Jahre 1900

Behandlung der vielfältigen Motive erfolgt unter den verschiedenen Sammelgebieten im zweiten Kapitel.

Was in Laienkreisen unter dem Allgemeinbegriff »Briefmarke« rangiert, wird von den Philatelisten in eine ganze

Marke einer deutschen »Dauerserie« von 1920

Anzahl verschiedener Arten aufgegliedert. Da gibt es zunächst einmal die Gruppe der sogenannten Dauerserien, dies sind die »normalen« Briefmarken, die zu keinerlei besonderem Anlaß erscheinen, im Gegensatz zu den Sondermarken, deren Verausgabung stets einen speziellen Anlaß voraussetzt. Bei den Sondermarken wiederum gibt es solche mit besonderem Zuschlag, der zum eigentlichen Frankaturwert zuzüglich erhoben wird und meist karitativen Zwecken dient.

Sondermarke ohne Zuschlag von 1935

Sondermarke mit Zuschlag von 1940

Die mit Beginn der Zivilluftfahrt in sehr vielen Ländern eingeführten Flugoder Luftpostmarken sind im weitesten Sinne auch als Sondermarken anzusehen, hatten sie doch den ursprünglichen Zweck, der Frankatur von Flugpostsendungen, zu dienen. Eine spezielle Variante der Luftpostmarken sind die Ausgang der zwanziger und Anfang der dreißiger Jahre in

16

Deutsche Flugpostmarke von 1922

diversen Ländern erschienenen Zeppelinpost-Marken. Verausgabt haben derartige Sonderwertzeichen unter anderem die Sowjetunion, Italien, Brasilien, Argentinien, Paraguay und die USA. Die deutschen Zeppeline machten damals weltweit von sich reden.

Zeppelinpost-Marken von Deutschland, Italien und Rußland

Ihre berühmten Fahrten nach Nord- und Südamerika, die Polarfahrt »Rund um die Welt« nach Ägypten oder Island, um nur einige zu nennen, sind bis heute in den Kollektionen der Zeppelinpost-Sammler »lebendig« geblieben.
In vielen Ländern benutzten die staatlichen Organe und Behörden sogenannte Dienstmarken zur Frankatur ihrer Postsendungen. Derartige Wertzei-

Deutsche Dienstmarke von 1924

chen fanden auch bei uns bis Kriegsende 1945 Verwendung. In der DDR werden noch heute Dienst- und sogenannte Kurierdienstmarken in großer Zahl verausgabt. Besonders auf ganzen Briefen sind diese Marken recht begehrt.

Dienstmarke aus der DDR

Die sogenannten Portomarken sind auch von vielen Staaten bekannt. Ihr Zweck war es, auf unzureichend frankierten Briefen das anfallende Porto zu

17

Alte französische Portomarke

Zeitungsstempelmarke von 1858 aus Österreich

erheben. Paketpostmarken dienten, wie ihr Name bereits sagt, der Freimachung von Paketsendungen. Eine besonders attraktive Serie von »Parcel-Post«-Marken erschien 1912 in den USA.

Paketpostmarke der USA von 1912

Zeitungsmarken – auch da drückt der Name die vorgesehene Verwendungsart aus – wurden in besonders starkem Maße in Österreich verwendet; als Variante unterscheidet man die Zeitungsstempelmarken. Es gibt unter den österreichischen Ausgaben sehr bedeutende Raritäten, darunter Stücke, die mit 50000 DM bezahlt werden. Die größte Marke der Welt ist eine amerikanische Zeitungsmarke, sie mißt 51 ×95 mm; 1865 verausgabten die USA drei verschiedene Werte in dieser ungewöhnlichen Dimension.

Darüber hinaus gibt es noch eine erhebliche Anzahl von Wertzeichen mit ganz speziellem Charakter, zum Beispiel Einschreibemarken, Militärpostmarken, Feldpostmarken, Luftfeldpostmarken, Militärfeldpostmarken für Offiziere, Spionage- und Propa-

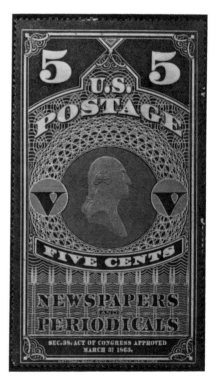

Die größte Briefmarke der Welt, 1865 in den USA erschienen

gandamarken, Feldpostpäckchen-Zulassungsmarken, Postpaketmarken, Eisenbahnpaketmarken, Telegrafenmarken, Postverrechnungsmarken,

örtliche Zustellungsmarken, Portofreiheitsmarken, Postanweisungsmarken,
Postpaketverrechnungsmarken, Re-
tourmarken, Konsulatspostmarken,
Zwangszuschlagsmarken, Zwangszu-
schlagsportomarken und viele andere
mehr. Zu den ausgefallensten dieser
Art gehören unter anderem die 1921 in
Holland verausgabten Versicherungs-
marken für Postsendungen nach Nie-
derländisch-Indien. Briefe, die mit derartigen Marken versehen waren, wurden in schwimmfähigen Tresoren verschlossen, die sich an Deck des Schif-
fes befanden. Falls das Schiff sank,
hatte die Post im schwimmenden
Geldschrank die Chance, gerettet zu
werden. Diese Wertzeichen haben den
Namen »Brandkasten-Marken«.

»Brandkasten-Marke« – die Post war im
Geldschrank verschlossen

Aber auch das kaiserliche Deutschland konnte mit einer sehr kuriosen
Emission aufwarten. 1916 verausgabte
die deutsche Ozeanreederei vierzehn
Marken in den Wertstufen von 5 Mark
bis 100 Mark, deren Aufschrift lautete:
»Wertbrief-Beförderung Deutschland-
Amerika«. Diese Marken dienten ausschließlich der Frankierung von Sendungen, die mit den Handels-U-Booten
»Deutschland« und »Bremen« nach
den USA befördert wurden. Nach Ab-
bruch der diplomatischen Beziehun-
gen seitens der USA wurde dieser
Tauchbootverkehr 1917 eingestellt.

Deutsche »Tauchboot-Marke« von 1916

Auch unter den vielen deutschen Mili-
tär- und Feldpostausgaben des Zweiten Weltkrieges befindet sich eine U-
Boot-Marke. Als im März 1945 die
deutschen Truppen auf der Halbinsel
Hela von der Landverbindung zur Heimat abgeschnitten waren, wurde von
der 31. Infanteriedivision die Herstellung dieser besonderen Feldpostmarke veranlaßt. Ihr eigentlicher Sinn bestand darin, kenntlich zu machen, welche Briefe durch U-Boote von Hela ins
Deutsche Reich befördert werden sollten. Bis zur Kapitulation am 8. Mai 1945

Die Hela-U-Boot-Marke von 1945

bestand aber für Überwasserschiffe
die Möglichkeit, nach Hela einzulau-
fen, so daß die Marken ihrer eigentlichen Bestimmung nicht gerecht werden konnten. Es gibt daher wenige
echt gelaufene Feldpostbriefe mit diesen Marken, die wirklich durch Trans-
portschiffe befördert wurden. Heute
erzielen derartige Poststücke hohe
Preise und sind sehr gesucht.

Deutschland nach 1945, wie es sich den Philatelisten präsentiert. In welch hohem Maße die Briefmarke politisches, gesellschaftliches und kulturelles Spiegelbild ist, demonstrieren in eindrucksvoller Weise die deutschen Nachkriegsausgaben. Nach der Kapitulation im Mai 1945 begann in Deutschland die Zeit der Provisorien, der Zonen, Provinz- und Lokalausgaben. Durch den totalen Zusammenbruch waren – besonders auf dem Gebiet der damaligen sowjetischen Besatzungszone – die Oberpostdirektionen (OPD) gezwungen zu improvisieren. Die OPDs Berlin, Schwerin, Dres-

den, Halle, Erfurt und Leipzig gaben eigene Marken heraus. Dazu gesellten sich in großer Zahl die sogenannten Lokalausgaben. Dabei handelt es sich um Provisorien, die von Städten und Gemeinden verausgabt wurden. Die Herstellung dieser Marken erfolgte meist in primitiver Form an Ort und Stelle, häufig durch den Postmeister selbst. Vielfach wurden die auf den Ämtern vorhandenen Bestände an Freimarken des Dritten Reiches mit dem Kopfbild Adolf Hitlers überdruckt und weiter verwendet. Die Stadt Mühlberg an der Elbe versah auf Anregung der Stadtverwaltung und mit Zustimmung der sowjetischen Kommandantur Mitte Juni 1945 ihre Hitlermarken mit dem Aufdruck »Blut und Tränen seine Saat, sein Wirken war nur Missetat«.

Links: Sondermarke zum Wiederaufbau von Cottbus
Rechts: Wiederaufbau-Marke von Lübbenau

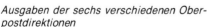

Ausgaben der sechs verschiedenen Oberpostdirektionen

1945, primitive Provisorien von Demmin, Pommern

Für den amerikanisch und britisch besetzten Teil Deutschlands erschien 1945 eine Serie von zwanzig Freimarken in verschiedenen Wertstufen von 1 Pfennig bis zu 1 Mark, die sogenannte AM-Ausgabe, die 1946 von einer Ge-

1945 in Mühlberg/Elbe überdruckter Hitlerkopf

Links: Sogenannte AM-Marke
Rechts: 16-Pfennig, alliierte Besetzung

Links: »Deutschlands Verderber«, 1945 in Meißen verwendet
Rechts: 1945, Überdruckmarke von Glauchau

24-Pfennig, französische Besatzungszone

Nach dem 8. August 1945 durften jedoch Notausgaben mit einem überdruckten »Hitlerkopf« nicht mehr zur Freimachung von Postsendungen benutzt werden. Etwa achtzig Orte in Ost- und Westdeutschland verwendeten nach der Kapitulation 1945 bis 1946 eigene Briefmarken. Viele dieser Werte sind außerordentlich selten und entsprechend teuer. Hier dokumentiert die Philatelie in eindrucksvoller Weise eines der traurigsten Kapitel deutscher Geschichte. Eine annähernd vollständige Spezialsammlung nur dieser Lokalausgaben zusammenzutragen ist eine Lebensaufgabe, die außerdem einen sehr erheblichen Kapitalaufwand erfordert. Mit 100 000 DM läßt sich noch keine komplette Kollektion aufbauen.

meinschaftsausgabe für die amerikanische, britische und sowjetische Besatzungszone abgelöst wurde. Erst im Juni 1948 wurde durch die Währungsreform die Verausgabung einheitlicher Marken für diese drei Zonen eingestellt. Auch die französisch besetzte Zone brachte im Dezember 1945 eigene Marken an die Postschalter und ging 1947 dazu über, für jedes einzelne Land der französischen Zone besondere Postwertzeichen zu verausgaben. Baden, Württemberg und Rheinland-Pfalz hatten somit vom Sommer 1947 bis Herbst 1949 eigene Briefmarken herausgegeben. Das Saarland genoß eine Sonderstellung, es hatte eigene

Die erste Marke der Bundesrepublik

24-Pfennig-Marken von Baden, Rheinland-
Pfalz, Württemberg und der Saar

Die erste Marke der DDR

Marken vom Januar 1947 bis zum 6. Juli 1959. Von diesem Tag an kamen die Marken der Bundesrepublik zur Verwendung.

Nach den schweren, ersten Nachkriegsjahren und den 1949 erfolgten Staatsgründungen Bundesrepublik Deutschland auf der einen Seite und Deutsche Demokratische Republik auf der anderen wurde die Briefmarke in Ost und West zum Spiegelbild der unterschiedlichen politischen und wirtschaftlichen Struktur. Als erste Marken der Bundesrepublik Deutschland erschienen am 7. September 1949 zwei Sondermarken in den Wertstufen 10 und 20 Pfennig anläßlich der Eröffnung des ersten deutschen Bundestages in Bonn. Das Markenbild zeigt bei beiden Werten die symbolische Darstellung »Richtfest« und die Auflage betrug 3 000 000 Sätze. Die DDR verausgabte am 9. Oktober 1949 ihre erste Marke, ein Sonderpostwertzeichen zum 75-jährigen Bestehen des Weltpostver-

eins, auch hier die Auflage 3 000 000 Stück. Beide deutsche Staaten feierten dann auf Briefmarken den 100. Geburtstag der schwarzen bayerischen 1-Kreuzer-Marke von 1849, den 200. Todestag von Johann Sebastian Bach, auch der 150. Todestag Friedrich von Schillers, der 200. Geburtstag Wolfgang Amadeus Mozarts und der 100. Todestag von Heinrich Heine und Robert Schumann kamen auf Sondermarken in beiden deutschen Staaten zu Ehren. Der DDR unterlief bei der Schumann-Gedenkmarke ein Fehler. Der im Hintergrund des Schumann-Bildnisses angebrachte Notenausschnitt stammte nicht etwa von einer Komposition des geehrten Meisters, sondern von Franz Schubert. Nur zehn Wochen nach diesem Versehen lieferte die DDR eine zweite Sonderausgabe mit berichtigtem Notenhintergrund. Ab 1960 waren es dann die Olympischen Spiele, zu deren Anlaß sowohl in Ost wie in West Sonderserien erschienen.

1960, Sondermarke der DDR für die Olympiade in Rom

1949, Gedenkmarken zum 100. Jahrestag deutscher Briefmarken von Bund und DDR

Links: 1956, zum 100. Todestag Schumanns, Gedenkmarke der Bundesrepublik. Rechts: 1956 zum gleichen Anlaß in der DDR erschienen

Links: 1953, die Bundesrepublik gedenkt der Kriegsgefangenen
Rechts: 1953, in der DDR feiert man den 70. Todestag von Karl Marx

1960, Sondermarke der Bundesrepublik für die Olympiade in Rom

Ansonsten zeigen sich die unterschiedlichen Staatsformen in vielen Gedenkausgaben. Als man 1953 in der Bundesrepublik mit einer Sondermarke, deren Auflage über 100 Millionen Stück betrug, der deutschen Kriegsgefangenen gedachte, feierte die DDR den 70. Todestag von Karl Marx mit einer aus zehn Marken und vier Gedenkblocks bestehenden Serie. 1957, während die Bundesrepublik dem Europa-Gedanken zwei Sondermarken widmete, erschienen in der DDR zwei Gedenkmarken zum 40. Jahrestag der sozialistischen Oktoberrevolution. Das Motiv zeigt einen Arm mit Gewehr und roter Fahne im Vordergrund, dahinter eine Szene vom Sturm auf das Winterpalais. Ein Satz von zehn Marken erinnert an den 10. Gründungstag der DDR. Die Bundesrepublik hat dem 10. Jahrestag ihrer Gründung keine Markenausgabe gewidmet. 1960 erinnert auf der einen Seite eine sehr gelungene Markenserie von fünf Werten an den 250. Jahrestag der Porzellanmanufaktur Meißen, auf der anderen gelangen 30 Millionen Sondermarken aus Anlaß der Passionsspiele in Oberammergau an die Schalter. 1962 wird der 6. Jahrestag der Nationalen Volksarmee mit fünf Marken geehrt. »Brot für die Welt« ist im gleichen Jahr das Motiv einer bundesdeutschen Sondermarke.

1965, 20. Jahrestag der Befreiung vom Faschismus

Links: 1957, Gedenkmarke für Europa
Rechts: 1957, Sondermarke zum 40. Jahrestag der Oktoberrevolution

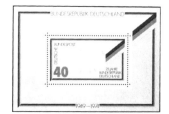

1974, 25 Jahre Bundesrepublik

1962, »Brot für die Welt«

1974, 25 Jahre DDR

1962, 6. Jahrestag der nationalen Volksarmee

1963, auf unzerreißbarem Dederongewebe
gedruckte DDR-Marken

1965, 20 Jahre Vertreibung

1963, Einweihung der Vogelfluglinie

ken, deren erste Emission – für den amerikanischen, britischen und französischen Besatzungssektor – am 1. September 1948 an die Postschalter gelangte. Zwanzig verschiedene Freimarken in den Wertstufen von 2 Pfen-

Auch zur Wiedergabe des technischen und wissenschaftlichen Fortschritts wird die Briefmarke international gern benutzt. So erschien 1963 in der DDR ein Gedenkblock mit dem Motto »Chemie für Frieden und Sozialismus«. Der Markendruck erfolgte in diesem Fall nicht wie üblich auf Papier, sondern auf »Dederongewebe«, einem praktisch unzerreißbaren Stoff, den die chemische Industrie der DDR entwickelte. Auch die Bundesrepublik gedachte im selben Jahr einer imponierenden technischen Leistung, sie verausgabte eine mehrfarbige Sondermarke zur Einweihung der »Vogelfluglinie«. 1965 sind »20 Jahre Vertreibung« das Motiv einer Sondermarke der Bundesrepublik. An den 20. Jahrestag der Befreiung vom Faschismus erinnern im gleichen Jahr neun großformatige Gedenkmarken der DDR. 1974 gedenken beide deutsche Staaten ihres 25. Gründungstages. Die Bundesrepublik Deutschland mit einem Gedenkblock, die Deutsche Demokratische Republik mit einem Satz von vier mehrfarbigen Marken, die Darstellungen aus dem gesellschaftlichen Leben ihrer Bürger zeigen.

Westberlin und seine Briefmarken. Die absolute Sonderstellung dieser Stadt dokumentiert sich sehr eindrucksvoll in seinen eigenen Briefmar-

Links: Schwarzer Aufdruck »BERLIN«
Rechts: Roter Aufdruck »BERLIN«

nig bis zu 5 Mark mit diagonalem, schwarzem Aufdruck »Berlin« wurden in Westberlin gegen DM-Ost verkauft. In der sowjetischen Besatzungszone waren diese Marken nicht anerkannt. Wollte man einen Brief aus den Westsektoren in den Ostteil der Stadt oder nach Chemnitz, Leipzig usw. senden, so mußte dieser mit den Marken der sowjetischen Zone frankiert sein, um anstandslos befördert zu werden. Tatsächlich bestand bis Ende März 1949 die Möglichkeit, Postsendungen in Westberlin mit den Marken der sowjetischen Zone zu frankieren. 1949 erschien dann die zweite Freimarkenserie, die sich von der ersten dadurch unterschied, daß der Aufdruck »Berlin« nun nicht mehr in schwarzer, sondern in roter Farbe erfolgte und der Satz statt bisher zwanzig nur noch vierzehn verschiedene Werte hatte. Das wichtigste jedoch war, daß diese Ausgabe in DM-West bezahlt werden mußte. Zu dieser Zeit »tobte« der Berliner Postkrieg. Der

Osten hatte zeitweilig die Westmarken nicht anerkannt und belegte alle mit West-Wertzeichen frankierten und nach Ostberlin oder in die Zone adressierten Sendungen mit Nachporto. Im Juni 1949 ging dann die Westberliner Postverwaltung zur gleichen Maßnahme über. Am 16. September 1949 wurde schließlich wieder Frieden geschlossen, beide Seiten erkannten ihre Marken als voll gültig an. Von Spezialsammlern werden Poststücke aus dieser »Kriegszeit« natürlich sehr gesucht.

Der berühmte »Währungsblock«

Flughafen Berlin-Tempelhof

Berlin, Schloß Tegel

keitsausgabe zugunsten der Berliner Währungsgeschädigten stellt zwar in seiner Zeichnung kein graphisches Meisterwerk dar, doch diese im Fachjargon als »Währungsblock« bezeichnete Sonderausgabe ist heute das Nonplusultra einer Berlin-Sammlung. Dieser Block, der für 1 DM an den Postschaltern zu haben war, entwickelte sich zur größten Preisrakete von allen Berliner Postwertzeichen. 25 Jahre nach seinem Erscheinen lag der Handelswert bei mehr als dem 1200fachen des damaligen Postpreises.

1951 erschien die erste Serie zur Einweihung der Berliner Freiheitsglocke, 1952 zeigen zehn Werte »Männer aus der Geschichte Berlins«, 1953 veraus-

Die Motive der Westberliner Marken nehmen erklärlicherweise vor allem Bezug auf die Stadt und ihre Menschen. Sie besitzen bei Deutschland-Sammlern besonders große Beliebtheit, und Kenner behaupten, sie seien in Darstellung und Ausführung denen der Bundesrepublik oft überlegen. Die im Dezember 1949 in Form eines Gedenkblocks erschienene Wohltätig-

▶

1. Reihe, von links nach rechts: Die Freiheitsglocke; Adolph Menzel; Heinrich Zille; Richard Strauss
2. Reihe: John F. Kennedy; 50 Jahre Avus-Rennen; 17. Juni 1953
3. Reihe: 1954, Wahl des Bundespräsidenten; Interbau-Ausstellung 1957; Funkausstellung 1961; Tag der Briefmarke
4. Reihe: Ernst Reuter; 20 Jahre Filmfestspiele Berlin; 125 Jahre Berliner Zoo

BERLIN - 50 JAHRE AVUS-RENNEN 1921 - 1971

gabte man zwei Gedenkmarken für den 17. Juni 1953; zum Tode des Regierenden Bürgermeisters von Berlin, Prof. Dr. Ernst Reuter, erschien 1954 eine 20-Pfennig-Marke. In den folgenden Jahren wurden Musiker wie Richard Strauss, Wilhelm Furtwängler und Paul Lincke auf Berliner Marken geehrt. Anläßlich von Bundestagssitzungen und zur Wahl des Bundespräsidenten erschienen besondere Marken. »Interbau«, »Heinrich Zille« und »Tag der Briefmarke«, »Funkausstellung«, »1. Todestag Kennedys«, »125 Jahre Berliner Zoo«, »20. Berlinale«, »50 Jahre Avus-Rennen« sowie der 25. Jahrestag der Beendigung der Luftbrücke nach Berlin waren Anlässe für gelungene Berliner Sondermarken. Ungefähr 450 verschiedene Postwertzeichen verausgabte das »Markenland Westberlin« in den ersten 25 Jahren seines Bestehens. Nur wenige Gebiete erfreuen sich als Sammelland so großer internationaler Beliebtheit, denn die Zahl der Westberlin-Sammler in aller Welt dürfte wohl in etwa der Einwohnerzahl Westberlins gleichkommen.

Nun, wer nach der Lektüre dieses ersten Streifzugs durch die verschiedenen Marken-Epochen, ihrer unterschiedlichen Arten und der kurzen Skizzierung der deutschen Philatelie nach 1945 bereits Lust verspürt, dem Briefmarkensammeln näherzutreten, der ist mit großer Wahrscheinlichkeit auf dem besten Wege, ein Philatelist zu werden. Zum Start ins »Abenteuer Philatelie« viel Glück!

Wie startet man ins »Abenteuer Philatelie«?

Nichts einfacher als das. Eine Handvoll Marken, ein bescheidenes Rüstzeug wie Lupe, Pinzette, Steckalbum und ein Katalog für das Gebiet, dem Sie Ihr Interesse schenken wollen, Dinge, die sich in jedem Fachgeschäft erwerben lassen, können der Anfang sein. Diese kleine, noch recht primitive Garnitur soll nur dazu dienen, um mit der Briefmarke Kontakt zu bekommen, um feststellen zu können: Ist das auch ein Hobby für mich? Später werden Sie sich dann von ganz allein entsprechend vervollkommnen und die richtige, für Sie passende Ausstattung auch ohne Anleitung finden.

Studieren Sie aufmerksam Ihren ersten Markenbesitz, versuchen Sie ihn zu sortieren und zu klassifizieren. Es wird nicht auf Anhieb klappen, denn Sie sind ja ein Neuling in diesem Metier. Da aber bekanntlich noch kein Meister vom Himmel gefallen ist, nur nicht gleich aufgeben. Nach kurzer Zeit sind Dinge, die zuerst wer weiß wie schwierig erscheinen, keine Probleme mehr. Lesen Sie im Katalog wie in einer Gebrauchsanweisung, oder blättern Sie die Seiten durch wie bei einer Illustrierten. Lassen Sie sich einfangen von den Abbildungen, den Preisen, die mal mit 20 Pfennig und mal mit 20 000 Mark ausgezeichnet sein werden. Wenn Sie das – wieso und warum ist das so – zu reizen beginnt, wenn Ihr Interesse sich mehr dem einen als dem anderen Gebiet zuwendet, dann haben Sie bereits den Fuß auf die zweite Stufe der langen Treppe gesetzt, an deren Ende sich die Tür befindet, durch die Sie in den exklusiven Kreis der versierten Philatelisten gelangen. Auf den Weg die Treppe hinauf wird der angehende Philatelist unendlich viel Interessantes und Lehrreiches erfahren, dazu einen netten Kreis Gleichgesinnter kennenlernen und feststellen, daß die Philatelie ein Hobby ist, das weder Alters- noch Standesunterschiede kennt. Zwei bezeichnende

Links: König Carol II. von Rumänien
Rechts: US-Präsident Harding

Beispiele dafür sind der Berliner Bankangestellte, der mit König Carol von Rumänien Marken tauschte, und jener junge texanische Erdölarbeiter, der ein Marken-Freund des 29. Präsidenten der USA, Warren G. Harding, war.

Die Vielseitigkeit der möglichen Sammelgebiete. Im Folgenden soll nun die außergewöhnliche Vielgestaltigkeit der Gebiete und Themen, die dem Sammler beim Aufbau einer Kollektion zur Verfügung stehen, ausführlich behandelt werden. Philatelistische Laien und selbst Anfänger haben allgemein nur vage Vorstellungen von den tatsächlichen Möglichkeiten, die die Philatelie ihren Anhängern bietet. Um dem interessierten »Anfänger« möglichst viele Anregungen zu geben, soll diesem Sektor ein weiter Raum gewidmet werden. Ein wichtiger Grundsatz, den man unbedingt befolgen sollte, lautet: Jedes »vernünftige« Sammeln beginnt damit, daß der Sammler »sein Gebiet« genau absteckt. Auf keinen Fall sollte er den Fehler begehen, sich zu verzetteln. Im Gegensatz zu den Markenfreunden des neunzehnten Jahrhunderts, die sich zu über neunzig Prozent mit dem Aufbau sogenannter Generalsammlungen beschäftigten, also die Briefmarken der ganzen Welt sammelten, weil es ihnen meist nur darum ging, möglichst viele verschiedene Marken zusammenzutragen, begann schon zu Anfang des zwanzigsten Jahrhunderts die Zeit der Spezialisten. Im Laufe der Jahrzehnte wurden hier die Möglichkeiten immer größer, zum Beispiel konnte man vor dem Ersten Weltkrieg noch keine Sammlung von Albanien oder der Tschechoslowakei anlegen, weil es eben diese Staaten noch nicht gab, und vor 1948 war aus dem gleichen Grund niemand in der Lage, Marken von Israel, Ghana, der DDR oder der Bundesrepublik zu sammeln. Die philatelistischen Möglichkeiten wurden und werden noch von Jahrzehnt zu Jahrzehnt größer.

Albanien

CSSR

Links: Israel
Oben: Ghana

Dem Sammeln von Marken einzelner Länder oder Gebiete gilt auch heute noch das Hauptinteresse aller Philatelisten, jedoch besitzen die Staaten in

30

der Gunst der Sammler eine sehr unterschiedliche Beliebtheit. Es gibt national und international hoch favorisierte Gebiete und solche, die geringeren Anhang finden, ja vereinzelte, die als ausgesprochen unbeliebt gelten. Hier eine gültige Skala aufzustellen ist unmöglich, da der Beliebtheitsgrad nicht unerheblichen Schwankungen unterworfen ist. Ja, das Bild kann sich innerhalb von zehn Jahren enorm verschieben, sowohl national als auch international.

Deutschland. In bundesdeutscher Gunst liegt auf dem ersten Platz das Mutterland; das war übrigens unter Kaiser Wilhelm, bei Ebert und im Dritten Reich nicht anders. Im gewaltigen, nach Millionen zählenden Kreis der Deutschland-Sammler gibt es eine große Anzahl, die sich wiederum nur auf Teilgebiete beschränkt. Hier zieht

das Jahr 1945, genauer gesagt das Ende des Zweiten Weltkrieges, einen dicken Trennungsstrich.

Die Vorkriegs-Sammler konzentrieren sich auf ein zeitlich abgeschlossenes Gebiet, das mit der ersten Marke des deutschen Kaiserreichs – die am 1. Januar 1872 erschienen ist – beginnt und mit den letzten Postwertzeichen der Ära Drittes Reich (vom 20. April 1945) endet. 73 Jahre deutscher Geschichte läßt eine derartige Kollektion lebendig werden. Wer sich zum Beispiel für dieses Sammelgebiet entscheidet, beginnt mit einer violetten $^1/_4$-Groschen-Marke, deren farbloses Zentrum den geprägten Reichsadler mit sogenanntem kleinem Brustschild zeigt. Den Abschluß einer solchen Sammlung bildet eine karminrote 12-Pfennig-Sondermarke mit dem Kopf eines Soldaten der Waffen-SS. Von 1872 bis 1945 wurden im Deutschen Reich 910 verschie-

Links: Kaiserreich
Rechts: Erste Republik

Links: 1872 erschien diese Marke als erste im deutschen Kaiserreich
Rechts: 1945, April – die letzte Marke des Dritten Reiches

Drittes Reich

dene Postwertzeichen verausgabt. Dienstmarken, Abarten, Fehldrucke und Spezialitäten sind in dieser Ziffer noch gar nicht enthalten. Die meisten Marken aus jenem Zeitraum sind für jeden Sammler erschwinglich. Was dann teurer ist, kommt langsam dazu.

Gerade hier liegt ja der Reiz und die Freude für den Sammler zu erleben, wie seine Kollektion kontinuierlich wächst, größer und stärker wird. Beachtet werden sollte aber ein Grundsatz, der für alle Sammelgebiete zutrifft: Man soll entweder ungestempelt oder gestempelt sammeln, jedoch nie eine gemischte Sammlung aufbauen, die sowohl ungebrauchte als auch gebrauchte Marken enthält. Wer über die nötigen finanziellen Mittel verfügt, kann natürlich doppelt sammeln, ungestempelt und gestempelt.

Das »Deutschland nach 1945« hatten wir bereits einige Seiten zuvor kurz beschrieben, jetzt wollen wir uns dem Zeitabschnitt zuwenden, der unmittelbar davor liegt.

Die Ära des Dritten Reiches, 1933 bis 1945. Wie sehr Philatelie und Geschichte miteinander verzahnt sind, dokumentiert sich auch in den zwölf Jahren der Hitlerzeit außerordentlich eindrucksvoll. Wir wollen die Briefmarkenausgaben jener Jahre im Zeitraffertempo behandeln.

1933, am 12. April, erschien aus Anlaß der Eröffnungssitzung des neuen Reichstags in Potsdam die erste Mar-

kenserie des Dritten Reiches, drei Werte zeigen den Kopf Friedrichs des Großen mit Dreispitz nach einem Gemälde Adolph von Menzels. Es folgten vierzehn Freimarken, die den Reichspräsidenten von Hindenburg im Profil zeigen. Im September des gleichen Jahres gedachte man mit drei Zeppelin-Sondermarken der 50. Ozeanüberquerung des Luftschiffs »Graf Zeppelin«, das seine Jubiläumsreise zur Weltausstellung nach Chicago machte. Im November erschienen neun Wohltätigkeitsmarken mit Zuschlägen zugunsten der deutschen Nothilfe, sie zeigen Darstellungen aus den Werken Richard Wagners. 1934 erinnerte man sich der ehemaligen deutschen Kolonien, vier Sondermarken dieser Zeit zeigen Porträts deutscher Kolonial-Forscher. 1935 wurde die deutsche Eisenbahn 100 Jahre alt; vier Gedenkmarken mit verschiedenen Lokomotiven erscheinen zu diesem An-

1933, »Graf Zeppelin« reist nach Chicago

Links: »Der alte Fritz«, erste Marke des Dritten Reiches
Rechts: Paul von Hindenburg, 57 Marken mit seinem Kopfbild erschienen zwischen 1927 und 1936

1933, »Lohengrin« wirbt für die Nothilfe

1936, Olympische Spiele in Berlin

laß. 1936, vom 1. bis 16. August, fanden in Berlin die Olympischen Spiele statt; acht Marken und zwei Gedenkblocks wurden dazu verausgabt. 1937 propagierte man mit drei Sondermarken den Luftschutz. Am 31. Juli 1938 lief in München-Riem das 5. Rennen um das Braune Band von Deutschland; dazu erschien eine Sondermarke, von der behauptet wird, sie sei die schönste Marke des Dritten Reiches. 1939 wurde die Automobilsportbegeisterung durch drei Sondermarken anläßlich des Nürburgring-Rennens dokumentiert.

Im Jahr 1940 – noch erinnerte kein Motiv an den Krieg – hieß die am 9. August erschienene Sondermarke

1939, Motorsport

1940, Helgoland 50 Jahre deutsch

»Helgoland 50 Jahre deutsch«. 1941 war die deutsch-italienische Waffenbrüderschaft das Thema einer Gedenkmarke mit den Kopfbildern von Hitler und Mussolini. 1942 erschien zum Heldengedenktag eine schwarze 12-Pfennig-Marke mit dem Kopf eines

1938, Pferdesport

toten Kämpfers. 1943, zum Tag der Wehrmacht und zum Heldengedenktag, wurde eine ganze Serie von zwölf Werten mit kriegerischen Darstellungen verausgabt. 1944 erschienen nochmals dreizehn Werte mit Kriegsmotiven. »Ein Volk steht auf« lautete im Februar 1945 die Inschrift einer Sondermarke, der Aufruf ans Volk signalisierte das bevorstehende Kriegsende.

Zwischen April 1933 und April 1945 kamen im deutschen Reichsgebiet ungefähr 430 verschiedene Briefmarken

1944, Nebelwerfer

1945, Volkssturm

1941, deutsch-italienische Waffenbrüderschaft

an die Postschalter. Abarten, Varianten, Dienstmarken usw. sind in dieser Zahl nicht enthalten.

In den Kriegsjahren zwischen 1939 bis 1945 wurde aber in den von deutschen Truppen besetzten Gebieten und von

1942, Heldengedenktag

Drei deutsche Feldpostmarken aus dem Zweiten Weltkrieg

1943, »Stuka« im Einsatz

der deutschen Feldpost eine größere Anzahl Marken verausgabt als im Reichsgebiet seit 1933. Meistens handelt es sich bei diesen Okkupationsausgaben um Provisorien, die zum großen Teil sehr selten sind. Wir wollen uns auf eine Aufzählung dieser Gebiete beschränken. Es waren in alphabetischer Reihenfolge: Albanien, Belgien, Böhmen und Mähren (CSR), Dänemark, Elsaß, Estland, Frankreich, Generalgouvernement (Polen), Kanal-Inseln, Kotor, Kurland, Laibach, Lettland, Litauen, Lothringen, Luxemburg,

Feldpostmarke in Blockform der »Légion des Volontaires Français«

Die sogenannte Tunis-Päckchenmarke

1943, vorbereitete Marke für die »Indische Legion«

Januar 1944 auf der Krim verausgabt. Der Text nennt den Verwendungszweck dieser primitiven Feldpostmarke

Feldpostmarke der flämischen Legion, eine belgische Einheit, die auf deutscher Seite kämpfte

Links: 1940, im besetzten Polen verausgabt. Rechts: 1941, Marke der besetzten Kanal-Insel Jersey

35

Links: 1941, Marke aus dem besetzten Estland
Rechts: 1943, Marke der Militärverwaltung Montenegro

Mazedonien, Montenegro, Ostland, Rußland, Serbien, Ukraine, Zante, Zara. Bei den aufgezählten Gebieten kommen verschiedentlich noch Unterteilungen vor. Die deutsche Feldpost benutzte zeitweilig noch besondere Marken für die auf Kreta, Rhodos und den Ägäischen Inseln abgeschnittenen Truppen, ferner in Tunis, auf der Krim, dem Kuban-Brückenkopf usw. All diese Okkupations- und Feldpostausgaben werden von den Deutschland-Sammlern sehr gesucht, und da es sich vielfach um bedeutende Raritäten handelt, auch entsprechend hoch bezahlt.

Altdeutschland. Bei dem nächsten deutschen Spezialgebiet, dem wir uns zuwenden wollen, geht es um einen Zeitraum, der fast ein Jahrhundert zurückliegt, er beginnt mit dem Jahre 1849 und endet 1871: Deutschlands »alte Staaten«, kurz Altdeutschland genannt. Es ist dies ein ungemein reizvolles, wenn auch sehr teures Sammelgebiet und deshalb besonders bei begüterten Philatelisten außerordentlich beliebt. Die sogenannten altdeutschen Staaten, die zwischen 1849 und 1871 eigene Postwertzeichen – damals

meist Franco-Marken genannt – verausgabten, waren in alphabetischer Reihenfolge: das Großherzogtum Baden, das Königreich Bayern, Bergedorf (ehemaliger gemeinsamer Besitz der Freien und Hansestädte Hamburg und Lübeck), das Herzogtum Braunschweig, die Freie und Hansestadt Bremen, die Freie und Hansestadt Hamburg, das Königreich Hannover, Helgoland (Es wird zu den »altdeutschen Staaten« gezählt, obwohl es während seiner Markenperiode – bis zum 9. August 1890, in der es zwanzig verschiedene Marken verausgabte – eine britische Kolonie mit eigener Posthoheit war.), die Freie und Hansestadt Lübeck, die Großherzogtümer Mecklenburg-Schwerin und Mecklenburg-Strelitz, das Großherzogtum Oldenburg, das Königreich Preußen, das Königreich Sachsen, das Herzogtum Schleswig-Holstein, die fürstlichen Lehnsposten Thurn und Taxis, das Königreich Württemberg und vom 1. Januar 1868 bis zum 1. Januar 1872 der Norddeutsche Postbezirk (in ihm waren alle bisherigen Staaten postalisch zusammengeschlossen mit Ausnahme von Baden, Bayern und Württemberg).

Während des Deutsch-Französischen Kriegs 1870/71 wurden für die Postanstalten in Elsaß-Lothringen und den besetzten Gebieten in Frankreich sieben besondere Marken verausgabt, die keine Landesbezeichnung enthalten, sondern nur das Wort »POSTES« und die Wertangabe in Centime. Sie waren nur eine kurze Zeit im Gebrauch. Ihre Gültigkeit erlosch mit dem 31. Dezember 1871. Bis zum Erscheinen eigener Marken für das deutsche Kaiserreich, am 1. Januar 1872, verausgabten die altdeutschen Staaten (ohne Helgoland) 398 verschiedene Postwertzei-

Zwei alte Baden

Zwei alte Hamburg

Zwei alte Bayern

Zwei alte Hannover

Zwei alte Bergedorf

Zwei alte Helgoland

Zwei alte Braunschweig

Zwei alte Lübeck

Zwei alte Bremen

Zwei alte Schwerin

37

chen; Abarten, Varianten und Beson-
derheiten sind in dieser Zahl nicht enthalten. Thurn und Taxis hatte mit 54
verschiedenen Wertzeichen die größte
Markenpalette, Bergedorf war mit nur
fünf eigenen Freimarken kleinstes
»Markenland«.

Zwei alte Preußen

Zwei alte Strelitz

Zwei alte Sachsen

Zwei alte Norddeutscher Postbezirk

Zwei alte Schleswig-Holstein

Zwei alte Elsaß-Lothringen

Zwei alte Thurn & Taxis

Zwei alte Oldenburg

Zwei alte Württemberg

Altdeutschland ist ein Betätigungsfeld für fortgeschrittene Sammler, man sollte schon ein wenig in die Philatelie hineingerochen haben, bevor man sich diesem Gebiet zuwendet, außerdem ist eine größere, möglichst vollständige Kollektion nur mit hohem Kapitaleinsatz aufzubauen. Zeit und Geduld für die Markenbeschaffung gehören ebenso dazu. Viele Sammler unterteilen deshalb dieses Gebiet abermals und spezialisieren sich dann nur auf Teilgebiete wie zum Beispiel die »Südstaaten« Baden, Bayern und Württemberg. Oder sie richten ihr Interesse gar nur auf einen einzigen Staat. Ein Berliner Philatelist zum Beispiel hat in etwa zehn Jahren die größte Hamburg-Sammlung aufgebaut, die gegenwärtig existiert. Die Kollektion ist so vollendet und einzigartig spezialisiert, daß man sie als ein Objekt von musealem Charakter bezeichnen muß. Sie stellt eine ideale Dokumentation der Hamburger Postgeschichte dar. Eine Sammlung von gleicher Größe und Vollendung, die die Philatelie des Herzogtums Braunschweig zum Inhalt hat, ist ebenfalls in Berliner Privatbesitz.

Die bedeutendste und auch hochwertigste Altdeutschland-Sammlung überhaupt befindet sich leider nicht auf deutschem Boden, sie ist Eigentum eines großen amerikanischen Philatelisten und liegt in New York. In ihr sind all die legendären Raritäten auf ganzen Briefen enthalten, der Wert dieser Kollektion beträgt viele Millionen Mark. Kein Museum kann ein Objekt dieser Güte aufweisen.

Deutsche Kolonien. Ein weiteres sehr attraktives Sammelgebiet, das von Spezialisten hoch geschätzt wird und in seiner Beliebtheit den altdeutschen Staaten keineswegs nachsteht, sind die deutschen Kolonien. In der Zeit bis zum Ende des Ersten Weltkrieges, als Deutschland noch zu den Kolonialmächten zählte, verausgabten die verschiedenen Kolonialgebiete eigene Postwertzeichen. Das Markenbild war praktisch immer das gleiche, lediglich Landesbezeichnung und Währungsangabe bildeten den Unterschied.

Kolonialmarken gibt es von den afrikanischen Gebieten Deutsch-Ostafrika, Deutsch-Südwestafrika, von Kamerun und Togo. Im pazifischen Raum beziehungsweise in der Südsee waren es Deutsch-Neuguinea, Samoa, die Marshall-Inseln, die Marianen und Karolinen sowie Kiautschou. Eigene kaiserliche Auslandspostämter bestanden darüber hinaus noch in China, Marokko und der Türkei; man verwendete dort die Marken des Mutterlandes, die mit entsprechenden Aufdrucken versehen wurden.

Der gesamte Komplex »Deutsche Kolonien« findet mit dem verlorenen Ersten Weltkrieg seinen Abschluß, ist also auch ein zeitlich begrenztes Gebiet. Seit eh und je wird dieser Abschnitt der deutschen Philatelie von Sammlern hoch geschätzt. Da sich aber unter den Kolonialmarken viele große Raritäten befinden, ist eine einigermaßen vollständige Sammlung nur mit erheblichem Kapitaleinsatz aufzubauen. Es gibt deutsche Kolonialseltenheiten, die so rar sind, daß sie – nach ihrem Seltenheitsgrad gemessen – sogar die Blaue Mauritius übertreffen. Dennoch, auch mit geringerem Geldbeutel lassen sich die Reize dieses sehr schönen Sammelgebietes entdecken. Die ehemaligen deutschen Kolonien und Auslandspostämter verausgabten während ihrer Tätigkeit etwa 430 Marken. Im Folgenden je eine Marke der verschiedenen ehemaligen deutschen Kolonien und Auslandspostämter:

Deutsche Post in China, 5-Mark-Marke von 1901

Deutsche Post in Marokko, 5-Mark-Marke von 1905

Deutsche Post in der Türkei, 5-Mark-Marke von 1906

Deutsch-Ostafrika, 3-Rupien-Marke von 1901

Deutsch-Südwestafrika, 2-Mark-Marke von 1900

Kamerun, 2-Mark-Marke von 1900

Togo, 2-Mark-Marke von 1900

Deutsch-Neuguinea, 2-Mark-Marke von 1901

Samoa, 5-Mark-Marke von 1915

Marshall-Inseln, 5-Mark-Marke von 1916

Marianen, 3-Mark-Marke von 1901

Karolinen, 3-Mark-Marke von 1901

Kiautschou, 2¹/₂-Dollar-Marke von 1905

Durch den Ersten Weltkrieg fand die Ära der deutschen Kolonialmarken ihr Ende. Die Geschehnisse auf den europäischen Kriegsschauplätzen sorgten jedoch für eine neue Art von Marken.

Die deutschen Okkupationsausgaben 1914 bis 18. Mit der Landesbezeichnung Belgien und verschiedenen Wertangaben überdruckte man 1914 deutsche Marken und verwendete sie im damaligen Generalgouvernement Belgien. 1916 erschienen für das besetzte Belgien und für Nordfrankreich zwölf neue Marken. Weitere Überdrucke auf deutschen Marken lauteten: Postgebiet Ob. Ost, Russisch Polen, Gen. Gouv. Warschau und Rumänien; sie fanden in den besetzten osteuropäischen Gebieten Verwen-

Links: Marke aus dem besetzten Belgien
Rechts: Marke vom Postgebiet Ober-Ost

Marke vom Etappengebiet West

Links: Okkupationsmarke aus dem besetzten Polen von 1916
Rechts: Marke der deutschen Militärverwaltung Rumänien von 1917

41

dung. Abgesehen von Fehldrucken sind sie sämtlich recht billig. Die geographischen Veränderungen an den Grenzen des ehemaligen Kaiserreichs, die sich aus dem verlorenen Ersten Weltkrieg ergaben, brachten der Philatelie neue Sammelgebiete.

Die deutschen Abstimmungsgebiete. 1920 erschienen für das Gebiet Allenstein (Ostpreußen), das einer internationalen Kommission unterstellt war, eigene Marken. Auch Marienwerder (Westpreußen) erhielt auf Anordnung der interalliierten Kommission besondere Postwertzeichen, die im März 1920 erschienen und bereits im September des gleichen Jahres wieder ungültig wurden, da nach dem Abzug der Entente-Kommission die Posthoheit an die deutsche Post zurückgegeben wurde. In Oberschlesien kamen am 20. Februar 1920 die ersten Marken an die Schalter, die bis zum 14. Juli

1920, deutsche Marke mit ovalem Aufdruck für das Abstimmungsgebiet Allenstein

In Marienwerder von Frühjahr bis Herbst 1920 verwendet

Oberschlesische 3-Mark-Marke von 1920

1920 wurden 89 300 dieser 5-Kronen-Marke in Nordschleswig verausgabt

1922 gültig blieben. Schleswig verausgabte im Januar und Mai 1920 je eine Freimarkenserie mit vierzehn verschiedenen Werten. Nachdem die Entente-Besatzung und die internationale Kommission für dieses Gebiet am 16. Juni 1920 abgezogen waren, behielten die Marken noch etwa einen Monat ihre Gültigkeit. Danzig mit Umgebung wurde durch den Versailler Frieden vom Deutschen Reich getrennt und zur Freien Stadt erklärt. Von 1920 bis 1939 erschienen 308 eigene Frei- und Flugpostmarken, ferner 51 Dienst- und 47 Portomarken. Die Marken Danzigs erfreuen sich bei vielen Deutschland-Sammlern großer Beliebtheit, zumal die meisten Werte auch für den kleineren Geldbeutel erschwinglich sind.

Das Memelgebiet. Das Memelgebiet verausgabte in den Jahren 1920 bis 1923 unter französischer Mandatsverwaltung und litauischer Besetzung über 230 Marken. Ab 1925 kamen die Briefmarken Litauens zur Verwendung, die bis 1939 zur Frankatur dien-

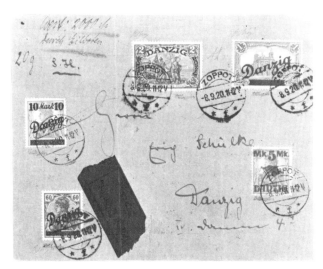

Die 60-Pfennig-, 1-Mark- und 2-Mark-Marke sind Danzigs teuerster Satz, der sogenannte »Große Innendienst«. Auf ganzem Brief kostet er mindestens 5000 DM

Links: Memelmarke der französischen Besetzung
Rechts: Memelmarke der litauischen Besetzung

ten. Ab März 1939 bis zum Kriegsende stand dieses Gebiet dann wieder unter deutscher Verwaltung. Besonders auf Briefen sind die Marken des Memelgebietes sehr gesucht.

Das Saargebiet. Das Saargebiet unterstand nach dem Versailler Vertrag bis zum 28. Februar 1935 treuhänderisch dem Völkerbund. Eine Volksabstimmung entschied im Januar 1935 über die Staatszugehörigkeit zu Deutschland. Die ersten eigenen Saar-Marken kamen im Januar 1920 an die Postschalter, die letzte Markenserie erschien am 1. Dezember 1934 anläßlich der bevorstehenden Volksabstimmung. In den annähernd 15 Jahren wurden 205 verschiedene Postwertzeichen verausgabt; Abarten, Dienstmarken usw. nicht mit einbezogen. Das Thema Saar erfreut sich unter den Abstimmungsgebieten der größten Beliebtheit, da sich neben den vielen deutschen Sammlern auch ein erheblicher Teil französischer Philatelisten für diese Marken begeistert, und das sehr zu Recht, denn besonders die Wohltätigkeitsmarken zugunsten der Volkshilfe gelten in ihrer Ausführung

gel außerordentlich schöne Marken an die Schalter brachten, deren gelungene Motivwahl und gekonnte künstlerische Ausführung geradezu zum Sammeln reizen. Die folgenden Abbildungen sind ein Beispiel dafür.

Links: Weihnachtsmarke von 1953
Rechts: 1966, Sonderausgabe »200 Jahre Wiener Prater«

Drei sogenannte Madonnen-Marken vom Saargebiet

Mai 1945, zum Waffenstillstand in Europa verausgabt

als außerordentlich gelungen. Die zweite postalische Eigenständigkeit des Saarlandes zwischen 1947 und 1956 fand bereits unter dem Abschnitt der deutschen Nachkriegsausgaben Erwähnung. Nach dieser generellen Betrachtung der vielgestaltigen deutschen Marken vom Erscheinen des ersten Postwertzeichens bis zur Gegenwart wenden wir uns nun dem Komplex »Europa« zu.

Flugpostmarke von 1949

Die europäischen Sammelgebiete.
Für den deutschen Sammler rangieren nach dem Mutterland die deutschsprachigen Länder auf den nächsten Plätzen der Beliebtheitsskala. Österreich und die Schweiz inklusive Liechtenstein erfreuen sich als Sammelgebiete aber auch international großer Beliebtheit. Hier spielt sicher die Tatsache eine Rolle, daß diese Länder in der Re-

Sondermarke für die Eislaufweltmeisterschaften in Davos 1966

Links: Freimarke von 1939
Rechts: Sondermarke aus der Serie »Min-
nesänger«

Drei Sondermarken des Vatikans

1967 für die Entwicklungshilfe verausgabt

Weitere sehr gern gesammelte Gebiete sind die Skandinavien-Staaten, Westeuropa, an der Spitze die Benelux-Länder, Spanien, Italien und besonders der Vatikan. Der Vatikanstaat – er entstand erst im Jahre 1929 durch die Lateran-Verträge mit Italien und bringt seit dieser Zeit eigene Marken heraus – zählt zu den international beliebten Sammelgebieten. In den ersten 40 Jahren seines Bestehens wurden bereits weit über 500 verschiedene Marken verausgabt, meist Sonderausgaben in sehr feiner Ausführung mit Motiven aus der katholischen Welt. Die europäischen Zwergstaaten Andorra, Monaco und San Marino haben einen festen Freundeskreis unter den Sammlern, der den Miniländern nicht unerhebliche Beträge aus dem Markenverkauf einbringt. Besonders Monaco und San Marino stellen sich bei der Wahl

ihrer Motive weitgehend darauf ein, was »am Markt« verlangt wird. Typisch dafür sind die Abbildungen alter Automobile, Flugzeuge, Lokomotiven, Schiffe, ferner Blumen und Tiere, daneben Sportmotive oder berühmte Gemälde. Monaco brachte unter anderem 1955 zum 50. Todestag von Jules Verne eine Sonderausgabe von elf Werten heraus, die Motive aus den Zukunftsromanen des Schriftstellers zeigen. Wie sehr sowohl das Miniatur-Fürstentum Monaco als auch die Zwerg-Republik San Marino ihre Briefmarkenserien auf Sammler und Händlerkundschaft ausrichten, zeigt auch

Andorra-Gedenkmarke für den europäischen Gedanken

Monaco ehrt Jules Verne mit Motiven aus seinen Zukunftsromanen

San Marino zeigt Oldtimer auf Marken

Die Beschaffung der Marken durch den Fachhandel ist leicht möglich, und die Preise für die einzelnen Ausgaben sind von ganz wenigen Ausnahmen abgesehen für jeden erschwinglich. Sie finden hier einige Marken abgebildet, die für sowjetische Ausgaben besonders typisch sind.

Eines haben alle Ostblockstaaten gemeinsam: Jedes dieser Länder verausgabte nach 1945 mehr Marken als irgendein anderer europäischer oder überseeischer Staat, und alle diese Marken sind in der Regel relativ leicht und preiswert zu beschaffen. Rumä-

Die Anti-Krieg-Serie der Sowjetunion von 1934 zeigt eindrucksvolle Darstellungen

die Vielzahl der erschienenen Marken. Von jedem der Ministaaten gibt es bisher weit über 1000 verschiedene Postwertzeichen.

Der Ostblock. In der Beliebtheitsskala der osteuropäischen Länder steht die Sowjetunion an der Spitze. Dafür sind sicher mehrere Umstände maßgebend. Einer dürfte sein, daß sie das größte Markenland der Erde ist, denn von 1918 bis 1974 verausgabte die sowjetische Post weit über 4000 verschiedene Briefmarken. (Im zaristischen Rußland gelangten zwischen 1857 und 1917 ganze 125 unterschiedliche Postwertzeichen an die Schalter.) Außerdem sind die Marken der Sowjetunion sehr attraktiv, und eine vollständige Kollektion wird hier wohl stärker als bei jedem anderen Land zu einem interessanten Geschichtsbuch.

Sowjetische Erfolge auf Briefmarken

46

50 Jahre Sowjetstreitkräfte, 1968 ehrt ein Gedenkblock dieses Jubiläum

nien und Ungarn stehen in der Markenproduktion der Sowjetunion nur wenig nach, aber auch Bulgarien, Polen, die CSSR und Jugoslawien sind sehr emissionsfreudig, und der Ostblock-Zwerg Albanien hat seit 1944 mehr als doppelt soviel Marken verausgabt wie das konservative England seit 1840.

Wenn von Osteuropa die Rede ist, dürfen drei Länder nicht vergessen werden, deren Existenz der Zweite Weltkrieg beendete, die baltischen Staaten Estland, Lettland und Litauen. Sie bestanden als »Markenländer« von 1918 bis 1940 und bilden ein reizvolles, abgeschlossenes Sammelgebiet. Nach einem etwa zwanzigjährigen Dornröschenschlaf begann vor einigen Jahren ein plötzliches Interesse für diese Gebiete, und gegenwärtig sind die Marken der drei baltischen Staaten nicht nur in der Bundesrepublik, sondern international hochbegehrt. Die Preise ziehen entsprechend an, und da die Auflagenhöhen bei vielen Serien sehr gering sind, dürfte sich der preisliche Aufwärtstrend noch weiter verstärken.

Wollte man die ganze Vielfalt der Möglichkeiten schildern, die »Europa« seinen Sammlern bietet, so hätte man Stoff genug, um ein eigenes Buch zu füllen. Doch als allgemeingültige Feststellung kann gesagt werden: So wie Europa politisch in Ost und West zerfällt, tut es das auch philatelistisch, wofür der bedeutendste Briefmarkenkatalog in deutscher Sprache, der renommierte Michel-Katalog, bereits den Beweis erbringt. Europa, ehemals in einem Band untergebracht, mußte aufgrund des von Jahr zu Jahr stärker werdenden Umfangs geteilt werden. Die Trennung erfolgte unter politischen Gesichtspunkten in zwei Bände. Der Band »Osteuropa« klammert Griechenland, die Türkei und Finnland aus, diese Staaten erscheinen unter »Westeuropa«.

Bei einem Preisvergleich der Marken von Ost und West ist festzustellen, daß Westeuropa durch die Bank die teureren Briefmarken besitzt. Die teuersten Marken Bulgariens zum Beispiel kosten – von Fehldrucken abgesehen – einige hundert Mark, und in dieser Preisklasse gibt es nur wenig Stücke, die meisten Ausgaben sind ein paar Mark und viele sogar nur ein paar Pfennig wert. Die weit über 2000 »normalen« Briefmarken Bulgariens, die von 1879 bis 1975 erschienen sind, kosten zusammen einen Bruchteil dessen, was ein Schweiz-Sammler anlegen müßte, um nur eine einzige der berühmten klassischen Schweiz-Raritäten zu erwerben. Ähnliche Vergleiche würden sich mit einer Reihe anderer Staaten auch anstellen lassen.

Übersee. Vier Kontinente stehen dem Philatelisten zur Auswahl, der sich für ein überseeisches Sammelgebiet entscheiden möchte. Aber die ver-

lockende Fülle der vielen Länder mit
häufig exotischem Charakter verführt
viele Sammler, sich zu verzetteln. Zunächst ist es natürlich verständlich,
wenn man von überall etwas haben
möchte. Will man jedoch mit dem sy-
stematischen Aufbau einer Kollektion
beginnen, muß zunächst ein abgegrenztes und überschaubares Gebiet
im Mittelpunkt stehen. Erst wenn eine
solche Kollektion dann eine gewisse
Größe erreicht hat, soll man die Suche
auf weitere Staaten ausdehnen. Übersee ist leider bei uns im Vergleich zu
Deutschland und Europa noch zu wenig geschätzt, obwohl es dem interessierten Sammler unwahrscheinliche
Möglichkeiten bietet.

Die Frage, welcher der überseeischen
Staaten als Nummer eins in der internationalen Beliebtheit rangiert, wird
oft recht unterschiedlich beantwortet.
Wahrscheinlich muß man heute zwei
Länder in einem Atemzug nennen, und
zwar sind dies die USA und Japan.
Während die Vereinigten Staaten seit
eh und je einen führenden Platz in der
überseeischen Beliebtheitsskala inne-
hatten, begann der kometenhafte Aufstieg Japans zum philatelistischen Mo-
deland erst zu Beginn der sechziger
Jahre.

Doch wenden wir uns zunächst den
USA zu, die am 1. Juli 1847 ihre ersten
beiden Briefmarken verausgabten,
eine braune 5-Cent-Marke mit dem
Kopfbild Benjamin Franklins und eine
schwarze 10-Cent-Marke, die ein
George-Washington-Porträt zeigt.
Beide Werte sind in außergewöhnlich
feiner Stahlstichausführung hergestellt. Die amerikanischen Marken des
neunzehnten Jahrhunderts unterscheiden sich vor allem durch ihre
hohe Qualität deutlich von denen aller
anderen Staaten. Besonders vor 1870

*Die beiden ersten Marken der USA – 1847
erschienen*

gibt es von keinem anderen Land Marken in derart vollendeter Ausführung.
Wer mit dem Sammeln amerikanischer
Marken beginnt, kann die Werte aus
der Zeit von 1930 bis zur Gegenwart
auch mit kleinerem Geldbeutel und in
relativ kurzer Zeit vollständig zusam-
mentragen. Von 1930 zurück bis zur
Jahrhundertwende wird es dann schon
schwieriger und teurer, und bei den
Ausgaben des neunzehnten Jahrhunderts wird der normal begüterte
Sammler auf erhebliche, ja zum Teil
auf unüberwindliche Schwierigkeiten
stoßen.

Dennoch, die USA sind wahrscheinlich
das Land, das am meisten gesammelt
wird. Allein in den Vereinigten Staaten
soll es über drei Millionen Liebhaber
für die US-Marken geben, die kontinuierlich durch den Handel ihre Kollektionen vervollständigen. In der Bundesrepublik schätzt man die Zahl der
USA-Sammler auf etwa 100 000, wobei
die Tendenz steigt. Besonders solche
Philatelisten, die ein interessantes
Hobby mit einer profitablen Geldanlage kombinieren möchten, wählen
gerne die Vereinigten Staaten als Sammelgebiet, weil gute USA-Kollektionen
einen steigenden Wertzuwachs haben
und leicht verkäuflich sind. Auch reine
Investoren, denen es nur um Anlage-

Objekte mit attraktiver Verzinsung geht, setzen gern auf die USA, und besonders gern auf eine Gedenkserie aus dem Jahre 1893, auf den sogenannten Columbus-Satz. Diese Sondermarkenausgabe erschien aus Anlaß der Weltausstellung in Chicago, die vom 1. Mai bis zum 21. Oktober 1893 stattfand, und zur Feier des 400. Jahrestages der Entdeckung Amerikas durch Christo-

Die Landung von Columbus – 1 500 000 000 Stück verkauft

Columbus – Porträt für 5 Dollar – nur 27 350 Exemplare verausgabt

pher Columbus. Der reizvolle Satz besteht aus sechzehn Marken in den Wertstufen von 1 Cent bis 5 Dollar und zeigt Darstellungen aus dem Leben von Columbus. Der Wert einer vollständigen ungestempelten Serie ist in den letzten zehn Jahren von circa 2500 DM auf etwa 8000 DM gestiegen und wächst noch weiter. Sehr interessant sind die unterschiedlichen Auflagenzahlen der einzelnen Werte aus dieser Gedenkserie. So wurden von der seltenen 5-Dollar-Marke nur 27 350 Stück

verausgabt, von der sehr häufigen 2-Cent dagegen die märchenhafte Zahl von 1 464 588 750 Exemplaren. Die gewaltige Zahl von fast 1,5 Milliarden wird von keiner deutschen Sondermarke auch nur annähernd erreicht.

Die CSA. Wenn man die Briefmarken der Vereinigten Staaten behandelt, darf man die der konföderierten Staaten von Amerika nicht vergessen. Sie dokumentieren fünf schwere Jahre amerikanischer Geschichte besonders eindrucksvoll. Als sich 1861 die Südstaaten der USA zu den Confederate States of America, kurz der CSA, vereinigten und sich von der Union lösten, hatte dies den Bürgerkrieg zur Folge. Auch hier zeigt sich wieder, wie eng Geschichte und Philatelie miteinander verbunden sind. Dem damals schon stark industrialisierten Norden hatten die Agrarstaaten des Südens – abgesehen vom großen Mut ihrer Truppen – nur wenig entgegenzusetzen. Als der Krieg im Frühjahr 1865 zu Ende ging, war der Süden vernichtend geschlagen, und fast alle großen Städte des Landes waren weitgehend zerstört. Die traurige Bilanz von 650 000 Toten war das Ergebnis dieses blutigen Bruderkrieges.

Philatelistisch jedoch sind die konföderierten Staaten außerordentlich interessant. Sie sind ein Land, das nur einen Krieg lang bestand, das es zuvor nicht gab und das nach der Niederlage nicht mehr existierte. Die Marken, die in den vier Jahren seiner Eigenständigkeit erschienen, sind alle nicht so häufig, daß man sie bei jedem Briefmarkenhändler bekommen könnte. Viele Ausgaben der CSA aber sind so extrem selten, daß sie zu den legendären Spitzenraritäten der Philatelie gehören. Einige dieser Seltenheiten liegen im

Zwei Südstaaten-Marken – primitiv herge-stellt

Preis bei über 100 000 DM. Die konföderierten Staaten sind ein Gebiet für Sammler mit erheblichen finanziellen Möglichkeiten. Wer es sich aber leisten kann, für sein Hobby viele Tausende auszugeben, hat bei den Marken der CSA die Gewißheit, sein Geld gut angelegt zu haben. Die Nachfrage nach diesen Werten steigt besonders in den Südstaaten der USA ständig. Noch haben die Marken der »Rebellen« – wie man sie damals im Norden nannte – preislich einen erheblichen Nachholbedarf; wer hier einsteigt, darf sicher sein, sein Geld profitabel angelegt zu haben.

Amerikanische Gebiete, die zeitweilig eigene Marken verausgabten, waren Cuba, Puerto Rico, Panama-Canal-Zone, die Philippinen und Guam; man verwendete die Marken der USA mit den entsprechenden Landesnamen überdruckt. Auch in China und Shanghai fanden US-Briefmarken mit Aufdrucken Verwendung. Viele dieser Stücke erschienen in einer sehr geringen Auflage. Die Katalogpreise für diese Marken sind ungerechtfertigt niedrig. Daß hier eines Tages ein Preisboom einsetzen wird, kann man sich an den Fingern abzählen.

Bereits begonnen hat ein rasanter Preisanstieg bei einem anderen zu den USA gezählten Gebiet, nämlich bei Hawaii. Die Trauminsel im Pazifik – in alten Katalogen und Alben noch als Sandwich-Inseln geführt – verausgabte bereits 1851 ihre ersten eigenen Marken. Da zur damaligen Zeit auf Hawaii fast nur Missionare des Schreibens mächtig waren und diese Briefmarken verwendeten, sind sie unter dem Namen »Missionaries« in die Philatelie eingegangen. Die außerordent-

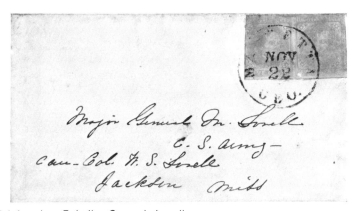

1862 – Brief an den »Rebellen-General« Lovell

5-Centavos-Canal-Zone von 1904 – nur 6775 Stück verausgabt

Links: 10-C.-USA-Marke von 1899 – spezieller Aufdruck für Cuba
Abraham Lincoln – 1899 auf den Philippinen verwendet

lich primitiv hergestellten Wertzeichen wurden auf sehr empfindlichem einheimischem Zuckerrohrpapier gedruckt, was zur Folge hatte, daß fast sämtliche heute noch erhaltenen Stücke fehlerhaft sind. Ihre große Seltenheit erhebt die »Missionaries« in die Spitzenklasse der internationalen Raritäten. Vor einigen Jahren wechselte ein Brief mit zwei dieser Marken für 250 000 US-Dollar den Besitzer. Eigene Postwertzeichen verausgabte Hawaii bis 1899, danach gelangten die Marken der USA zur Verwendung. Nun sind bei weitem nicht alle Briefmarken Hawaiis Seltenheiten. Im Gegenteil, der größte Teil ist durchaus erschwinglich, aber die ständig steigende Nachfrage treibt die Preise in die Höhe. Das Interesse für hawaiianische Ausgaben ist besonders groß in den USA, in Japan und im Lande selbst. Die wenigen Sammler, die wir bisher in Deutschland für dieses Gebiet hatten, werden ständig mehr, und gleiches gilt für viele europäische Staaten. Die Preisentwicklung ist hier noch lange nicht am Ende.

1894, in nur 22 Tagen von Honolulu an die Donau – 10-Cent-Kuvert von Hawaii

Japan – Großmacht der Philatelie.
Kein Land hat wohl in den letzten zwei Jahrzehnten eine vergleichbare philatelistische Entwicklung durchgemacht wie Japan. Man spricht davon, daß sich von Beginn der fünfziger Jahre bis heute die Zahl der Japan-Sammler verhundertfacht hätte. Wenn diese Zahl auch als übertrieben angesehen werden muß, so ist doch festzustellen, daß dieses Sammelgebiet, besonders in den sechziger Jahren, einen rapiden Anstieg zu verzeichnen hatte. In der Bundesrepublik rangiert Japan nach seiner Beliebtheit noch vor den USA, zumindest zum gegenwärtigen Zeitpunkt. Ein so starker weltweiter Interessenanstieg bringt natürlich die Philatelie zu bieten hat.

bringenden Möglichkeiten die Philatelie zu bieten hat.
Wenn wir nun den japanischen Marken des zwanzigsten Jahrhunderts den Rücken kehren und in die Zeit vor 1900 zurückgehen, gibt es leider viel Unerfreuliches zu berichten, denn von keinem anderen Land der Welt kennt man derartig viele Fälschungen wie von Japan. Dieser traurige Umstand hat eine einleuchtende Erklärung. Als kurz vor der Jahrhundertwende die wirtschaftliche Entwicklung Japans begann und das Land einen großen Zustrom von Europäern und Amerikanern zu verzeichnen hatte, entwickelte sich eine starke Nachfrage nach den alten japanischen Briefmarken. Das vorhandene echte Material war ziemlich rasch vergriffen, das Interesse aber hielt unvermindert an. »Tüchtige« Kaufleute lösten das Problem auf ihre Art, indem sie Reproduktionen, Imitationen, Nachahmungen, kurz Fälschungen, in

Japan, modernes Land mit alter Tradition

teressenanstieg bringt natürlich entsprechende Preissteigerungen mit sich. In der Tat werden Marken, die vor ungefähr 20 Jahren verausgabt wurden und seinerzeit für 25 Pfennig zu haben waren, den Händlern heute mit 25 DM und mehr aus den Händen gerissen. Ein 1955 von einem amerikanischen Sammler mit 600 US-Dollar angeschaffter Bestand ist heute 100 000 Dollar wert und wäre für diesen Betrag leicht verkäuflich. Dieser Wertzuwachs ist natürlich eine krasse Ausnahme, aber er zeigt, welche gewinn-

Drei alte Japan-Marken – leider falsch!

sehr großer Zahl herstellten. Da auf den ersten Japan-Marken ausschließlich japanische Schriftzeichen erscheinen, erweiterten die Fälscher den Text häufig sogar um einige japanische Silben, die dann in der Übersetzung heißen: falsch, Fälschung, Imitation usw. Dies konnte man getrost riskieren, denn die meisten Europäer oder Amerikaner waren ohnehin nicht imstande, die Markeninschriften zu lesen. Trotz dieser Fälschungen – manche Sammler behaupten sogar, gerade deswegen – sind die alten und auch die neuen Marken Japans ein außerordentlich reizvolles und hochinteressantes Sammelgebiet. Wer tiefer in die Materie eindringt, wird bald feststellen, daß es mit einiger Übung gar nicht mal so schwer ist, echt und falsch zu unterscheiden.

Iran – Geheimtip unter den überseeischen Sammelgebieten. Für persische Marken empfanden die Philatelisten zumindest in den letzten fünfzig Jahren wenig Interesse. Diese Abneigung mag zum Teil darauf zurückzuführen sein, daß es besonders bei Persiens älteren Marken eine beträchtliche Anzahl von recht gefährlichen Fälschungen gibt. In jüngster Zeit hat sich die Situation völlig gewandelt. Gerade die alten Marken des Iran werden heute gesucht wie nie zuvor. Ein holländischer Händler berichtete unlängst, daß sein Lager an persischen Marken, für das sich vierzig Jahre lang niemand interessiert hatte, in wenigen Tagen fast ausverkauft wurde. Ein Perser entdeckte den gut sortierten Bestand und kaufte alles, was ihm interessant erschien, ohne auch nur den Versuch zu machen, am geforderten Preis etwas abzuhandeln. Es sind die Perser selbst, die jetzt beginnen, sich philatelistisch zu begeistern. Die meisten dieser neuen Sammler verfügen über entsprechende Geldmittel, um sich alles leisten zu können. Eine erhebliche Zahl europäischer, amerikanischer, ja selbst japanischer Sammler möchte an dem sich ankündigenden Boom profitieren und vergrößert so die Nachfrage nach den guten und seltenen Werten des Iran. Die wenigen Händler, die ein Lager von besseren persischen Ausgaben besitzen, sind meist nicht am Verkauf interessiert, da die Preise den Gipfel noch lange nicht erreicht haben dürften. Ein französischer Händler, von dem man sagt, daß er das Gras wachsen höre, erwartet für Persien eine sich rapide vergrößernde Sammlerschaft und eine Eskalation der Preise. Eines scheint sicher: Das Ölland Iran ist auf dem besten Wege, ein Goldland für Philatelisten zu werden.

Der Schah und sein Öl – drei typische Marken des Iran

China – der Riese im Osten. Im Gegensatz zu Persien wurde China immer recht gern gesammelt. Der Deutschland-Sammler hatte schon durch die Ausgaben der ehemaligen Kaiserlichen Postanstalten in China eine Beziehung zu diesem Gebiet und bezog demzufolge dieses große Land gern in seine Kollektion mit ein. Die Marken der Volksrepublik China und die der Republik Taiwan sind fast alle sehr preiswert; eine schöne Sammlung aufzubauen erfordert keine großen Summen. Auch die Briefmarken des chinesischen Kaiserreichs und (ab 1912) der Republik China sind – wenn man von wenigen Ausnahmen absieht – für jeden Geldbeutel erschwinglich. Verglichen mit anderen Gebieten läßt sich hier eine größere Sammlung noch mit relativ geringen Mitteln aufbauen. Da aber auch die Zahl der China-Sammler kontinuierlich wächst, wird sich eines Tages das Material spürbar verknappen und entsprechende Preisanstiege bewirken.

Es würde zu weit führen, jeden einzelnen Überseestaat für sich zu behandeln, um sein philatelistisches Für und Wider zu analysieren, dazu ist dieser Komplex viel zu umfangreich. Drei große Staaten aber müssen noch erwähnt werden, die aus internationaler Sammlersicht stark nach vorn drängen, es sind dies Australien, Kanada und seit einiger Zeit auch Brasilien. Es ist eine altbekannte Tatsache, daß dem wirtschaftlichen Aufschwung eines Landes meist ein philatelistischer folgt. Wer beim Aufbau einer Sammlung nicht nur das Hobby sieht, sondern gesteigerten Wert darauf legt, daß das Material auch eines Tages leicht verkäuflich ist, sollte sich Gebieten zuwenden, die internationale Beliebtheit genießen. Unbeliebte Länder können durchaus reizvolle Sammelgebiete sein und enorm viel Freude bereiten, als profitable Anlageobjekte sollte man sie aber nicht betrachten.

Links: Zum 1. Jahrestag – Volksrepublik China
Rechts: 10 Jahre Volksrepublik – 5 goldene Sterne im Staatswappen

Der große weise Mao

Die ehemaligen Kolonialgebiete. In früheren Jahren stellten die Überseebesitzungen der europäischen Kolonialmächte einen Löwenanteil unter den Markenausgaben. Diese Kolonialgebiete werden besonders gern und zahlreich im Mutterland der betreffenden Staaten gesammelt, zum Beispiel britische Kolonien in Großbritannien, französische Kolonien in Frankreich; gleiches gilt für Belgien, die Niederlande, Italien, Portugal und Spanien. Dänemarks ehemalige Kolonie Dä-

54

nisch-Westindien genießt eine gewisse Ausnahmestellung, denn sie ist nicht nur im Mutterland und bei allen Skandinavien-Sammlern, sondern auch in den USA außergewöhnlich beliebt. Eigene Marken wurden von diesem Gebiet in den Jahren zwischen 1855 und 1917 verausgabt. Die deutschen Kolo-

Sammelns enorm entwickelt, und die in dieser Richtung tätigen Philatelisten sind unter der Bezeichnung Motiv-Sammler weltweit verbreitet.

Ein Blockstück der ersten Marke von Dänisch-Westindien

Drei Weltraum-Sondermarken der USA

nien wurden bereits an früherer Stelle behandelt; ihnen gilt bei uns natürlich das größte Interesse, weil sie eben zum Gesamtkomplex Deutschland dazugehören.

Thematische Philatelie. Der individuellen Gestaltung einer Kollektion sind keine Grenzen gesetzt. Und gerade die Individualität war es, die eine ganz besondere Gruppe von Philatelisten hervorbrachte, Sammler, deren Interesse nicht bestimmten Ländern gilt, sondern die ihre Kollektionen nach Motiven aufbauen: eine noch relativ moderne Form des Briefmarkensammelns mit der internationalen Bezeichnung »thematische Philatelie«. Besonders in den letzten Jahren hat sich diese zweifellos sehr reizvolle Art des

Der Motiv-Sammler sammelt praktisch die ganze Welt, aber nur Marken mit einem speziellen, von ihm gewählten Motiv. Zu den beliebtesten Themen zählen Sport und Olympische Spiele, Weltraumfahrt, Rotes Kreuz und religiöse Motive, ferner Tiere, Pflanzen, Musik, Kunst, Schiffe, Eisenbahnen, Flugzeuge, Wissenschaft und Technik, Medizin usw. Diese Form des Briefmarkensammelns ist auch bei Damen recht beliebt, die sonst leider philatelistisch noch sehr wenig tätig sind. Häufig wird von Sammlern bei der Motivwahl auf den eigenen Beruf Bezug genommen. Interessante Beispiele dafür gibt es genug.

Die ersten sowjetischen Weltraumflieger, Gagarin, Titow, Nikolajew und Popowitsch, ehrt diese Sonderausgabe 1962
Der Ostblock-Staat Ungarn widmet dem Apollo-8-Unternehmen der Amerikaner ▶ eine Gedenkausgabe

Links: Der kleine Himalaja-Staat Bhutan kann für sich in Anspruch nehmen, Weltraum-Motive mit dreidimensionalem Effekt verausgabt zu haben
Rechts: Die amerikanischen Astronauten Eisele, Schirra jr. und Cunningham zeigt ein Gedenkblock des Scheichtums Ajman

Die Karibik-Insel Antigua, der afrikanische Staat Burundi und Cuba führen das ABC der Länder mit Weltraum-Marken an

Ein Mitarbeiter der Wintershall AG nahm sich des Themas Erdöl an und baute eine reizvolle Kollektion auf, die 1966 unter dem Titel »Erdöl ungewöhnlich kommentiert« als Buch erschien. Beim Betrachten dieser Veröffentlichung kann man nur staunen, wie viele Staaten Marken verausgabten, deren Motive sich auf das Erdöl und dessen Produkte beziehen. Kanada und die USA gaben 1958/1959 Sondermarken zum hundertjährigen Jubiläum der industriellen Erdölsuche heraus. Die Bundesrepublik gedachte 1964 mit einer Marke des 100. Jahrestags der Entdeckung der Benzolformel durch den deutschen Chemiker Kékulé. Der als »Mister Fünfprozent« bekannte Calouste Gulbenkian wird auf einer portugiesischen 1-Escudo-Marke gezeigt. Von jedem Erdölförderland gibt es eigentlich Marken, die Bohrtürme zeigen; Raffinerien und Anlagen der Petrochemie, Pipelines und Tanker

Sport und Olympische Spiele stehen besonders bei jüngeren Sammlern hoch im Kurs. Unter den Motiven finden sich nahezu alle Sportarten, von den klassischen Wettbewerben wie Diskuswerfen bis zu modernen wie z. B. Tontaubenschießen

Tiere – ein entzückendes Motiv, dem besonders die Damen zugetan sind

Viele Staaten haben dem Roten Kreuz Briefmarken gewidmet

57

Schiffe – hier findet der Sammler Tausende von Motiven

Gemälde auf Marken – Kunst im Miniaturformat. Dieses beliebte Motiv findet ständig neue Freunde. Viele Marken, auf denen Kunstwerke abgebildet sind, bestechen durch ihre hervorragende Ausführung

finden sich auf vielen Marken in Ost und West.

Andere Berufe, andere Themen. Ein Tierarzt aus Norddeutschland füllte bisher zwölf große Alben mit Briefmarken, die Tiermotive zeigen. Ein Kraftfahrzeughändler in Kalifornien brachte es auf eine zehnbändige Kollektion, sein Motiv – das Automobil. Altbundestrainer Sepp Herberger sammelte Sportmotive, und Robert Stolz – der den Philatelisten sogar einen eigenen Walzer komponierte – begeisterte sich auch philatelistisch für das Thema Musik. In dieser Richtung sind die Möglichkeiten des Sammelns derartig groß, daß wohl jeder – seinem Geschmack entsprechend – etwas Passendes finden dürfte.

Die Aero-Philatelisten, Flugpost- und Zeppelinpost-Sammler. Mit Beginn der Zivilluftfahrt erschienen in vielen Ländern Briefmarken, die speziell zur Frankatur von Flugpostbriefen oder -karten vorgesehen waren, kurz Flugoder Luftpostmarken genannt. In Deutschland wurden bereits 1912

Blumen und Pflanzen, ein beliebtes Sammelmotiv

Deutschlands erste offizielle Flugpostmarken von 1919

58

Aus der Pionierzeit der Fliegerei – Luftpostkarte von 1912

halbamtliche Flugpostmarken verausgabt, die anläßlich von Flugtagen Verwendung fanden. So gibt es besondere Wertzeichen für die »Flugpost an Rhein und Main«, für die Regensburger Fliegertage vom Oktober 1912, die Flugpost des Margareta-Volksfestes Leipzig vom Mai 1912 und einige andere.

Die ersten offiziellen Marken mit der Inschrift »Deutsche Flugpost« kamen im Oktober 1919 an die Schalter. Es waren zwei Werte zu 10 Pfennig beziehungsweise 40 Pfennig, die keineswegs selten sind, im Gegenteil, beide Marken sind für weniger als eine Mark zu haben. In den zwanziger Jahren hatten bereits die meisten europäischen und viele überseeische Staaten eigene Luftpostmarken, damit war die Grundlage für ein neues Sammelgebiet, »Die Flugpost«, geschaffen. Das Interesse für dieses Gebiet wurde in wenigen Jahren so groß, daß sogar Spezialkataloge und -alben für Flugpostmarken erschienen. Vereine wurden gegründet, in denen Freunde der Aero-Phil-

atelie zusammenkamen. Auch heute ist der Kreis jener, die sich diesem außerordentlich interessanten Teil der Philatelie widmen, sehr beachtlich.

Luftpostfreunde schätzen besonders das komplette Poststück, den geflogenen Beleg, wie es im Fachjargon heißt, denn nur aus ihm sind ja anhand der Stempel die wichtigen Details über den Flug zu erkennen. Sehr beliebt sind Stücke, die mit attraktiven Maschinen befördert wurden, zum Beispiel mit dem seinerzeit größten Flugzeug der Welt, dem legendären Flugboot DO-X. Ferner Karten und Briefe, die von deutschen Schnelldampfern auf der Nordatlantik-Route stammen und vom Schiff aus mit sogenannten Katapultflugzeugen gestartet wurden. Diese kleinen Wasserflugzeuge hatten die Aufgabe, mit besonders eiliger Post dem Schiff vorauszufliegen, damit die Sendungen schneller ihren Empfänger erreichten. Die so gewonnene Zeit war nicht unbeträchtlich.

Eine andere Art von Postbeförderung durch die Luft erfolgte in den zwanzi-

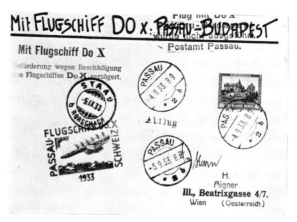

Mit der »DO-X« geflogene Karte

ger und dreißiger Jahren durch die Zeppeline. Die weltweiten Fahrten der deutschen Luftschiffe veranlaßten viele europäische und überseeische Staaten, Zeppelin-Gedenk- und -Sondermarken zu verausgaben. So erinnern zwei Sondermarken der Sowjetunion von 1930 an den Besuch des »Graf Zeppelin« in Moskau. Das gleiche Luftschiff besuchte 1931 Liechtenstein; die dortige Postverwaltung ehrte dieses Ereignis ebenfalls mit zwei Zeppelinpost-Marken. 1933 erschien in Italien eine schöne Serie von sechs Marken als Sonderausgabe anläßlich der Fahrt des Luftschiffes LZ 127 von Rom über Friedrichshafen nach Südamerika. Die Vereinigten Staaten hatten 1930 drei Sondermarken verausgabt mit der Aufschrift »GRAF ZEPPELIN Europe-Pan America Flight«; der Postpreis für den Satz war außergewöhnlich hoch, die Wertstufen lauteten 65 Cent, 1,30 und 2,60 Dollar. Nur 61296 komplette Serien wurden verkauft, deshalb zählt dieser Satz heute zu den relativ teuren Zeppelin-Ausgaben. Für eine ungestempelte Serie muß der Sammler mindestens 1200 DM anlegen.

Viele Aero-Philatelisten verwenden ihr Interesse ausschließlich auf die Luftschiffahrt. Dieser Kreis, die Zeppelinpost-Sammler, hat in den letzten Jahren einen gewaltigen Zulauf zu verzeichnen. Jahrelang nicht sonderlich beachtet, setzte plötzlich eine gewaltige Nachfrage nach Zeppelinpost-Belegen ein, also nach Briefen und Karten, die durch Zeppelin-Luftschiffe befördert wurden. Solche Poststücke sind vielfach an den Marken, immer aber an den besonderen Zeppelinpost-Stempeln erkenntlich. Da die Menge der beförderten Post von Fahrt zu Fahrt sehr unterschiedlich war – auf einzelnen Strecken waren es weniger als 100 Stück –, werden für die raren Poststücke enorme Preise bezahlt. Zur Zeit hält der Zeppelin-Boom an. Ein kleiner Kreis von Spezialhändlern und das Angebot bei den Auktionshäusern kann die Nachfrage aus Sammlerkreisen kaum befriedigen. Der von der Firma Sieger in Lorch, Württemberg, verausgabte Zeppelinpost-Katalog ist

60

1931 mit »Graf Zeppelin« durch Europa

bereits eine bibliophile Seltenheit, da im Handel praktisch nicht mehr erhältlich.

Die erste Flugpost der Welt – die Ballons von Paris. Wenn von der Aero-Philatelie die Rede ist, erscheint es unerläßlich, auch das erste Kapitel aus der Geschichte der Luftpost zu erwähnen. Es ist wenig bekannt, daß bereits während des Deutsch-Französischen Krieges 1870/71 im belagerten Paris auf amtliche Weisung eine offizi-

Zeppelin-Brief, 1933 von Rom nach Bayreuth

elle Luftpost eingerichtet wurde, die circa vier Monate bestand und während dieser Zeit etwa 11000 Kilo Post beförderte. Der Sachverhalt war folgender: Als am 19. September 1870 die deutschen Armeen ihren Belagerungsring um Paris schlossen, war für über zwei Millionen Menschen in der Seine-Metropole jede Verbindung zur Außenwelt unterbrochen. Die drahtlose Telegraphie existierte damals noch nicht, und so gab es zunächst für die Eingeschlossenen keine Möglichkeit, mit der Außenwelt beziehungsweise dem unbesetzten Teil Frankreichs in Verbindung zu treten. Die zuständigen Organe in Paris erkannten sehr rasch, daß der einzige erfolgversprechende Weg nach draußen durch die Luft führen mußte; um ihn zu beschreiten, waren

1870, nächtlicher Ballonstart in Paris, nach einem zeitgenössischen Ölgemälde

große Ballons mit bedeutender Tragfähigkeit nötig. In der eingeschlossenen Festung gab es aber nur einige dafür geeignete Ballons, dazu ein paar Flugpioniere, die imstande waren, diese Luftfahrzeuge zu bedienen. Die Franzosen begannen in imponierendem Tempo eine »Ballonflotte« aus dem Boden zu stampfen und trainierten in einer eigens eingerichteten Ballonfahrerschule die künftigen »Aeronauten« (bevorzugte Anwärter für diese Aufgabe waren Matrosen, Seeleute, Akrobaten und Artisten, von denen man glaubte, sie würden mit den Bedingungen in einer schwankenden Ballongondel am besten zurechtkommen).

Schon zwei Tage, nachdem sich der Militärring um Paris geschlossen hatte, erfolgte der erste Aufstiegsversuch, und bereits am 23. September verließ der von General-Postdirektor Rampont gecharterte, 1200 Kubikmeter große Ballon »Le Neptune« mit zwei Postsäcken an Bord die eingeschlossene Festung. Dieser Ballonstart gilt als der historische Beginn der Luftpost, er erfolgte exakt am 23. September 1870 um 7.50 Uhr in der Place Saint-Pierre auf dem Montmartre, an Bord befand sich der Ballonführer Durouf mit seinen beiden circa 120 Kilo schweren Postsäcken und allem notwendigen Instrumentarium. Zahlreiche Zuschauer verabschiedeten jubelnd diesen ersten der insgesamt 67 Ballons, die bis zum 28. Januar 1871 Paris verließen. Der prallgefüllte Ballon gewann rasch an Höhe, bereits nach kurzer Zeit überflog er die Belagerer und wurde unter Gewehrfeuer genommen. Durouf antwortete mit dem Abwurf von diversen Zeitungen und 4000 Visitenkarten, die seinen Namen trugen und an König Wilhelm, Königin Auguste und Bismarck adressiert

Am 16. Oktober 1870 flog der 2045 Kubikmeter große Ballon »Le Jean Bart« aus Paris, an Bord 5 Postsäcke mit Briefen; der hier abgebildete Brief hat die Luftreise mitgemacht

waren; viele davon wurden in und um Versailles gefunden. Die Luftreise vollzog sich in etwa 1500 Meter Höhe, und die glatte Landung erfolgte nach dreistündiger Fahrt im Schloßpark von Cracauville, sechs Kilometer von Evreux und etwas über 100 Kilometer von Paris. Die erste Luftpost der Welt flog also über eine Distanz von etwa 100 Kilometer. Von Evreux aus wurde sie dann auf herkömmliche Weise an ihre Empfänger weiterbefördert.

Heute zahlen Liebhaber für einen Brief, der diesen historischen Flug mitgemacht hat, mindestens 2000 DM, von einigen anderen Ballons sind Post-

Eine Ballonbrief-Rarität! Am 27. Dezember 1870 verließ dieser Brief mit dem Ballon »Le Tourville« Paris. Der Inhalt ist in deutscher Sprache geschrieben. Der Empfänger war die Vossische Zeitung in Berlin

stücke noch seltener und werden mit noch höheren Beträgen gehandelt. Die meisten Ballonbriefe aber sind wesentlich billiger; schon ab 100 DM kann man Stücke auf Auktionen finden.

Die Ballonfahrten aus dem belagerten Paris wurden aus der Not geboren, die kühnen Aviatiker hatten praktisch keinen oder nur einen ganz geringen Einfluß auf den Fahrtverlauf, denn die Ballons waren ja nicht lenkbar. So verwundert es nicht, daß die zurückgelegten Entfernungen von zwölf Kilometer bis zu über 1300 Kilometer reichten und die Fahrtdauer zwischen zwanzig Minuten und fünfzehn Stunden lag. Der Ballon »Le Jaquard«, der am 28. November 1870 um 23.00 Uhr vor der Gare d'Orleans aufstieg – an Bord der Ballonführer Prince und 250 Kilo Post –, startete zu einer Katastrophenfahrt. Der nächtliche Wind, der aus Südosten wehte, trug den Ballon in Richtung Ärmelkanal. Es wurde die große Reise ins Nichts. Nur einmal noch sollte »Jaquard« kurz gesichtet werden: Es war am nächsten Tag über dem Meer. Von Bord des britischen Dreimasters »North« entdeckten Matrosen einen seltsamen »Luftball« am Himmel entlangtreiben, der rasch wieder ihren Blicken entschwand. Die »North« befand sich zu diesem Zeitpunkt unweit Cap Lizard, dem südwestlichsten Punkt Englands. Der Ballon verschwand spurlos im Atlantik, aber Teile seiner Post wurden bei Falmouth angeschwemmt. Die Marken waren abgeweicht, doch wo auf den durchnäßten Briefen noch die Adressaten zu ermitteln waren, wurden sie von den britischen Postbehörden an die Empfänger weitergeleitet.

Post aus dem verunglückten »Jaquard« ist natürlich sehr selten. Was diese Briefe zeigen, ist für den nüchternen Betrachter ein schwer entzifferbarer Text aus zerlaufener Tinte auf einem vom Meerwasser gezeichneten Blatt Papier. Für den Ballonpost-Sammler aber ist es ein kulturhistorischer Beleg aus einem der ungewöhnlichsten Kapitel der Postgeschichte. Es gäbe noch viel Hochinteressantes und Reizvolles über die Ballons von Paris zu berichten, der Rahmen des Buches aber erfordert es, sich zu beschränken. Abschließend sollte jedoch noch erwähnt werden, daß die klassischen Ballonbriefe von Paris auch von Nichtphilatelisten sehr geschätzt sind. Attraktiv gerahmt bilden sie nicht nur für Franzosen einen extravaganten Schmuck an Wänden oder in Vitrinen. Durch den Hauch von Abenteuer und Romantik, der ihnen anhaftet, genießen diese historischen Poststücke international eine große Beliebtheit, ganz besonders bei einem speziellen Kreis von Philatelisten, dem wir uns jetzt zuwenden wollen.

Die Postal-History-Sammler. Den Engländern sagt man nach, daß sie ein philatelistisches Sammelgebiet für gehobene Ansprüche kreiert hätten, die »Postal History«. Philatelisten, die posthistorische Sammlungen aufbauen, betrachten die Briefmarke nicht als den wesentlichen Bestandteil ihrer Kollektionen, vielmehr geht es ihnen um das vollständige Poststück, ob Brief, Karte, Telegramm, Paketkarte oder Postanweisung. Da die englische Bezeichnung »Postal History« auch von den deutschen Sammlern weitgehend übernommen wurde, wollen wir sie hier beibehalten. Einer der großen Postal-History-Sammler sagte einmal: Marken flüstern, Briefe erzählen. Diese Worte erklären eigentlich schon, worin der Sinn dieser Art zu sammeln liegt.

Bekanntlich spezialisiert sich der überwiegende Teil der Philatelisten auf ein begrenztes Sammelgebiet, bei den Freunden der Postal History ist es nicht anders. Die meisten Postal-History-Sammler geben einem bestimmten Thema gegenüber geographischen Bereichen den Vorzug. Durch die Präsentation einzelner Themen soll versucht werden, zumindest eine ungefähre Vorstellung von diesem recht exklusiven Sammelgebiet zu vermitteln. Die Pariser Ballonpost zum Beispiel gehört unbedingt in den Bereich Postal History, denn eines der erklärten Lieblingsgebiete posthistorischen Sammelns ist die Kriegs- und Militärpost mit allem, was im weitesten Sinne dazugehört. Aber es waren nicht nur die Ballonflüge, die Geschichte machten.

Das belagerte Paris konnte mit einer zweiten postgeschichtlichen Einmaligkeit aufwarten, mit dem Versuch einer Unterwasser-Postbeförderung durch die Seine. Wir wissen, daß Ballons nicht lenkbar sind. Man konnte nur sagen, daß sie mit der Windrichtung Paris verlassen würden. Wie aber konnte der Belagerungsgürtel in umgekehrter Richtung überwunden werden, wie konnten Nachrichten von außen die völlig isolierten zwei Millionen Pariser erreichen? Vom unbesetzten Teil Frankreichs aus per Ballon in die Festung Paris zu fliegen war unmöglich. In der belagerten Stadt meldeten sich fast täglich »Erfinder«, die glaubten, mit den skurrilsten Mitteln Ballons steuerbar machen zu können, sogar von vorgespannten Adlern sollten sie gezogen werden.

Zwei Erfinder jedoch wurden von den Behörden ernst genommen. Ihre Konstruktion war eine Zinkkugel, die mit Schaufeln versehen war und bei einer bestimmten Belastung unmittelbar unter dem Wasserspiegel der Seine durch den Strom treiben würde – bis ins eingeschlossene Paris. Jede dieser Schwimmkugeln sollte etwa 500 Briefe aufnehmen und damit an einer geheimen Stelle dem Fluß anvertraut werden: Man brauchte in Paris nur noch ein Netz durch die Seine legen, das die seltsamen Postbehälter auffangen würde. Den zuständigen Stellen erschien diese Idee erfolgversprechend, man schickte die beiden Konstrukteure am 7. Dezember 1870 mit dem Ballon »Le Denis Papin« auf die Reise, damit sie ihre Erfindung in die Tat umsetzen sollten. Nach etwa sechsstündiger Luftfahrt bei eisiger Kälte landete der Ballon gegen 7.00 Uhr wohlbehalten bei La Ferte-Bernard. Die beiden Erfinder Delort und Robert begaben sich an ihren Bestimmungsort und begannen mit den Vorbereitungen zum Bau des ungewöhnlichsten und originellsten amtlichen Transportmittels für Briefpost: den Schwimm- oder Zinkkugeln, auch »Boules de Moulins« genannt.

Die kleine Stadt Moulins im Department Allier war der Sammelplatz für alle Briefe, die auf dem Unterwasserweg nach Paris gelangen sollten. Am 4. Januar endlich wurden die ersten vier Schwimmkugeln – jede mit etwa 500 Briefen gefüllt – von E. Robert an einem unbekannten Ort in der Nähe von Breye-sur-Seine nachts ins Wasser gelassen. Wie viele Kugeln insgesamt in die Seine versenkt wurden, ist nicht bekannt, und keine der seltsamen Post-Kugeln erreichte Paris während der Blockade.

Die erste Zinkkugel fand man im März 1871, die bisher letzte wurde im Mai 1955 von spielenden Kindern in einer Pariser Vorortgemeinde entdeckt. Als sie den verrotteten Metallbehälter zertrümmerten, fanden sie darin alte Briefchen, noch relativ gut erhalten. Enttäuscht ließen sie den seltsamen Fund liegen, doch einige der Jungen berichteten ihren Eltern, was sie da Komisches gefunden hatten. Die Erwachsenen suchten am nächsten Tag nach der Kugel und fanden sie auch; aber in der Nacht hatte ein starker Regen die historischen Poststücke stärker beschädigt als das Seine-Wasser in 85 Jahren. Dennoch, einiges war in ziemlich gutem Zustand erhalten und wurde ein gefundenes Fressen für die Postal-History-Sammler, denn die meisten dieser Briefe gelangten in den Handel. Die Seltenheit der Schwimmkugelbriefe ist – verglichen mit der Ballonpost – ungleich größer, die Liebhaber finden heute kaum noch ein Stück unter 1000 DM, und besonders gut erhaltene Briefe mit klar lesbarem Inhalt sind wesentlich teurer.

Zur Postgeschichte im belagerten Paris gehört noch eine weitere Art von Nachrichtenübermittlung, die Taubenpost. Da Brieftauben bekanntlich über enorme Distanzen ihren heimatlichen Schlag wiederfinden, hatte fast jeder der Paris verlassenden Ballons einige Tauben an Bord; sie sollten nach der Landung chiffrierte Depeschen aufnehmen und damit die Heimreise antreten. Diese Mitteilungen waren in winzigen Lettern auf Seidenpapier geschrieben und in einem Gänsefederkiel zusammengerollt. Der Umfang dieser Postbeförderung war naturgemäß äußerst gering. Nicht nur mengenmäßig; auch die Chance, daß die Taube in Paris ihren Schlag wieder findet, war nicht sehr groß.

In dieser Situation erinnerte man sich in Paris des Photographen Dragon, der auf dem Gebiet der Mikrophotographie sensationelle Erfolge erzielt hatte. Meister Dragon war auch sofort bereit, seine Dienste dem Vaterland zur Verfügung zu stellen. Am Morgen des 12. November 1870 verließen er und drei weitere Photographen mit dem Ballon »Le Niepce« die eingeschlossene Stadt. Die Arbeit Dragons und seiner Mitarbeiter war von überragender Bedeutung für die weitere Nut-

Zinkkugelbrief aus der 1955 bei Bray gefundenen Schwimmkugel. Dafür, daß der Brief 84 Jahre im Wasser der Seine lag, ist er noch recht gut erhalten

Eine Laterna magica vergrößert die 1870 durch Brieftauben nach Paris beförderten Mikro-Telegramme

zung der Taubenpost. Die Photoexperten reisten nach Tours, dem damaligen Regierungssitz, und dort begann die Sternstunde der Mikrophotographie. Mit ihr gelang es, bis zu sechzehn große Druckseiten auf ein einziges hauchdünnes Kollodiumhäutchen zu übertragen, das so bis zu 3200 Telegramme aufnehmen konnte! In einem Gänsekiel wiederum ließen sich etwa zwölf dieser Kollodiumhäutchen unterbringen. Über 40000 Telegramme wurden einmal durch eine einzige Taube befördert.

Im Pariser Haupttelegraphenamt wurden die Trägerfedern vorsichtig geöffnet und die kostbaren Kollodiumhäutchen nach einem Ammoniakbad zwischen Glasplatten gelegt. Eine sehr stark vergrößernde Laterna magica projizierte nun die Telegrammbotschaften auf eine weiße Wand, und dann wurde der Depeschentext von mehreren Beamten abgeschrieben. Alle Taubenpost-Telegramme wurden alsdann gleich den Empfängern zugestellt.

Vom 25. September 1870 bis zum 28. Januar 1871 transportierten die Ballons 381 Brieftauben aus der Hauptstadt heraus. Nur 59 von ihnen kamen heil wieder nach Paris zurück. Kälte, Schneetreiben und Raubvögel hatten sie unterwegs ebenso dezimiert wie die Abschüsse der Belagerer. Immerhin, diese 59 brachten Tausende von Briefdepeschen aus der Provinz für die Bürger der so hermetisch eingeschlossenen Festungsstadt. Jahrzehntelang erwiesen sich die Pariser den gefiederten Himmelsboten gegenüber dankbar. Verschiedene Gedenkmünzen wurden zur Erinnerung an sie geprägt, und noch Anfang unseres Jahrhunderts weihte man ein Denkmal zu ihrem Gedächtnis ein. Auf einer französischen Gedenkmarke von 1957 kommen die Brieftauben nochmals zu Ehren.

Eine Sondermarke von 1957 gedenkt der Brieftauben

In der unendlichen Vielfalt, die posthistorisches Sammeln bietet, haben Kriege eine besondere Anziehungskraft. Die geschichtliche Bedeutung von Feldpost- oder Kriegsgefangenenbriefen, ihre teilweise erschütternden, aber fast immer außergewöhnlich interessanten Inhalte veranlassen viele Postal-History-Freunde, sich mit dieser Materie eingehend zu beschäftigen. Schon im österreichischen Erbfolgekrieg 1740/48 verwendete die Feldpost der bayerischen Armee besondere Stempel. Im Napoleonischen Krieg 1806/07 benutzte auch das bayerische Truppenkontingent gegen die Preußen einen eigenen Stempel. Die Preußen ihrerseits führten erst 1814 ihren ersten Feldpoststempel ein. Feldpost- oder Kriegsgefangenenbriefe aus der Zeit vor 1870/71 sind sehr selten. Erst vom Deutsch-Französischen Krieg sind auch heute noch relativ viele Poststücke vorhanden.

Militärpost aus dem Ersten Weltkrieg ist bereits ein so umfangreiches Gebiet mit Tausenden von Feldpost- und Truppenstempeln, daß sich nur wenige Sammler an den gesamten Komplex wagen, die meisten spezialisieren sich, zum Beispiel auf Land- oder Marineeinheiten. Auch die Kriegsgefangenen-

Brief eines französischen Kriegsgefangenen aus der Festung Mainz, 1871 über Belgien nach Nantes befördert

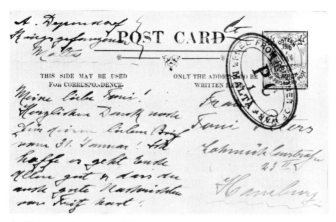

1916, deutsche Kriegsgefangene auf Malta – die Marken selbst gemalt

post aus jener Zeit ist ein großes Sammelgebiet, denn in weit über hundert Lagern von England bis nach Japan waren deutsche Kriegsgefangene untergebracht, alle hatten die Möglichkeit, in die Heimat zu schreiben, aber nicht allen ging es so gut, daß sie sich zum Zeitvertreib selbst hübsche Mar-

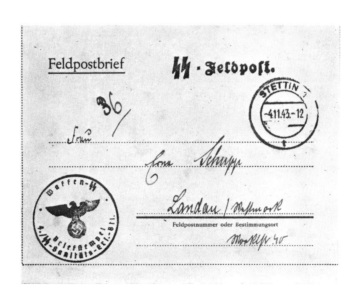

1943, SS-Feldpostbrief – von vielen amerikanischen Sammlern sehr gesucht

ken zeichnen konnten, wie es ein deutscher Gefangener in einem Lager auf Malta Ostern 1916 tat.

Die deutsche Feldpost im Zweiten Weltkrieg besaß einen derartigen Umfang, daß Kenner behaupten, in den sechs Kriegsjahren seien insgesamt über 100000 Stempel in Verwendung gewesen. In dieser Zahl sind wahrscheinlich die sogenannten Briefstempel der verschiedenen Einheiten enthalten. Wie dem auch sei, hier eine generelle Sammlung aufzubauen ist ein Lebenswerk. Wer sich diesem Bereich zuwenden will, sollte unbedingt spezialisieren. Eines der sehr gefragten Spezialgebiete ist die SS-Feldpost. Weiter sind alle Poststücke vom ehemaligen deutschen Afrikakorps gesucht oder von den in der Ägäis stationierten Einheiten, bei denen ja unter anderem die sogenannten Inselpost-Marken verwendet wurden.

Immer wieder begegnet uns beim posthistorischen Sammeln der enge Zusammenhang von Geschichte und Philatelie. Besonders beeindruckende Kollektionen gibt es von den Feldzügen des großen Napoleon und aus der Französischen Revolution. Derartige historische Postbelege lassen sich natürlich heute nicht mehr beim Stöbern in alter Korrespondenz finden, solche kulturgeschichtlichen Schriftstücke findet man fast ausschließlich auf Versteigerungen. In England, Amerika, der Schweiz und in der Bundesrepublik gibt es Auktionen, die ausschließlich posthistorisches Material unter den Hammer bringen. Unlängst erzielte ein Brief mit folgender Beschreibung 3500 DM: »1792, Militärbrief aus St. Nazaire, mit vollem Stempel ›Armee Revolutionaire du Midi‹, adressiert an den Bürger Hauptankläger des Revolutions-Tribunals in Marseille, mit hochinteressantem Text über die Inhaftierung untergetauchter Adelspersonen. Ein posthistorisches Liebhaberstück.« Das Auktionshaus hatte diesen Brief mit 1500 DM ausgeboten, die Preissteigerung auf mehr als das Doppelte verdeutlicht, welch starkes Interesse derartigen Objekten entgegengebracht wird. Bei einem anderen Los der gleichen Versteigerung heißt es:

1792, Französische Revolution – an den Bürger Hauptankläger adressiert

Der Däne Frank Fredrecksen und der Berliner Friedrich Wichmann unternehmen 1927 Polarflüge, um ihre Flugmaschinen unter arktischen Bedingungen zu prüfen

»VENETIEN, 1848 bis 1849, posthistorische Dokumentation aus dem Aufstand und Krieg gegen die österreichische Oberherrschaft, insgesamt 48 reizvolle Briefe mit außergewöhnlichen Stempeln. Geschichtlich hochinteressant.« Der Schätzpreis für dieses Objekt betrug 900 DM; das Resultat, nach heftigen Bietergefechten, lag bei 4000 DM. Auch hier ist klar zu erkennen, wie beliebt diese Form des Sammelns sein muß.

Arktis und Antarktis. Ein weiterer Postal-History-Favorit ist die Postgeschichte der Arktis und Antarktis. Die zahlreichen Expeditionen in die nördlichen und südlichen Polarregionen, die mit Ballons, Zeppelinen, Flugzeugen, Schiffen, Unterseebooten und Hundeschlitten unternommen wurden, sind seit Ende des vergangenen Jahrhunderts fast lückenlos philatelistisch dokumentiert. Der schwedische Ingenieur Salomon August Andrée versuchte 1897 mit einem 4500-Kubikme-

ter-Ballon von Spitzbergen aus den Nordpol zu überfliegen. Er startete mit zwei Begleitern am 11. Juli, dreiunddreißig Jahre später, im August 1930, entdeckte ein norwegischer Robbenfänger auf einer schwer zugänglichen Insel bei Spitzbergen die steinhart gefrorenen Leichen der Expeditionsteilnehmer und Reste ihrer Ausrüstung, darunter ein Tagebuch, dessen letzte Eintragung am 17. Oktober 1897 erfolgt war. Mit den seltenen Belegen von dieser unglücklichen Expedition beginnt praktisch die Arktis-Philatelie. Durch die rasante Entwicklung der Luftfahrt nach dem Ersten Weltkrieg zog es immer mehr Forscher und kühne Flugpioniere in die Eisregionen der Polargebiete, und von all diesen großen Leistungen gibt es postalische Belege, die die Eroberung von Arktis und Antarktis zu einem philatelistischen Sammelgebiet machten. Wer mehr über dieses spannende Kapitel Philatelie wissen möchte, findet in dem hervorragenden Buch von Hans Egon

71

Vesper »Die Postgeschichte der Arktis« eine lückenlose Dokumentation.

Katastrophenpost. Ein posthistorisches Gebiet von fast makabrem Charakter ist die sogenannte Katastrophenpost. Hier ist für die Spezialsammler jedes Poststück interessant, das aus gesunkenen Schiffen, abgestürzten Flugzeugen, verunglückten Eisenbahnen usw. stammt und mit einem entsprechenden postamtlichen Vermerk über die Katastrophe versehen ist. Solche Vermerke erfolgten zum Teil mit besonderen Stempeln, gelegentlich auch handschriftlich. So existiert ein Brief aus dem 1865 unter mysteriösen Umständen vor der Küste von Virginia gesunkenen Dampfschiff »Stella«; er enthält die Bestätigung: »Geborgen aus dem Wrack der Stella, durch Seewasser beschädigt.« Es folgt die Unterschrift eines Postmeisters und das Datum 2. April 65.

In neuerer Zeit werden verunglückte Poststücke – sofern sie bestellbar sind, also entweder Empfänger- oder Absenderangabe noch vorhanden ist – mit einem offiziellen Anschreiben als Postsache zugestellt. Der abgebildete Umschlag einer Geschäftsdrucksache ist stummer Zeuge des Unglücks der Lufthansa-Super-Constellation, die am 11. Januar 1959 beim Anflug auf Rio de Janeiro abstürzte. Der Absender erhielt das stark beschädigte Kuvert und seinen Inhalt mit einem Brief des Postamts Frankfurt/Main-Flughafen, in dem es heißt: »Die beiliegende Postsendung ist uns von der brasilianischen Postverwaltung übersandt worden. Sie wurde nach dem Absturz der Lufthansa-Maschine bei Rio de Janeiro am 11. 1. 1959 dort geborgen. Hochachtungsvoll! Wagner.« Nur wenige Briefe sind von dieser Katastrophe erhalten geblieben. Ein erschütterndes Dokument, verkrustet mit rot schimmernder Tonerde. Seit etwa Mitte des vergangenen Jahrhunderts sind Katastrophen-Belege verschiedenster Art bekannt, die von seiten der Postbehörden mit entsprechenden amtlichen Vermerken versehen sind.

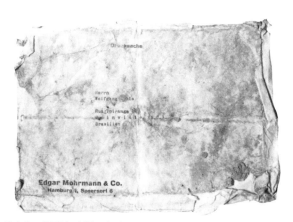

»Katastrophen-Brief«, 1959 bei Rio de Janeiro abgestürzt

Der Zweite Weltkrieg verhinderte die Beförderung – von Spezialisten als »Katastrophe« bewertet

Ein britischer Sammler hat alle für ihn erreichbaren Stücke registriert, und seine eindrucksvolle Aufstellung ist, ausführlich kommentiert, in Buchform erschienen.

Poststempel-Sammler. Einer sehr großen Gruppe von Philatelisten bedeutet der Poststempel mehr als die Briefmarke. Diesem weltweit verbreiteten Kreis der Poststempel-Sammler steht ein schier unendliches Betätigungsfeld zur Verfügung. Da wären zunächst einmal die Sonderstempel zu nennen, jene Art postalischer Entwertung, die fast jeder Laie kennt. Im zwanzigsten Jahrhundert gab es wohl kaum ein wichtiges wirtschaftliches, sportliches, kulturelles oder politisches Ereignis, das nicht durch einen Sonderstempel verewigt worden wäre. Ob Hannover-Messe, Fußball-Länderspiel, ob Theater-Festwochen oder Staatsbesuch, der Sonderstempel dokumentiert postamtlich den Anlaß, den Ort und die Zeit.

Die Sachsen gelten als Erfinder des Sonderstempels. Schon 1863 gab es in Leipzig einen Stempel mit der Inschrift »Turn-Fest-Platz«, und zwei Jahre später benutzte man in Dresden vom 22. bis 25. Juli 1865 einen ovalen Stempel mit dem zweizeiligen Text »Sänger-Fest-Platz«, darunter ein Posthorn als Verzierung. Der große Sonderstempelboom begann etwa um 1890, praktisch in allen Kulturstaaten. Überall fand man genügend Anlässe, die es wert waren, per Sonderstempel festgehalten zu werden. Die Zahl derartiger Stempel ist in der Regel weit höher als die der Briefmarken. Ein großes Gebiet von historischem Reiz; denn wem ist heute noch bekannt, daß es zum Beispiel 1897 in Frankfurt eine Rosenausstellung gab, 1881 in Halle an der Saale eine damals bedeutende Gewerbe-Ausstellung oder 1898 in Dresden einen Monat lang eine Landwirtschaftsschau.

Die Sonderstempel haben längst vergessene Anlässe festgehalten. Die zunächst sehr einfache Art dieser Stempel hat bereits in den zwanziger und

1891, Elektro-Ausstellung in Frankfurt. Der große Sonderstempelboom begann in den neunziger Jahren des letzten Jahrhunderts, und zwar praktisch in allen Kulturstaaten. Es gab genügend Anlässe, die man mit einem Sonderstempel festhalten konnte

1895, der Nord-Ostsee-Kanal wird eröffnet

1902, in Wiesbaden gibt es ein »Sprudeljubiläum«

74

dreißiger Jahren einer attraktiven, teils künstlerischen Ausführung Platz gemacht. Die gegenwärtigen Sonderstempel werden allgemein als »schön« bezeichnet, dies ergab eine unlängst bei Postkunden durchgeführte Umfrage. Der größte Teil aller Befragten war außerdem der Ansicht, daß Briefmarken von den Beamten sauber und sorgfältig abgestempelt werden sollten. Ein interessantes Resultat.

Der Heimat-Sammler. Als Urvater heimatkundlichen Sammelns wird ein preußischer Offizier genannt, der bereits um 1890 systematisch alle erreichbaren Briefe kaufte, die mit preußischen Marken frankiert waren und aus Orten seiner schlesischen Heimat stammten. Offenbar von dieser Art zu sammeln angesteckt, war einige Jahre später ein Rittergutsbesitzer damit beschäftigt, alle Poststempel von Ostpreußen zusammenzutragen.

Heute gibt es besonders bei uns, aber auch in vielen anderen Staaten, eine erhebliche Anzahl von Philatelisten, bei denen die Heimat das Thema ihrer Sammlungen ist. Sie sammeln alle auftreibbaren Poststücke mit Stempeln ihres heimatlichen Gebietes, zum Beispiel eines Regierungsbezirks, eines Landkreises oder einer Stadt. Die Kollektionen dieser Sammler stoßen häufig tief in die Postgeschichte vor, und ihr Wert ist vorwiegend ideeller und kultureller Natur, denn auch bei dieser Art des Sammelns sind ja die Marken meist zweitrangig. Das Primäre sind die Poststempel; aber auch Urkunden, altes Bildmaterial und sonstige auf die Post bezugnehmende Dokumente und Belege finden sich in derartigen Kollektionen. Ein Hauch von Romantik und Nostalgie erfaßt den Betrachter einer solchen Sammlung.

Ein Berliner Kaufmann nennt zehn Bände Alt-Berlin sein eigen; es ist ein Geschichtsbuch besonderer Art, das Poststücke aus zwei Jahrhunderten enthält und das alte Berlin zwischen 1714 bis 1914 lebendig werden läßt. Alle posthistorischen Sammlungen enthalten viel Lehrreiches, bei dieser Berlin-Sammlung ist es nicht anders. Einige interessante Dinge sollten es wert sein, in diesem Rahmen erwähnt zu werden: 1831 – die Choleraepidemie tobt, in Berlin werden Briefe »desinficiert« und mit entsprechenden

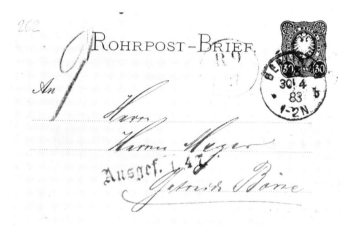

Berliner Rohrpostbrief von 1883, Porto 30 Pfennig

Berliner Rohrpostbrief von 1911, Porto 30 Pfennig – 28 Jahre keine Preiserhöhung

»Königliche Angelegenheiten« waren portofrei

Stempeln versehen. 1850 – erstmals kommen aufklebbare Freimarken mit dem Kopfbild König Friedrich Wilhelms IV. an die Schalter. 1851 – es gelangen außerdem sogenannte »Post-Couverts« zur Verwendung. In den achtziger Jahren hatte Berlin bereits ein stark benutztes Rohrpostnetz, das Porto für pneumatische Briefe war 30 Pfennig. Die Beförderung erfolgte in besonderen Umschlägen. Auch »Majestät« benutzte die Berliner Rohrpost, aber portofrei. Die besonderen Umschläge trugen die Aufschrift »Königliche Angelegenheit«, eine Frankierung war nicht nötig.

Die deutsche Privatpost. Neben der Kaiserlichen Reichspost waren Ausgang des neunzehnten Jahrhunderts in fast allen größeren deutschen Städten von Aachen bis Zwickau sogenannte Privatpost-Anstalten oder Gesellschaften tätig, die – im lokalen Bereich – hauptsächlich Drucksachen, Ortsbriefe und Karten beförderten. In den Großstädten war das Volumen, das durch private Unternehmen bewegt

wurde, erheblich. In Berlin operierten sogar mehrere Privatpost-Anstalten mit großem Erfolg, und ihre Portosätze lagen meist unter denen der Reichspost. Um 1890 erschienen in der Hauptstadt drei kuriose Privatmarken, zwei für die »Eigene Briefbeförderung

1889 in Berlin, eigene Briefmarke für die Fleischerzeitung

der Allgemeinen Fleischer-Zeitung« und eine für den »Berliner Stenographenverein«. Ende der neunziger Jahre kam noch eine besondere Marke

76

für den »Berliner Buchhändlerverein« heraus.

Gegen Ende des vorigen Jahrhunderts hatten sich die Privatpost-Anstalten zu voller Blüte entwickelt und erschienen dem damaligen Chef der Reichspostverwaltung, Herrn von Podbielski, eine recht ernst zu nehmende Konkurrenz, die es auszuschalten galt. Längere Reichstagsverhandlungen führten zu einer neuen Fassung des Reichspostgesetzes. Das Resultat war die Abschaffung aller deutschen Privatpost-Unternehmen mit Wirkung vom 1. April 1900. Die ehemaligen Privatpost-Unternehmen – Briefmarken, Karten und Umschläge – sind ein Stück deutscher Postgeschichte und verdienen es, den staatlichen Postmarken gleichgestellt zu werden. Bei uns sind diese Ausgaben leider noch zu philatelistischen Randgebieten degradiert. In den Vereinigten Staaten aber, wo ähnliche Privatpost-Unternehmen bestanden, werden deren Marken den offiziellen staatlichen Ausgaben gegenüber als gleichwertig betrachtet. Der USA-Spezialkatalog führt diese Stücke genauso wie die staatlichen Freimarken, und für seltene Stücke zahlen amerikanische Sammler häufig Beträge von mehreren tausend Dollar. Dagegen sind die – an der Seltenheit gemessen – gleichwertigen deutschen Privatpost-Marken für billiges Geld zu haben. Die philatelistische Entwicklung wird an diesem reizvollen historischen Gebiet nicht spurlos vorbeigehen. Noch besteht die Möglichkeit, mit relativ geringen Mitteln eine schöne Kollektion solcher Marken aufzubauen. Die langsam, aber spürbar einsetzende Nachfrage wird auch diesem Gebiet den längst fälligen Preisauftrieb bringen. Die Marken der alten deutschen Privatpost-Gesellschaften versprechen zum attraktiven Anlageobjekt zu avancieren. A. E. Glasewald, ein in Gößnitz ansässiger Händler, brachte bereits 1887 den ersten »Katalog und Mancoliste sämtlicher deutscher Privatpost-Werthzeichen« heraus. Fünfzig Jahre

1. April 1900, Abschied von der billigen deutschen Privatpost

später erschien in Hamburg, durch den Sohn verlegt, eine stark verbesserte Neuauflage, an der sich die heutigen Sammler noch orientieren. Wer sich diesem Sammelgebiet zuwendet, hat einen klar überschaubaren Bereich, der 1861 beginnt, als die Firma C. Hamer & Co. in Hamburg für ihr »Institut Hamburger Boten« die ersten Privatpost-Marken verausgabte, und endet allgemein mit dem 1. April 1900. Viele Gesellschaften feierten den letzten Tag ihres Bestehens mit Abschieds-Ausgaben, wie die hübsche Karte der »Privatstadtbrief-Beförderung Hansa« aus Breslau zeigt.

Bildpostkarten – Randgebiet der Philatelie. Die Bildpostkarte, lange Zeit in Vergessenheit geraten, entwickelt sich seit einigen Jahren wieder zu einem aktuellen Sammelgebiet. Die Ursache dafür dürfte in der Nostalgiewelle zu suchen sein, denn zunächst fand der Bildkarten-Kitsch der Jahrhundertwende bei einem beachtlichen Publikum Interesse. Von ernsthaften Sammlern wurden umfangreiche Kollektionen nach allen möglichen Motiven aufgebaut, zum Beispiel Ansichten von Landschaften, Städten, Burgen, Schlössern, Transportmitteln wie etwa Schiffen, Eisenbahnen, Flugzeugen u. a. Obwohl die Ansichtskarte, abgesehen von ihrer eventuellen Frankatur, kein philatelistisches Sammelobjekt darstellt, muß man sie dennoch den sogenannten Randgebieten der Philatelie zuordnen, weil sie gern zum Ausschmücken von Spezialsammlungen verwendet wird.

Aero-Philatelisten schätzen beispielsweise zeitgenössische Ansichten von alten Luftfahrzeugen wie Zeppelinen, Flugzeugen oder Ballons. Bei Sammlern der ehemaligen deutschen Kolo-

Ruine Godesberg in Seide gewebt – Bildpostkarte von 1899

nien und Schutzgebiete sind Bildpostkarten aus der Kolonialzeit sehr beliebt, besonders wenn sie kriegerische Darstellungen zeigen wie solche aus dem Boxeraufstand oder den Feldzügen gegen die Hereros und Hottentotten. Die anhaltende Nachfrage schuf einen gutgehenden Markt für dieses Gebiet. Ein reich illustrierter Katalog für deutsche Bildpostkarten von 1870 bis 1945 ist erst unlängst in Hamburg erschienen. Die Karten sind nach Motiven und Jahrgängen sortiert, und die Katalogwerte bewegen sich zwischen 30 Pfennig für die gewöhnlichsten Sorten und 4000 DM für das teuerste

Stück, eine Karte des Norddeutschen Postgebiets von 1870 mit einem militärischen Motiv.

Alle Arten, Möglichkeiten und Varianten posthistorischen Sammelns zu schildern würde in diesem Rahmen zu weit führen. Da jedoch das Randgebiet Bildpostkarten Erwähnung fand, sollen die seltenen »Vorläufer« der Ansichtskarte nicht vergessen werden. Schon 1861 – zu Beginn des amerikanischen Bürgerkrieges – erschienen in den USA Briefumschläge mit posthistorischen Motiven, kriegerischen

Darstellungen, Ansichten von Militärlagern, Städten, berühmten Heerführern usw. Auch bei uns nennt man sie mit ihrer englischen Bezeichnung »Patriotic Covers«. Sie sind als Sammelobjekt außergewöhnlich beliebt und teilweise auch enorm selten, besonders wenn sie postalisch verwendet wurden. Die Anzahl der bekannten Abbildungen auf diesen Patriotic Covers gehen in die Tausende. Neben primitiven Abbildungen finden sich solche in sehr feiner und sorgfältiger Ausführung. Als kleine »Kunstwerke« gelten die hübschen mehrfarbigen Lithographien des New Yorker Druckers Charles Magnus, die von Liebhabern besonders gesucht werden.

Die Altbriefe. Es würde zu weit führen, auf alle Formen und Möglichkeiten posthistorischen Sammelns einzugehen, aber ein sehr wesentliches Gebiet darf nicht übergangen werden, es ist die »Vorphilatelie«. Unter diesem Begriff versteht man all jene Poststükke, die aus einer Zeit stammen, als die Briefmarke noch nicht »erfunden« war. Die ernsthaften »Vorphila-Sammler« bilden einen exklusiven Kreis, sie beschäftigen sich auch vielfach mit postgeschichtlicher Forschung. In der Bundesrepublik erscheinen regelmäßig Veröffentlichungen über dieses hochinteressante Gebiet, verausgabt durch den »Deutschen Altbriefsammler-Verein« mit seinem Sitz in Offenbach.

Wer jemals einen dieser uralten Briefe betrachtet hat, wird leicht verstehen, daß die Philatelie viel mehr zu bieten hat als nur die Briefmarke. Eine häufig von Laien aufgeworfene Frage: »Wie kommt man denn zu derart antiken Briefen?«, ist einfach zu beantworten: Auch in diesem philatelistischen Teil-

»Patriotic-Cover« aus dem amerikanischen Bürgerkrieg

79

Abbildung 1
Die berühmteste aller Briefmarken, die Blaue Mauritius. Ihre philatelistisch korrekte Bezeichnung allerdings lautet: Two-Pence-Post-Office. Sie erschien 1847 auf der Tropeninsel
in einer Auflage von nur 500 Stück. Ganze zwölf Exemplare wurden bisher von ihr gefunden.
Die hier gezeigte Post-Office wurde im April 1972 in Hamburg versteigert. Das Auktionshaus Edgar Mohrmann & Co. brachte sie im Auftrage des belgischen Immobilienhändlers
René Berlingin unter den Hammer. Der anonyme Käufer zahlte für die Blaue Mauritius bare
287 000 DM

Abbildung 2
Das Kronjuwel der gesamten Philatelie – zwei der legendären One-Penny-Post-Office auf
einem vollständigen Brief. Sie sind das Nonplusultra unter den Briefmarken-Schätzen. Der
heutige Wert dürfte etwa bei 2 000 000 DM liegen. Zur Zeit lagert die hochwertige Kostbarkeit unter den Briefmarken-Raritäten in einem amerikanischen Banksafe in New Orleans

Abbildung 3
Briefchen mit der One-Penny-Post-Office, einer der Superraritäten aus der Sammlung des
britischen Königshauses

Abbildung 4
Die schönste blaue Post-Office. Ihr Besitzer ist die Königin von England. Wäre diese Marke
verkäuflich, ihr Preis würde heute bei etwa 1 000 000 DM liegen. Aber leider ist sie es nicht

Abbildungen 5–8
Die Abbildungen 5 bis 8 zeigen besonders erlesene Exemplare der »Post-Paid«-Ausgaben
von Mauritius. Alle Stücke befinden sich in der britischen »Royal-Collection«. Bei den
»Post-Paid«-Marken richten sich die Preise nach der Frische des Drucks. Ganz frühe
Abzüge – die sogenannten »earliest impressions« – werden sehr hoch bewertet

1

2

3

4

5

6

7

8

gebiet sind spezielle Händler tätig, und auf den meisten Briefmarkenversteigerungen sind derartige Poststücke zu finden. Sammler, die in Vereinen organisiert sind, haben darüber hinaus Gelegenheit, untereinander zu tauschen. Wie in fast allen Bereichen der Philatelie sind auch hier die Möglichkeiten so gewaltig, daß es unerläßlich ist, sich zu spezialisieren, wenn man eine attraktive Kollektion aufbauen möchte. In der vorphilatelistischen Epoche sind nicht nur Briefe für die Sammler von hohem Reiz, sondern auch die sogenannten Post- oder Aufgabescheine. Diese stellen praktisch Quittungen dar, die vom Postamt gegen eine besondere Gebühr dem Absender ausgestellt wurden und die Aufgabe eines Poststückes amtlich bestätigen, so wie es etwa unsere heutigen Einschreibezettel tun. Auch alte Landkarten, die Postrouten zeigen, sind beliebte Sammelobjekte, ferner genießen »Reisescheine« (etwa mit unseren heutigen Fahrkarten gleichzusetzen) bei den Spezialisten großes Ansehen. Vielfach ist der Text auf diesen klassischen »Dokumenten« außergewöhnlich reizvoll, wie auf jenem alten »Billet« von 1786, das für eine Reise von Frankfurt am Main nach Mainz gültig war und aus dessen entzückender Aufschrift unter anderem zu ersehen ist, daß dem Postillion ein Trinkgeld zustand, den Reisenden aber untersagt war, im Postwagen Tabak zu rauchen. Es gäbe noch viel Interessantes über das posthistorische Sammeln zu berichten, wir wollen es aber mit dem kurzen Streifzug bewenden lassen, um uns mit einer weiteren »Sorte« von Philatelisten zu beschäftigen.

1786 von Frankfurt nach Mainz – Rauchen verboten

Forschungs-Sammler oder Philatelie als Wissenschaft. Philatelisten, die in diese Kategorie einzuordnen sind, bilden zwar den geringsten Prozentsatz in der nach vielen Millionen zählenden Sammlerschaft in aller Welt. Ihre Kollektionen aber sind die hochwertigsten und aufwendigsten. Um ein Bild von den Mitgliedern dieser »Kaste« zu zeichnen, ist es angebracht, einen ihrer Vertreter zu beschreiben. Er ist ein Mann von Mitte vierzig, Unternehmer mit dem für seine Leidenschaft notwendigen Einkommen. Sein Sammelgebiet: die ehemalige Kolonie Deutsch-Ostafrika. Ein Gebiet, das von 1893 bis 1905 nur 39 verschiedene Postwertzeichen verausgabte, ist in seiner Kollektion so außergewöhnlich spezialisiert, daß für die Unterbringung des Materials vierzig Alben erforderlich waren. Nun könnte ein Laie mit Recht fragen: Wie ist es möglich, 39 verschiedene Marken in vierzig Alben unterzubringen?

Bei einem Spezialsammler ist das

möglich, denn zum Aufbau einer Forschungssammlung gehört unendlich viel mehr als nur die Marken des jeweiligen Gebietes. Den Spezialisten kommt es auf alles an, was irgendwie postalischen, postgeschichtlichen oder überhaupt geschichtlichen Bezug auf sein Sammelgebiet nimmt. Die Deutsch-Ostafrika-Kollektion, von der hier die Rede ist, darf sicher als die größte Sammlung dieser Art gelten, die jemals aufgebaut wurde. Sie enthält unter anderem Briefe und Karten mit den Poststempeln von jeder Stadt, von jedem Ort und jeder Bahnstation in Deutsch-Ostafrika, und das aus jedem Jahr von der Eröffnung bis zur Schließung der jeweiligen Postanstalt. Damit nicht genug, auch sämtliche im ehemaligen Deutsch-Ostafrika zirkulierten Zahlungsmittel, ob Münzen in Kupfer, Silber oder Gold, ob Banknoten oder Notgeldscheine, sie sind vollständig vorhanden. Der Inhalt der Samm-

1-Rupien-Schein von 1915 – interessant für Spezialisten

lung ist damit noch lange nicht erschöpft, denn viele der Bände enthalten ausschließlich postalische Belegstücke aus dem Ersten Weltkrieg, darunter fast sämtliche sogenannte Kriegsnachrichten-Karten, welche in

Deutsch-Ostafrika in kurzen Abständen erschienen und über die militärische Situation auf den europäischen Kriegsschauplätzen informieren sollten.Es gibt ferner eine große Zahl einmaliger Dokumente wie Postverordnungen, Tarife, Verträge, Urkunden usw. Der Sammler unternahm drei Studienreisen nach Tansania, um dort nach postgeschichtlichen Unterlagen aus den Tagen der deutschen Kolonialzeit zu suchen, und er fand sie auch, so unter anderem das damalige Stationsschild einer kaiserlichen Poststation an der Usambara-Bahn, einen der alten Briefkästen und weitere Postrequisiten jener Zeit.

Alle größeren Spezialsammlungen, gleich welchen Gebietes, zeigen immer sehr deutlich die enge Verbindung zwischen Philatelie und Geschichte. In allen wirklich bedeutenden Kollektionen ist das posthistorische Moment sehr stark mit einbezogen. Diese Schilderung mag genügen, um darzustellen, daß es »Welten« sind, die zwischen gelegentlichem Hobbysammeln und philatelistischem Forschen liegen. Aber letztlich ist es ganz gleich, in welcher Form man die Philatelie pflegt, in jedem Fall bietet sie dem Sammler Freude, Entspannung und ein Abschalten vom hektischen Alltag. Wer aber noch ein wenig Geschick und Fingerspitzengefühl beim Aufbau seiner Kollektion walten läßt, wird darüber hinaus langsam ein Wertobjekt schaffen und feststellen, daß vernünftig in Marken investiertes Geld – auch bei kleineren Beträgen – sich sehr attraktiv verzinsen kann.

Ungewöhnliches Sammeln – Wasserzeichen- und Aufdruckspezialisten. Mit den bisher geschilderten Formen sind die Möglichkeiten des Briefmarkensammelns aber bei weitem nicht erschöpft; da gibt es unter anderem zum Beispiel noch einen recht eigenartigen kleinen Kreis von Sammlern, dessen Interesse sich auf denkbar ausgefallene philatelistische Objekte richtet. Dazu gehört ein Schweizer Philatelist, dessen Kollektion einmalig auf der Welt sein dürfte. Bekanntlich wurden sehr viele Briefmarken zum Schutz gegen Fälschungen auf einem speziellen mit Wasserzeichen versehenen Papier gedruckt. Diese Wasserzeichen haben verschiedenste Formen, im neunzehnten Jahrhundert zum Beispiel waren die Motive vielfach Kronen, Posthörner, Lorbeerkränze, Monogramme, Ziffern, Löwen, Blumen, ja selbst eine Ananas erscheint auf Markenausgaben von Jamaika als Wasserzeichen. Im zwanzigsten Jahrhundert wurden die Formen vielfach simpler, man beschränkte sich auf Rhomben, Waffeln, Hakenkreuze, Ringe, Buchstaben usw. Nun kommt es – wenn auch sehr selten – ab und an mal vor, daß beim Markendruck ein Bogen falsch herum in die Maschine gelangt. Das Resultat: Markenbild und Wasserzeichen sind jetzt kopfstehend zueinander. Eben dieser äußerst selten anzutreffende Umstand wird zum Thema der Kollektion des Schweizer Philatelisten. Er sammelt nur Marken mit kopfstehenden Wasserzeichen!

Da sich ein Wasserzeichen aber nur rückseitig und im nassen Zustand beziehungsweise nach dem Beträufeln mit Wundbenzin klar erkennen läßt, gibt es bei der Betrachtung des Markenbildes – also von vorn – keine Unterscheidungsmöglichkeit, ob kopfstehend oder nicht. Diesen mißlichen Umstand hat der Sammler so gelöst: Zunächst wurde jede Marke auf eine schwarze Glasplatte gelegt – mit der

Rückseite nach oben –, alsdann tränkte man sie mit Benzin, damit das Wasserzeichen deutlich hervortritt, und in diesem Zustand wurde ein Foto des Exemplars angefertigt. Diese im

Im Benzinbad fotografiert – sowjetisches Wasserzeichen

Benzinbad gemachten Aufnahmen der Rückseiten kleben nun neben den jeweiligen Marken auf den Albenseiten. Eine an Ausgefallenheit wohl kaum zu überbietende Art, Briefmarken zu sammeln. Aber es ist eine altbekannte Tatsache, daß ungewöhnliche Kollektionen bei einem eventuellen Verkauf meist auch außergewöhnliche Preise bringen. Der Besitzer investierte bisher etwa 100 000 Schweizer Franken in seine Sammlung, ein kürzlich abgegebenes Angebot aus den Vereinigten Staaten, das Objekt für 100 000 US-Dollar zu verkaufen, hat er bisher abgelehnt.

Der eidgenössische Wasserzeichenspezialist hat in den USA einen Partner, dessen Interesse sich ausschließlich auf solche Marken richtet, die mit einem Aufdruck oder Überdruck versehen sind. Es gibt wohl kein Land der Welt, das sich nicht irgendwann veranlaßt sah, vorhandene Postwertzeichen mit einem Aufdruck zu versehen. Die hauptsächlichen Gründe, weshalb Postverwaltungen Briefmarken überdrucken lassen, sind Änderungen der Währung oder der Portostufen. Aber auch das Anbringen neuer Landesbezeichnungen geschieht oft durch einen Aufdruck, speziell bei politischen und gesellschaftlichen Machtveränderungen in einem Staat. Seltener sind Erinnerungen, Jubiläen usw. Veranlassung zur Herstellung von Aufdrucken. Der weitaus größte Teil von Postwertzeichen, die dieser Kategorie beizuordnen sind, besitzt provisorischen Charakter, beziehungsweise sie erschienen als sogenannte Aushilfsausgaben, wie die 1934 verausgabte Serie von sechs Werten des Vatikanstaates, deren philatelistische Fachbezeichnung »Vatikan-Provisorien« lautet.

Eine sehr große Zahl überdruckter Wertzeichen gehört in die Kategorie der Raritäten, einige sind sogar ausgesprochene Weltseltenheiten und rangieren in der fünfstelligen Preisklasse. Auf dieses umfangreiche und teure

Gebiet begab sich im Jahre 1928 ein junger Amerikaner, der zuvor nichts mit der Philatelie zu tun hatte. Anlaß war eine Briefmarke, die am 20. Oktober 1928 an die amerikanischen Postschalter gelangte: zu Ehren des 150. Jahrestages der Schlacht von Monmouth. Der geschichtsbegeisterte Jüngling empfand es als einen ausgesprochenen Fauxpas von seiten der amerikanischen Postverwaltung, daß ein – seiner Meinung nach – außerordentlich wichtiger Gedenktag nicht gebührender honoriert wurde als mit einem schwarzen und unscheinbaren Aufdruck »Molly Pitcher«, dem Namen der Heldin aus jener Schlacht. Kleine

Klein und unscheinbar – MOLLY PITCHER

Ursachen, große Wirkungen, eben jener kleine Aufdruck auf einer unscheinbaren 2-Cent-Marke war der Anstoß und »Grundstein« für den Aufbau einer gigantischen Kollektion von Aufdruckmarken, deren Bände heute einen zweitürigen Geldschrank füllen. Diese phänomenale Kollektion ist es wert, daß man sich noch etwas länger mit ihr beschäftigt.

Das Objekt ist in seiner Art mit Sicherheit einmalig. Der unlängst ermittelte Wert nach dem amerikanischen Briefmarkenkatalog »Scott« ergab einen Betrag von weit über 1 000 000 Dollar.

1934, neue Werte auf Papst Pius XI.

Um Kollektionen in derartigen Dimensionen aufzubauen, sind natürlich die entsprechenden Geldmittel erforderlich. Für die teuerste Marke seiner Sammlung bezahlte der Amerikaner allein über 12 000 Dollar. Wer kann sich schon solche Ausgaben für seine Liebhaberei leisten! Der Aufdruckmarken-Sammler gibt auch unumwunden zu, daß neben der Freude am Markensport gesundes kommerzielles Denken Pate gestanden hat, als er diese Sammlung aufbaute. Wie phantastisch sich viele seiner »Aufdrucke« im Preis entwickeln, soll durch zwei ganz besonders markante Beispiele verdeutlicht werden.

Im Jahre 1901 mangelte es an Bord des kaiserlichen Kreuzers »S.M.S. Vineta« an 3-Pfennig-Briefmarken. Nun, der Schiffspostmeister schritt zur Selbsthilfe, indem er die reichlich vorhandenen 5-Pfennig-Marken senkrecht durchschnitt und auf jede Hälfte mittels eines an Bord gefertigten primitiven Gummistempels »3 Pf.« aufdruckte. Insgesamt 600 solcher Aufdruck-Provisorien wurden aus 300 halbierten 5-Pfennig-Marken hergestellt und unbeanstandet als 3-Pfennig-Marken verwendet. Als Vineta-Provisorium ging diese Aushilfsausgabe in die Geschichte der Philatelie ein und gehört heute zu ihren großen Raritäten. Ein ungestempeltes und ein gestempeltes Exemplar erwarb der amerikanische Sammler 1955 zum Preise von 1200 DM für beide, nach zwanzig Jahren hatte sich der Wert verzwanzigfacht, denn 1975 besaßen die zwei Stücke einen Nettohandelswert von 24 000 DM. Für eine ungestempelte Serie von vierzehn verschiedenen Freimarken mit diagonalem rotem Aufdruck »Berlin«, die 1949 an die Westberliner Postschalter gelangte, waren damals nur

6,46 DM Postpreis zu entrichten, fünfundzwanzig Jahre später hatte der Einzelhandelswert etwa das 200fache des Nominalwertes erreicht. Wenn auch derartig gravierende Steigerungen nicht die Norm darstellen, so sind die Preise doch allgemein in den vergangenen zwanzig Jahren geradezu nach oben geschnellt, und das nicht etwa nur bei Aufdruckmarken.

Die Ungezähnten. Zum Kreis der Philatelisten mit ungewöhnlichen Ambitionen ist auch jener deutsche Sammler zu rechnen, dem es nur darum geht, Marken zu besitzen, die durch ein Versehen bei der Herstellung der Perforation entgangen sind und jetzt als ungezähnte Variante gegenüber der normalen gezähnten Briefmarke eine seltene Abart darstellen. Von allen Staaten kennt man solche »geschnittenen« Wertzeichen, die generell Raritäten sind und natürlich ein Vielfaches der »gewöhnlichen« Marke kosten. Der Markenfreund mit dem ausgefallenen Geschmack hat seine Kollektion nur auf Deutschland und auf die deutschsprachigen Staaten beschränkt, ein Gebiet, das dennoch groß genug ist, um eine sechsstellige Summe zu verschlingen, wenn man Wert darauf legt, einigermaßen vollständig zu sein.

Allein die 1936 zu den Olympischen Sommerspielen in Berlin erschienenen zwei Gedenkblocks werden in ihrer nichtperforierten Version vom deutschen Michel-Katalog mit 10 000 DM bewertet, während die gezähnte Ausführung nur 80 DM notiert. Auch die Bundesrepublik kann mit »zahnlosen« Seltenheiten aufwarten, das Prunkstück ist eine in Blockform hergestellte Sonderausgabe zum Gedenken an den 20. Jahrestag des 20. Juli 1944. Die wenigen unperforierten Stücke, die von dieser Emission bekannt wurden, sucht der Handel heute mit sechs- bis siebentausend Mark zu kaufen. (Mit der üblichen Zähnung versehen kann man sie für 10 DM haben.) Wer alle bundesdeutschen Briefmarken, die das Glück hatten, der Zähnungsmaschine zu entgehen, zusammenbringen will, muß schon tief in die Tasche greifen. Außerdem wird es Jahre dauern, um sämtliche Raritäten dieser Art aufzutreiben, selbst wenn man bereit ist, so ziemlich jeden Preis anzulegen. Auch bei unserem Schweizer Nachbarn gibt es einige geschnittene »Kanonen«, wie man im Fachjargon für große Seltenheiten zu sagen pflegt. Da wäre zum Beispiel eine 2-Franken-Flugpostmarke zu nennen, die 1930 in einer Auflage von 500 000 Stück erschien. 499 975 Exemplare waren gezähnt, 25 aber ohne Perforation und somit eine Spitzenrarität. 1939 ehrten die Eidgenossen mit einer 10-Rappen-Marke den 600. Jahrestag der Schlacht von Laupen: Auch hier gelang es 25 Sondermarken – von insgesamt 2,9 Millionen –, der Zähnungsmaschine zu entgehen. 3000 DM kostet diese rare Variante, 1 DM das gewöhnliche Stück.

Auch Österreich darf zu Recht stolz sein, seltene »Geschnittene« zu besitzen. Die Zahl der ungezähnten Marken ist hier bedeutend höher als in Deutschland und in den übrigen deutschsprachigen Staaten. Vom größten Teil aller nach 1900 erschienenen Österreich-Marken kennt man irgendwelche unperforierten Ausführungen, so auch von der 10-Schilling-Dollfuß, der populärsten österreichischen Freimarke des zwanzigsten Jahrhunderts. Ihr Erscheinungsdatum war der 25. Juli 1936, und die postamt-

1936, zahnloser Dollfuß in doppelter Ausführung

lich festgesetzte Menge betrug 100 000 Stück. Obwohl an unperforierten Exemplaren sicher nicht mehr als 100 vorhanden sind, ist der preisliche Unterschied zwischen der normalen Marke und der so seltenen geschnittenen Abart eigentlich sehr gering. Der »ungezähnte Dollfuß« findet sich gelegentlich auf Versteigerungen, und dann zu einem Preis, der in etwa dem von drei perforierten Stücken entspricht.

Probedrucke – die Unverausgabten. Es mag etwas verworren klingen, wenn man sagt, es gibt Markensammler, die solche Marken sammeln, die noch gar keine Marken sind. Allgemeinverständlich ausgedrückt heißt das: Bevor eine Briefmarke ihr endgültiges Stadium erreicht, in dem sie dann zum Verkauf an die Postschalter gelangt, erfolgen bei der Herstellung Druckproben verschiedener Art, allgemein Probedrucke genannt. Eine kleine Schar von Philatelisten – besonders in den USA – widmet ihr ganzes Interesse ausschließlich diesen reizvollen Proben, ja in den Vereinigten Staaten gibt es für dieses Gebiet sogar spezielle Händler und Sammler-Clubs. Wenn von Probedrucken die Rede ist, muß man zwangsläufig die artverwandten Essays in dieses Thema mit einbeziehen. Der grundlegende Unterschied zwischen den beiden Begriffen besteht darin, daß ein Probedruck die Vorstufe eines später verausgabten oder zur Verausgabung vorgesehenen Postwertzeichens darstellt. Das Essay hingegen ist ein Künstlerentwurf, der verlangt oder auch unverlangt der Postbehörde vorgelegt wird, jedoch für die Markenherstellung keine Berücksichtigung findet. Probedruck und Essay sind so alt wie die Philatelie, genaugenommen noch etwas älter, denn bevor das erste Postwertzeichen erschien, gab es ja bereits Entwürfe und Druckversuche. Auch das Sammeln dieser wirklich ungemein reizvollen Objekte ist uralt, und schon im neunzehnten Jahrhundert wurden bedeutende Kollektionen dieses Gebietes aufgebaut.

Der Inhalt einer der größten Sammlungen dieser Art ist den Philatelisten der Gegenwart in Buchform erhalten geblieben. Es ist die Kollektion des Leipzigers Martin Schroeder, die in den Jahren 1893 bis 1902 zusammengestellt wurde. Schroeder brauchte bei der Beschaffung des Materials nicht auf seine Kasse Rücksicht zu nehmen, aber dennoch blieb vieles für ihn unerreichbar, weil es einfach nicht aufzutreiben war, obwohl sich Dutzende von Händlern bemühten, diese Sammlung ständig zu vergrößern. 1903 erschien eine kurze Beschreibung der Sammlung mit einem sehr großzügig angelegten Bildteil als Buch. Der Autor, A. Reinheimer, erwähnt in seiner Einleitung unter anderem, daß ein Interesse für Essays, Druckproben usw. schon in der allerersten Zeit des Briefmarkensammelns bestanden und daß Herr Oberlandesgerichtsrat Lindenberg in Berlin durch Gründung einer Reichs-Essay-Sammlung die berechtigte Aufmerksamkeit der philatelistischen Welt auf dieses so wichtige Gebiet gelenkt habe. Schließlich heißt es noch, daß der Aufbau der Schroederschen Kollektion nur durch rastloses Sammeln, unterstützt durch bedeutende Geldopfer, möglich gewesen sei, daß die besten Bestandteile der berühmten und sehr alten französischen Sammlung des Dr. Legrand angekauft worden seien und man die Lager weltbekannter alter Händler durchstöbert habe.

Wie schon aus einigen Passagen des Vorworts zu ersehen ist, sind Essays und Probedrucke kein leichtes Sammelgebiet, denn derartige Stücke lassen sich weder bei der Post bestellen noch bei den Markenhändlern beliebig erwerben. Die Beschaffung ist heute nicht einfacher als damals. Die wenigen wirklichen Spezialisten auf diesem Gebiet suchen deshalb auch gern Kontakt zu solchen Künstlern, die Marken entwerfen oder gravieren, um eben eine enge Beziehung zum Vorstadium der Briefmarke zu haben. So läßt sich dann möglicherweise das eine oder andere Stück beschaffen. Die bekannten österreichischen Markenschöpfer, zum Beispiel die Professoren Strohofer, Hörwarter, Ranzoni, Gorgon, Lorber, Slama, um nur einige zu nennen, erhalten von ihren Arbeiten Probeabzüge und Versuchsdrucke durch die österreichische Staatsdruckerei. Der offizielle Erhalt findet rückseitig auf den Probedrucken durch Siegel und Unterschrift seine amtliche Bestätigung. Die Abbildung auf Seite 90 zeigt den Probeabzug des 5-Schilling-Wertes aus der von Prof. Strohofer entworfenen österreichischen Flugpostausgabe von 1953 sowie die Rückseite, auf der dem Eigentümer quasi der rechtmäßige Besitz bescheinigt wird.

Mäusebussard für Professor Strohofer

Andere Länder, andere Sitten: Bei der Bundespost scheint man nicht so generös mit Versuchsdrucken umzugehen, wie aus dem folgenden Vorgang zu ersehen ist. Im Oktober 1974 gelangten bei einem großen deutschen Auktionshaus in Hamburg anläßlich der Herbstversteigerung unter den laufenden Nummern 1933 bis 1938 des Auktionskataloges sechs Versuchsdrucke zum Angebot. Es waren Proben der Bundesdruckerei in Berlin für den zum 20. Juli 1964 erschienenen sogenannten »Widerstandskämpferblock«, eine Sonderausgabe, die als Kleinbogen acht 20-Pfennig-Marken enthält. Diese zeigen die Porträts von acht deutschen Widerstandskämpfern. Die Kopfzeichnungen wurden in Schwarz auf einem blau-grauen Hintergrund gedruckt.

Die Proben unterschieden sich von den verausgabten Gedenkblocks dadurch, daß sie statt der acht Porträts nur vier – nämlich das von Dietrich Bonhoeffer,

Karl-Friedrich Goerdeler, Alfred Delp und Wilhelm Leuschner – zeigten; jedes der Bildnisse war auf dem Block zweimal vertreten. Außerdem war die beim Original unter den Marken befindliche Randinschrift »Dem deutschen Widerstand zum Jahrestag des 20. Juli 1944/1964« nicht enthalten, dafür waren die fortlaufenden Ziffern 1 bis 6 angebracht. Einen weiteren Unterschied bildeten die Farben, sie entsprachen nicht denen der verausgabten Originale.

Im Auktionskatalog wurde durch einen besonderen Absatz noch darauf hingewiesen, daß man wegen der Seltenheit dieser Stücke Interessenten, die alle sechs Probedrucke geschlossen erwerben möchten, den Vorzug geben würde. Dazu kam es dann auch im Versteigerungssaal. Die geschlossen mit 6000 DM angebotenen raren Versuchsobjekte der Bundesdruckerei ersteigerte mit 7800 DM der Beauftragte eines großen Sammlers.

Das war am Vormittag des 23. Oktober 74.

Kaum war die Auktion vorüber, fand der Versteigerer in seiner Post ein Schreiben aus Bonn mit dem hochoffiziellen Briefkopf: »Der Bundesminister für das Post- und Fernmeldewesen«. Das Schriftstück beginnt mit dem unterstrichenen Wort »Versuchsdrucke«, dann heißt es in den wesentlichen Passagen wörtlich:

»Ausweislich Ihres Kataloges zur bevorstehenden 142. Auktion vom 22. bis 24. Oktober 1973 bieten Sie unter den Losnummern 1933 bis 1938 sechs Versuchsdrucke zum sogenannten Widerstandskämpferblock in den Farben Ziegelrot, Bräunlichrot, Braunlila, Hellgraublau, Dunkeltürkis und Mittelblau an. Diese von der Bundesdruckerei für die Deutsche Bundespost gefer-

90

tigten Andrucke sind aus den Akten der Deutschen Bundespost gestohlen worden oder dem zuständigen Sachbearbeiter ohne seinen Willen und ohne sein Zutun abhanden gekommen. Das Fehlen der von Ihnen angebotenen Stücke in meinen Akten ist anhand des Schriftwechsels und Vermerken beweisbar.«
Es folgt ein Absatz mit Rechtsbelehrungen, und dann heißt es:»Ich wäre Ihnen dankbar, wenn Sie mir durch Benennung Ihres Auftraggebers (ggf. Verkäufers) die Möglichkeit geben könnten, die Ursachen des Vorfalles aufzuklären.« Nun, das Versteigerungshaus hat den Wünschen des Bundespostministeriums – auf Veranlassung des Vorbesitzers – entsprochen. Dieser hatte die Objekte auf legale Art und Weise erhalten, und so heißt es dann auch im Antwortschreiben der Firma an das Bonner Ministerium:»Wir sind bereit, Ihnen zu helfen, sofern Sie uns klar belegen, daß eine unrechtmäßige Entfernung aus Ihrem Amt vorliegt. Von unserer Seite besteht keine Veranlassung, an der Honorigkeit des Einlieferers zu zweifeln, und wir können aus diesem Grund

nicht annehmen, daß unser Auftraggeber auf unredliche Art in den Besitz der Objekte gelangt ist.«
Dieser Vorgang ist zugleich dafür bezeichnend, welch große Bedeutung amtlicherseits einem simplen Probedruck entgegengebracht wird. Eine Frage in diesem Fall bleibt noch offen. Von 1964 bis 1974 vermißte niemand im Postministerium die erwähnten Stücke. Erst durch die Nachfrage eines Interessenten bei der Bundesdruckerei in Berlin, ob denn derartige Proben angefertigt würden, erhielten die Beamten in Bonn von der bevorstehenden Versteigerung Kenntnis. Wäre keine Anfrage erfolgt, wer hätte sich dann wohl um die zehn Jahre alten Druckversuche gekümmert?
Die Ansichten – über in amtlichem Auftrag angefertigte Versuchsdrucke – sind in den einzelnen Staaten recht unterschiedlich. In Frankreich zum Beispiel gibt es einen großen Markt für Probedrucke, sie sind offiziell im Handel zu haben und werden in den Schaufenstern der Markenhandlungen ausgestellt. Ja, durch spezielle Sonderdrucke in hochwertiger Ausführung, die sogenannten »Epreuves de Luxe«,

Bundesdeutscher Probedruck – Probleme für 7800 DM

DEM DEUTSCHEN WIDERSTAND ZUM JAHRESTAG DES 20. JULI · 1944/1964

Das Original mit Sonderstempel

wird von seiten der französischen Post das philatelistische Interesse sogar noch gefördert. Im Gegensatz zu offiziellen oder amtlichen Probedrucken gibt es Druckversuche, die auf rein private Initiative zurückzuführen sind. Hierbei handelt es sich meist um Privat-Essays, also Entwürfe in mehr oder weniger druckreifer Ausführung, mit denen Künstler den Postverwaltungen Vorschläge für die Markenherstellung unterbreiten. Der weitaus größte Teil dieser vielfach unaufgefordert eingereichten Arbeiten findet natürlich für

5-DM-»Pour-le-Merite«, schönes Essay, von zuständiger Stelle abgelehnt

die Markenherstellung keine Berücksichtigung. Als Sammelobjekte sind sie dennoch recht beliebt, besonders wegen der häufig interessanteren Motive und der gekonnteren Ausführung gegenüber vielen verausgabten Postwertzeichen. In die Essay- und Probedruckkategorie gehören noch drei Unterarten, die es zu erwähnen gilt:

Die Künstlerentwürfe, sie sind Handzeichnungen, die meist mit Bleistift oder Feder hergestellt wurden und auch häufig koloriert sind. Da der Künstler das gleiche Motiv kaum mehrfach zu Papier brachte, sind diese Arbeiten fast ausschließlich Unikate, also Objekte, die nur in einem Stück vorkommen und demzufolge auch nur in einer Sammlung sein können. Solche Exemplare besitzen einen reinen Liebhaberwert.

Die sogenannten »Probemarken« oder »Maschinenproben«, wie sie meist genannt werden. Ihre Herstellung erfolgt praktisch nur in amtlichem Auftrag in den jeweiligen Staatsdruckereien. Der

Zweck solcher Erzeugnisse ist es, Maschinen, Farben und Papiersorten zu testen. Derartige Produkte haben allgemein weder eine Landes- noch eine Wertbezeichnung. Deutsche »Marken« dieser Kategorie aus den dreißiger Jahren tragen zum Beispiel als Inschrift nur die Worte »Stahldruck« oder »Reichsdruckerei«, die Schweden haben auf ihren vergleichbaren Stücken das Wort »Provmärke« angebracht, vereinzelt kommt aber auch der Landesname vor. Der Wert solcher Exemplare ist relativ gering, die meisten kann man schon für wenige Mark bekommen.

Schwedische »PROVMÄRKE« – zu Testzwecken hergestellt

24-über-80-Groschen – Makulatur vom Generalgouvernement

Die dritte Sorte fristet eigentlich ein Zwitterdasein, im Handel wird sie meist als Probedruck angeboten, die zutreffendere Bezeichnung lautet aber

Druckausschuß oder Makulatur. Derartige Stücke sind nichts anderes als verunglückte Druckerzeugnisse, die für ihre eigentliche Bestimmung unbrauchbar wurden und auf mehr oder minder zufällige Art und Weise ihrem Schicksal – nämlich der Vernichtung – entgangen sind. Für Spezialisten besitzen sie dennoch ein gewisses Interesse, nur überbewerten sollte man sie nicht.

Die Ganzsachen. Unter »Ganzsache« verstehen Philatelisten Briefumschläge, Postkarten, Zahlkarten usw., die einen eingedruckten »Wertstempel« tragen. Für den Laien klarer ausgedrückt, die Briefmarke ist bereits auf Kuvert oder Karte aufgedruckt, man braucht sie also nicht mehr aufzukleben. Briefumschläge mit Markeneindruck werden bei uns heute nicht mehr verausgabt, obwohl sie einstmals in erheblichem Maße Verwendung fanden. Ja, es gab Zeiten, da konnte man sich bei der Post seine Kuverts mit jedem gewünschten Werteindruck bestellen, sofern man eine größere Menge abnahm. Diese Umschläge werden Privatganzsachen genannt, weil sie nur auf private Bestellung geliefert wurden und nicht öffentlich zum Verkauf standen. Viele derartige Stücke sind heute sehr rar, aber an ihrer Seltenheit gemessen leider hoffnungslos unterbewertet.
Die Blütezeit der Ganzsache lag im ausklingenden neunzehnten und zu Anfang des zwanzigsten Jahrhunderts. Die Alben jener Zeit hatten nicht nur Raum für die normalen Marken, sondern auch für die Eindrucke der Postkuverts, Karten usw. Die derzeitige Entwicklung in diesem Sammelbereich ist außerordentlich erfreulich. Der kürzlich erschienene Michel-Kata-

log für deutsche Ganzsachen dürfte einen sehr positiven Einfluß auf dieses hochinteressante Gebiet haben.

Eine der bedeutendsten und umfangreichsten Kollektionen von Ganzsachen aus aller Welt war jene der Brüder Petschek. Auch ihr Inhalt ist den Philatelisten von heute in Buchform erhalten geblieben und gibt den staunenden Sammlern unserer Tage über das märchenhafte Material Auskunft. Die Brüder Petschek waren durch ihr Vermögen in der Lage, alles Erreichbare aufzukaufen, und hatten zumindest in dieser Richtung keine Schwierigkeiten bei der Materialbeschaffung. Es ist für den Fachmann äußerst imponierend, wenn er heute nachliest, daß zum Beispiel allein das Land Österreich in dieser Sammlung schon mit 8050 Ganzsachen, untergebracht in 38 Bänden, vertreten war. Bei den USA belief sich die Stückzahl gar auf 10110, und selbst der Zwergstaat Monaco war mit 409 Stücken vertreten, Preußen mit 1494. Insgesamt beinhaltete die großartige Spezialsammlung etwa 110000 Ganzsachen in ausgesucht feiner Erhaltung.

Ein bayerischer Sammler ging noch einen Schritt weiter. Es genügte ihm nicht, lediglich die »nackte« Ganzsache zu sammeln. In seine Kollektion fanden daher nur solche Umschläge Aufnahme, die zusätzlich noch mit einer oder mehreren Marken beklebt waren. Im Fachjargon: Er sammelte Ganzsachen mit Zusatzfrankaturen. Was er im Laufe von zwanzig Jahren zusammenbrachte, paßte bequem in ein Album. Als kürzlich der Bestand unter den Hammer kam, zeigte sich, wie richtig dieser Superspezialist gelegen hatte. Alle angebotenen Stücke gingen weg, und meist zu Preisen, die viele kaufwillige Interessenten vor Ehrfurcht erschaudern ließen. Absoluter Spitzenreiter, ein Bayern-Umschlag, der, mit 110 DM angeboten, nach harten Bietergefechten mit 2800 DM seinen Liebhaber fand.

Es ist in der Philatelie seit eh und je

Preußisches Drei-Silbergroschen-Kuvert – 1860 verwendet

94

nachweisbar, daß sich vernünftiges Sammeln bezahlt macht und erheblichen Gewinn bringen kann. Andererseits ist es auch richtig, daß sinnloses Kaufen und riskantes Spekulieren fast immer mit beträchtlichen Verlusten enden. Wie auf allen investitionsgeeigneten Sammelgebieten wird der Anfänger Lehrgeld bezahlen müssen. Daß sich diese Beträge in Grenzen halten, dafür ist jeder selbst verantwortlich. Klarer Menschenverstand, etwas Vorsicht und ein gesundes Mißtrauen sind schon ein recht guter Schutz gegen böse Enttäuschungen.

Mit den bisher aufgezählten Gebieten sind natürlich die Sammelmöglichkeiten in der Philatelie bei weitem nicht erschöpft. Eben die individuelle Form, in der jeder sich dem widmen kann, was ihm besonderen Spaß macht, ermöglicht es auch heute noch, unentdecktes philatelistisches Neuland zu beschreiten. Kurz nach dem Zweiten Weltkrieg begann in Louisville, Kentucky, der amerikanische Tabakhändler Kenneth L. Coyte darüber nachzudenken, was man außerhalb der üblichen philatelistischen Hausmannskost zu einer ungewöhnlichen und reizvollen Kollektion komponieren könnte. Nach einiger Zeit hatte er den Entschluß gefaßt, sich von seiner »normalen« Sammlung der Vereinigten Staaten zu trennen und etwas völlig Neues zu beginnen. Wie viele fortgeschrittene Philatelisten, so besaß auch Mr. Coyte eine besondere Vorliebe für vollständige Briefe. Er war deshalb entschlossen, seiner künftigen Kollektion ausschließlich Briefe einzuverleiben, und setzte sich das Ziel, von jedem Land, Staat, Gebiet beziehungsweise von jeder Institution, die jemals Briefmarken verausgabte, einen Brief zu besitzen. Er baute noch einen zusätzlichen Schwierigkeitsgrad mit ein, denn jeder dieser Briefe sollte als Frankatur Marken tragen, die zur ersten Emission des betreffenden Landes oder Gebietes gehörten. Nach zwanzigjähriger intensiver Sammeltätigkeit erreichte seine Kollektion einen imponierenden Vollständigkeitsgrad.

Kenneth L. Coyte hatte in seinen Alben nicht nur Poststücke mit staatlich verausgabten Freimarken, sondern auch Hunderte von Briefen mit den Marken verschiedener Privatpost-Unternehmen aus den USA, Rußland, Deutschland, Norwegen, China, Dänemark usw. Sogar die wenig bekannten, aber überaus reizvollen Schweizer-Hotelpost-Marken waren auf Postkarten oder Briefen fast lückenlos vertreten. Diese in der zweiten Hälfte des neunzehnten Jahrhunderts von den großen Schweizer Berghotels verwendeten Marken waren eine rein private Angelegenheit; sie wurden benutzt für den Weg vom Hotel zur nächsten Poststation, von dort galten die amtlichen Schweizer Postwertzeichen für den weiteren Beförderungsweg zum Empfänger. Auch auf die vielen provisorischen Ausgaben, wie sie durch Kriege, Aufstände, Revolutionen usw. hervorgebracht werden, richtete sich das Interesse von Mr. Coyte. Briefe aus den Jahren 1919 bis 1921 von der Sibirischen Koltschak-Armee und der Tschita-Regierung unter General Semenov waren ebenso vertreten wie solche der polnischen Konsulatspost in Odessa und der Militärpost der tschechoslowakischen Armeen in Sibirien. Alles wertvolle Dokumente aus einer Zeit großer politischer Wirren.

Wie mehrfach betont, Philatelie ist Geschichte, und wohl alle bedeutenden Ereignisse haben sich irgendwie postgeschichtlich dokumentiert, sei es als

Markenausgabe oder in Form von besonderen Stempeln. Der Zweite Weltkrieg und die ersten Monate der Nachkriegszeit mit ihrer Flut von Provisorien waren in dieser Sammlung ebenfalls weitgehend postalisch belegt. Darunter ein denkbar ungewöhnlicher Brief vom April 1945 aus Wien, wo ehemalige Dienstmarken des Dritten Reiches mit dem Aufdruck »Mobile Ordnungstruppe Österreichische Freiheitsfront« in ganz geringer Stückzahl Verwendung fanden. Man könnte noch

1945, Brief von der Mobilen Ordnungstruppe

über Hunderte von Briefen aus dieser großartigen Sammlung berichten, die mit Marken frankiert sind, von denen selbst alte Hasen in der Philatelie nichts wissen. Welchem Normalverbraucher ist schon bekannt, daß es zum Beispiel 1880 für die Mönchsrepublik auf dem Berg Athos besondere Marken gab oder daß 1896 für rumänische Postdampfer auf der Linie Konstantinopel–Constanza ganz spezielle Postwertzeichen Verwendung fanden.

Um das Thema »ausgefallene Sorten« noch abzurunden, sei gesagt, daß es 1923 für kurze Zeit eine neutrale Zone von Warwiszki gab, die polnisch besetzt war und unter dieser Besetzung drei Briefmarken verausgabte, von denen die seltenste eine Auflage von nur 200 Stück hatte. Ein Brief mit eben dieser Marke befand sich auch in der Kenneth-L.-Coyte-Kollektion, die leider nicht mehr existiert – schon vor zehn Jahren wurde sie nach Deutschland verkauft und später in Berlin und London versteigert.

Zu allen Zeiten gaben fortgeschrittene Philatelisten dem Brief den Vorzug gegenüber der Einzelmarke. Der Reiz des kompletten Poststückes – mit seiner vollständigen Frankatur, seinen Stempeln, der Anschrift und den sonstigen Details – sei ungleich größer als der einer einzelnen Marke, so sagen die Briefsammler.

Mischfrankatur-Sammler. Einigen Briefliebhabern reicht nun aber ein schöner, normal frankierter Brief nicht aus – ihre Sehnsucht gilt solchen Poststücken, die mit Marken aus zumindest zwei verschiedenen Ländern frankiert sind. »Mischfrankatur-Sammler« ist ihre korrekte philatelistische Bezeichnung. In den frühen Jahren der Philatelie, der klassischen Zeit, kamen derartige Kombinationen gelegentlich vor. Sie basierten auf besonderen postalischen Umständen, teilweise aber auch auf dem Zufall. Man kennt klassische Briefe mit Mischfrankaturen zwischen Marken von Österreich und Ungarn, Italien und Ägypten, Peru und Großbritannien, Sachsen und Preußen, USA und Kanada, Frankreich und Deutschland und viele andere. All diese besonderen Frankaturformen sind seltene, zum Teil sogar ganz bedeutende Raritäten, und sie fanden bereits bei den Philatelisten des ausklingenden neunzehnten Jahrhunderts ein sehr großes Interesse. Objekte, die so selten sind, kann man natürlich nicht beliebig sammeln. Deshalb schritten besonders in den neunziger Jahren verschiedene Philatelisten zur Selbsthilfe. Sie machten sich ihre Mischfrankaturen selber, indem sie beispielsweise an den Landesgrenzen Briefe oder Karten mit den Marken beider Länder frankiert von einem Grenzort zum anderen laufen ließen. Das kaum bekannte Städtchen Myslowitz hatte das Glück, gleich an zwei Grenzen zu stoßen. Hier trafen drei Kaiserreiche aufeinander: Rußland, Österreich und Deutschland. Tausende von Ansichtskarten mit der Drei-Kaiserreich-Ecke und drei verschiedenen Marken vom Zarenreich, der Donau-Monarchie und dem kaiserlichen Deutschland gingen von hier in alle Welt. Eine postalische Notwendigkeit für derartige Drei-Länder-Frankaturen lag natürlich nicht vor. Dennoch,

hätten die damaligen Philatelisten diese Poststücke nicht veranlaßt, gäbe es sie heute nicht. Am Bodensee waren die Möglichkeiten noch weit größer, wenn sich hier auch nur zwei Kaiserreiche, nämlich Deutschland und Österreich, trafen, so grenzten doch außerdem noch Bayern, Württemberg und die Schweiz mit eigenen Postwertzeichen an dieses schöne Binnengewässer. Die abgebildete Karte trägt eine Marke von jedem der angrenzenden Länder, und abgestempelt sind sie alle von der Königlich-Württembergischen Schiffspost auf dem Bodensee. Der Empfänger dieser Ansichtskarte, Herr Banquier Curt Steckner in Halle an der Saale, war ein »Mischfrankatur-Liebhaber« par excellence. Wo immer er die Möglichkeit sah, Poststücke mit kombinierten Frankierungen herstellen zu lassen, war er zur Stelle. Besonders in Ostasien mixten Beauftragte von ihm chinesische Marken mit solchen von Hongkong oder russische mit chinesischen, siamesische mit deut-

1897, Mischfrankatur für »Banquier Steckner«

97

Abbildung 9
Die »kopfstehende Madonna« ist Ungarns berühmtester Fehldruck

Abbildung 10
Die 1-Franc-»Ceres« im »Tête-bêche«, eine berühmte Rarität. – Kehrdruckpaar ist die deutsche Bezeichnung, wenn zwei Marken kopfstehend zueinander gedruckt sind.

Abbildung 11
Ein Paar der berühmten »Holzschnitte« vom Kap der Guten Hoffnung. Auf dem gezeigten Stück hängt eine One-Penny mit einer Four-Pence zusammen. Eine exorbitante Fehldruck-Rarität aus der Kollektion des englischen Königshauses

Abbildung 12
»Das Parlament steht kopf« auf dieser 24-Cent-Marke der USA von 1869. Eine 100 000-DM-Fehldruck-Rarität

Abbildung 13
Der »kopfstehende Kopf« der Königin Victoria macht diese alte indische 4-Annas-Marke zu einer großen Kostbarkeit.

Abbildung 14
Auf dieser alten Four-Pence-Marke von Westaustralien steht der Schwan auf dem Kopf und erhebt damit das klassische Stück zu einer Weltrarität. Der »kopfstehende Schwan« ist noch seltener als die Blaue Mauritius

Abbildung 15
Eine der beliebtesten Seltenheiten der Philatelie: »Das Baseler Täubchen« von 1845

Abbildung 16
1-Rupie-Marke, Deutsch-Ostafrika. Im Ersten Weltkrieg provisorisch hergestellt und dann vergraben, eine Marke, die nie postalisch verwendet wurde

Abbildung 17
Persiens seltenste Marke, ein ungestempeltes Mesched-Provisorium

Abbildung 18
Qualität ist bei klassischen Marken Preisfaktor Nummer eins. So fein und sauber wie diese »Preußen« sollten alte Marken aussehen

Abbildung 19
Ein 250 000-DM-Brief aus den USA. Postmeister-Marken nennt man jene seltenen »Vorläufer«, die in einigen amerikanischen Städten – noch bevor die ersten staatlichen Wertzeichen erschienen – verwendet wurden. »The Blue Alexandria« heißt die primitive runde Marke unter Experten. Von dieser märchenhaften Seltenheit gibt es nur den einen hier gezeigten Brief

9

10

11

12

13

14

15

16

17

18

19

schen, japanische mit amerikanischen usw. – alles kam auf Postkarten oder gar Einschreibebriefen und ging dann immer an die gleiche Adresse, nämlich an besagten Bankier Steckner nach Halle. Warum war Steckner so vernarrt in diese überflüssigen Mischungen? Ein nüchtern denkender Mensch wird es nicht verstehen können. Aber ein Philatelist von echtem Schrot und Korn kennt das herrliche Gefühl, etwas Anomales, etwas Ungewöhnliches in seiner Sammlung zu haben. Daß Steckner bei der Herstellung mitwirkte, daß die Stücke nur durch seine Initiative entstanden sind und daß leider gar kein postalisches Bedürfnis für sie vorhanden war, interessiert derart leidenschaftliche Sammler nicht.

Der Hallenser Bankier ist bei weitem kein Einzelfall. Etwa zur gleichen Zeit veranlaßte der Kaiserliche Oberleutnant a. D. Maus ähnliche Schöpfungen. Ehemals selbst unter deutscher Flagge in China stationiert, beauftragte er – hauptsächlich zwischen 1901 und 1903 – Kameraden und Freunde im fernen Tsingtau, ihm Einschreibebrief auf Einschreibebrief ins heimatliche Lichtenthal bei Baden-Baden zu schikken. Die Kuverts, sorgfältig beklebt mit Marken des chinesischen Kaiserreichs und solchen der »Deutschen Post in China« oder aus dem deutschen Pachtgebiet Kiautschou, sind in die Geschichte der Philatelie als die »Maus-Briefe« eingegangen.

Auch heute noch sind Sammler damit beschäftigt, Briefe mit den skurrilsten Kombinationen zu versehen. Ein junger Amerikaner adressierte zu Anfang der sechziger Jahre Briefe an sich selbst, die er mit normalen Marken der USA versah, die die Kopfbilder von Washington und Lincoln zeigten, zwischen die beiden berühmten Amerika-

ner aber plazierte er noch eine dunkelgrüne 12-Pfennig-Marke der DDR mit dem Kopfbild Mao Tse-tungs. Diese Marke, in den USA natürlich nicht gültig und auch in der DDR bereits seit dem 31. 1. 1953 aus dem Verkehr, wurde nun zwangsläufig auch vom New Yorker Poststempel getroffen, als der Beamte die USA-Marken entwertete. Ähnliche Fabrikationen stellte er mit den Briefmarken der Volksrepublik China her, die zur damaligen Zeit in den Vereinigten Staaten besonders verpönt waren, mit Marken aus der Sowjetunion und aus anderen Ostblockstaaten. Immer kamen natürlich gültige amerikanische Marken als korrektes Porto mit auf die Briefe. Nicht immer hatte er das Glück, daß die fremden Marken von den heimischen Stempeln getroffen wurden. Gelegentlich griffen sorgfältige Postbeamte zum Blaustift und annullierten die fremde Pracht mit dicken Farbstrichen. Aber das, was der amerikanische Poststempel traf, beglückte den merkwürdigen Markenfreund um so mehr. Bei aller Verschrobenheit besaß der Unikum-Produzent noch gesundes kaufmännisches Denken, denn seine Produkte sollten nicht nur dem Eigenbedarf dienen, sondern für 10 bis 20 Dollar pro Stück machte er sie einem interessierten Käuferpublikum zugänglich. Wäre noch zu sagen: Herstellungskosten pro Objekt maximal 1 Dollar.

Weit teurer sind die Schöpfungen eines bedeutenden Hamburger Baustoffhändlers mit internationalen Verbindungen. Seine Frankaturen werden möglicherweise eines Tages unter seinem Namen in die Philatelie eingehen, wie etwa die »Maus-Briefe«.

Die täglich aus aller Welt in großer Zahl eingehenden Briefe sendet der hanseatische Kaufmann an eine neue

Adresse weiter, wie das folgende Beispiel zeigt. Ein von seiner Pariser Niederlassung eingegangener Brief – meist sind es große starke Umschläge – erhält zu seiner schönen französischen Frankatur jetzt bundesdeutsche Sondermarken und eine neue Anschrift und geht nach Schweden. Dortselbst erfolgt eine weitere Adressenänderung, und der Brief wird mit schwedischen Marken frankiert, worauf die Reise zum Beispiel nach Italien geht. Nach dem Eintreffen erneut Adressenwechsel, dazu bunte italienische Wertzeichen auf den Umschlag und zurück in die Hamburger Zentrale des Unternehmens. Der Brief trägt inzwischen Postwertzeichen aus Frankreich, der Bundesrepublik, aus Schweden und Italien.

Vier Länder sind aber keine Seltenheit. Es gibt viele Briefe, die nicht nur durch Europa reisen, sondern zwischendurch noch einen Abstecher nach Übersee machen, bevor sie in einer der großen Truhen des tüchtigen Hamburger Kaufmanns verschwinden, in denen bisher mehr als 100 000 derartige Poststücke schlummern. Die Krönung seiner philatelistischen Tätigkeit aber bedeuten tausend kräftige, braune Briefumschläge im Großformat von 35 × 25 cm, die in einer extra angefertigten Stahlkassette mit einem Spezialbus von VW speziell für seinen Auftraggeber 73000 Kilometer durch Afrika gefahren wurden. Eines Tages verspürte der Hamburger Firmenboß den Wunsch, Marken aus möglichst allen afrikanischen Staaten auf einem Briefumschlag zu vereinigen. Bekannt als ein Mann, der es versteht, seine Wünsche auch in die Tat umzusetzen, begann er mit den Plänen für eine Expedition.

Er fand zwei »Abenteurer«, die ihm geeignet erschienen, die zu erwartenden Strapazen zu ertragen, und außerdem die Voraussetzung mitbrachten, die Schwierigkeiten bei der Raritätenproduktion zu meistern. Die Expedition startete am 26. August 1971, der Weg führte zunächst nach Südfrankreich und von dort per Schiff nach Ägypten. Hier begann das große Abenteuer, das fast zwei Jahre dauern sollte und am 29. 6. 73 bei der glücklichen Ankunft in Hamburg zu Ende ging. Durchquert wurden 34 afrikanische und vier europäische Länder. Die »Expeditions-Umschläge« tragen zwar die Marken aus 34 verschiedenen Staaten und wurden auf den jeweiligen Hauptpostämtern auch ordnungsgemäß abgestempelt, transportiert aber hat die Post sie keine hundert Meter, denn die gesamte Beförderung erfolgte im VW-Bus und rein privat.

Wie dem auch sei, über Wert oder Unwert dieser philatelistischen Schöpfungen zu entscheiden ist einer späteren Generation vorbehalten. Heute kann man nur sagen, bei den Umschlägen handelt es sich um die philatelistische Dokumentation einer imponierenden Expeditionsreise. In ihrer Art sind die bunt beklebten Briefhüllen zweifellos einmalig, und ohne Initiative des Hamburger Millionärs würde es sie nicht geben. Der ungewöhnliche Kaufmann beabsichtigt, bei einer späteren Realisierung seiner philatelistischen Reisedokumente den Erlös wohltätigen Zwecken zuzuführen, zum Beispiel zur Unterstützung afrikanischer Urwaldhospitäler und der bedrohten Tierwelt auf dem schwarzen Kontinent.

▶

Expeditionsumschlag – für 1200 DM an die distinguierte Dame

GARANTIE-ZERTIFIKAT

Die unterzeichnenden
Expeditionsleiter garantieren,
dass der Expeditions-Umschlag
No. _061 043_
mit der
Oelschläger-Afrika-Expedition
über die gesamte Distanz von
73.000 km befördert wurde
und ___34___ afrikanische
sowie ___4___ europäische
Staaten durchquert hat.
Die Freimarken und zugehörigen
Poststempel der besuchten Staaten
bilden die Dokumentation
des Reiseweges der Expedition.
Hamburg, im Juli 1973.

_____   _____
D. Bockhorn   M. Mews

Der Reinerlös aus dem Verkauf der Expeditions-Umschläge
geht zu gleichen Teilen an Herrn Prof. Grzimek
zur Hilfe der bedrohten Tierwelt Afrikas
und an Herrn Pater Bayanne zur Unterstützung afrikanischer
Urwald-Hospitäler.

So jedenfalls steht es zu lesen auf Garantiezertifikaten, mit denen die Echtheit der Multimarkenhüllen durch die Expeditionsleiter bestätigt wird.

Einen dieser Umschläge ließ der rastlose Kaufmann – gewissermaßen als Test – in Hamburg unter den Hammer bringen. Und im Katalog der 140. Versteigerung eines der größten deutschen Briefmarken-Auktionshäuser unter der Lfd. No. 557 hieß es wörtlich: »Expeditions-Umschlag der ›Oelschläger-Afrika-Expedition 1971 bis 1973‹ mit Marken aus 34 versch. Staaten. Hochinteress. philatelistische Dokumentation des Reiseweges der längsten Afrika-Expedition überhaupt. Mit Garantie-Zertifikat der Expeditionsleiter Bockhorn und Mews, daß dieser Umschlag den gesamten Reiseweg der Expedition über die Distanz von 73 000 km zurückgelegt hat. Der Erlös geht für karitative Zwecke zu gleichen Teilen an Herrn Prof. Grzimek und an Herrn Pater Bayanne.« Der Schätzpreis war mit 500 DM angegeben. Am Nachmittag des 15. Oktober 1973 war es dann soweit. Im überfüllten Auktionssaal kämpfte eine distinguierte Dame gegen die Konkurrenz um den Besitz des ausgefallenen Objektes. Bei 1200 DM fiel der Hammer, und die Dame war Besitzerin von Expeditionsumschlag und Garantie-Zertifikat.

Während seine Afrika-Expedition rollte, schickte der hanseatische »Raritätenhersteller« vor Beginn der Olympischen Spiele 1972 einen Beauftragten hinter den Fackelträgern her, die das olympische Feuer von Hellas nach München und weiter zum Regattazentrum Kiel-Schilksee trugen. Auch

◄

Garantie-Zertifikat – 73000 Kilometer mit Unterschrift bestätigt

dieser fahrende Bote hatte die Order, einen Stapel vorbereiteter Briefumschläge in jedem Transitland mit den dort verausgabten Olympia-Sondermarken zu bekleben und sorgsam abstempeln zu lassen. Fragt man den cleveren Unternehmer, wozu das alles, so hat er eine Antwort parat, auf die es keine Erwiderung gibt, die schlichten Worte: Es macht mir Spaß.

Ein anderer hanseatischer Markenliebhaber sieht seine Leidenschaft ausschließlich unter dem Aspekt der profitablen Investition. Ihm geht es in erster Linie um einen sicheren Anlagewert mit attraktiver Verzinsung. Er setzt auf ungestempelte klassische Marken der ganzen Welt, aber nicht in einzelnen Stücken, sondern möglichst in vollständigen Bogen oder zumindest in größeren Bogenteilen. Bedingung ist nur, die Marken dürfen nicht unter hundert Jahre alt und müssen gut erhalten sein. Sich in solcher Form philatelistisch zu betätigen ist natürlich strenggenommen nicht mehr als Sammeln zu bezeichnen, es ist eigentlich ein reines Horten von Wertobjekten. Jedes Stück einer derartigen Kollektion kostet mindestens einige tausend Mark, einzelne Raritäten werden mit sechsstelligen Beträgen bezahlt.

Ein Prunkstück dieser Sammlung ist ein Bogen mit 90 Exemplaren der ersten 20-Centime-Marke Frankreichs, die 1849 an die Postschalter gelangte. Durch einen Zufall blieb dieses große Bogenteil erhalten. Ein Weinhändler in Bordeaux hatte es in einem alten Atlas verwahrt und dort vergessen. 125 Jahre später entdeckte man den Atlas mit Inhalt in der Schublade eines Sekretärs. Der wertvolle Fund wurde zu Geld gemacht, die alten 20-Centime-Marken versteigert. Für bare 55000 DM kaufte sie der jetzige Besitzer.

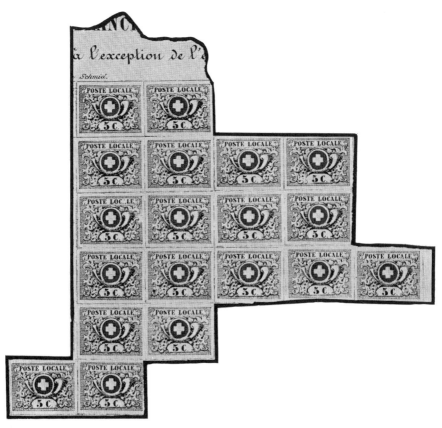

19 kleine »Waadt« – einst 95 Centime, heute mindestens 120 000 DM

Die absolute Krönung dieser außergewöhnlichen Kollektion aber sind 19 zusammenhängende 5-Centime-Marken aus dem Schweizer Kanton Waadt, Erscheinungsjahr 1850. Kostenpunkt für diese 19 Stück: 118 000 DM.

Die bisher geschilderten Sammelgebiete und Themen sind natürlich nur ein kleiner Bruchteil aus dem gigantischen Komplex Philatelie, und ihre Auswahl erfolgte willkürlich. Beabsichtigt war mit diesem kurzen Streifzug, die unterschiedlichen Möglichkeiten beim Briefmarkensammeln aufzuzeigen, Anregungen zu geben und das Interesse an dem unendlich vielseitigen und reizvollen Hobby Philatelie zu wecken.

Aus den Anfängen des Briefmarkensammelns

Schon in den fünfziger Jahren des neunzehnten Jahrhunderts gab es – vornehmlich in England und Frankreich – die ersten Markensammler. Der anfangs noch recht kleine Kreis fand einen stürmischen Zulauf, und bereits um 1860 nimmt dieser neue Sport einen so großen Umfang an, daß tüchtige Kaufleute erkannten, dieses ganz neue Sammelgebiet sei kommerziell zu nutzen. Die ersten Händler etablierten sich, und ihre Zahl stieg ständig. 1860 wurde auch schon das erste wirklich praktikabel und sinnvoll gestaltete Briefmarkensammelbuch einem geschätzten Publikum vorgestellt. Sein Erfinder war ein gewisser Monsieur Lallier in Paris, der sehr rasch erkannte, daß ein wesentlicher Punkt für jegliche Art von Sammeln die Unterbringung der Objekte ist. Das Buch erhielt seinen Namen und ging in die Geschichte der Philatelie als »Lallier-Album« ein.

Es hatte ein handliches Querformat, war fest in Leder gebunden und zeigte für jede erschienene Marke ein vorgedrucktes Feld, immer auf der rechten Seite; linksseitig erfolgte eine kurze geographische Beschreibung des Landes, die Staatsform und dazu eine Aufzählung der bisher verausgabten Freimarken. Die Ausführung erfolgte in solidem Steindruck mit farbigen Fähnchen und Wappen auf qualitativ hochwertigem Papier. Lalliers alte Al-

Sammlerstolz von 1860 – altes »Lallier-Album«

107

ben sind heute kaum noch anzutreffen. Gut erhaltene Exemplare gelten als bibliophile Seltenheit und werden von Liebhabern hoch bezahlt. Vergleicht man mal einen dieser seltenen Bände mit heutigen Alben, so ist festzustellen: Der Fortschritt, den die Albumindustrie in fast 120 Jahren gemacht hat, ist sehr minimal.

Alben gestern und heute. Das Gros aller Philatelisten sammelt auch heute noch – zumindest optisch – genauso wie die Urgroßväter. Die Albenseiten zeigen auf schön eingeteilten Feldchen die jeweilige Abbildung oder Beschreibung der Marke, die an besagter Stelle ihren Platz einzunehmen hat. Es gibt also keine Irrtümer bei der Unterbringung, alles ist numeriert, man braucht nur noch einzukleben wie anno 1860.

Ein gravierender Fortschritt allerdings ist zwischenzeitlich doch eingetreten, die Art und Weise, wie die Marken befestigt werden. Im neunzehnten Jahrhundert waren Fisch- und Knochenleim, Mehlkleister, Gummiarabikum und Oblaten, ja vereinzelt sogar Siegellack weit verbreitete Befestigungsmittel. Millionenschäden hat die Philatelie durch derartige Klebemittel erlitten, die die Marken vielfach stark beschädigten oder gar zerstörten. In den Augen der heutigen Sammler ist diese klassische Unterbringungsart reiner Vandalismus. Der moderne Philatelist – sofern er gestempelte Marken sammelt – benutzt einen sogenannten Klebefalz mit säurefreier Gummierung. Diese etwa 15 mal 20 mm messenden transparenten Papierstückchen sind einseitig gummiert und werden mit ihrem kleineren, umgefalzten Teilchen an der Oberkante der Briefmarke befestigt. Die größere Fläche dient – nach-

dem sie zart angefeuchtet wurde – zur Befestigung auf der Albenseite. Bei einer gepflegten Kollektion braucht man nur leicht unter die Marken zu pusten und sie richten sich sofort auf, wie etwa ein Stehaufmännchen.

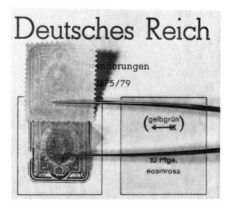

Grüne 3-Pfennig-Marke – korrekt und säurefrei »gefalzt«

Bei Falzen, die mit zu großer Feuchtigkeit eingeklebt wurden, quillt die nasse Gummierung an den Falzrändern hervor und läuft auf die Markenrückseite, was zur Folge hat, daß die Briefmarke nicht nur durch den Falz, sondern außerdem noch direkt mit ihrer Rückseite auf der Unterlage haftet. Will man ein so unsachgemäß eingeklebtes Stück aus dem Album entfernen, kommt es häufig vor, daß das Markenpapier verletzt wird. Die Briefmarke hat dann eine wertmindernde dünne Stelle. Sorgsamkeit ist beim Briefmarken-Hobby oberstes Gebot!

Für Markenfreunde die sich auf das Sammeln von ungestempelten Stükken verlegt haben, ist der Klebefalz ohnehin undiskutabel. Die Rückseite einer ungebrauchten Marke ist ihnen heilig, sie darf nach Möglichkeit nicht die winzigste Spur eines Papierrestchens oder eines Fleckchens zeigen, das alles ist bereits wertmindernd. Eine ungestempelte Briefmarke mit völlig makelloser Gummiseite heißt in der Fachsprache »postfrisch«, sie befindet sich also in einem Zustand, in dem sie vom Postamt geliefert wird. Postfrisch ist die höchste Qualitätsstufe für ungebrauchte Marken, es entspricht in etwa der Lupenreinheit beim Brillanten.

Die Albumindustrie spürte den Wunsch der »Gummi-Fans«, die mit ihrer Parole »postfrisch oder gar nicht« das schöne alte Falzalbum ablehnten. In der Tat wird von einem großen Kreis »Ungebraucht-Sammler« die gummierte Markenrückseite in einer oft schon spleenigen Art und Weise bewertet. Der postamtliche Klebstoff ist für sie das Allerwichtigste, und nicht wenige von ihnen betrachten beim Markenkauf tatsächlich zuerst die Rückseite und dann das Markenbild. Man hat dieser Kaste auch einen Namen gegeben, es sind die Gummi-Sammler. Hier mußte eine Lösung gefunden werden, und man fand sie auch, indem eine Möglichkeit geschaffen wurde, die heilige Gummiseite der postfrischen Marken nicht mehr durch den schnöden Falz zu entehren, sondern den seidigen Glanz der geliebten Gummierung in absoluter Jungfräulichkeit zu erhalten. Das Falzlosalbum wurde erfunden.

Die Techniken der verschiedenen Fabrikate sind zwar unterschiedlich, das erklärte Ziel aber, die postfrische Marke auch als solche im Album unterzubringen, erfüllen sie alle. Besonders praktisch und einfach zu handhaben ist die falzlose Version des Leucht-

turmalbums. Zur Aufnahme der Briefmarken dienen auf den Albenfeldern angebrachte »Klemmtaschen«. Hierbei handelt es sich um zwei glasklare Spezialfolien, die übereinander liegen und an ihrer Unterkante miteinander verschweißt sind, an den übrigen drei Rändern ist die Tasche offen. Der Sammler braucht nur die obere Schutzfolie leicht anzuheben (die untere klebt fest auf dem Albenblatt), die postfrische Marke sorgsam mit der Pinzette einlegen, Deckfolie loslassen (sie springt infolge einer federnden Wirkung sofort in ihre ursprüngliche Lage zurück), und die Marke ist fest und dennoch leicht zugänglich im Briefmarken-Album untergebracht.

»Leuchtturm«-Anleitung für den Postfrisch-Sammler

Ein großer Vorzug dieses Fabrikats ist das mühelose und bequeme Einordnen der Marken, das auch für einen Anfänger problemlos ist.

Bei dem vorzüglich ausgestatteten »Safe-Album«ist die schützende Deckfolie fest in das Albumblatt eingearbeitet, nur die obere Kante ist offen. Von hier werden die Postwertzeichen eingeführt. Da drei Seiten geschlossen sind und die Unterbringung der Marken nur von oben erfolgen kann, ist et-

Speziell für Postfrisch-Sammler, »Safe-Album«, Ausschnitt

was mehr Geschicklichkeit notwendig, als wenn die Marken von drei Seiten eingefügt werden können. Gott sei Dank sind die Geschmäcker der Philatelisten verschieden, die einen schwören auf drei geschlossene, die anderen auf drei offene Seiten.

Die sogenannten Vordruckalben, mit denen wir uns bisher beschäftigten, werden von den meisten Sammlern bevorzugt. Der Grund ist einleuchtend: Im Vordruckalbum ist für jede Marke, für jeden Satz oder Gedenkblock ein entsprechender Raum »vorgedruckt«. Die Aufgliederung der Markenfelder auf den einzelnen Seiten ist von Graphikern in aparter und ansprechender Form bereits vorgenommen worden, für den Sammler bleibt nur das Problem, die vorhandenen Flächen zu füllen. Mit regelmäßig erscheinenden Nachträgen wird ein solches Album stets auf den neuesten Stand gebracht. Die Albenverlage bieten ein sehr umfassendes Programm, Alben von praktisch allen Ländern sind im Angebot.

Nun gibt es aber auch einen erheblichen Prozentsatz von Philatelisten, die es ablehnen, sich beim Sammeln in ein Klischee pressen zu lassen, die ihre Kollektionen nach eigenem Geschmack individuell gestalten möchten. Auch ihnen kann geholfen werden, denn für sie hält der Fachhandel »vordrucklose Alben« in den verschiedensten Ausführungen und Preisklassen bereit. Die Blätter dieser Albenart tragen meist einen zarten netzartigen Unterdruck, der aus kleinen Quadraten gebildet wird und somit das Einordnen der Objekte erleichtert. Wohl alle bedeutenden Spezialsammlungen sind »Vordrucklos« untergebracht, zum Teil in äußerst aufwendigen Alben.

Die Spitze auf diesem Gebiet liefert die Pariser Firma Berck, sie bietet quasi den Rolls-Royce unter den Briefmarkenalben. Es sind prunkvolle Lederbände, gefüllt mit hochwertigen Kartonblättern – Goldschnitt selbstverständlich. Geliefert werden diese Traumalben in gediegenen handgefertigten Kassetten. Der Preis ist entsprechend, etwa 600 DM kostet ein einziger Band – leer, versteht sich.

Die Albenindustrie trägt der Tatsache Rechnung, daß die Philatelie sich ständig weiterentwickelt, vergrößert und somit auch immer neue, interessante und reizvolle Motive schafft. Einige dieser Motive sind so beliebt und aktuell, daß sich Spezialalben anbieten, zum Beispiel die Fußball-Weltmeisterschaft 1974 in der Bundesrepublik. Ein schickes Spezialalbum, das mehr über die Teilnehmer aussagt denn über die eigentlichen Marken, wurde zu einem Hit für philatelistisch ambitionierte Fußballfans. Für die vielen Liebhaber der Marken unserer ehemaligen altdeutschen Staaten erscheint in Berlin das Exquisit-Spezialalbum, ein gediegener Rahmen für hochwertige alte

WORLD CUP
FOOTBALL CHAMPIONSHIP

1974

FUSSBALL
WELTMEISTERSCHAFT

2. Finalrunde

Gruppe A
DDR
Brasilien
Holland
Argentinien

Gruppe B
BR Deutschland
Jugoslawien
Schweden
Polen

Sonderstempel -
und Autogrammkarte

Fußball-Weltmeisterschaft
in der Bundesrepublik Deutschland

Der Druck zeigt die Reproduktion
eines preisgekrönten Entwurfes aus dem
Wettbewerb junger Künstler zur WM 74

Ausstellung vom 31. 1. – 2. 2. 1974
im Kunstverein Hamburg e. V.

Josef „Sepp" Maier
(FC Bayern München)
geb. am 28. 2. 1944

Der langjährige Torhüter der deutschen Nationalmannschaft
gewann mit seinem Verein Bayern München unter anderem
1967 den Europapokal der Pokalsieger, 1974 den Europapokal der Landesmeister
und nahm an den Fußballweltmeisterschaften
1966 in England und 1970 in Mexico teil.

Unterschrift von Sepp Maier – Fußball-Spezialalbum

Marken. Reizvolle posthistorische Texte in antikem Schriftcharakter, wohl abgestimmt auf den Seiten untergebracht, verleihen diesem geschmackvollen Album ein besonderes Flair.

Trotz des gewaltigen Angebots, sowohl an Vordruck- als auch an vordrucklosen Alben, bevorzugt ein Teil der Philatelisten das Einsteckalbum, auch Steckbuch genannt, zum Sammeln. Der ursprüngliche Zweck der Steckbücher war, Dubletten aufzunehmen oder den Händlern als Lager oder Vorlagebuch zu dienen. Einsteckalben gibt es in allen Formaten vom Taschensteckbuch bis zur Telefonbuchgröße. Die Anordnung in diesen Büchern ist immer die gleiche. Auf starken Kartonseiten befinden sich waagerecht angebrachte Pergamin oder Cellophanstreifen, unter die die Marken gesteckt werden.

Philatelistenzubehör – die Grundausstattung. Beim Befragen einer Schulklasse von elfjährigen Buben in Österreich, welche Dinge ein Markensammler unbedingt für sein Hobby brauche, entschieden sich die weitaus meisten für Pinzette und Lupe. Die Antwort ist absolut richtig, denn Pinzette und Lupe sind ja praktisch das Markenzeichen der Philatelisten schlechthin. Jeder Sammler sollte diese zwei Grundausrüstungsgegenstände in anständiger Ausführung besitzen. Ein gutes Album und ein Steckbuch für Dubletten und Tauschmaterial gehört natürlich auch dazu.

Zu diesen Artikeln braucht man dann unbedingt noch eine »Philatelisten-Bibel«, sprich einen Briefmarkenkatalog, ohne den ein konstruktives Sammeln gar nicht möglich ist. Die bundesdeutschen Katalogfabrikate befriedigen alle Sammleransprüche. Der Fachhandel hält ein reichhaltiges Sortiment an Länderkatalogen bereit. Beim größten bundesdeutschen Briefmarkenkatalog-Hersteller, dem Münchner Schwaneberger Verlag, erscheinen neben einem speziellen Deutschlandkatalog der Michel-Europakatalog und der Überseekatalog. Es sind dies umfangreiche Werke, in denen sämtliche erschienenen Briefmarken gelistet sind, und zwar mit den Preisen für das ungestempelte und das gestempelte Exemplar.

In allen anderen Staaten mit großer Sammlerschaft werden ebenfalls Kataloge verlegt. In der Schweiz erscheint der »Zumstein«, in Frankreich ist es der »Yvert«, in Italien die Kataloge von Bolaffi und Sassone. Der britische Stanley-Gibbons-Katalog ist bereits seit über hundert Jahren ein berühmtes Nachschlagewerk für Philatelisten. Auch die in den USA erscheinenden Scott-Kataloge zählen zu den ältesten Veröffentlichungen dieser Art, schon Ausgang des vorigen Jahrhunderts waren sie international geschätzt. Besonders in früherer Zeit beschäftigten sich eine Reihe von Katalogverlagen auch gleichzeitig mit der Herstellung von Briefmarkenalben. Heute sind eigentlich nur noch die Firmen Yvert, Stanley-Gibbons und Scott groß im Albengeschäft.

Außer den bisher geschilderten Bedarfsartikeln benötigt der ernsthafte Sammler noch ein schwarzes Schälchen oder eine handliche schwarze Glasplatte und eine Tropfflasche mit gereinigtem Benzin aus der Apotheke. Damit hat er die Möglichkeit, die oft schwer erkennbaren Wasserzeichen sichtbar zu machen. Die zu untersuchende Marke wird mit ihrer Bildseite auf die schwarze Glasfläche gelegt und die Rückseite mit Benzin beträufelt, bis sie vollständig naß ist: jetzt tritt das Wasserzeichen deutlich sichtbar hervor. Wasserzeichenuntersuchungen sind wichtig, weil es eine ganze Reihe von Marken gibt, die auf Papiersorten mit verschiedenen Wasserzeichen gedruckt wurden, wobei eine der Varianten sehr teuer sein kann.

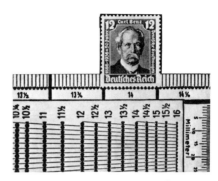

Der Zähnungsschlüssel zeigt: Carl Benz, »gezähnt 14«

 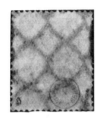

»Rauten«   *»Waffeln«*
nur 30 Pf. wert   *Preis: 2800 DM*

Wasserzeichensucher – im Benzinbad Schätze entdecken

terschiede. Bei unseren deutschen Marken ist seit Kaisers Zeiten die »Zähnung 14« in etwa als goldene Mitte zu bezeichnen. Seit 1872 weichen fast alle deutschen Markenzähne nur gering von der »14« ab, und zwar nach unten als auch nach oben.

Grob und fein – eine typische Mischzähnung von Bosnien

Ähnlich wichtig ist die Bestimmung der unterschiedlichen Perforationen, eine seltene Zähnung kann eine Marke im Verhältnis zu einer normal gezähnten sehr teuer werden lassen. Eine genaue Feststellung ermöglicht der Zähnungsschlüssel, seine Handhabung ist denkbar einfach. Man legt die zu bestimmende Zahnreihe an die Skala des Zähnungsschlüssels, fügt sie sich genau ein, so braucht man nur noch die jeweilige Zähnungsgröße abzulesen.

Bei der abgebildeten deutschen Gedenkmarke aus dem Jahre 1936 ist ganz deutlich zu sehen: Sie ist »gezähnt 14«; nicht immer ist die Perforation senkrecht und waagerecht gleichmäßig, hier gibt es zum Teil große Un-

Am 1. April 1902 – und das ist nicht etwa ein Aprilscherz – machten zwei »Zahnlöcher« philatelistische Geschichte, besser gesagt, zwei Löcher, die gar nicht vorhanden waren. Zum genannten Zeitpunkt brachte die Kaiserliche Post eine Serie neuer Freimarken an die Schalter, die sich gegenüber der bis dato gültigen nur durch ihre geänderte Inschrift unterschied. Statt bisher »Reichspost« zierte nunmehr die Landesbezeichnung »Deutsches Reich« die neuen Marken. Den höchsten Wert dieser Ausgabe stellt eine 5-Mark-Marke, die waagerecht mit 26 und senkrecht mit 17 Zähnungslöchern versehen war. Bei einem verschwindend kleinen Teil der Auflage aber waren es in der Horizontalen nur eben 25 und vertikal genau 16. Ein winzig kleines Zähnungslöchlein auf jeder Seite zu wenig – früher kaum beachtet – macht sich heute bezahlt. Während der Michel-Katalog ein ungestempeltes Stück der »Normalen« mit 250 DM bewertet, notiert er für das gleiche Exemplar mit weniger Zähnchen stolze 10 000 DM. Auch bei gestempelten Stücken ist die Preisdifferenz sehr bemerkenswert: 25 DM für die gewöhnliche Ausführung und 1800 DM für die so seltene Variante. Zum Thema Perfo-

10 000 DM für zwei Zähne weniger – Kaiserliche 5-Mark-Marke von 1902

ration sollte noch erklärend hinzugefügt werden, daß die »Zähnungszahl« immer die Menge der auf 2 cm befindlichen Zähnungslöcher nennt. Eine Briefmarke mit der Zähnung 14 zum Beispiel besitzt also auf 20 mm genau 14 Zähnungslöcher. Mit dem bisher behandelten Zubehör haben wir eigentlich schon das große Einmaleins der Bedarfsartikel durchgenommen.

Selbstverständlich gibt es noch eine Anzahl von Dingen, die von Philatelisten benutzt werden, so unter anderem die Quarz-Analysen-Lampe, die für Echtheitsuntersuchungen und zur Qualitätsbestimmung hauptsächlich von Händlern und Experten gebraucht wird. Es gibt auch noch sogenannte Farbführer, die dem Sammler bei der Farbbestimmung helfen sollen, ihr Wert ist sehr umstritten. Auch besondere Briefmarken-Waschmittel bietet der Fachhandel an, sie sollen die Farben auffrischen, die Marken schöner machen. Bei auf Chlorbasis aufgebauten Präparaten kann sich genau das Gegenteil einstellen, wenn die Marken mit besonders empfindlichen Farben gedruckt wurden. Hochwertige Speziallupen mit Meßeinteilungen und Stereomikroskope verwenden Experten und Sammler.

Der Handel mit Katalogen, Alben und sonstigem philatelistischem Zubehör ist praktisch so alt wie der Briefmarkenhandel und die Philatelie. In den letzten hundert Jahren wurden viele Dinge erfunden und den Sammlern als äußerst nützlich und unbedingt notwendig schmackhaft gemacht. Später zeigte sich dann vielfach, der Artikel ist entweder unbrauchbar, überflüssig oder er schadet gar den Marken. Das eklatanteste Beispiel dieser Art stammt aus der zweiten Hälfte der dreißiger Jahre. Damals begann das »Postfrisch-Sammeln« in Mode zu kommen, also bei ungestempelten Marken die Gummiseite nicht mit einem Klebefalz zu versehen, sondern eben postfrisch zu belassen. In dieser Form zu sammeln war zu jener Zeit nur in Einsteckalben möglich. Da schaffte ein »genialer Erfinder« Abhilfe, indem er eine neue Art der Befestigung entwickelte – den Schonfalz.

Die Neuheit lag darin, daß der Teil des Falzes, der auf die Marke kommt, nicht mehr mit einer wasserlöslichen Gummierung versehen wurde, sondern eine Beschichtung erhielt, die mit unserem heutigen Tesafilm vergleichbar ist. Ein Falz dieser Art ließ sich jederzeit mühelos von der Markengummierung abziehen, ohne den Gummi zu verletzen. So weit, so gut, nur eins hatte der tüchtige Hersteller übersehen: Nach einigen Jahren bildeten sich auf allen mit seinem »Schonfalz« versehenen Marken Flecke, die das Papier glasig machten und etwa wie ein Fettfleck aussahen. Im Anfangsstadium waren die Marken noch durch ein Ätherbad zu retten, nach einer gewissen Zeit aber gab es keine Möglichkeiten mehr, diese immer stärker werdenden Flecke zu beseitigen. Die durch die Verwendung dieser Falze den Sammlern entstandenen Schäden machen mit Sicherheit Millionenbeträge aus. In Fachzeitschriften findet man gelegentlich bei Inseraten von Restauratoren den Hinweis »Entfernung von Schonfalz-Flecken«.

Eine außerordentlich positive Erfindung auf dem Bedarfsartikelsektor fiel in die Nachkriegszeit. Auch hier ging es ursprünglich um die Unterbringung postfrischer Marken. Bald aber fand dieser Artikel auch für gestempelte Briefmarken in großem Umfang Verwendung. Es ist die Hawid-Klemmtasche, benannt nach seinem Erfinder Hans Widmaier. Das Prinzip ist folgendes: Schwarze und kristallklare Streifen einer hundertprozentig wasserabstoßenden Spezialfolie werden an ihrer unteren Kante miteinander verschweißt und bilden jetzt die Hawid-Klemmtasche. Von diesen Streifen, die den Markenformaten entsprechend in verschiedenen Breiten geliefert werden, kann man sich Stückchen jeder gewünschten Größe abschneiden. Die Deckfolie der an drei Seiten offenen Tasche hat dennoch so viel Spannkraft, daß die eingesteckte Marke fest sitzt und nicht herausfallen kann. Die Hawid-Folie übt auch bei jahrzehntelanger Lagerung keine schädigende Wirkung auf die Marke aus, heißt es in einer Gebrauchsanleitung der Firma. Diese Unterbringung erfreut sich heute bei Sammlern in aller Welt großer Beliebtheit und wird auch von vielen Händlern und Auktionatoren zur attraktiven Aufmachung ihrer Marken verwendet.

Sammeln und Sammler im Jahre 2000. Die wahrscheinliche Entwicklung in der Philatelie aufgrund der bisherigen vorauszusagen kann nicht mehr sein als eine persönliche Prognose. Die Probleme der Sammler von gestern sind aber auch vielfach die Probleme der Sammler von heute und werden die, zumindest teilweise, der Philatelisten von morgen sein. Typisches Beispiel dafür, das wohl leidigste Thema der Philatelie überhaupt, die Fälschungen.

Kaum begann sich im vergangenen Jahrhundert der Markenhandel zu etablieren, waren auch schon die ersten Betrüger und Fälscher zur Stelle. Diese Ganoven haben den seriösen Briefmarkenhandel bis heute begleitet, und es besteht die begründete Annahme, daß sich dies auch künftig nicht ändern dürfte. Für den Marken-Kriminellen ist der Reiz zu groß, bei denkbar kleinem Risiko doch recht große Summen zu ergaunern. In einem Rückblick auf das Jahr 1897 heißt es in der »Illustrierte Briefmarken-Zeitung« vom Januar 1898 unter anderem wörtlich: »Fälschern und Betrügern sitzen die Vereine und die Staatsanwälte auf dem Nacken. Das Geschäft lohnt aber nicht mehr so wie früher und ist zu gefährlich. Angeblich werden viele Stempelfälschungen in den Verkehr gesetzt: Mag sein, aber gewiß sind nicht alle Entwertungen falsch, die dafür ausgegeben werden. Das Studium der Fälschungen ist immer ein sehr interessantes, und niemand kann Originale als solche erkennen, der Fälschungen unberücksichtigt läßt, denn nur durch Vergleichung schärft sich der Blick und erweitert sich das Wissen. Die Vergangenheit aber hat uns mit solchen Massen versehen, daß kein Mangel ist. Zu wünschen wäre es, wenn jeder Philatelist neben seiner Sammlung sich eine Fälschungssammlung anlegen würde, wie dies die meisten Vereine wohl längst erkannt haben.«

Vor fast achtzig Jahren waren also praktisch die Probleme im Bereich von Fälschung und Betrug die gleichen wie heute. Dennoch sollte man diesen traurigen Komplex nicht überbewerten, denn leider ist der Hauptkomplice aller »Markenbetrüger« der geradezu sträfliche Leichtsinn und die teilweise effektiv ans Kindische grenzende Naivität der Betrogenen. Aus meiner weit über zwanzigjährigen Praxis im internationalen Briefmarkenhandel könnte ich Dutzende von Begebenheiten schildern, die Horrorgeschichten ähneln und bei denen sich smarteste Geschäftsleute in einer geradezu bewundernswerten Einfältigkeit reihenweise aufs Kreuz legen ließen, wie es im einschlägigen Jargon so schön heißt. Kriminalität in der Philatelie ist ein so außergewöhnlich interessantes Metier, daß wir uns in einem späteren Kapitel weit ausführlicher damit beschäftigen wollen.

Andere Probleme von damals sind auch heute noch aktuell. Wörtlich zitiert aus der »Illustrierte Briefmarken-Zeitung«, Januar 1898: »Aber noch ein weiteres Ziel hat der ›Ring‹: ›Prüfung unter Garantie‹. Wie weit er damit kommen wird, muß die Zukunft lehren. Wir fürchten, daß die Prozesse, ob ein Gutachten richtig oder falsch war, nicht aufhören werden.« – Die gegenwärtige Situation im Bereich der Echtheitsprüfung von Marken zeigt deutliche Parallelen zur damaligen Zeit. Zur rapiden Preisentwicklung in der Gegenwart ein paar Worte aus der Vergangenheit. »... deshalb werden wir auch in dem neuen Jahre unseren bisherigen Standpunkt vertreten: der Preistreiberei ein Ende zu machen! Denn nur dadurch kann das Briefmarkensammeln auch weiter florieren.« So schrieb man anno 1898.

Die Preise stiegen damals, und die Preise steigen auch heute, doch die Ursachen, warum und weshalb, sind mit Sicherheit verschieden. Dennoch, der Preisboom der neunziger Jahre des vergangenen Jahrhunderts und jener der siebziger Jahre des zwanzigsten Jahrhunderts haben auch etwas gemeinsam, nämlich eine gewisse Verunsicherung in Philatelistenkreisen, die sich – ohne eine Antwort zu finden – fragen: Wie lange soll der Aufwärtstrend noch anhalten? Im alten Rückblick von 1898 heißt es dann noch unter anderem: »Betreffs der Marken aber zogen die Preise speziell der besseren Sachen seit etwa sechs Jahren derart an, daß führende Philatelisten schon lange ihren Warnungsruf ertönen ließen.« Gegenwärtig denkt keiner daran, Warnungsrufe ertönen zu lassen, aber es besteht auch wenig Grund dafür, denn die damaligen Ursachen sind mit den heutigen nicht vergleichbar. Bereits an früherer Stelle wurde erwähnt, daß sich an der Art und Weise, wie die Sammler ihre Marken unterbringen, relativ wenig geändert hat. Der Beweis dafür ist in dem fast achtzigjährigen Artikel nachzulesen, wo es heißt: »Albums gibt es genug, und zwar für jeden Geschmack und zu jedem Preis. Größte Sammler sammeln überhaupt nur auf Kartons ohne Vordruck, und auch hieran ist kein Mangel.« Kommentar dazu: Es hat sich nichts geändert.

Zukunftsmusik. Wie aber wird es in der Zukunft sein? Wie und in welche Richtung kann oder wird sich die Philatelie weiterentwickeln? Was jetzt folgt, sind reine Prognosen. Sie basieren auf einer sich seit einigen Jahren abzeichnenden Trendrichtung. Die Philatelie um die Jahrtausendwende wird sich in noch stärkerem Maße auf die alten klassischen Marken konzentrieren. Der optische Eindruck, den eine Marke hinterläßt, wird später ein weit wesentlicherer Faktor für den Kauf sein als heute. Das bedeutet: Die kommende Sammlergeneration wird einer Marke, die bildseitig ideal ist, aber vielleicht rückseitig eine dünne Stelle hat, gegenüber einer zwar perfekten, aber unsauber gestempelten den Vorzug geben. Durch die ständige Verknappung von hochwertigen Qualitätsstücken werden meisterhaft restaurierte Exemplare im Preis spürbar anziehen. Die Preisunterschiede zwischen fein restauriert und Luxus werden sich verringern. Posthistorisches und heimatkundliches Sammeln wird sich erheblich verstärken. Das momentan sehr schwer absetzbare Motiv Weltraumfahrt wird, was seine Ausgaben bis zur Mondlandung 1969 betrifft, sicher eine Renaissance erleben. Die

Marken der Hitler- und Stalinära werden einen starken Interessentenzuwachs bekommen. Das China Mao Tse-tungs wird ein großes, spezielles Sammelgebiet werden. Viele Sammlungen werden auch unter politischen und gesellschaftspolitischen Aspekten aufgebaut werden. Das Interesse für Zwergstaaten und Minirepubliken wird stark zurückgehen. Die Philatelie wird zumindest durch ihren geschichtlichen und historischen Wert im Schulunterricht Verwendung finden. Bei den ständigen Neuerscheinungen von Briefmarken wird es den Katalogen nicht mehr möglich sein, ein Gebiet wie beispielsweise Europa geschlossen aufzunehmen. Die Einführung von zeitlicher Trennung wird unvermeidlich sein, besondere Kataloge für die Ausgaben des neunzehnten und zwanzigsten Jahrhunderts sind vorstellbar. Auch spezielle Alben nur für die Marken des neunzehnten Jahrhunderts sind denkbar. In dieser Richtung wird bereits im Ausland an einem Luxusalbum nostalgischen Stils experimentiert.

Jungsammler. Es gibt tatsächlich fünfjährige Knirpse, die sich bereits in einer erstaunlich vernünftigen Art mit dem Briefmarkensammeln beschäftigen, dies sind natürlich seltene Ausnahmen. Aber schon in den ersten Schuljahren setzt bei vielen Jungen und Mädchen ein reges Interesse für die bunte Welt der Briefmarken ein. Wohl bei den meisten der sehr jungen Markenfreunde spielt die Tatsache, daß die Marke aus einem fernen Land kommt, eine wesentliche Rolle für die Begeisterung, die sie den bunten Papierchen entgegenbringen. Von fast gleicher Bedeutung sind die Motive der Marken. Vielfarbige Weltraumflieger, Raketen, schöne Autos oder exotische Tiere usw. üben dabei auf die jüngsten der Junioren einen weit größeren Reiz aus als etwa die Porträts von Kant und Schopenhauer. Mit den Jahren wandelt sich der Geschmack, weitet sich der Blick und wächst die Erfahrung.

Der Anfänger sollte zunächst alle für ihn erreichbaren Marken sammeln, denn der Kontakt zur Philatelie muß erst einmal hergestellt werden. Der Wert einer Marke, das Land oder ob gestempelt oder ungestempelt sind zu Beginn gar nicht bedeutsam. Auch im Markensport ist eben die Praxis der beste Lehrmeister. Je öfter man im »Training« ist, sich also mit seinen Marken beschäftigt, um so rascher wird man sich verbessern und allmählich selber feststellen, worauf es ankommt. Wen das Markenfieber schon in jungen Jahren richtig packt, der hat die Möglichkeit, sich der Jugendgruppe eines der vielen Briefmarkensammler-Vereine anzuschließen. Viele Philatelistenclubs betreiben eine rege Nachwuchsförderung, indem sie eigene Jugendgruppen unterhalten, die sich genau wie die Senioren zu Tauschtreffen zusammenfinden.

Jungsammler, die die Möglichkeit haben, sich in Vereinen betreuen zu lassen, lernen natürlich ziemlich rasch das Einmaleins der Philatelie und beginnen meist sehr bald mit dem Anlegen systematisch aufgebauter Sammlungen. Sammler von etwa zwölf Jahren sind mit ihren Kollektionen – in der Junioren-Klasse – verschiedentlich sogar schon auf philatelistischen Ausstellungen vertreten. Obwohl systematisches Sammeln eigentlich immer mit Geldausgaben verbunden ist, schaffen es junge Sammler mit ihren bescheidenen Mitteln und Möglichkeiten, hüb-

sche imponierende Sammlungen zusammenzutragen. Eine tüchtige Portion Ehrgeiz und ein wenig finanzielle Unterstützung von großzügigen Verwandten gehören natürlich dazu.

Fast jeder junge Mann entdeckt eines Tages sein Interesse für Briefmarken und beginnt zu sammeln (bei Mädchen findet man dies bedauerlicherweise viel seltener). Leider hält diese Begeisterung häufig nur eine relativ kurze Zeit an. Andere Interessen drängen sich in den Vordergrund, die Lust am Sammeln schläft langsam ein, und die ersten gehorteten »Schätze« wandern in eine Schublade und gelangen in Vergessenheit. Das ist sehr schade, denn kein anderes Sammelgebiet hat dem jungen Menschen auch nur annähernd so viel zu bieten wie die Briefmarke. Sie ist ein spannendes Lehrmittel und gleichzeitig ein hochinteressanter Zeitvertreib. Sie bildet den jungen Sammler auf einer Unzahl von Gebieten, nicht nur in Geographie oder Geschichte. Die Vielzahl der Motive bietet zum Beispiel dem technisch interessierten jungen Mann alte und neue Flugzeuge, Eisenbahnen, Schiffe, Brücken, Automobile, Waffen, alle Bereiche der Weltraumfahrt usw. Wer sich lieber der Zoologie zuwenden möchte, hat eine noch größere Auswahl. Von prähistorischen Versteinerungen bis zu Feldmäusen, Tigern, Elefanten, Adlern, Pinguinen, Klapperschlangen, Eidechsen, Schwertfischen, Forellen und Haustieren aller Art reicht das breitgespannte Spektrum der Tiermotive, die in keiner der großen Enzyklopädien für den Sammler auch nur annähernd so reizvoll sind wie auf den Marken. Hier kann der Tierliebhaber frei schalten und walten, wie es ihm Spaß macht. Er kann, wenn er will, in seinem Album den Steinadler neben dem Kolibri unterbringen oder ein Pony zusammen mit Katzen und Mäusen auf eine Seite ordnen; der »Junior« lernt bei jedem Kontakt mit seinen Marken.

Eltern sollten also der Sammelleidenschaft ihrer Kinder sehr aufgeschlossen gegenüberstehen und erkennen, welche pädagogischen Vorzüge in der kleinen Briefmarke stecken. Wer mit jungen Jahren zur Philatelie kommt und dabei bleibt, wird es mit Sicherheit nicht bereuen. Es sind, wie bereits gesagt, in erster Linie die Motive einer Marke, die dem Jungsammler imponieren. Eine Untersuchung bei amerikanischen »Phila-Junioren« ergab: In der Beliebtheitsskala steht der Sport an der Spitze. Sondermarken, die dem Sport gewidmet sind, rangieren noch mit Abstand vor Weltraumfahrt und Supertechnik.

»Spielregeln«. Auf dem Weg ins philatelistische Neuland ist es wichtig, daß der Anfänger – gleich welchen Alters – folgende »Spielregeln« beachtet. Jede Marke ist ein Wertobjekt, ob sie nun 1 Pfennig, 1 Mark oder 1000 Mark kostet. Behandle also die Stücke pfleglich, auch wenn sie nur einen geringen Wert repräsentieren. Feuchte Daumen und Zeigefinger sind kein Ersatz für eine Briefmarkenpinzette. *Marken löst man* in klarem, handwarmem Wasser vom Briefpapier ab. Kochen und traktieren mit Waschpulver und Seife nehmen sie übel. Bei Stücken, die sich etwas schwerer von der Unterlage lösen, nicht etwa nachhelfen, indem man an einer lockeren Ecke zieht, sondern Geduld haben und eventuell das Wasser wechseln, nach einiger Zeit »schwimmt« die Marke ganz alleine von ihrer Unterlage. Man trocknet die Marken nicht auf dem Ofen oder an der Sonne, sondern legt sie Stück für Stück zwischen altes (kein neues!) Zeitungspapier, bis dies das meiste Wasser aufgesogen hat. Dann empfiehlt es sich, sie zwischen den Seiten eines alten Buches weiter zu trocknen, das Buch sollte man aber beschweren, damit die Marken auch schön glatt werden. Nunmehr sind die Stücke bereit, um in ein Album oder Einsteckbuch aufgenommen zu werden.

Der junge Sammler sollte anfangs unbedingt das *Einsteckbuch* zur Unterbringung der Marken verwenden, denn hier hat er die Möglichkeit, zu variieren und das »Gesicht« seiner Sammlung beliebig zu verändern, so wie er es gerade möchte und schön findet. Auch ein Junior braucht für sein Marken-Hobby eine *Grundausstattung*. Pinzette, *Lupe* und ein Steckalbum reichen für den Start aus.

Später, wenn der junge Markenfreund wissensdurstiger wird, sollte er unbedingt einen *Briefmarkenkatalog* be-

Sportmotive rangieren noch vor Supertechnik

kommen. Kataloge gibt es sowohl von einzelnen Ländern als auch von ganz Europa oder von Übersee; die beiden letzteren sind ziemlich teuer und deswegen als besonders schönes Geburtstags- oder Weihnachtsgeschenk geeignet. Erwachsene, die jungen Sammlern Kataloge oder Alben schenken möchten, sollten zuvor den Junior-Philatelisten nach seinen Wünschen fragen, denn es kommt häufig vor, daß die gute Oma – leider ganz ohne philatelistische Kenntnis – dem jungen Markenfreund etwas schenkt, was er nicht verwenden kann.

Noch einige wichtige Tips für alle jungen Anfänger: Achtet darauf, daß die Marken unbeschädigt sind; sie dürfen keine Risse oder dünne Stellen haben, die Perforation muß intakt sein, Zähnchen sollen nicht fehlen. Bei ungestempelten Marken sollte der Gummi möglichst so erhalten sein, wie man ihn bei der Post bekommt, nämlich postfrisch. Bei gestempelten Marken wählt, wenn möglich, nur solche Stücke für eure Sammlung, die eine saubere und klar lesbare Abstempelung tragen. Briefmarken mit verschmierten und verklecksten Stempeln gelten – ähnlich wie mit Riß oder dünner Stelle – als Exemplare zweiter Wahl. Sogenannte »Wellenstempel«, dies sind Entwertungen, die aus parallelen wellenförmigen Linien bestehen, sind wenig geschätzt. Ideal ist ein feiner, sauberer Ortsstempel, wenn möglich noch mit klar lesbarem Datum.

Der Jungsammler kann nicht früh genug damit beginnen, seinen Blick für die »Markenqualität« zu schärfen. Denn Briefmarke ist lange nicht gleich Briefmarke. Der Erhaltungszustand einer Marke ist sein wesentlichstes Element. Fehler, und wenn sie noch so minimal erscheinen sollten, sind grundsätzlich wertmindernd. Obwohl es für die jungen Sammler ja nicht darum geht, Wertobjekte zusammenzutragen – denn das können sie bei ihren Möglichkeiten gar nicht –, sollen sie doch möglichst zeitig beginnen, die Qualitätsunterschiede zu erkennen. Jeder Sammler, der die fein differenzierte Rangfolge beim Erhaltungsgrad der Marken beherrscht, ist einem anderen, der dies nicht beurteilen kann, weit überlegen. Wie wichtig die Qualität ist, kann man in den Vorworten und Einführungen aller Kataloge lesen – und man sollte es auch tun. Der Satz aus dem renommierten amerikanischen »Scott«-Katalog »Condition is the most important factor of price (der Erhaltungszustand gibt den Ausschlag beim Preis)« sagt alles. Für alle, die sich nun ins Abenteuer Philatelie begeben möchten, den Satz eines bedeutenden Sammlers mit auf den Weg. Für die Philatelie ist man selten zu jung, aber nie zu alt, und Carl Loeschke, ein Berliner Markenhändler aus dem vorigen Jahrhundert, interpretierte volkstümlich und treffend: Wer einmal Marken hat geklebt, der klebt und klebt, solang er lebt.

Ohne Handel geht es nicht

Wie beschaffen sich die Sammler ihre Marken? Auch in der Philatelie ist der systematische Aufbau einer größeren Sammlung nur mit Hilfe des Fachhandels möglich. Kein Philatelist könnte heute durch Tausch allein eine nur halbwegs vollständige Kollektion zusammenbringen. Jeder »richtige« Sammler braucht seine Bezugsquellen. Der Neuling in diesem Metier sollte – bevor er sich in das Abenteuer Philatelie stürzt – den für ihn äußerst wichtigen Leitsatz beherzigen: Wähle zuerst den Händler, dann die Marken! Briefmarkenkauf ist eine große Vertrauenssache, besonders wenn es um nennenswerte Beträge geht, ist ein honoriger Lieferant erste Voraussetzung, um vor unliebsamen Überraschungen sicher zu sein.

Wie in allen Dingen des Lebens so hat auch in der Philatelie Qualität ihren Preis. Besonders günstige Sonderangebote, umständehalber sehr preiswert offerierte Sammlungen und investitionsgeeignete Gelegenheitsobjekte u. ä. entpuppen sich leider häufig als faule Eier. Kein seriöser Markenhändler kann etwas »verschenken«, denn auch er muß beim Einkauf von gutem Material tief in die Tasche greifen. Die Gewinnspannen, mit denen die Berufsphilatelisten kalkulieren, werden von Branchenfremden meist weit überschätzt. Bei vielen Stücken macht der Profit tatsächlich nur einen geringen Prozentsatz aus. Folgendes Beispiel mag dies verdeutlichen: Jeder Händler ist verständlicherweise bemüht, seinen guten Kunden die gesuchten Stücke zu liefern. Was aber dem fortgeschrittenen Philatelisten fehlt, ist meist sehr schwer aufzutreiben. Wird nun einem Händler ein Stück angeboten, das er seit langem für seinen Kunden sucht, dann zahlt er selbst schon einen Spitzenpreis und gibt sich mit bescheidenem Nutzen zufrieden – und zwar nur, um den Kundenwunsch zu erfüllen und um vielleicht zu verhindern, daß sich der Sammler anderweitig nach dem fehlenden Stück bemüht.

Deutsche Bundespost – der größte Briefmarkenhändler. Sammler, deren Interesse ausschließlich den bundesdeutschen und Berliner Postwertzeichen gilt, brauchen sich in keine Markenhandlung zu begeben, um die benötigten Werte zu kaufen. Auch der Weg zum nächsten Postamt ist überflüssig, ihnen steht ein exzellenter

Postservice zur Verfügung. In Frankfurt am Main und in Berlin unterhält die Post spezielle Versandstellen für Sammlermarken.

Jeder Interessent hat die Möglichkeit, hier ein Abonnement abzuschließen, durch das er sämtliche Neuerscheinungen mittels Nachnahmesendung direkt ins Haus geliefert bekommt. Aus dem Fachhandel braucht er nur noch das gewünschte Album zu beziehen, denn das liefert die Deutsche Bundespost noch nicht. Der Handel ist übrigens für die Post recht einträglich, besonders wenn man bedenkt, daß der überwiegende Teil der Bezieher sich nicht nur mit jeweils einem Exemplar zufriedengibt, sondern zwei, vier, zehn oder gar hundert Stück pro Sorte abonniert. Berücksichtigt man noch, daß von den gelieferten Mengen so gut wie nichts für seinen eigentlichen Zweck – nämlich die Frankatur von Briefen und Karten – verwendet wird, so ist der Profit gewaltig. Die veröffentlichten Umsätze der Versandstellen in Frankfurt a. M. und Berlin zeigen ein kontinuierliches Wachstum. Hatten die amtlichen Markenversender 1970 nur für etwa 58 Millionen Mark Sammlermarken an den Mann bringen können, so hatte sich diese Summe 1972 fast verdoppelt, und im Jahre 1973 waren es annähernd 120 Millionen Mark. Ein außerordentlich stolzer Betrag, der von 451 000 Briefmarkenenthusiasten aufgebracht wurde, mehr als 250 DM im Jahr pro Abonnement.

Briefmarkensammeln im Abonnement bei der Post ist in fast allen Staaten möglich, denn ähnliche Einrichtungen wie bei uns bestehen in den meisten Ländern. Der erwirtschaftete Gewinn durch den Verkauf an die Sammlerschaft dürfte für alle Postministerien interessant sein, denn den Einnahmen aus diesen Verkäufen stehen ja nur die Herstellungskosten und der Unterhalt für den Vertriebsapparat gegenüber.

Die Berufsphilatelisten. In dem vielgestaltigen Briefmarken-Fachhandel sind die Ladengeschäfte wohl die bekanntesten Branchenvertreter. Es ist erwiesen, daß der weitaus größte Teil aller Sammler seinen ersten Kontakt mit dem Briefmarkenhandel in einem Ladengeschäft hatte. Es steht auch fest, daß viele Sammler einen »Stammladen« bevorzugen, den sie ausschließlich als Bezugsquelle benutzen. Der persönliche Kontakt von Sammler und Händler spielt hier eine große Rolle. In seriösen Fachgeschäften wird nicht nur verkauft, sondern der Kunde wird auch beraten und mit Tips versorgt. Im Laufe der Zeit entwickelt sich also ein Vertrauensverhältnis zwischen Hobby- und Berufsphilatelisten. Die Ladenhändler kennen Größe und Inhalt der Kollektionen langjähriger Kunden meist viel genauer als zum Beispiel die Versandhändler. Auftraggeber und Lieferant sind hier fast nur per Brief oder Telefon bekannt.

Die Umsatzziffern der führenden Versandprofis liegen aber weit über denen der großen Briefmarkenläden. Einige Unternehmen vereinigen beide Möglichkeiten, indem zum Beispiel ein gutgehendes Ladengeschäft eine Versandabteilung aufbaut. Der reine Versandhandel bringt seine Angebote durch Inserate in der Fachpresse oder durch eigene Preislisten an die Käufer. Spezialhäuser liefern auch Marken im Abonnement, ähnlich wie es die postamtlichen Versandstellen für Sammlermarken tun. Ihrer staatlichen Konkurrenz sind sie aber in der Vielseitigkeit ihres Angebots überlegen.

Der bundesdeutsche Branchenriese

dieses Geschäftszweigs, die im württembergischen Lorch beheimatete Firma Hermann E. Sieger, liefert praktisch jede Neuerscheinung, ganz gleich, ob sie in Paraguay, Island oder Korea an die Postschalter kommt. Auch das derzeit bei Motivsammlern äußerst beliebte Thema »Weltraumfahrt« ist durch Sieger im Abonnement erhältlich. Außerdem ist die Firma durch ihre Spezialkataloge »Raumfahrt« und »Zeppelinpost« weit über deutsche Grenzen hinaus bei Sammlern und Händlern bekannt.

Ein ähnlich geartetes Unternehmen von ganz bedeutender Dimension ist das in Braunschweig ansässige altrenommierte Briefmarkenhaus Richard Borek (gegründet 1893). Abgesehen vom Markenhandel ist Borek auch als Katalogverleger und Albenhersteller bekannt. Die Borek-Alben genießen wegen ihrer exzellenten Ausführung große Beliebtheit, sie zählen zu den Spitzenprodukten der deutschen Albumindustrie.

Diverse jüngere Firmen sind ebenfalls am Abonnementgeschäft interessiert. Unter dem Slogan »Der Abospezialist für Marken und Münzen« wirbt die Versandhandlung Marken-Krüger in Neubiberg. Bereits zu Anfang 1975 startete Marken-Krüger unter dem Motto »Olympia 1976 ruft« eine gekonnte Werbung für die Sondermarken und Münzen anläßlich der Olympischen Winter- und Sommerspiele 1976 in Österreich und Kanada. Für Markensammler mit kleinerem Geldbeutel offerierte er sein Olympia-Abonnement »A«, zu dem es hieß, daß der Aufwand verhältnismäßig gering sei und 50 DM kaum überschreite. Das Olympia-Abonnement »C« enthielt dagegen sämtliche lieferbaren Olympia-Ausgaben, die zur Olympiade 1976 angekün-digt waren. Hier wurden auch sämtliche teuren Block- und Markenausgaben mit kleinsten Auflagen angeboten. Der Aufwand des »C«-Abonnements war in der Krüger-Werbung mit 2000 bis 3000 DM angekündigt.

Als Versandspezialist besonderer Art ist der Hamburger Markenkaufmann Wolfgang Boden unter seinem Firmennamen WOBO bestens bekannt. Mit seiner Verkaufsorganisation betreut er über 5000 bundesdeutsche Briefmarkenfreunde und wirbt sowohl in der einschlägigen Fachpresse als auch in Dutzenden von Tageszeitungen und Wochenblättern. Die Form, in der Boden jährlich für über vier Millionen Mark Sammlermarken an den Mann bringt, nennt sich »Rundsendezirkel«. In der Tat läßt WOBO ständig für 8 bis 10 Millionen Mark »Nur gutes Material – keine Massenware«, wie es in seiner Werbung heißt, sauber in Heften untergebracht und Stück für Stück mit Preis versehen, in seinem großen Kundenkreis zirkulieren. Jeder honorige Sammler hat die Möglichkeit, sich dem Auswahlversand des Hamburger Hauses anzuschließen. Wünsche hinsichtlich spezieller Gebiete, zum Beispiel Deutschland, West- oder Osteuropa, USA usw., werden berücksichtigt. Als Wertbrief bekommt der Philatelist seine gewünschte Auswahlsendung ins Haus geschickt und kann nun ganz in Ruhe die Wahl treffen. Den Kaufpreis für entnommene Stücke überweist er auf eines der Firmenkonten. Das 1950 gegründete Unternehmen ist heute Europas größte Verkaufsorganisation dieser Art. Wolfgang Boden dirigiert mit seinen 17 Mitarbeitern Tausende von Auswahlheften mit Hunderttausenden von Briefmarken durch deutsche Lande, von Schleswig-Holstein bis Oberbayern;

ins Ausland jedoch verschickt er seine »Rundsendungen« nicht.

Der größte Teil aller Briefmarken-Einzelhandelsfirmen ist mehr oder weniger spezialisiert. Die Inserate in den Fachzeitschriften zeigen dies besonders deutlich. Hier werben die Spezialisten für die von ihnen kreierten Gebiete in trauter Eintracht nebeneinander, ganz gleich, ob sie nun mit Frankreich, Italien, Rußland, Liechtenstein, der Bundesrepublik, dem Saarland, der Schweiz oder den USA handeln. Die Konzentration auf ein oder einige Gebiete ist heute unbedingt nötig, denn die Palette der bisher erschienenen Briefmarken ist derart groß, daß eine Lagerhaltung von allen Ländern der Welt für den einzelnen Händler so gut wie unmöglich ist. Trotzdem, verschiedene Firmen, besonders im Ausland, unterhalten auch heute noch ein »Alle-Welt«-Lager und bieten größtmögliche Auswahl auf allen Gebieten.

Kiloware. Ein kleiner Kreis von Berufsphilatelisten handelt Marken nach Gewicht, und dieses Geschäft floriert offenbar recht gut. Unter dem Begriff »Kiloware« versteht man Marken, die sich noch auf den Ausschnitten von Paketkarten, Briefen oder dergleichen befinden. Der Käufer »badet« die Marken, löst sie also im Wasserbad von den Unterlagen, trocknet und preßt sie sorgfältig und hat nun ein großes Volumen von Tauschmaterial. Ein Kilo »Kiloware« enthält mehrere tausend Briefmarken, die Zahl schwankt, da ja die Markenformate und somit ihr Gewicht unterschiedlich sind.

Kiloware kommt überwiegend durch die Postverwaltungen in den Handel, die auf Paketkarten verwendete Marken ausschneiden lassen und dann nach Gewicht verkaufen. Der Verkauf erfolgt zum Teil in Säcken, teils aber auch in Päckchen zu einem Kilo, abgepackt und postamtlich versiegelt. Aus dem jüngsten Inserat eines Stockholmer Händlers ist zu ersehen, daß die neuesten schwedischen »Postsiegelkilos« 130 DM kosten. Das dänische Kilo ist sogar schon für 79,50 DM zu haben, und für 1000 Gramm aus Norwegen braucht der Sammler nur 62,50 DM hinzulegen. Geht man von ungefähr 4000 Stück pro Kilo aus, so variiert der Preis für eine Marke bei diesem Angebot zwischen etwa 1,5 und 3 Pfennig. Briefmarken müssen also nicht immer teuer sein. Bei einem süddeutschen Händler ist ein originalversiegeltes Kilo DDR-Behördenpost für 48 DM zu haben, ein erstklassiges Kilo, wie es im Angebot heißt. Von einer besonders guten Schweiz-Mischung allerdings bekommt man für 48 DM nur ganze 100 Gramm. Die Schweiz war halt schon immer etwas teurer. Ein »10-kg-Originalsack« der österreichischen Post kostet 560 DM, und für gar 20 Kilo postversiegelter Ungarn-Marken aus einem Direktimport vom Frühjahr 1975 sind nur 280 DM aufzubringen. Wer die gleiche Menge aus Polen haben möchte, zahlt 19 DM mehr, nämlich 299 DM. So ist es im Angebot dieses Spezialisten zu lesen.

Aber nicht nur die Post, auch karitative Verbände und Organisationen lassen Briefmarken sammeln, um sie nach Gewicht zu verkaufen und den Erlös für wohltätige Zwecke zu verwenden. Missionsware nennt sich diese Sorte. Für nur 15 DM ist ein ganzes Kilo guter USA-Missionsware zu haben, die gleiche Menge zum gleichen Preis bekommt man auch von Großbritannien in einem originalversiegelten »Kinderhilfe-Missionswaren-Kilo«. Ein 2-Pfund-Paket, das der bundesdeutsche

124

Handel feilzubieten hat, wird mit der Bezeichnung »SOS-Kinderdorf Spendenkilo Deutschland« in Inseraten angeboten, und der Lieferant preist den Inhalt mit den Worten:»So wünscht man sich eine echte Kiloware. So etwas gibt's noch! Preis pro Kilogramm 34 DM.«

Sammlungen – Lots – Gelegenheiten. Es gibt auch Händler, die sich überwiegend oder ausschließlich mit dem Verkauf von ganzen Kollektionen, Teilsammlungen, Restposten und ähnlichen Objekten befassen, ihre Angebote finden sich meist in der Fachpresse, und die Preise für die jeweiligen Partien variieren im allgemeinen zwischen einigen hundert und vielen tausend D-Mark. So warb ein süddeutscher Händler mit der Überschrift »Das Sensationsangebot Deutschland-Briefmarkensammlungen!«, und er lieferte für nur 195 DM zwei Prachtalben im Nettowert von 1500 DM. Wer 345 DM übrig hatte, bekam aus gleicher Quelle sogar »Deutschland SUPER« – so hieß es im Inserat – in vier Prachtalben geliefert, und »Deutschland EXQUISIT« mit gar fünf Prachtalben im Nettowert von 6000 DM konnte für nur 650 DM bezogen werden. Versand erfolgte portofrei per Nachnahme. »Alle Sammlungen sind beste Kapitalanlage und ein wertvoller Grundstock zum Weitersammeln«, versicherte der Händler in einem ganzseitigen Inserat, veröffentlicht in der »DBZ« (Deutsche Zeitung für Briefmarkenkunde) Nr. 12 vom 20. Juni 1975. In gleicher Zeitschrift stellte eine andere Firma 63 verschiedene Sammlungen zur Auswahl. Kleine und größere Objekte in den Preislagen von 200 DM (für eine kleine gestempelte Prachtsammlung von Finnland, die nur Marken bis zum Jahre 1920 enthält) bis 6600 DM. Für letzteren Betrag gibt es immerhin schon eine bis zum Jahre 1965 reichende Prachtkollektion der Zwergrepublik San Marino. Ein Objekt, das – wie es heißt – leicht zu komplettieren ist und einen Michel-Katalog-Wert von 15569 DM besitzt.

Mit den Worten »Kennen Sie ein besseres Angebot?« überschreibt ein bekannter Wiener Händler seine Offerten und bietet unter anderem an: »Slowakei 1939 bis 1945, komplette Sammlung in Ia postfrischer Qualität, Michel-Katalog-Wert 610 DM, nur 330 DM.« Für eine vollständige Kollektion in exzellenter Erhaltung eine durchaus faire Preisforderung. Das gleiche Briefmarkenhaus liefert als Sonderangebot für 1090 DM eine lückenlose Sammlung der Tschechoslowakei, die den Zeitraum von 1945 bis Ende 1973 beinhaltet. Auch diese Offerte ist wirklich preisgünstig oder, wie es in Warentest-Zeitschriften heißt, »sehr empfehlenswert«.

Im ganzseitigen Inserat eines Händlers, der besonders auf den Verkauf von Lots, Gelegenheiten usw. spezialisiert ist, stand unter anderem zu lesen: »Trödelkisten London-Import! Profitieren Sie von einem Riesenlager! Nutzen Sie die harte DM gegenüber dem schwachen Pfund. In unserem Londoner Office lagert so viel Material, daß man dort räumen muß. Außerdem wird das Lager immer wieder durch neue Auktionsposten, Aufkauf von Händlerlagern ergänzt. Daher stets neue Zusammensetzung dieser Trödelkisten. Viele zufriedene Sammler, wahre Fundgrube! Gehen Sie auf eine spannende Briefmarkenjagd, und genießen Sie den Reiz des Entdeckens und Durchsuchens unserer Trödelkisten. Nur Original bei uns (Name gesetzlich geschützt). Hoher Katalogwert!!! Lieferbar von den Gebieten: Deutschland, Gesamt (ohne DDR), DDR, Deutschland West, Westeuropa, Italien, England, Frankreich, Schweiz, Skandinavien, Osteuropa, Motive, Blöcke, British Commonwealth, Übersee, Asien, Alle Welt.«

Soweit der Originaltext für die Trödelkisten-Werbung. Die Preise für das Kistchen sind nach Inhalt gestaffelt und betrugen 50, 100 oder 150 DM. Ein Testkauf der besten Ausführung hatte gezeigt: Das Angebot war real, der Kaufpreis entsprach durchaus dem Gegenwert der gelieferten Ware. Das gleiche Unternehmen führt in seinem umfangreichen Sortiment auch noch »Sammelsurium-Pakete« zu 300 DM, die nicht immer lieferbar sind und von denen es heißt: Ideal für Sammler mit viel Freizeit. Ein Versuchskauf zeigte auch hier ein erfreuliches Resultat, der Inhalt war interessant, vielseitig und wertgerecht.

Der Großhandel. Neben den Detailgeschäften gibt es natürlich auch einen Briefmarken-Großhandel als Lieferant des Einzelhandels, auch er ist weitgehend spezialisiert. Die Angebote der Großhändler an ihre Kunden erfolgen überwiegend durch Preislisten. In Briefmarken-Fachzeitungen stößt man jedoch häufig auf Kaufgesuche von Grossisten. Beim Vergleich der Ankaufspreise ist festzustellen, daß die Preise nur wenig differieren, die Händler also scharf kalkulieren. Sieben Grossisten, die alle den sogenannten Berliner Währungsblock suchten, offerierten pro postfrisches Exemplar Beträge zwischen 750 und 780 DM. Beim bundesrepublikanischen Posthornsatz lagen die gebotenen Preise zwischen 1350 DM und 1400 DM, also

eine verschwindend geringe Differenz. Vergleicht man diese Beträge mit dem günstigsten Angebot eines Händlers – er bietet den vom Großhandel für 1400 DM gesuchten Satz mit 1590 DM an –, so darf man getrost feststellen: Die Gewinnspannen des Briefmarkenhandels sind recht bescheiden. Ein Juwelier, Kunst- oder Antiquitätenhändler dürfte wohl kaum mit einer derart spärlichen Gewinnspanne kalkulieren. In der Tat sind bei den Spitzenausgaben der sogenannten internationalen Standardware die Verdienstspannen für die Berufsphilatelie denkbar gering. Natürlich gibt es dafür in anderen Bereichen des Großhandels erfreulichere Profite zu machen. Da die »Normalverbraucher« mit diesem Teil des Handels kaum Berührung haben, erscheint es nicht notwendig, ausführlicher zu werden. Eine andere Sparte im internationalen Briefmarkengeschäft dürfte für Philatelisten viel interessanter sein.

Briefmarken-Auktionen. Versteigerungen sind heute die Hauptumschlagsplätze für Raritäten, philatelistische Kostbarkeiten und ganze Kollektionen. Wohl alle »Spitzenobjekte« gelangten irgendwann und irgendwo einmal unter den Hammer. Das Auktionsgewerbe ist bekanntlich uralt, aber selbst spezielle Markenversteigerungen wurden schon im neunzehnten Jahrhundert abgehalten. Eigentlich erst zu Anfang des zwanzigsten Jahrhunderts begann sich dieser Branchenzweig langsam zu entwickeln. In den dreißiger Jahren waren es – international gesehen – noch relativ wenige Unternehmen, die sich auf das Versteigern von Briefmarken spezialisiert hatten, und viele dieser altbekannten Firmen sind auch heute noch in ihrem Metier tätig.

Nach 1945 fand das Auktionsgeschäft besonders auf bundesdeutschem und Berliner Boden eine erhebliche Ausweitung. In der ehemaligen Reichshauptstadt etablierten sich in den ersten Nachkriegsjahren sechs neue Versteigerer; in der Kriegszeit war es nur ein einziges Unternehmen gewesen. Der Run auf die Auktionspulte setzte jedoch erst in den sechziger Jahren ein, und er scheint auch heute noch nicht beendet. Es wurde »in«, Versteigerer zu sein. Ob mit biederem Holz- oder kostbarem Silberhämmerchen – es drängten neue Gesichter ins Rampenlicht der Auktionssäle.

Wie funktioniert eigentlich eine Briefmarken-Auktion? Diese Frage wird nicht nur von Laien, sondern häufig auch von Philatelisten gestellt, denn ein Großteil der Sammler besitzt vage oder gar falsche Vorstellungen vom Briefmarken-Auktionsgeschäft. Jede »richtige« Versteigerung ist öffentlich und freiwillig. Das heißt, jedermann kann sich sowohl als Käufer als auch Verkäufer betätigen. Der Auktionator übernimmt von seinen am Verkauf interessierten Klienten – im Fachjargon Einlieferer genannt – Briefmarken-Objekte aller Art, Größe und jeden Umfangs. Die »Einlieferungen« werden fachgerecht bearbeitet und beschrieben, das Auktionshaus läßt einen Katalog drucken, in dem sämtliche Positionen unter fortlaufenden Nummern und nach Gebieten sortiert erscheinen. Ein Schätz- oder Ausrufpreis wird ebenfalls vom Versteigerer für jede Position angegeben. Diese Auktionskataloge werden nun den Kunden mit der Post zugestellt. In der Bundesrepublik ist die Zusendung meist kostenfrei und erfolgt an neue Interessenten gegen Standesangabe. Einige deutsche Auktionshäuser, die sehr aufwendige Kataloge herstellen, verlangen mitunter von ihren unbekannten, neuen Kunden eine sogenannte Schutzgebühr, die allgemein zwischen 5 DM und 15 DM liegt. Die Versteigerungskataloge der großen britischen und amerikanischen Unternehmen sind nur käuflich zu erwerben und werden von den Interessenten meist im Jahresabonnement bezogen.

Ist man nun glücklicher Besitzer eines Versteigerungskatalogs und möchte auch etwas ersteigern, so gibt es drei Wege. Der vom überwiegenden Teil aller Käufer benutzte ist das schriftliche Gebot. Das wiederum bedeutet: Der Interessent beauftragt den Auktionator schriftlich, auf die von ihm bezeichneten Objekte bis zu einem genannten Höchstpreis zu bieten. In der Praxis wiederum sieht das so aus: Der Schätzpreis einer Marke im Auktionskatalog lautet zum Beispiel 300 DM, der interessierte Sammler aber ist auf das Stück ganz versessen und wäre notfalls sogar bereit, das Doppelte, also 600 DM, zu bieten. Er fixiert nun in seiner schriftlichen Order den Betrag von 600 DM, natürlich in der Hoffnung, das Stück zu einem günstigeren Preis zu bekommen. Im Versteigerungssaal finden sich nun aber noch einige weitere Interessenten, die aber vielleicht nur bis 400 DM steigern. Jetzt schlägt der Auktionator dem schriftlichen Bieter das Stück mit 410 DM zu. Also 190 Mark unter dem Preis, den der Interessent im äußersten Fall ausgegeben hätte.

Der zweite Weg, um sich an einer Versteigerung zu beteiligen, wäre, selbst hinzufahren und persönlich anwesend zu sein. Dies ist natürlich die günstigste Art und Weise, denn wer selbst am Auktionsgeschehen teilnimmt, hat die

Tips für Käufer · Tips für Käufer

Wir wollen im Folgenden die Bezeichnung Sammler oder Philatelist bewußt vermeiden und nur von Briefmarken-Käufern sprechen. Dieser große Kreis läßt sich wiederum in drei Hauptgruppen aufteilen. Die weitaus stärkste davon will neben der Freude am schönen Hobby das ausgegebene Geld attraktiv verzinst wissen. Ein kleines Grüppchen zeigt beim Markensport überhaupt kein Gewinnstreben. Der andere exklusive Zirkel hingegen besteht aus rein profitorientierten Investoren, die mit dem großen Geld in die kleinen Marken einsteigen. Bleiben wir zunächst bei den Minderheiten. Sammler, die keinerlei pekunäre Ambitionen mit ihrer Leidenschaft verbinden, benötigen auch keine Tips, sie können ruhig drauflos kaufen. Die andere Minderheit – mit der gegenteiligen Einstellung – kann jedoch einen gutgemeinten Hinweis vertragen. Überall dort, wo sich reiche Leute leicht vom Geld trennen, gibt es »Katalysatoren«, die dafür sorgen, daß dieser Vorgang beschleunigt wird. All denen also, die – ohne eigene ausreichende Fachkenntnisse – erhebliche Beträge in den Anlagewert Briefmarke investieren, gilt die Frage: »Wie ehrenwert, wie honorig sind Ihre Berater und Lieferanten? Besitzen sie die Eigenschaften eines untadeligen Kaufmanns? Sollten Sie diese Frage nicht uneingeschränkt mit Ja beantworten können, interessiert Sie wahrscheinlich folgende Geschichte, die sich vor einiger Zeit zugetragen hat.

Ich interpretiere – unter teilweiser Übernahme des Fachjargons einer gottlob winzigen Clique übler Lieferanten. Ein sehr wortgewandter ambulanter Händler, der sich auch »steuerfrei« in der Philatelie betätigt, stößt auf eine »Quelle«, im normalen Bürgerdeutsch: Er lernt eine vermögende Person kennen, die interessiert ist, einen großen Betrag »sicher« in Briefmarken anzulegen. Der Wortgewandte »bohrt die Quelle an« – oder allgemein verständlich, er erschleicht sich zunächst das Vertrauen seines späteren Abnehmers. Nachdem ihm das gelungen war, wurde mit einem »schnellen Abpumpen« begonnen. Dies bedeutet, daß der Investitionsfreudige mit »frisiertem« Material zu hoffnungslos überhöhten Preisen eingedeckt wird, bis seine Geldmittel erschöpft sind. Der Käufer, um den es hier geht, bekam auch für sein gutes Geld Fälschungen geliefert, die man teilweise mit Phantasie-Gutachten – von Experten«, die überhaupt nicht existieren – ausgestattet hatte. Verschiedentlich waren bei den »Blüten« auch rückseitig gefälschte Prüfsignaturen renommierter Markenkenner angebracht. Der in diesem Fall entstandene Schaden lag bei weit über 500000 DM. Eine strafrechtliche Verfolgung wäre für den betrogenen Investor so gut wie zwecklos gewesen, da durch ausgekochte Kauf- und Vermittlungsverträge der Lieferant praktisch aus dem Schneider war, den Schwarzen Peter hatte der leichtsinnige Käufer. Für den ambulanten Händler mit dem gewinnenden Auftreten war »sein Äffchen abgebürstet«, um nochmals in den einschlägigen Fachjargon dieser Kreise zu verfallen. Es kann wirklich nicht oft genug warnend darauf hingewiesen werden, daß man die Finger von Lieferanten lassen sollte, deren Integrität nicht einwandfrei feststeht. Derartige Vorkommnisse sind natürlich Ausnahmefälle, aber sie haben sich oft genug ereignet. Investoren, die einen großen Einsatz in philatelistische Anlageobjekte wagen, sollten ihren Partner im seriösen Fachhandel suchen und sich nicht in die Hände undurchsichtiger Leute begeben, auch wenn diese noch so distinguiert, vertrauenerweckend und honorig erscheinen. Für alle Arten von Wirtschaftskriminellen ist es bekanntlich oberstes Gebot, zunächst einmal ihre Opfer mit guten Manieren und sicherem Auftreten zu täuschen. Nach Schilderung dieses verlustreichen Geschäfts sollen ein paar Tips für die größte

Tips für Käufer · Tips für Käufer

Gruppe der Markenkäufer folgen, die von Millionen systematischer Sammler in aller Welt gestellt wird.

1. Es empfiehlt sich für alle »richtigen« Sammler, eine Fachzeitschrift zu abonnieren, um über Preisentwicklung und Marktgeschehen genau informiert zu sein.

2. Beachten Sie, daß »billig« und »preiswert« grundverschiedene Begriffe sind. Zum Beispiel sah ich unlängst in der Auslage eines Ladengeschäfts ein Angebot, bei dem es hieß: »Gute Bundesrepublik mit etwas kräftigen Stempeln sehr billig – zu Spottpreisen.« Daneben befanden sich mehrere Tableaus, auf denen die offerierten Stücke präsentiert waren. Alle diese Marken hatten denkbar heftige, fette, unleserliche, ja teilweise sogar völlig verkleckste Abstempelungen, darüber hinaus war ihre Perforation zum Teil auch noch beschädigt. Für einen peniblen Käufer rangierte die Qualität dieser »günstigen Gelegenheit« unter der Fachbezeichnung: Sortierausschuß. Wer bei einem solchen Angebot zugreift, hat nicht billig, sondern schrecklich teuer gekauft, denn bei einer doch immerhin denkbaren späteren Realisierung wird der Besitzer zu hören bekommen, die »verstempelten« Stücke seien qualitativ zu minderwertig und deshalb nicht interessant. Das Resümee daraus: Immer qualitätsbewußt kaufen. Was zunächst teuer erscheinen mag, hat sich letztlich immer noch als preiswert gezeigt.

3. Verlangen Sie bei teuren postfrischen Marken eine Garantie für Original-Gummi, sonst stellen Sie den Kauf lieber zurück. Es gibt in jüngster Zeit zu viele nachgummierte Stücke, die als »postfrisch« durch den Handel geistern und nur einen Bruchteil der wirklich postfrischen Exemplare wert sind.

4. Alle Marken, die als fälschungsgefährdet gelten, nur dann erwerben, wenn sie von einem anerkannten Kenner geprüft oder expertisiert sind.

5. Bei der sogenannten Standardware empfiehlt es sich, Preisvergleiche anzustellen. Hier sind häufig – bei gleicher Qualität – recht augenfällige Preisunterschiede festzustellen. Eine abonnierte Fachzeitschrift leistet dem Sammler hierbei gute Dienste.

6. Anfänger müssen sich im klaren darüber sein, daß mit dem stückweisen Kauf von billigen Einzelmarken keine »Werte« zusammenzutragen sind. Wer beispielsweise Briefmarken der niedrigsten Preisklasse – also solche, die 10, 20 oder 30 Pfennig pro Stück kosten – erwirbt, hat die Marken eigentlich geschenkt bekommen. Was er bezahlt hat, ist die Zeit, die der Fachhändler verbraucht hat, um die billigen Freimarken seinem Kunden Stück für Stück zu verkaufen. Nehmen wir an, ein Anfänger würde sich 10000 Briefmarken zum Stückpreis von 30 Pfennig zusammenkaufen, dann hätte er dafür 3000 DM aufgewendet. Wollte er jetzt versuchen, sein Markensammelsurium einem Händler zu verkaufen – wohl kaum einer wäre bereit, diesen Posten für 500 Mark zu übernehmen. Hätte nun aber der Käufer, statt der bunten Mischung von zehntausend Miniwerten, die 3000 DM für eine nette Kollektion bundesdeutscher Marken verbraucht, so hätte er nicht nur Freude am Sammeln gehabt, sondern sein Geld auch vernünftig und wertbeständig investiert. Merke: Wer sinnlos drauflos kauft, darf mit der Briefmarke den Begriff Anlagewert nicht verbinden. Abschließend bliebe vielleicht noch festzustellen, daß es wohl kaum ein zweites Hobby gibt, das in so idealer Form einerseits Freude und Entspannung bringt, andererseits auch eine »Sparbüchse« darstellt, die sich attraktiv verzinst – vorausgesetzt, man faßt die Sache richtig an.

Möglichkeit, seine Dispositionen beliebig zu ändern, mit dem Bieten früher aufzuhören oder, wenn notwendig, auch entsprechend höher zu steigern. Eine dritte Möglichkeit – vornehmlich von Insidern benutzt – ist, sich durch einen sogenannten Kommissionär vertreten zu lassen. Die Kommissionäre sind »Profi-Bieter«, die, ausgepolstert mit den Aufträgen von Dutzenden verschiedener Interessenten, zumindest bei allen großen Auktionen einen bedeutenden Käuferanteil stellen.

Neben den »richtigen« öffentlichen Versteigerungen, bei denen es einen Saal voller Bieter gibt, sind noch sogenannte »Fern-Auktionen« tätig. Der grundlegende Unterschied zur normalen Auktion: Die Öffentlichkeit ist bei der »Fern-Versteigerung« ausgeschlossen. Ein Katalog wird zwar auch versandt, die Gebote aber können nur schriftlich erfolgen, und an einem bestimmten Stichtag erfolgt dann die Zuteilung, das höchste schriftliche Angebot erhält den Zuschlag. Da dieser Verkaufsform das Typische einer Auktion fehlt, wird sie verschiedentlich auch als »Verkauf gegen Gebot« bezeichnet.

Auktionen und ihre Bedingungen. Alle Arten von Versteigerungen haben besondere Bedingungen, denen sich Verkäufer und Käufer bei der Abgabe eines Auftrags unterwerfen. Die Versteigerungsbedingungen der Briefmarken-Auktionshäuser sind in ihren wesentlichen Passagen ziemlich gleichlautend. Die Prozente aber, die der Versteigerer für seine Dienstleistung berechnet und von denen er lebt, schwanken nicht unbeträchtlich. Allgemein werden dem Einlieferer – also demjenigen, der Marken versteigern läßt – 10 bis 15 Prozent vom Erlös abgezogen. Beim Käufer wiederum schlagen die Versteigerer 10 bis 15 Prozent auf. Abzug und Aufgeld zusammen ergeben den theoretischen Gewinn der Auktionatoren. Das mag sehr attraktiv klingen, aber auch die Kosten sind enorm. Versteigerungskataloge der führenden Häuser haben häufig einen Stückpreis von etwa 20 DM. Dazu kommen Porto und Verpackung. Eine Anzahl dieser Prachtwerke geht dann noch per Luftpost nach Übersee; hier verschlingt die Frankatur noch einmal die gleiche Summe wie die Herstellung. Wer sich aber ernsthaft der Philatelie zuwenden will, sollte unbedingt von einem der großen Auktionshäuser einen Katalog anfordern – auch wenn eine Schutzgebühr zu entrichten ist. Mit dem Auktionskatalog bekommt er ein Buch in die Hand, das allein auf 100 bis 200 Seiten Abbildungen von Marken zeigt, teilweise sogar in den Originalfarben. Selbst wenn man zunächst nicht kauft, ist es für den angehenden Philatelisten lehrreich, derartige Kataloge zu studieren. Noch ein Wort zu den Prozenten. Es dürfte jedem klar sein, daß sich hoher Aufwand mit niedrigen Prozenten nicht vereinbaren läßt. Oder mit anderen Worten ausgedrückt: Eine kleine Pension kann durchaus sauber sein, und es gibt ohne Zweifel genug, die schwören auf Garni mit Frühstück. Ein anderer Kreis dagegen liebt das Flair internationaler Spitzenhotels und läßt sich dort umsorgen. Über den Geschmack kann man bekanntlich nicht streiten, aber es war schon immer etwas teurer, einen besonders guten zu haben.

Auktionen in Deutschland. Die Auswahl an bundesrepublikanischen und Westberliner Briefmarkenauktionen ist derart umfangreich, daß jeder Philatelist ständig mit einem gewaltigen Angebot von Objekten in allen Preislagen konfrontiert wird. Der weitverbreitete Irrtum, Briefmarken-Versteigerungen seien nur etwas für Leute mit viel Geld, sollte von den Sammlern wirklich aufgegeben werden. Natürlich gibt es auf Auktionen keine Mini-Werte für 20 Pfennig zu kaufen, aber für 20 DM finden sich bei Unternehmen von mittlerer Größe schon attraktive Angebote. Ja, sogar reizvolle Teilsammlungen, Dublettenlots und Restpartien mit interessantem Inhalt sind hie und da für Summen um ein-, zweihundert Mark sehr günstig zu ergattern. Es ist wirklich nicht nötig, ein Krösus zu sein, um Auktionskunde zu werden.

Es wäre jetzt berechtigt zu fragen, wann und wo finden eigentlich Auktionen statt? Bei der Vielzahl der gegenwärtig tätigen Unternehmen könnte man antworten, beinahe in jeder Großstadt und auch in vielen Städten mittlerer Größe. Wann Auktionen abgehalten werden, ist bei den einzelnen Firmen recht unterschiedlich und variiert in der Bundesrepublik von vierzehntäglich bis jährlich. Der einzige deutsche Markenversteigerer, der regelmäßig alle vierzehn Tage eine Briefmarkenauktion veranstaltet, ist die Hamburger Firma Seeberger. Vor einigen Jahren waren die Intervalle sogar noch kürzer, und das genannte Auktionshaus lud jeden Donnerstagnachmittag zu einer Versteigerung ein. Seeberger ist auch das einzige deutsche Unternehmen, das bisher weit über 1000 Auktionen durchführte.

Eine vollständige Aufzählung aller bundesdeutschen Markenversteigerer würde zu weit führen – allein der »BDB« (Bundesverband der deutschen Briefmarkenversteigerer) zählt gegenwärtig 21 Mitgliedsfirmen –,

dennoch erscheint es geboten, einige bekannte und traditionsreiche Namen zu nennen und ein paar Worte über die Unternehmen zu sagen.

Das Frankfurter Auktionshaus Arnold Ebel (Werbeslogan »EBEL verkauft auch Ihre Marken gut!«) gehört zu den großen der Branche. Ehemals am Berliner Kurfürstendamm zu Hause und erster Berliner Nachkriegsversteigerer, residiert Arnold Ebel seit 1957 an der Frankfurter Zeil. Vor einigen Jahren zog sich der Firmengründer ins Privatleben zurück, die Firma aber besteht unter ihrem Namen weiter. Benno Krell, der neue Inhaber des Hauses, leitet das Unternehmen mit der gleichen Dynamik wie zuvor Arnold Ebel sen.

Der zweite Große in Frankfurt ist Rudolf Steltzer. »Ältestes Frankfurter Briefmarken-Auktionshaus«, heißt es in der Werbung. Die bekannte Firma ist seit dem überraschenden Tod ihres Gründers in den Händen des Sohnes und wird von diesem im gleichen Stil weitergeführt.

Auch im benachbarten Wiesbaden sind zwei renommierte Unternehmen damit beschäftigt, Briefmarken und Sammlungen unter den Hammer zu bringen. Lange & Fialkowski, in Fachkreisen unter »L & F« bestens bekannt, wirbt – und das sehr zu Recht – mit dem Slogan: »Die Firma Ihres Vertrauens«. Der Inhaber des Hauses, Hubertus Lange, ist seit Anfang der fünfziger Jahre im Auktionsgeschäft zu Hause und gegenwärtig der 1. Vorsitzende des »BDB«. Der andere Mann am Platze ist Volker Parthen, Inhaber der Firma Heinrich Köhler, gegr. 1913. »Ältestes Briefmarken-Auktionshaus Deutschlands«, lautet die Werbung, und in der Tat, kein zweites noch amtierendes Haus dieser Branche kann auf ein so stolzes Alter zurückblicken.

In Niedersachsens Hauptstadt ist einer der sehr bekannten Namen im Auktionsgeschäft beheimatet. »Bei Grobe ist Ihre Einlieferung immer in richtigen Händen«, sagt der Werbespot und zeigt auf ganzseitigen Anzeigen in der Fachpresse die Grobes und ihre Mitarbeiter in Aktion. Das hannoveranische Versteigerungshaus zählt seit Jahrzehnten zu den führenden Unternehmen dieser Branche. In Hannover versteigert außerdem noch die Firma Schöpke & Lange Briefmarken und Münzen. »Ihr Partner für vertrauensvolle Zusammenarbeit«, heißt es in der Inseraten-Werbung dieses Hauses, das mit seinen Versteigerungen zur Kaste der Umsatzmillionäre im Auktionsgeschäft zählt.

In Berlin verringerte sich die Zahl der Markenversteigerer innerhalb der letzten Jahre spürbar, meist war der Tod der Firmeninhaber die Ursache dafür. Bei einem bekannten Berliner Haus hat sich der Firmenchef und Inhaber Georg Bühler seit einiger Zeit vom Auktionsgeschäft zurückgezogen, um sich als Experte ausschließlich philatelistischer Forschung und der Markenprüfung zu widmen. Sein Unternehmen wechselte den Besitzer und firmiert heute unter Georg Bühler Nachf.

In Bayerns Metropole ist die Firma Larisch (Inh. Richard Strauß) zu Hause. Larisch ist eine der ältesten deutschen Briefmarkenhandlungen, das renommierte Unternehmen veranstaltet auch Auktionen in etwa jährlichen Zeitabständen. Ein weiterer altbekannter Markenversteigerer an der Isar ist die Firma Hans Mohrmann – über 60 Jahre Briefmarken. Seit dem Tode ihres Gründers führt der Sohn die Geschäfte erfolgreich weiter. Der »jüngste« Münchener Briefmarkenversteigerer ist ein »alter« Branchenfachmann und besitzt

fünfzigjährige philatelistische Erfahrung. Dr. Heinrich Wittmann, seit über 25 Jahren renommierter Fachhändler, amtiert seit 1975 auch am Auktionspult. Numero vier in der bayerischen Millionenstadt ist Peter Kirstein, ein jüngerer Versteigerer, der seine Firma zielstrebig aufgebaut hat.

Von der Isar an den Rhein: In Düsseldorf veranstaltet Schaub & Brablec alle drei Wochen öffentliche Versteigerungen. Wenige Kilometer weiter, in der Domstadt Köln, finden die Briefmarkenauktionen von Dr. Wilhelm Derichs statt.

Hamburg – Tor zur Welt – ist der Sitz eines berühmten deutschen Versteigerungshauses. Die seit über einem halben Jahrhundert weltweit bekannte Firma Edgar Mohrmann & Co. – sehr auf hanseatische Tradition bedacht – wirbt unter anderem mit dem Slogan: »Einer der großen Namen im internationalen Briefmarkenauktionsgeschäft.« Mohrmann Hamburg ist das einzige deutsche Briefmarken-Auktionsunternehmen, das Objekte in der Preisklasse von über einer viertel Million D-Mark versteigerte, so unter anderem die legendäre Blaue Mauritius, die – erstmals auf einer deutschen Auktion – 1972 von Mohrmann für 287 000 DM verkauft wurde. Ein Jahr zuvor versteigerte die gleiche Firma für 254 000 DM einen ganzen Bogen von 20 Stück der berühmten roten Sachsen-Dreier. Aber es sind bei weitem nicht nur Spitzenraritäten, auf die Mohrmann geeicht ist. Objekte ab 100 DM finden sich in den zweimal jährlich (Frühjahr und Herbst) erscheinenden Luxus-Auktionskatalogen. Diese reich illustrierten Prachtwerke erhalten Interessenten gegen 5 DM in postgültigen Briefmarken.

Die Zahl der Briefmarkenversteigerer

im europäischen Ausland ist, ähnlich der in der Bundesrepublik, in den letzten Jahren erheblich angestiegen. Ein Name mit großem Renommee in der benachbarten Schweiz ist das in Zürich ansässige Auktionshaus »Corinphila«, das jährlich eine international bedeutende Versteigerung durchführt. Seit einigen Jahren veranstaltet auch die Firma Rapp bedeutende Auktionen in Zürich.

In der Markenmetropole London sind drei Auktionshäuser der Extraklasse tätig. Die Firma Robson Lowe mit der noblen Adresse 50 Pall Mall London hat sich in jüngster Zeit auch noch mit einer Niederlassung im reichen Genf etabliert. Assoziiert mit dem berühmten Kunstauktionshaus Christie's, veranstaltete Robson Lowe im Frühjahr 1975 im Genfer Prominenten-Hotel »Richemond« eine Raritäten-Auktion besonderer Güte, bei der nur 56 verschiedene philatelistische Objekte unter den Hammer kamen, deren Schätzpreis aber den Betrag von 2,5 Millionen Schweizer Franken überschritt. Zur gleichen Zeit und im selben Haus versteigerte Christie's für diverse Millionen Juwelen erlesener Provenienz.

Ein weiteres Londoner Auktionshaus mit ganz großem Namen und höchstem Niveau ist die Firma H. R. Harmer. Standesgemäß an Londons New Bondstreet angesiedelt, zählt sie zu den ältesten Briefmarken-Versteigerungshäusern der Welt. Das Unternehmen besitzt eine sehr große Niederlassung in New York und eine weitere in Sydney. Harmer New York hält einen »Weltrekord«, im Herbst 1968 erzielte die Firma auf einer ihrer Auktionen 380 000 US-Dollar für einen Brief mit zwei Mauritiusmarken und damit den höchsten Preis, der jemals für ein Einzelobjekt bezahlt wurde.

Der dritte berühmte Markenversteigerer an der Themse ist die Firma Stanley Gibbons, ein Unternehmen ganz besonderer Art. Gibbons ist nicht etwa nur Auktionshaus, es betreibt Einzelhandel und Großhandel, Markenversandhandel und ist außerdem noch Katalog- und Albenhersteller. Auf einen Nenner gebracht, kann man sagen, Stanley Gibbons ist in allen Sparten des Briefmarkengeschäftes tätig. Auch dieses Unternehmen hält einen einsamen Rekord, es ist die älteste Briefmarkenfirma der Welt. Ihre Gründung erfolgte bereits 16 Jahre nach Erscheinen der ersten Briefmarke, nämlich im Jahre 1856. Keines der heute noch tätigen Unternehmen ist auch nur annähernd so alt. Stanley Gibbons handelte schon mit Marken, als es zum Beispiel im russischen Kaiserreich noch gar keine gab, denn die erste unter dem Zaren erschienene Marke kam am 10. Dezember 1857 an die Postschalter. In der Firmenchronik zu blättern ist für den Philatelisten der Gegenwart nicht nur interessant, sondern – besonders was die Preise vor etwa 100 Jahren anbelangt – auch amüsant. 1893 zum Beispiel versandte Stanley Gibbons eine Werbekarte mit den Fotografien der beiden berühmten Mauritius-»Post Office«-Marken in ungestempeltem Zustand. Dazu hieß es im Text: Am 25. August 1893 von uns für £ 680 in cash gekauft. Der höchste Preis, der jemals für 2 Briefmarken bezahlt wurde. Zugegeben, £ 680 waren zur damaligen Zeit ein enormes Geld, aber der kontinuierliche Wertzuwachs, den diese beiden Stücke erfahren haben, ist auch imponierend. Gut vier Jahrzehnte später, in den dreißiger Jahren, wechselten die Raritäten ihren Besitzer und wurden nun bereits mit £ 3850 bezahlt. Heute gäbe es keinerlei

Tips für Verkäufer · Tips für Verkäufer

Ein sehr beachtlicher Teil aller Markenverkäufer hat niemals Marken gekauft und besitzt auch keinerlei Beziehung zur Philatelie. Die Rede ist von den Erben verstorbener Sammler, die sich häufig nach dem Tod eines Philatelisten mit dem Verkauf der Kollektion oder des vorhandenen Markenbestands konfrontiert sehen. Wie in solchem Fall verfahren? Abgesehen von wenigen großen Sammlern, die bereits zu Lebzeiten testamentarisch über die Verwertung ihres Markenbesitzes verfügt haben, gibt es beim Gros der Markenfreunde derartige Regelungen nicht. Wer ein nennenswertes »Markenerbe« antritt, ohne daß er die erforderliche Kenntnis von der Materie besitzt, sollte keinerlei Verkaufsverhandlungen eingehen, bevor er nicht ungefähr über die wertmäßige Größe des Objektes informiert ist. Solche Information sollte unbedingt von berufener Seite erfolgen und nicht etwa von einem »guten Bekannten«, der keinerlei fundiertes Fachwissen besitzt und demzufolge dummes Zeug redet. Ein marktgültiges Wertgutachten, von einem Experten erstellt, hat schon viele Laien vor empfindlichen Verlusten geschützt. Jede Handelskammer ist gern bereit, einen entsprechenden Sachverständigen zu benennen.

Ist man als Erbe nun mit dem nötigen Wissen ausgestattet und kennt in etwa den Realwert der ererbten Kollektion, erhebt sich die Frage: Wie kann man den besten Preis erzielen? Wie kann man am vorteilhaftesten realisieren? Eine universell gültige Antwort darauf gibt es nicht. Die Struktur des Materials spielt dabei eine erhebliche Rolle. Zwei Beispiele werden das verdeutlichen. Ein Investor mit starkem Hang zur Spekulation war unlängst verstorben, und es galt, seinen Nachlaß bestmöglich zu verkaufen. Das vorhandene Material war zwar hochwertig, aber schrecklich einseitig ausgerichtet, es bestand praktisch nur aus wenigen Sorten recht interessanter En-gros-Ware. Da die vorhandenen Mengen teilweise sehr groß waren, ergab sich für das Objekt ein sechsstelliger Betrag. Aufgrund dieser Fakten war der Käuferkreis schon recht klein und verkleinerte sich durch die zum Kauf erforderliche Geldmenge noch beträchtlich, schließlich blieb nur noch das für Geschäfte dieser Art geeichte Berliner Großhandelshaus Meyer-Beer übrig, das den betreffenden Bestand auch kurzentschlossen übernahm.

Ganz anders war der Fall bei einem Superverkauf im Oktober 1975 gelagert. Es galt, einen Teil der Riesenbestände des »Earl of Westray« zu realisieren. Hinter diesem attraktiven Pseudonym verbirgt sich ein Investor, der es verstanden hatte, mit seinem Geld stets in die »richtige« Ware einzusteigen. Der geheimnisvolle »Earl« wünschte eines Tages meinen Besuch, weil er sich von einem bedeutenden Bestand westeuropäischer Sammlungen trennen wollte. Dieses Material war so strukturiert, daß überhaupt nur die geschickte Realisierung über eine Großauktion in Frage kam. Also reiste ich zum »Earl« und staunte über den ausgeprägten Instinkt dieses Mannes, der ihn nun auch zum Verkäufer mit nicht minder glücklicher Hand werden ließ.

Ich sah mir an Ort und Stelle den Bestand, der unter den Hammer kommen sollte, an. Nach kurzer Durchsicht rechnete ich mit einem Erlös von etwa einer Million D-Mark. Der »Earl« veranlaßte den Transport seiner Marken nach Hamburg, meine Mitarbeiter und ich begannen mit der Aufbereitung des Materials in attraktive Auktionsobjekte. Nach wochenlanger Arbeit war der »Westray«-Bestand in 958 Positionen aufgegliedert, jede davon sorgfältig beschrieben, und der Extrakt des Materials wurde auf 120 Seiten im Versteigerungskatalog abgebildet. Die addierte Summe der Ausrufpreise ergab den stolzen Betrag von

Tips für Verkäufer · Tips für Verkäufer

918000 DM. Schon bald nachdem der Auktionskatalog an einige tausend Kunden verschickt war, zeigte sich ein außergewöhnlich starkes Interesse für die Marken des »Earl of Westray«. Zehn Tage bevor die Versteigerung über die Bühne ging, gab es die erste Sensation um den »Earl«. Ein Schweizer Anwaltsbüro gab im Auftrag eines Klienten ein Gebot ab für sämtliche Marken, die dem anonymen Investor gehörten, die Offerte lautete auf genau eine Million D-Mark. Noch nie erhielt ein deutsches Briefmarken-Auktionshaus ein Gebot dieser Höhe; aber es sollte noch besser kommen. Wenige Tage später – in der Presse war zwischenzeitlich von diesem Millionengebot berichtet worden – offerierte ein bundesdeutscher Investor dem Hamburger Auktionshaus Edgar Mohrmann & Co. 1,1 Millionen für alle Marken des unbekannten »Earl«. Ich bedankte mich für die hochherzigen Angebote, teilte aber den Bietern gleichzeitig mit, daß alle 958 »Westray-Objekte« einzeln unter den Hammer kämen. Am 14. Oktober war es dann soweit. Vor einer imponierenden Kulisse – 164 Interessenten waren im Saal – begann exakt um 10 Uhr die Versteigerung. Schon nach einer Stunde wurde den Besuchern klar, hier schien sich eine Sensation anzubahnen, denn bisher wechselte jedes der angebotenen Objekte erst nach verbissenen Bieterduellen zu Rekordpreisen den Besitzer. Den Zuschlag für das letzte Objekt aus diesem herrlichen Bestand erteilte ich um 19.45 Uhr. Ziehen wir 45 Minuten Pause ab, dann brauchte ich neun volle Stunden, um die 958 »Westray«-Lose zu versteigern. Bei einer normalen Versteigerung kann man die gleiche Menge in einem Drittel der Zeit unter den Hammer bringen. Aber dieser Bestand war auf Superlative programmiert, und entsprechend war das Resultat. Die mit 918000 DM angebotenen Marken aus den Investitions-Sammlungen des »Earl of Westray« hatten sich angenehm verzinst, denn sie brachten ihrem Besitzer 2256085 DM – der »Earl« war zufrieden.

Diese beiden grundverschiedenen Schilderungen befaßten sich mit großen oder sehr großen Objekten, aber sie haben auch für Bestände, die ihrem Wert nach viele Nummern darunter liegen, durchaus Gültigkeit. Es ist eine erwiesene Tatsache, daß – in der Regel – führende Unternehmen des Fachhandels die besten Zahler sind. Ausnahmen gibt es überall. Bei den Auktionatoren ist festzustellen, daß die großen international orientierten Häuser ihren Auftraggebern logischerweise größere Chancen bieten als Versteigerungsfirmen, die hauptsächlich oder ausschließlich Lokalkolorit besitzen. Wer also als Laie in die Lage versetzt wird, Marken verkaufen zu wollen oder zu müssen, sollte nach der Struktur des Bestandes den Käufer wählen. En-gros-Ware ist zum Beispiel im Großhandel am besten aufgehoben, während andererseits natürlich ein Verkäufer von Spezialsammlungen, klassischen und modernen Seltenheiten, kurz allem ausgefallenen Material, auf einer Auktion den größten Erfolg erwarten darf.

Bei einem direkten Verkauf gibt es ja bekanntlich nur zwei Partner, auf der einen Seite den Verkäufer, der zu Recht bestrebt ist, einen möglichst hohen Preis zu bekommen, und auf der anderen Seite den Interessenten, der seinerseits wiederum bemüht ist, so günstig wie möglich zu kaufen. Wenn sich beide auf einen Betrag einigen können, kommt es zum Geschäft. Auf einer Auktion zum Beispiel könnten theoretisch und auch praktisch ein paar Dutzend Interessenten auftreten, die alle bereit wären, mehr zu zahlen. Für Verkäufer gilt es also, besonders sorgfältig abzuwägen, wen sie als Partner für eine möglichst erfolgreiche Realisierung ihrer Werte wählen möchten.

Schwierigkeiten, diese beiden Weltseltenheiten für 1 Million DM zu verkaufen. Eine andere philatelistische Riesenrarität – ein Brief von British Guiana aus dem Jahre 1850 – wurde von Stanley Gibbons im Jahre 1901 an den damals größten Sammler der Welt, den Baron Philippe La Renotiere de Ferrari, für £ 1000 in Gold verkauft. 74 Jahre später, am 1. Mai 1975, hatte die Firma Robson Lowe auf ihrer Genfer Raritätenauktion das Stück unter der Lfd. No. 3 im Angebot mit einem Schätzpreis von 500 000 Schweizer Franken. Es war nicht nur der Markenhandel allein, der die Firma Stanley Gibbons weltbekannt machte, sondern im besonderen Maße ihre seit 1879 jährlich erscheinenden Briefmarkenkataloge, die Weltgeltung genießen. Wie beliebt sie sind, zeigt, daß bereits 1895 erstmals über 20 000 Katalogexemplare verkauft wurden. Auch ein monatlich erscheinendes Markenjournal hatte bereits vor der Jahrhundertwende viele tausend Abonnenten in aller Welt. Das renommierte Haus, dessen Hauptsitz sich am Londoner Strand befindet, hat noch eine weitere Exklusivität aufzuweisen. Auf ihren Briefbogen steht im distinguierten Prägedruck zu lesen: »By Appointment to Her Majesty The Queen Philatelists.«
New York, der bedeutendste Platz für den Markenhandel in der Neuen Welt, ist auch der Sitz des bedeutendsten amerikanischen Briefmarkenversteigerers, der Firma Robert A. Siegel. Auch dieses Unternehmen hält einen Rekord, es darf nämlich für sich in Anspruch nehmen, den höchsten Preis für eine einzelne Briefmarke erzielt zu haben. Im April 1970 kam bei »Bob« Siegel die seltenste Marke der Welt unter den Hammer, die einmalige 1 Cent von British Guiana aus dem Jahre

1856. Das Ergebnis: 280 000 $, bezahlt für einige Quadratzentimeter primitiv bedruckten lila-roten Papiers. Wenn man den Vorgang nüchtern betrachtet, ist es kaum zu fassen, daß ein Liebhaber bereit ist, etwa 1 Million DM (nach damaligem Kurs umgerechnet) für ein achteckig geschnittenes Papierstückchen zu bezahlen.

Die kleine Garde der internationalen Raritätenhändler. Vergleichen wir Marken- und Juwelenhandel, so finden sich typische Parallelen. In beiden Branchen gibt es eine große Zahl von Händlern, die den normalen Bedarf befriedigen, einen kleineren Kreis, der auch gehobeneren Ansprüchen gerecht wird, und nur wenige, die mit hochkarätigen Exklusivstücken aufwarten können. Ein typischer Raritätenhändler und Philatelist par excellence residiert in seinem 3-Etagen-Geschäft in Düsseldorfs Graf-Adolf-Straße. 1925 etablierte er sich mit einem Ladengeschäft als Berufsphilatelist in Stettin. 1930 erfolgte der Umzug in die Reichshauptstadt. Die eleganten Geschäftsräume im Berliner Westen, ein paar Schritte vom Kurfürstendamm entfernt, waren auf ein exklusives Publikum zugeschnitten, und das blieb nicht aus. Kaum ein Jahr später hatte der junge Händler Wilhelm Bartels schon den damaligen holländischen Diamantenkönig John Leck zum Stammkunden. Die alteingesessenen Berliner Kollegen staunten nicht schlecht, als sich wenig später zum »Diamantenkönig« ein echter Herzog gesellte. Tatsächlich wurde der jetzt dreißigjährige Bartels vom Herzog von Anhalt beauftragt, seine Kollektion um die fehlenden Spitzenraritäten zu bereichern. Ein sensationeller Auftrag im »armen« Berlin der frühen dreißiger

Jahre, als viele kleine Händler mit 5 Mark Ladenkasse nach 12 Geschäftsstunden ihre Läden schlossen. Bartels lieferte, und der Herzog bezahlte so unter anderem 10 000 $ für die erste Marke von Hawaii, jener primitiven 2-Cent-Marke, die 1851 in ganz kleiner Auflage, in mattblauer Farbe auf einheimisches »Zuckerrohrpapier« gedruckt wurde und seltener ist als die berühmte Blaue Mauritius. Für die

Die erste Marke von Hawaii – für viel Geld an den Herzog verkauft

nicht minder seltene orangerote Mauritius bezahlte der Herzog von Anhalt 27 000 Mark, ein Betrag, für den ein gut bezahlter Angestellter damals 100 Monate arbeiten mußte. Wilhelm Bartels reinvestierte seine Gewinne sofort wieder in seltene Briefmarken. 1934 ersteigerte er auf einer Auktion der Londoner Firma H. R. Harmer für £ 1500

seine erste Blaue Mauritius bei einem Kursstand von exakt 13,28 RM für das englische Pfund. Heute denkt er mit Wehmut an diese Marke zurück, für die er jetzt Kunden hätte, die gern eine halbe Million hinlegen würden. Die berühmten Mauritius-Marken hatten es Bartels angetan, sie übten auf ihn eine besondere Faszination aus, und so darf er mit Stolz von sich behaupten, der einzige Europäer zu sein, der im 20. Jahrhundert fünf der legendären Mauritius-»Post Office« besessen und wieder verkauft hat. Statistisch gesehen in fünfzigjähriger Händlertätigkeit pro Jahrzehnt ein Stück. 1972 kämpfte er um die »sechste«. Als das internationale Hamburger Auktionshaus Edgar Mohrmann eine ungestempelte »Blaue« unter den Hammer brachte, war Bartels nach heftigem Bieterduell seinem Gegner knapp unterlegen. 285 000 DM hatte er noch zahlen wollen, für 287 000 DM ging die Rarität dann an seinen Konkurrenten. Als der Hammer fiel, die grellen Jupiterlampen des Fernsehens erloschen und der neue Besitzer feststand, war Bartels bereits böse mit sich selbst, weil er bei diesem Poker um die prominenteste Marke der Philatelie nicht weiter geboten hatte. So liegen die Probleme eines Raritätenhändlers – sollte man 10 000 oder 20 000 mehr riskieren? Nach Stettin und Berlin war Bartels nächste Station der Hamburger Jungfernstieg. Von 1945 bis 1965 wirkte er in der Hansestadt, dann folgte ein weiterer Szenenwechsel. Die nordrheinwestfälische Landeshauptstadt wurde neuer Firmensitz. Befragt, was ihn nach zwanzig Jahren an der Elbe eigentlich an den Rhein gezogen habe, antwortete der clevere Markenhändler: »Hamburg ist das Tor zur Welt und Düsseldorf das Tor zum Geld.« Obwohl Wilhelm Bartels der Prototyp des Raritätenhändlers ist, besitzt seine Firma, das Briefmarkenhaus Bartels, wohl das vielseitigste Lager in der Bundesrepublik. Das Unternehmen liefert dem kleinen Sammler eine fehlende Marke für 50 Pfennig genauso wie dem Großen eine gesuchte Rarität zu 50 000 DM. In der Zeit des Spezialisierens ist Bartels besonders stolz darauf, auch viele außergewöhnliche Sammlerwünsche erfüllen zu können, egal, ob nun das gesuchte Stück aus Neuseeland, Ungarn oder Preußen stammt, in seinem Riesenlager ist es wahrscheinlich anzutreffen.

Ein weiterer deutscher Raritätenhändler benötigt für seine Geschäfte nur ein kleines, scharf abgegrenztes Terrain der Philatelie. Es sind die »Altdeutschen Staaten«. Von Baden bis Württemberg reicht die Palette altdeutscher Kostbarkeiten, denen Walter Kruschel sein Interesse widmet. Kruschel ist nicht nur ein exzellenter Kenner auf seinem Gebiet, sondern auch ein routinierter Geschäftsmann, obwohl auf seinen Briefbogen das Wort Geschäft oder Handel nicht erscheint, sondern nur unterhalb des Namens in englischer Schreibschrift »Philatelist« zu lesen steht. Seit einigen Jahren ist er auch als Versteigerer tätig. Mit den bisher von ihm veranstalteten Altdeutschland-Spezialauktionen hat der tüchtige, clevere Berliner in der Philatelie bereits Geschichte gemacht.

Zu den international bedeutendsten Raritätenhändlern zählt Renato Mondolfo, der von seiner römischen Residenz aus einen Kundenkreis beliefert, für den auch sehr hohe Beträge kein Problem darstellen. Renato Mondolfo wirkte am Aufbau vieler bedeutender Kollektionen mit. Seine Angebotskataloge zeigten jedes offerierte Stück im Foto mit Preis und Qualitätsbezeichnung und wurden nur einem exklusiven Interessentenkreis zugänglich gemacht.

Die Rue Druot in Paris ist der Briefmarkenhändler-Boulevard, nirgendwo auf der Welt finden sich so viele Markengeschäfte nebeneinander wie hier. In einem der altehrwürdigen Häuser dieser Straße steht an einer Doppeltür im Parterre »MORGOULIS«. BranchenInsidern in allen Erdteilen ist dieser Name ein Begriff. Paul Morgoulis gehört zum Clan der Raritätenhändler, außerdem gilt er als Weltreisender in Sachen Philatelie. Von Buenos Aires bis Moskau, von Paris bis Tokio führen die Wege des rastlosen Händlers. Er ist nicht nur ein tüchtiger Businessman, sondern auch ein bedeutender Markenkenner mit einem umfassenden philatelistischen Allroundwissen. Er spricht zwar sechs Sprachen, aber wenig über seine Geschäfte. Dennoch ist bekannt, daß es wohl kaum eine philatelistische Kostbarkeit der Spitzenklasse gibt, mit der Morgoulis nicht irgendwann und irgendwo Kontakt gehabt hätte. Eine große philatelistische Bibliothek, die er sein eigen nennt, wird hauptsächlich von Freunden benutzt, er selbst benötigt sie nur recht selten, das meiste, was es in dieser Branche zu wissen gilt, hat er im Kopf. Wird in Fachkreisen von den »Highlights« der Philatelie gesprochen, von den ganz großen Juwelen aus Papier, dann fällt über kurz oder lang der Name Weill. Die Brüder Roger und Raymond Weill gelten unter Eingeweihten als die Numero eins im internationalen Handel mit Spitzenraritäten. Vom Süden der USA, von New Orleans aus, erstrecken sich ihre Verbindungen über die ganze Welt. Seit dem

21. Oktober 1968 sind sie auch Besitzer der größten Kostbarkeit, die die Philatelie kennt; am genannten Tag ersteigerte Raymond H. Weill in New York für 380 000 US-Dollar einen Brief, der im Jahre 1850 beim Hauptpostamt der Insel Mauritius aufgegeben wurde und an einen Thomas Jerome in Bombay adressiert war. Die Frankatur auf seiner Vorderseite besteht aus den beiden schönsten Exemplaren der äußerst seltenen One-Penny-Post-Office-Marke. Bei dem damals gültigen Umrechnungskurs von 1 Dollar gleich 4 DM bezahlte der Markenkrösus aus Louisiana 1 520 000 DM für das Kronjuwel der Philatelie. Der Umschlag verschwand in einem Banktresor, in dem die Weills ihren nach vielen Millionen Dollar zählenden Markenschatz horten.

Weltausstellung der Philatelie. Die Möglichkeit für einen »normalen Sterblichen«, Superraritäten zu bestaunen, bietet sich praktisch nur auf den ganz großen Internationalen Ausstellungen, den Olympiaden der Philatelie. Hier messen sich die großen Sammler aus allen Erdteilen und kämpfen mit ihren Kollektionen um Gold-, Silber- und Bronzemedaillen. Ein strenges Reglement bestimmt, wer was ausstellen darf, und das unbestechliche Auge der Jury entscheidet über die Placierung der Konkurrenten. Dreimal mit »Gold« bedachte Kollektionen dürfen nicht mehr in der Wettbewerbsklasse antreten. Wer so stark ist, darf seine Schätze nur noch – außer Konkurrenz – im Ehrenhof den ehrfurchtsvollen Betrachtern präsentieren. Solche internationalen Exhibitionen sind wahre gesellschaftliche Ereignisse.
Als die Franzosen mit Chic und

Charme am 6. Juni 1975 ihre »Exposition Philatelique Internationale« im berühmten Pariser Grand Palais eröffneten, geschah das durch ihren Präsidenten im Gefolge von hohen Regierungsbeamten. Rote Teppiche, elegant uniformierte Hostessen und ein Orchester gehörten genauso dazu wie eine Sondermarkenserie und ein Gedenkblock der französischen Post für die große »ARPHILA 75« in Paris. Eine so bedeutende internationale Ausstellung zieht natürlich nicht nur Markenfreunde, sondern auch viele philatelistische Laien an. Zweifellos ist es für jeden Nichtsammler interessant, die ausgestellten Kollektionen zu betrachten und sich mit der Briefmarke als Sammelobjekt auseinanderzusetzen. Die Weltausstellungen der Philatelie sind nicht nur Briefmarkenschau allein, sondern in gewissem Sinne auch Marken-Messe. Dutzende bekannter Berufsphilatelisten aus aller Welt sind auf diesen Großveranstaltungen mit Händlerständen vertreten, an denen von morgens bis abends geschäftiges Treiben herrscht. Hier treffen sich die Gleichgesinnten, hier wird gekauft und verkauft, hier floriert das große Geschäft mit den kleinen Marken. Ausstellungen von höchstem internationalem Standard finden bestenfalls jedes Jahr einmal statt. Es gibt aber unzählige kleine Veranstaltungen dieser Art, die fast immer der Initiative von Sammlervereinen zu verdanken sind, und obwohl sie nicht im Rampenlicht weltweiten Interesses stehen, sind sie für die Philatelie und den Sammler zumindest genauso nützlich und wichtig wie die ganz großen. Es ist wie beim Sport,

»ARPHILA 75« – Gedenkblock auf Menü- ▶
karte

BANQUET D'INAUGURATION D'ARPHILA 75

MENU

—

LE DOUBLE K ET LES AMUSE · GUEULE

LA DEMI · LANGOUSTE MAYONNAISE

LE FILET DE BŒUF EN CROUTE

LE PLATEAU DE FROMAGES

L'OMELETTE NORVÉGIENNE

—

VINS

ALSACE

BORDEAUX

CHAMPAGNE

CAFÉ

"ARPHILA 75" PARIS

EXPOSITION PHILATÉLIQUE INTERNATIONALE
Art et Philatélie – Colloque international

6 au 16 Juin 1975
Grand Palais et Galeries Nationales
PARIS

BLOC-FEUILLET ÉMIS A L'OCCASION D'ARPHILA 75

ein starkes Allgemeininteresse finden nur die spektakulären Ereignisse wie Landes-, Europa- und Weltmeisterschaften. Die Unzahl von Wettkämpfen auf lokaler Ebene setzen genauso intensive Arbeit voraus, nur reicht ihre Ausstrahlungskraft nicht über die engere Umgebung hinaus. Wer sich für die Philatelie begeistert und irgendwo die Möglichkeit hat, eine Ausstellung zu besuchen, selbst wenn sie noch so klein ist, sollte das unbedingt tun. Interessante Anregungen sind mit Sicherheit der Lohn.

Sammlervereine und Philatelistenclubs. Ihren Wert kann man nicht hoch genug einschätzen, und jedem ernsthaften Sammler sei empfohlen, sich einer ihm genehmen Vereinigung von Briefmarkenfreunden anzuschließen. Die Vorteile einer solchen Mitgliedschaft liegen auf der Hand. Die Zusammenkünfte an den Clubabenden sind für jeden Beteiligten informativ und vergrößern sein Wissen, darüber hinaus hat er die Möglichkeit, mit Vereinskameraden zu tauschen und persönliche Kontakte zu pflegen. Schon Mitte der achtziger Jahre des vorigen Jahrhunderts gab es – nach einem zeitgenössischen Bericht – in 63 deutschen Städten Philatelistenvereine, in Großstädten wie Berlin sogar mehrere. Im Grunde genommen hat sich am Vereinsleben nicht viel geändert, damals wie heute ein Vorsitzender, bei besonders feinen Vereinen sogar ein Präsident, ein Kassierer, ein Vereinslokal und bestimmte Tage für die Sitzungsabende. Im Berlin der fünfziger Jahre gab es einen besonders beliebten Club, die »Berliner Philatelisten-Börse«. Der vom Freiherrn von Rheinbaben ins Leben gerufene Verein tagte jeden Freitag in distinguierter Umgebung in der großen Privatwohnung seines Gründers. Viele alte Mitglieder erinnern sich gern an die netten Zusammenkünfte in typischer Clubatmosphäre. Die Treffen begannen nachmittags bei Kaffee und Kuchen und zogen sich dann über ein kaltes Buffet und einen Drink bis in die späten Abendstunden hin. Vereine in diesem Stil werden wohl kaum noch existieren, aber auch das heutige Vereinsleben hat seine angenehmen Seiten.

Die philatelistische Fachpresse. Wie jedes große Hobby hat natürlich auch die Philatelie ihre eigenen Fachzeitschriften. Schon im neunzehnten Jahrhundert gab es Dutzende regelmäßig erscheinender Fachzeitungen, deren Auflagen zum Teil die heutiger Veröffentlichungen übertrafen. Zu den bedeutendsten deutschsprachigen Blättern aus alter Zeit zählte das »Illustrierte Briefmarkenjournal«, das Organ für die gesamten Interessen der Philatelie, das 1875 erstmals erschien und bereits 1890 über 15 000 Abonnenten hatte. Hierher gehört auch die 1887 gegründete »Illustrierte Briefmarken-Zeitung«, das Organ für die gesamte Postwertzeichenkunde, und die »Deutsche Briefmarken-Zeitung«, eine illustrierte Zeitschrift für Postwertzeichenkunde, deren Gründung 1889 erfolgte. Alle drei Organe wurden in Leipzig verlegt und existieren heute natürlich nicht mehr. Komplette Jahrgänge der letztgenannten Zeitung werden von Sammlern sehr gesucht und gut bezahlt, nicht zuletzt wegen ihres schönen nostalgischen Einbandes mit echter Goldprägung.

Sogar Portugal und die Türkei hatten vor 1890 schon eigene Briefmarkenzeitungen, ein Zeichen dafür, wie weit die Philatelie bereits damals verbreitet war. In den USA wurden zur gleichen Zeit, man höre und staune, nicht weniger als neunundneunzig verschiedene Schriften verlegt, die sich mit der Philatelie beschäftigten. Sie waren über die ganzen Vereinigten Staaten verstreut, ihre Auflagen waren sehr unterschiedlich, zum Teil haben sie nicht mehr als 1000 Exemplare betragen. Die Tatsache aber, daß fast hundert Zeitungen, und wenn sie noch so klein waren, regelmäßig erschienen, beweist doch eindeutig, welch gewaltiges Interesse man schon vor fast hundert Jahren auch in den USA der Briefmarke entgegenbrachte.

In der Bundesrepublik gilt als führendes Marken-Journal die vierzehntäglich erscheinende »Deutsche Zeitung für Briefmarkenkunde«, Fachzeitschrift und Insertionsorgan für Philatelisten in aller Welt. Diese bedeutende Fachzeitung, in Philatelistenkreisen kurz »DBZ« genannt, erscheint bereits seit über fünfzig Jahren. Von deutschen und ausländischen Händlern mit Kauf- und Verkaufsanzeigen gespickt, geht die mit »postgelbem« Umschlag versehene DBZ im Postversand ausschließlich an Abonnenten in aller Welt. Wie wichtig der Handel die Zeitung nimmt, kann man daran ermessen, daß ein nicht unbeträchtlicher Teil von Berufsphilatelisten sein Exemplar per Eilboten kommen läßt, um noch etwas schneller als die Konkurrenz informiert zu sein. Der Postverlagsort für die DBZ ist Bad Ems.

Eine weitere beliebte bundesdeutsche Markenzeitschrift ist der in Coburg erscheinende »Sammler-Dienst«, der im handlichen DIN-A5-Format verausgabt wird. Der »Briefmarken-Spiegel«, er erscheint in Göttingen, ist auch im Zeitschriftenhandel an vielen Kiosken zu haben.

Unsere eidgenössischen Nachbarn besitzen ebenfalls eine renommierte Fachzeitschrift, die »Schweizer Briefmarken-Zeitung«, kurz SBZ genannt. Sie ist nicht nur in der Schweiz sehr geschätzt. Der bekannte Brüsseler Händler und Auktionator Willi Balasse ist gleichzeitig Verleger des nach ihm benannten »Balasse-Magazin«, einer in Abständen von zwei Monaten erscheinenden Fachzeitschrift exklusiven Charakters. Ob in Ost oder West, philatelistische Fachorgane erscheinen in fast jedem europäischen Land, und, von den Entwicklungsländern abgesehen, auch in Übersee.

In den USA zum Beispiel gibt es eine regelrechte Markenzeitung, denn die Aufmachung des Blattes entspricht exakt der einer Tageszeitung. Es sind die »Linn's Stamp News«, World's largest and most informative weekly stamp newspaper (Der Welt größtes und informativstes philatelistisches Wochenblatt), heißt es im Kopf der Zeitung. Das Blatt erscheint in Sidney, Ohio. Der Inseratendschungel dieser Publikation bedeckt etwa 90 Prozent der bedruckten Fläche. Von einer Handvoll kleinerer Auktionsunternehmen kann man das gesamte Angebot in der Zeitung lesen. Linn's ist dennoch ein interessantes Blatt, ganz auf amerikanische Verhältnisse zugeschnitten und verständlicherweise fast nur mit amerikanischen Inseraten gefüllt. »STAMPS« ist ein anderes bedeutendes Wochenmagazin in den Vereinigten Staaten, das einen nicht ganz so starken Umfang, aber einen ebenso großen Inseratenteil hat.

Ansonsten verlegen renommierte amerikanische Sammlerclubs vielfach ihre eigenen Journale. »The American Philatelic Society«, mit fast 80 000 Mitgliedern die größte Philatelisten-Vereinigung der Welt und ein finanziell sehr fundierter Club, verausgabt für 1,25 $ seine erstklassige Hauszeitschrift »The American Philatelist«. »The Collectors Club«, vornehm und distinguiert, besitzt unter der Adresse 20 East 35th Street New York ein ehrwürdiges Dreietagen-Clubhaus im Stil der Gründerjahre. Auf teurem Kunstdruckpapier und mit noblem Kartonumschlag versehen, erscheint das Vereinsorgan »The Collectors Club Philatelist«.

Die besonders starke Zuneigung vieler amerikanischer Sammler für posthistorisches Material hatte natürlich die Gründung eines eigenen Clubs zur Folge, die »Postal History Society«, sie gibt dreimal jährlich das »Postal History Journal« heraus, eine exzellente und reich illustrierte Veröffentlichung von hohem philatelistischem Wert. Im amerikanischen Süden ist ein exklusiver Club beheimatet, die »Confederate Stamp Alliance«. Auch sie hat ihr eigenes Vereinsorgan, »The Confederate Philatelist«, das zweimonatlich erscheint. Diese Vereinigung, die sich nur mit der Erforschung der Postgeschichte der Konföderierten Staaten von Amerika beschäftigt, zählt etwa 700 Mitglieder in aller Welt, überwiegend jedoch in den USA. Die Abkürzung des Vereinsnamens C. S. A. ergibt exakt die gleichen Buchstaben, wie sie im amerikanischen Bürgerkrieg von 1861 bis 1865 die Südstaaten hatten, C. S. A., Confederate States of America. Das ist wahrscheinlich der Grund, daß der Club auf seinen Briefbogen unübersehbar unter dem Vereinsnamen »Non-Sectional Non-Political« stehen hat. Dennoch scheint zumindest ein Teil der Mitglieder stark an den alten Traditionen des Südens zu hängen, wie sonst sollte man sich erklären, daß sie

ihren »Bourbon-Sour« mit eigenen »Stickers« umrühren, die eine Kriegsflagge der Konföderierten ziert.

Mit dieser Betrachtung der philatelistischen Fachpresse wollen wir es bewenden lassen, abschließend aber noch eine deutsche Fachzeitschrift erwähnen, die dem Sammler nicht zugänglich ist. Das »Nachrichtenblatt des Briefmarkenhandels« erscheint seit über dreißig Jahren, es ist das »Verbandsorgan des Bundesverbandes des deutschen Briefmarkenhandels, APHV e. V., zu Köln und seiner Landesverbände«.

Die philatelistische Fachliteratur. Wissen ist Macht, weise und wahre Worte. Wer in der Philatelie mit besonders großem Wissen ausgestattet ist, hat es nicht schwer, dies häufig in klingende Münze umzusetzen. In der Praxis sieht das so aus, und der geschilderte Vorfall hat sich tatsächlich in dieser Form 1970 in Hamburg ereignet. An einem schönen Sonntagvormittag treffen sich auf einem Großtauschtag zwei bisher unbekannte Sammler. Man fragt einander nach den Sammelgebieten, stellt sich vor und betrachtet gegenseitig das mitgebrachte Tauschmaterial. Der eine der Sammler konnte zwar einen Katalog lesen, in die höhere Kunst der Philatelie aber war er noch nicht vorgedrungen. Ganz anders sein Partner, der hörte das Gras wachsen und kannte tausend Spezialitäten und Varianten, die bei Marken auftreten können und die unsere normalen Kataloge gar nicht registrieren. Der Tausch, der sich an jenem Sonntagmorgen anbahnte, sah wie folgt aus: Der clevere Kenner blättert im Tauschbüchlein seines Gegenübers, er blättert vorwärts, er blättert rückwärts, er scheint nichts Rechtes zu finden. Auf

144

der anderen Seite dagegen schlägt das unbedarfte Sammlerherz bald höher. Ein prächtiger Satz von Österreich entzückt den freundlichen Herrn mit der geringeren Kenntnis. Sein Gegenüber registriert die Tatsache unbeteiligt. Den Satz würde ich nehmen, erklärt der Interessierte, finden Sie denn nichts bei mir? Nun ja, zur Not käme eine leider etwas fehlerhafte Marke von Mecklenburg-Schwerin in Frage. Der Katalog wird gewälzt, die Preise werden verglichen. 135 DM notiert der schöne Österreich-Satz, mit 140 DM ist die leider etwas fehlerhafte altdeutsche Marke ausgezeichnet. Nun ja, der Wissensreiche gibt sich jovial. Er will den Tausch akzeptieren, obwohl ja die Mecklenburg-Marke beschädigt ist und der Österreich-Satz das Feinste vom Feinen. Schließlich ist es der erste Tausch, und man muß großzügig sein, meint lachend der versierte Kenner, und zum Lachen hatte er wirklich Grund.

Zunächst wollen wir feststellen, der Tausch war insofern korrekt, als der eine Partner für 135 DM Katalogwert feine Marken bekam und als Gegenleistung eine weniger schöne für 140 DM Katalogauszeichnung seinem Tauschfreund gegeben hatte. Der Haken bei dieser Transaktion war folgender: Das geschulte Auge des Experten erkannte sofort, daß die an sich simple 4/4-Schilling-Marke von Mecklenburg-Schwerin mit einem denkbar ausgefallenen Stempel versehen war, nämlich dem sogenannten Punktstempel von Wismar, eine von Spezialisten enorm geschätzte Stempelrarität. Die rückseitig fehlerhafte Stelle im Papier konnte man bei dieser Abstempelung ruhig in Kauf nehmen, denn eben dieser Wismarer Punktstempel erhöhte den Wert der Marke um ein Vielfaches.

Im großen Altdeutschland-Handbuch von Hans Grobe war besagter Stempel mit stolzen 3000 DM notiert. Das für einen hübschen österreichischen Flugpostsatz im Katalogwert von 135 DM eingetauschte, nicht einmal ganz einwandfreie Altdeutschland-Stück kam kurz danach zur Versteigerung, der Erlös: 1600 DM.

Nun gibt es derartige Gelegenheiten nicht zu Dutzenden auf jedem Tauschtag, im Gegenteil, sie sind sehr selten. Aber all das ändert nichts an der Tatsache, daß zum Erkennen ausgefallener Spezialitäten ein großes Fachwissen gehört. Um solche umfassende Kenntnis zu erwerben, braucht man philatelistische Spezialliteratur. Mindestens 90 Prozent aller Sammler bewegen sich auf normalen Bahnen. Für sie reicht der herkömmliche Katalog, in dem die Marken sowohl in ihrem ungebrauchten als auch in ihrem gestempelten Zustand mit Preisen notiert sind. Der Philatelist weiß, daß die erste Spalte im Katalog die ungestempelten Marken bewertet, die zweite Spalte die abgestempelten, also die gebrauchten. Außerdem ist ihm bekannt, daß die Katalogwerte nur eine Richtschnur darstellen. Die Nettowerte pendeln meist bis zu 50 Prozent darunter, bei beschädigten Stücken ist der Prozentsatz noch ungünstiger. Andererseits aber werden qualitativ besonders hochwertige Exemplare mit Beträgen gehandelt, die erheblich über den Katalogwerten liegen können. Die normalen Kataloge also stellen die philatelistische Grundliteratur dar.

Außerdem gibt es Spezialkataloge, die ein bestimmtes Land oder Gebiet besonders ausführlich behandeln, so zum Beispiel einen Spezialkatalog für Deutschland als Gesamtkomplex, einen nur für Altdeutschland oder die

Japans erste Marke – 40 Stück auf einem Bogen

ehemaligen deutschen Kolonien und Auslandspostämter. Der in Schweden erscheinende Facit-Katalog ist ausschließlich auf die skandinavischen Staaten spezialisiert. In Italien verausgaben die Firmen Sassone und Bolaffi hochspezialisierte Werke über die italienische Philatelie. Der renommierte amerikanische Katalogverleger Scott läßt jährlich einen USA-Spezialkatalog erscheinen, der so ziemlich alles bringt, was Spezialisten über die amerikanische Philatelie wissen müssen. Nach den Spezialkatalogen rangieren auf noch höherer Ebene die Handbücher und Veröffentlichungen von wissenschaftlichem Charakter – Werke, in denen ein winziges Teilchen der Markenkunde oder Postgeschichte auf Hunderten von Seiten abgehandelt wird. Besonders typische Beispiele dafür sind unter anderem das 1949 erschienene 360-Seiten-Buch von Maurice C. Blake und Wilbur W. Davis, das sich ausschließlich den bis zum Jahre 1890 in Boston benutzten Poststempeln widmet. Die Autoren haben in jahrelanger Forschungsarbeit 2706 verschiedene Typen und Arten von Boston-Stempeln ermittelt und bilden jedes Stück in ihrer imponierenden Veröffentlichung ab. Nicht minder interessant und bewundernswert ist die Forschungsarbeit von Dr. Soichi Ichida aus Tokio. Als einer der besten Kenner der japanischen Postwertzeichen des neunzehnten Jahrhunderts veröffentlichte er 1959 und 1971 je ein Werk von unüberbietbarer Ausführlichkeit. Beide Bücher beschäftigen sich nur mit den ersten acht in Japan verausgabten Briefmarken, die in den Jahren 1871 bis 1872 erschienen. Die ehemalige britische Australien-Kolonie Victoria brachte gegen Mitte des vorigen Jahrhunderts einige Marken an die Postschalter, auf denen ihre Königin mit Krone, Zepter und Reichsapfel zu sehen war. Der sehr berühmte britische Sammler Charles Lathrop Pack erforschte diese Emissionen mit unvorstellbarer Gründlichkeit, das Resultat seiner Arbeit veröffentlichte er in einem stattlichen Band von über 270 Seiten. Eines der berühmtesten und auch teuersten philatelistischen Werke beschäftigt sich in hochspezialisierter Form mit den schweizerischen Postmarken des Zeitraumes 1843 bis 1862. Die Autoren, der Baron de Reuterskiöld und Monsieur Mirabaud, präsentierten 1899 der staunenden philatelistischen Welt 500 in Kalbsleder gebundene Luxus-Folianten, deren Seiten aus feinstem Büttenpapier bestanden. Die an sich schon geringe Auflage war nochmals unterteilt in 150 Exemplare in deutscher Sprache, 200 in französischer, und die restlichen 150 Stück erschienen in Englisch. Heute zahlen Liebhaber für diese philatelistische Literatur-Rarität gern 2000 DM. Aber die Briefmarkenliteratur ist gottlob nicht nur auf einen kleinen Kreis von Superspezialisten zugeschnitten, sondern selbstverständlich gibt es auch eine reiche Auswahl an interessanten und informativen Büchern, deren Inhalt sich an das Millionenheer der Sammler wendet. Nachschlagewerke mit Lexikoncharakter gehören ebenso dazu wie Schriften, in denen die Briefmarke als Geldanlage-Objekt untersucht wird. Eins ist sicher, wer mehr als ein Gelegenheitssammler ist, wer sich ernsthaft dem spannenden Hobby Briefmarken zuwendet, kommt ohne Fachliteratur nicht aus. Und es war bekanntlich noch nie ein Fehler, etwas mehr zu wissen als andere.

Die Briefmarke als Wertobjekt

Es ist schon viel darüber geschrieben worden, Positives und Negatives, Objektives und – es soll klar gesagt werden – glatter Unsinn. Auch ich kann nur meine ganz persönliche Ansicht zu diesem Thema wiedergeben. Aber ich will versuchen, so objektiv zu sein, wie man nur sein kann – nach über 25 Berufsjahren im internationalen Briefmarkenhandel und Auktionsgeschäft. Wer so lange Berufsphilatelist ist, tendiert ganz automatisch zum »Pro«, aber auch das »Contra« soll bei dieser Analyse sein Recht bekommen.
Beginnen wir mit einem Zitat des Präsidenten der Bank von Sizilien, Dr. Carlo Bazan, der 1959 sagte: »Die Briefmarke ist nunmehr in die bevorzugte Kategorie der Anlagewerte eingetreten und hat eindeutig den Charakter eines Inhaberpapiers mit kontinuierlicher Wertsteigerung angenommen, zahlbar bei Vorlage auf dem Weltmarkt. Sie bringt zwar keine laufenden Erträge, aber die Zinsen kapitalisieren sich automatisch.« Soweit Dr. Carlo Bazan bei der Eröffnung der berühmten Ausstellung »Sicilia 59«, und er hat recht. Es ist keine Frage, daß die Briefmarke als investitionsgeeignetes Anlageobjekt zu sehen ist, genauso wie ein

Brillant oder eine Antiquität. Das entscheidende Moment, das es zu beachten gilt, ist: »Welche Marke, welcher Brillant, welche Antiquität ist geeignet?«
Damit ist schon ausgedrückt, daß nicht jedes Stück für eine Anlage zu gebrauchen ist. Um es einmal zu übertreiben: Wer beispielsweise in ein Kaufhaus eilt, für 1000 DM hübsche Päckchen mit bunten Briefmarken kauft, in der nächsten Abteilung für 1000 DM acht Mini-Brillantringlein ersteht und dann noch weitere 1000 DM für ein paar »Antiquitäten« hinblättert, hat zwar 3000 DM ausgegeben, aber nicht investiert.
1. Um Beträge in Marken profitabel zu investieren, ist es unbedingte Voraussetzung, entweder die Materie selbst zu beherrschen oder einen absolut honorigen Berater beziehungsweise Lieferanten zu besitzen.
2. Profitabel investieren läßt sich nicht an jedem beliebigen Tag, weil eben Objekte, die eine attraktive Verzinsung versprechen, nicht wie Semmeln zu kaufen sind.
3. Der größte Teil aller existierenden Briefmarken ist als Anlagewert völlig ungeeignet.
Was also eignet sich und was eignet

sich nicht – dies zu wissen ist unabdingbare Voraussetzung für jeden Anlageinteressierten. Beginnen wir zunächst mit dem Negativen und nennen einige Arten von Objekten, die ihre absolute Ungeeignetheit als Kapitalanlage bereits hinreichend unter Beweis gestellt haben.

Das wären zunächst einmal so ziemlich alle bundesdeutschen Briefmarken, deren Erscheinungsdaten in die Zeit nach 1960 fallen. Bedingt durch die rapiden Preissteigerungen der Ausgaben aus den frühen Jahren der Bundesrepublik, eilten in den sechziger Jahren Divisionen von »Investoren« an die Postschalter, um vom zu erwartenden Goldsegen zu profitieren. Eine gewaltige Käuferzahl erwarb je nach finanzieller Möglichkeit für einige hundert oder viele tausend Mark bundesdeutsche Sondermarken bei den Postämtern von Flensburg bis Lindau und meist gleich in vollständigen Bogen. Die Einkäufe wanderten sorgsam verpackt in Bücherschränke, Banksafes und Schubladen. Irgendwie, so glaubten ihre Besitzer, werden die kleinen gezähnten und gummierten Postmarken im Wert wachsen und sich zu einem Schatz mausern. Leider kam es ganz anders.

Die von der Bundespost stark angehobenen Auflagenzahlen (sie lagen anfangs der sechziger Jahre allgemein vier- bis sechsmal so hoch wie zehn Jahre zuvor) bewirkten, daß sich in puncto Preisanstieg nichts abspielte. Als dann in der ersten Hälfte der siebziger Jahre der See immer noch still ruhte, begannen die ersten Investoren aufzugeben. Hortungsposten auf Hortungsposten kam in den Handel und drückte weiter auf den Preis, der inzwischen schon – bei Partien dieser Art – etwa ein Drittel unter seinem ehemaligen Anschaffungswert lag. Die Post hatte Grund zur Freude, denn die meisten Marken aus derartigen Spekulationsbeständen waren inzwischen ungültig geworden, also nicht einmal mehr zur Frankatur zu gebrauchen. (Bekanntlich sind alle Postwertzeichen der Bundesrepublik und Westberlins, die vor dem 1. 1. 1969 erschienen sind, ungültig. Alle später verausgabten Briefmarken sind unbegrenzt frankaturgültig).

Riesenpartien von bundesrepublikanischen Wertzeichen, besonders aus den Jahren 1962 bis 1969, geistern durch den Handel. Ein Posten im Gestehungspreis von 100 000 DM wurde unlängst für bare 50 000 DM offeriert. Ein Hamburger Auktionshaus bot eine ähnliche Gelegenheit, laut Versteigerungskatalog hieß es: »Bund und Berlin, 1961 bis 1972, umfangreiche postfrische Bogenpartie in kompletten Ausgaben, in 72 Mappen untergebracht. Nominalwert über 23 000 DM, feinstes, sauberes Material, Schätzpreis: 15 000 DM.« Der Versteigerer bot das Objekt fast 40 Prozent unter dem Postpreis an, obwohl die Partie zum Teil noch postgültige Marken enthielt. Das schönste aber, auch zu diesem Okkasionspreis fand sich kein Liebhaber.

Noch schlimmer erging es Verkäufern von »modernen« Übersee-Marken der Gebiete »neue« afrikanische Staaten, arabische Scheichtümer, Mittel- und Südamerika. Eine praktisch lückenlose Kollektion dieser Länder, die die Jahrgänge 1956 bis 1966 in feinster postfrischer Qualität enthielt und aus nicht weniger als 15 000 Marken und etwa 600 Gedenkblocks bestand, sollte bei einem Anschaffungspreis von etwa 40 000 DM für die Hälfte unter den Hammer kommen. Aber auch für bescheidene 20 000 DM blieben die Käufer aus.

Mit diesen beiden gravierenden Beispielen von Fehlinvestitionen wollen wir es bewenden lassen und uns positiveren Dingen zuwenden. In der bekannten Tageszeitung »Die Welt« erschien im Dezember 1968 von mir ein Bericht mit dem Titel »Briefmarke als Wertobjekt«, im Untertitel hieß es weiter: »Erst Fachkenntnisse erwerben – dann kaufen.« Diese Feststellung hat zeitlos Gültigkeit und ist eines der wichtigsten Gebote; ohne eigenes Wissen oder den wirklich reellen Berater geht es nicht.

Kaufen sollte man nur Stücke in vollendeter Erhaltung, sofern man auf eine spätere, problemlose Realisierung Wert legt.

Welche Art Marken eignen sich nun als wertstabile »Phila-Invest-Objekte« und versprechen eine attraktive Verzinsung? Seit eh und je gelten klassische Marken in exzellenter Qualität – aus der Zeit von 1840 bis etwa 1870 – als erstklassige Anlagewerte. Wie schon wiederholt betont, ist das A und O die Erhaltung. Es muß hier nochmals gesagt werden, daß der Katalogwert einer Marke mit dem Nettopreis wenig zu tun hat. Ein Vergleich mit Brillanten scheint angebracht, bei denen ja die Karatzahlen auch nichts über den Nettowert aussagen, denn die preisentscheidenden Faktoren sind bekanntlich Farbe, Reinheit und Schliff. Ganz ähnlich verhält es sich bei den klassischen Marken: Randbreite, Farbfrische, Sitz und Sauberkeit der Abstempelung sind wesentliche Punkte für die Preisbestimmung.

Ein Laie, der Geld in Marken anzulegen bereit ist, kann sich hier allein unmöglich zurechtfinden. Er braucht einen über alle Zweifel erhabenen philatelistischen Anlageberater, und den zu finden dürfte nicht ganz einfach sein. Gott sei Dank bietet sich dem Investitionswilligen auch noch die Möglichkeit, einen seriösen Fachhändler oder ein entsprechendes Auktionshaus als Partner zu bemühen. Wer die richtigen klassischen Marken zur Geldanlage wählt, darf sicher sein, auf einen absolut krisensicheren und leicht realisierbaren Artikel gesetzt zu haben, den er an jedem großen Handelsplatz der Erde zu barem Geld machen kann.

Prädestiniert als philatelistische Geldanlage sind außerdem die sogenannten internationalen Standardwerte. Man versteht unter diesem Begriff in erster Linie Sonderpostwertzeichen mit geringer Auflagenhöhe, deren Erscheinungsdaten bis in die neuere Zeit reichen und allgemein um 1950 enden. Ein deutscher Vertreter dieser Standardausgaben ist die Sonderserie zur Polarfahrt des Luftschiffs »Graf Zeppelin«. Der aus drei Marken bestehende Satz gelangte 1931 an die Postschalter. Sein hoher Nominalwert von 7 RM machte in der damaligen geldknappen Zeit vielen Sammlern den Kauf unmöglich. Wer sich die Ausgabe dennoch leisten konnte, lag goldrichtig. 45 Jahre nach seinem Erscheinen offerierten interessierte Händler für die postfrische Serie 1200 DM, und auch im gestempelten Zustand sind sie bereit, 650 DM hinzulegen.

In Österreich erschien im Juni 1933 anläßlich der Wiener Postwertzeichen-Ausstellung ein sehr gediegener Gedenkblock, der vier Briefmarken enthielt und für 4 Schilling zu haben war. Seine geringe Auflage von 10 000 Blocks erklärt seinen heutigen Preis: 3300 DM für die postfrische Ausführung bietet ein bekannter deutscher Händler, und gar 3400 DM ist er für ein fein gestempeltes Exemplar zu zahlen bereit.

Auch Sonderserien von Übersee stehen auf der Hitliste der Standardausgaben. Ganz oben an der berühmte »Columbus-Satz« der Vereinigten Staaten. Er erschien 1893 zum Gedenken an den 400. Jahrestag der Entdeckung Amerikas durch Christopher Columbus und anläßlich der mit diesem Jubiläum verbundenen »World's Columbian Exposition«, die im gleichen Jahr in Chicago stattfand. 16 Querformatige Marken zeigten Darstellungen aus dem Leben des berühmten Seefahrers, und die Wertstufen dieser Gedenkausgabe reichten von 1 Cent bis zu 5 Dollar. Postpreis für die vollständige Serie waren 16 Dollar und 34 Cents, für jeden normal begüterten Sammler damals ein gewaltiger Betrag. Philatelisten-Urgroßväter, die sich zu jener Zeit die Ausgabe leisten konnten, ist der Dank ihrer Urenkel sicher, denn mit 8000 DM läßt sich ein perfekter, ungestempelter Satz heute unschwer verkaufen. Diese Beispiele ließen sich endlos fortsetzen. Ihren krisenfesten Charakter haben die internationalen Standardwerte bereits über längere Zeitabstände hinreichend bewiesen.

1 000 000 Deutsche Mark für ein Dutzend Spitzenraritäten. Es liegt einige Zeit zurück, da trafen sich an einem späten Nachmittag in der Zürcher Nobelherberge »Grand Hotel Dolder« zwei Herren mittleren Jahrgangs und distinguierter Eleganz. Aus der in Deutsch geführten Unterhaltung war zu entnehmen, daß die Wiege des einen wahrscheinlich jenseits des Ärmelkanals gestanden, während der andere vermutlich am schönen deutschen Rhein das Licht der Welt erblickt

hatte. Wenig später vergrößerte sich die Runde um einen dritten Herrn, der offenbar mit Spreewasser getauft war. Nach kurzem einleitendem Gespräch kam man zur Sache.

Aus einem kleinen Diplomatenkoffer entnahm der Herr mit angelsächsischem Exterieur einen eleganten, in Leder gebundenen Hefter und übergab ihn seinem Visavis mit Berliner Akzent. Dieser vertiefte sich in die Inhalt des Ordners, der aus einer Fülle von Zertifikaten bestand, ausgestellt von anerkannten Briefmarkenexperten, für ein rundes Dutzend philatelistischer Weltseltenheiten. Ein sehr zurückhaltender Kellner brachte drei Getränke. Man prostete sich zu. Danach verharrten zwei Herren in Schweigen, um den Expertisenleser nicht zu stören. Die Zeit verging mit Drink-Nippen und freundlichem Kopfnicken, bis der Dritte im Bunde die Mappe mit den vielen Gutachten zuschlug und knapp bemerkte: »Die Sache ist o. k.« Was einen Freudenschimmer auf den Gesichtern der beiden anderen auslöste.

Der Herr britischer Prägung erkundigte sich bei jenem vom Rhein, wann ihm die Abwicklung des anstehenden Geschäftes genehm wäre. Man beschloß, sich am nächsten Vormittag um 9.30 Uhr in der kühlen Halle des ehrwürdigen Bankhauses Leu zu treffen.

Einige Minuten vor dem Termin trafen alle Beteiligten ein. Unter Anführung des Inselbewohners ging es die breite, graue Steintreppe hinab in die »Schatzgewölbe« des vornehmen alten Bankhauses. Der Schließer öffnete die sicher weit über hundert Jahre alte Gittertür und führte zu einem winzigen Kabinett, dessen trist graue Tür er teilnahmslos öffnete. Die beiden aus Germany setzten sich und warteten auf den inzwischen verschwundenen Angelsachsen. Dieser war nach wenigen Minuten zurück, in der Hand eine Blechdose, deren eigentlicher Zweck es war, erstklassiges, schottisches Gebäck zu verwahren. Er öffnete die Dose, und zum Vorschein kamen zwölf mit einem Schutzdeckel versehene Kartonblätter, etwas kleiner als Din A 5. Der Spree-Athener prüfte sorgfältig den Inhalt. Sogar den grellen Strahl einer Taschenlampe ließ er ab und zu auf eine der philatelistischen Kostbarkeiten fallen, die sich auf den gefalteten Kartonblättern befanden. Etwa zehn Minuten dauerte die Besichtigung, danach wurde der Keksdosendeckel wieder geschlossen. Der Betrachter sagte, wie schon am Vortage, knapp o. k., diesmal aber ohne Bourbon.

Dieses O. K. veranlaßte andererseits den Rheinländer, eine extravagante Brieftasche aus dunkelblauem Baby-Croko zu zücken, der er einen bestätigten Bankscheck über 1 Million Deutsche Mark entnahm. Es folgte der Austausch Scheck gegen Blechdose. Ein stiller philatelistischer Millionentransfer, im wahrsten Sinne des Wortes unterirdisch und ohne das Licht der Öffentlichkeit, war abgeschlossen.

Geschäfte dieser Art ereignen sich nicht täglich, aber sie kommen vor. Zwei der Herren, Lieferant und Investor, nahmen später gemeinsam ein Taxi zum Flughafen Zürich-Kloten. Dort trennten sich ihre Wege. Überflüssig zu betonen, daß sowohl der Scheck als auch die Raritätenschachtel in der Obhut diskreter Schweizer Bankhäuser verblieben. Der Dritte im Bunde verließ die Stadt an der Limmat abends per Schlafwagen, nicht ohne zuvor seine Hotelrechnung zu begleichen und einen an der Rezeption deponierten kräftigen Umschlag in Empfang zu nehmen. Inhalt: 15 ganz neue, unzirkulierte 1000-DM-Scheine, der Lohn für eine kurze Expertentätigkeit.

Gute Sammlungen – hohe Zinsen. Als sichere Anlage mit vielfach hoher Rendite gelten auch erstklassige Kollektionen. Besonders geeignet sind Sammlungen, die sich auf ein Land oder Gebiet beschränken oder auch nur einen gewissen Zeitabschnitt aus der Philatelie eines bestimmten Staates enthalten.

Deutschland läßt sich beispielsweise zeitlich in folgende Abschnitte trennen: 1. Kaiserreich. Dieser Sektor beinhaltet alle Ausgaben von 1872 bis 1918. 2. Die 1. Republik mit den Marken von 1919 bis 1932. 3. Das Dritte Reich. 4. Das Nachkriegsdeutschland, das wiederum in Ost und West zu unterteilen ist. Eine komplette Sammlung jedes dieser Zeitabschnitte stellt eine empfehlenswerte Geldanlage dar. Eine attraktive Verzinsung und die Möglichkeit einer leichten Realisierung sind nicht zu übersehende Vorzüge, die von vielen Investoren erkannt wurden.

Aus meiner Praxis ist mir unter anderem ein Anleger bekannt, der in etwa zwölf Jahren fünfzig komplette Kollektionen mit den Marken des Dritten Reiches zusammengekauft hat. Dreißig davon beinhalten nur ungebrauchte, postfrische Marken, die restlichen zwanzig bestehen aus gestempelten Werten. Obwohl diese Art der Investition – nur auf ein Pferd zu setzen – nicht sehr glücklich ist, hat der Besitzer doch bisher sehr gut gelegen. Ein klarer Aufwärtstrend für die Marken der Hitlerära bescherte ihm einen stolzen Wertzuwachs. Imponierendste Preisrakete beim Dritten Reich die 1945 nicht mehr zum Postverkauf gekommenen zwei roten 12-Pfennig-Marken, die zu Ehren von NSKK und

NSFK vorbereitet worden waren. Der deutsche Michel-Katalog bewertete die besagten beiden Stücke 1973 mit 1600 DM, 1974 mit 4000 DM, ein Jahr später mit 5000 DM und 1976 nochmals um 600 DM höher. Liebhaber sind sogar bereit, Beträge um 7500 DM zu bewilligen, um in den Besitz dieser Spitzenraritäten aus dem »1000jährigen Reich« zu kommen.

1945, NSKK und NSFK – das Kriegsende verhinderte ihre Verausgabung

Eine Geldanlage in qualitativ hochwertigen Ländersammlungen ist bei allen westeuropäischen Staaten erfolgversprechend. Bei ihnen ist generell ein stetiger Preisanstieg zu verzeichnen, obwohl bei einer gewissen Anzahl von Serien, deren sich tüchtige Spekulanten angenommen hatten, ein preisliches Auf und Ab zu verzeichnen war. Gegenüber den harten Preisen für die

»westlichen« Marken hat der Osten ganz sicher einen nicht unerheblichen Nachholbedarf. Bei den Marken des zaristischen Rußland und auch der Sowjetunion bis in die fünfziger Jahre ist dies schon deutlich erkennbar. Wie gut sich eine erstklassige Bulgarien-, Rumänien- oder Ungarnsammlung verzinsen wird, werden die kommenden Jahre zeigen. Nach meiner persönlichen Meinung sind viele Emissionen dieser Staaten – besonders aus den zwanziger und dreißiger Jahren – in ihrer preislichen Entwicklung hoffnungslos zurückgeblieben. Daß hier die Preise in einen Aufwind geraten müssen, erscheint mir sicher, es dürfte nur eine Frage der Zeit sein.

Bei dem Riesenkomplex Übersee ist einer erheblichen Zahl von Staaten eine gesunde Skepsis entgegenzubringen. Deutlicher gesagt, fast alle Entwicklungsländer mögen wegen ihrer schönen, bunten Marken dem Sammler Freude bereiten, dem gewinnorientierten Investor jedoch mit Sicherheit nicht. Die USA gehören natürlich seit eh und je zu den bevorzugten Gebieten für den Anleger, seit diversen Jahren auch Japan und Australien, neuerdings gefolgt von Brasilien und dem Iran. Ganz aktuell das international feststellbare Interesse für China, Korea und Thailand. Diesen Gebieten galt in allerjüngster Zeit die Kauflust bedeutender Händler in Übersee und Großbritannien.

Der Investor mit dem sonderbaren Geschmack. Wiederholt wurde betont, wie bedeutsam der absolut perfekte Erhaltungszustand einer Marke ist und daß sowohl Sammler wie auch reine Geldanleger stets auf beste Qualität achten sollten. Aus meiner Praxis ist mir ein Fall bekannt, bei dem der

Investor ausdrücklich darauf bestand, nur reparierte Marken zu erwerben. So unsinnig dieser Wunsch erscheint, so einleuchtend ist die Erklärung, weshalb.

Bei einem Berliner Händler erschien vor Jahren ein Herr, der sein Interesse für philatelistische Anlagewerte bekundete und zu verstehen gab, daß er bereit wäre, eine beachtliche Summe über ein Jahr verteilt in ausschließlich antiken Briefmarken anzulegen. Sein Auftrag aber, so sagte er, wäre mit einigen Bedingungen verknüpft. Erste Voraussetzung: Jede Marke, die er kaufen wird, muß repariert sein und außerdem einen Katalogwert von zumindest 1000 DM besitzen. Zweitens ist für jedes Exemplar das Foto-Attest eines anerkannten Prüfers beizubringen, und drittens wäre es notwendig, daß sich jedes der Stücke optisch sauber und ordentlich präsentiert.

Der Händler war zur Beschaffung der gewünschten Objekte bereit, nicht ohne seinen Auftraggeber zu fragen, wie dieser auf eine derartige »Schnapsidee« verfallen sei. Seiner Antwort war zu entnehmen, welch vorsichtiger Laie sich da in philatelistisches Neuland wagte. Er schilderte die Sache etwa so: Da ihm die Kenntnisse fehlen, um selbst zu beurteilen, ob eine Marke repariert ist oder nicht, möchte er nur restaurierte Stücke kaufen, denn mit Sicherheit wird kein Händler ein einwandfreies Exemplar als Reparaturstück verkaufen; umgekehrt könnte dies schon mal der Fall sein, so glaubte er. Zur Bestätigung, daß die gelieferte Marke auch ein Original ist, benötigte er für jeden Wert eine Foto-Expertise. Den Einwand, daß ja bei einwandfreien Marken das Expertengutachten auch den makellosen Qualitätszustand bestätigen würde, ließ er nicht gelten,

denn möglicherweise könnte ja nach Erstellung des Attestes die Marke beschädigt und anschließend restauriert worden sein. Des weiteren führte er aus, daß die bildseitig feine Beschaffenheit für sein ästhetisches Empfinden nötig wäre und außerdem einem späteren Verkauf mit Sicherheit dienlich sei. Für die Limitierung des Katalogwertes auf zumindest 1000 DM gab er folgenden Grund an: Eine Briefmarke, deren Katalogpreis tausend Mark und mehr beträgt, läßt sich bei jedem Auktionshaus placieren, auch wenn der Versteigerungskatalog später besagt: Die Marke ist repariert.

Die Gedankengänge dieses Investors sind zweifelsfrei sehr ungewöhnlich, aber durchaus zu verstehen. Sein ausgefallenes Investment hat sich nämlich als keineswegs schlechte Geldanlage erwiesen. Jedes der erworbenen Stücke hat innerhalb von etwa zehn Jahren seinen Anschaffungspreis zumindest verdoppelt, bei einigen der Marken betrug die Steigerungsrate nach knapp zwölf Jahren fast 300 Prozent.

Zusammenfassend darf gesagt werden, daß die Briefmarke einen günstigen Anlagewert darstellt, und die Investoren – wenn sie die für den Kauf wesentlichen Punkte berücksichtigen – mit einer guten Verzinsung ihres Geldes rechnen dürfen. Besonders geschätzte Vorzüge des kleinen Anlagepapieres sind:

1. Briefmarken können durch ihr geringes Gewicht leicht transportiert werden, hunderttausend D-Mark oder hunderttausend Dollar in philatelistischen Kostbarkeiten können in jeder Brieftasche diskret untergebracht werden.

2. Briefmarken sind – wegen der international großen Nachfrage – leicht ver-

käuflich, praktisch an jedem größeren Handelsplatz der Erde und in fast jeder gewünschten Währung.

Bei allem Positiven besitzen sie zumindest gegenüber dem Gold und den Edelsteinen einen geringen Nachteil. Briefmarken wollen gut behandelt sein, sie müssen sehr sorgfältig und vorsichtig angefaßt werden, denn die geringste Beschädigung kann ihren Wert beträchtlich mindern. Sie sollten ferner trocken und bei möglichst konstanter Temperatur gelagert werden. Besonders anfällig sind sie gegen das Klima in tropischen Gebieten mit hoher Luftfeuchtigkeit; hier können sich bei unsachgemäßer Aufbewahrung Stockflecken im Papier bilden. Für den Besitzer, der seine philatelistischen Wertobjekte sachgemäß behandelt, werden sie ihren über viele Jahrzehnte bewiesenen Vorteil beibehalten: Sie sind absolut krisensicher! Wer erschöpfender über philatelistische Investitionsmöglichkeiten informiert sein möchte, dem sei das ausgezeichnete Buch von Heinrich Wittmann empfohlen »Briefmarke als Geldanlage und Spekulationsobjekt«.

Markenmode – Modemarken. Auch in der Philatelie können Gebiete in Mode und aus der Mode kommen. Gott sei Dank wechseln die Geschmäcker nicht so schnell. Aber wenn das Interesse zu schwinden beginnt, pflegen tüchtige Sammler und diverse Börsenjobber schleunigst auszusteigen. Es bereitet besondere Freude, sich mit dem Erlös aus einer noch rechtzeitig verkauften Kollektion einem neuen erfolgversprechenden Gebiet zuzuwenden.

Ein typisches Beispiel sind die Marken des Saargebiets. In den fünfziger Jahren noch hochgeschätzt und eines

der ganz beliebten Sammelobjekte, nicht nur bei uns, sondern sogar in den USA, begann eines Tages ganz langsam und peu a peu das Interesse abzukühlen. Kaufgesuche von Saar-Marken, die bisher zu Dutzenden in den Fachorganen erschienen waren, wurden weniger und blieben eines Tages ganz aus. Diese Entwicklung signalisierte zumindest preisliche Stagnation und war für einige Sammler das Zeichen zum Aussteigen. Im Oktober 1964 wurde in der Schweiz eine der bedeutendsten Saar-Kollektionen, die »Katz«-Sammlung, versteigert. Noch schien die Welt in Ordnung, die Creme der Saar-Sammler war anwesend und sorgte für Spitzenpreise. Die Zeit verging und mit ihr auch das ehemals große Interesse für die wirklich schönen Marken des Saargebiets. Während bei den ehemaligen deutschen Kolonien, bei Altdeutschland, Berlin und der Bundesrepublik Hausse-Stimmung herrschte, kochten die Saar-Preise kontinuierlich auf Sparflamme. Als dann exakt zehn Jahre nach der »Katz«-Versteigerung, im Herbst 1974, ein deutsches Auktionshaus einige der damals ach so teuren Raritäten weit billiger offerierte, zeigte die äußerst matte Resonanz: Die Saar ist aus der Mode. Drei Prunkstücke, anno 1964 mit guten 12400 Schweizer Franken bezahlt, wollte ein Jahrzehnt später niemand für 10000 DM. Aber auch die momentan so »schwache« Saar kann eines Tages wieder von der Modewelle erfaßt und nach oben gespült werden. Ein treffender Beweis dafür, daß dies durchaus möglich ist, sind die drei baltischen Staaten Estland, Lettland und Litauen. Sie führten viele Jahre ein Schattendasein, und plötzlich waren sie wieder en vogue.

Ein ehemals international geschätztes

überseeisches Sammelgebiet war Uruguay. Die klassischen Marken dieses Landes – als »Diligencias« und »Sonnen von Montevideo« bekannt – zählten bei früheren Generationen von Philatelisten zum »Größten«, was man anstreben konnte. Im Jahre 1865 gab eine Madame Borchard in Bordeaux sogar für zwei dieser »Sonnen-Marken« – im Tausch – die beiden berühmten Mauritius-Post-Office her. Uru-

»Sonne von Montevideo« – gegen Blaue Mauritius eingetauscht

guay erfreute sich lange großer Beliebtheit unter den Philatelisten. Seine in den zwanziger und dreißiger Jahren erschienenen Flugpostmarken – den Sammlern als Pegasus-Ausgaben bekannt – waren einstmals so gefragt wie heute die beliebten bundesdeutschen Emissionen. Es gibt keine hinreichende Erklärung dafür, warum das ehemals so große Interesse plötzlich erlosch. Es bleibt zu hoffen, daß die »Sonnen von Montevideo« eines Tages wieder in ihrer alten Pracht strahlen werden.
Für viele Überseestaaten war in alter Zeit das philatelistische Interesse weitaus größer als heute. Ein Weshalb und Warum zu ergründen ist sehr schwer, sicher aber spielt die stark unterschiedliche Mentalität der früheren Sammlergenerationen gegenüber den

heutigen eine bedeutende Rolle. Vor dem Ersten Weltkrieg zum Beispiel waren die Philatelisten nicht im entferntesten so gewinnorientiert wie heute. Das reine Hobby stand seinerzeit unbedingt im Vordergrund. Gedanken in Richtung profitable Investition waren damals in weitesten Sammlerkreisen praktisch unbekannt. Heute dagegen gibt es kaum einen Philatelisten, der seinen Markenbesitz nicht auch als Geldanlage betrachtet.
Von all dem modischen Auf und Ab blieben dennoch sehr viele Staaten und die meisten klassischen Ausgaben unberührt. Das »altdeutsche« Image ist seit hundert Jahren zeitlose Solidität. Nicht anders liegen die Verhältnisse bei der Schweiz, sie gilt ja als Inkarnation der Stabilität auch im philatelistischen Bereich.
Modemarken! Es ist ein Schlagwort für solche Stücke, die keine Mode kennen, die ewig modern sind. Nehmen wir gleich ein typisches Beispiel aus der Schweiz, das »Baseler Täubchen«. 1845 erschien im Kanton Basel die schöne, klassische $2^1/_2$-Rappen-Marke. Seit den Anfängen der Philatelie bis auf den heutigen Tag erfreut sich diese Rarität ungebrochener Beliebtheit, sie ist seit weit über hundert Jahren in Mode. Bei uns sind die schwarze bayerische 1-Kreuzer-Marke von 1849 und die ein Jahr später verausgabte Sachsen-Dreier so einzustufen. Aber Modemarken müssen keineswegs nur immer klassische Werte sein. Die 1900 im deutschen Kaiserreich erschienene »5-Mark-Reichspost« gehört genauso dazu wie jene attraktive britische 1-£-Marke, die 1929 aus Anlaß des 9. Weltpostkongresses verausgabt wurde, oder Österreichs beliebter »10-Schilling-Dollfuß« von 1934. Seit ihrem Erscheinen sind die drei Marken

ständig in Mode, und es gibt Hunderte anderer Einzelmarken, Serien und Gedenkblocks, bei denen es ebenso ist. Eine gewisse Zahl von Investoren setzt nur auf solche Werte, die nicht nur ewig modern, sondern auch überall gesucht sind.

Reparaturen – problematisch seit Generationen. In Laienkreisen ist wohl allgemein bekannt, daß beschädigte Kunstwerke häufig restauriert werden. Kaum jemand jedoch weiß, daß besonders hochwertige, aber leider fehlerhafte Briefmarken ebenfalls repariert werden können. Auf der ganzen Welt gibt es nur einige Meister dieses Fachs, die imstande sind, an einer Marke vorhandene Mängel so vollendet zu beseitigen, daß selbst routinierten Experten das Erkennen sehr schwer fällt.

Zunächst einige Worte über die stark unterschiedlichen Ansichten, denen man bei den Philatelisten zum Thema Reparatur begegnet. Es gibt einen relativ kleinen Kreis, der gegen die Reparaturen auf die Barrikaden zieht, sie als Verfälschungen, Betrug und dergleichen zu verbannen sucht. Die bei weitem größere Zahl der Philatelisten jedoch hat zu den Dingen eine klare und sachliche Einstellung. Eine Restaurierung, ganz gleich welchen Gegenstandes, ist mit dem Begriff Verfälschung in gar keiner Weise zu verbinden. Wer würde auf die Idee kommen, eine kunstgestopfte Hose als »verfälscht« anzusehen. Wer würde das umfassend restaurierte »Flötenkonzert« von Adolph von Menzel als »verfälscht« bezeichnen.

Auch in der Philatelie ist es geboten, Kostbarkeiten zu erhalten. Beschädigte Stücke, die es wert sind, daß man ihren ursprünglichen optischen Zu-

stand wiederherstellt, sollten von Meisterhand restauriert werden. Was selbstverständlich verhindert werden muß, ist der Betrug oder versuchte Betrug mit restaurierten Marken. Es ist branchenbekannt, daß immer wieder von unseriöser Seite versucht wird – und häufig mit Erfolg –, reparierte Stücke als perfekte zu veräußern, um so beträchtlichen Profit zu ergaunern. Diese Betrugsform ist nicht neu, sondern uralt. Da aber bekanntlich zu einem derartigen Delikt immer zwei gehören, nämlich der Betrogene und der Betrüger, sollten alle Sammler, die in der Lage sind, teure Objekte zu erwerben, ihre Lieferanten genau unter die Lupe nehmen. Außerdem gehört heute zu jeder »großen« Marke zumindest eine Foto-Expertise, ausgestellt von einem anerkannten Spezialisten, die nicht nur die Echtheit bestätigt, sondern auch den Qualitätszustand beschreibt. Wer sich von redegewandten Schwindlern hinters Licht führen läßt, den trifft mit Sicherheit eine tüchtige Portion eigene Schuld. Bei allen Dingen kennt man feine Unterschiede, auch bei den restaurierten Marken, denn zwischen Reparatur und Reparatur gibt es gewaltige Unterschiede. Um einmal im Fachjargon zu sprechen: Üble Knochen, von Pfuschern zusammengeschustert, sind unbedingt als Sammelobjekte abzulehnen. Im Klartext: Sehr fehlerhafte Marken, die von Reparateuren mit geringem Können primitiv behandelt wurden, gehören in keine Sammlung, zumindest nicht in eine gepflegte.

Dagegen ist die im Folgenden beschriebene, restaurierte Sachsen Nr. 1 (oder Sachsen Dreier) trotz allem ein Exemplar, das sich in jeder Sammlung sehen lassen kann. Das an sich herrlich frische Stück, von dem hier die Rede ist, hatte leider einen recht erheblichen Fehler, nämlich die rechte untere Ecke inklusive eines Teils des Markenbildes waren abgerissen. Davon einmal abgesehen, hatte die Marke nur Vorzüge. Die vorhandenen Ränder waren enorm breit, die Farbe sehr tief, und außerdem war das Stück sehr sauber gestempelt, dazu noch mit einem denkbar ungewöhnlichen Stempel – dem vorphilatelistischen Langstempel von Altenburg.

Besagte Marke wurde im Oktober 1961 auf einer Auktion in Hildesheim für 180 DM angeboten. Der Zuschlag lag trotz der erheblichen Beschädigung bei 1200 DM. Käufer des Stückes war ein inzwischen verstorbener Berliner Händler, der den wahren Wert dieser Marke sofort erkannte. Er übergab die schöne Sachsen-Dreier mit der starken Blessur dem bekannten Restaurator Hans Eugen Bühler zur Instandsetzung. Die Wiederherstellung war ein Meisterwerk der Restaurierkunst, das Stück präsentierte sich nun in seiner ehemaligen Schönheit. Trotz Reparatur war die Marke so attraktiv, daß sie der damals bedeutendste Sachsenspezialist, der Altmeister Walter Opitz, als eines der schönsten Stücke, die ihm jemals vorgelegen haben, bezeichnete.

Der Besitzer schickte die Marke zur Versteigerung. Der Berliner Auktionator Heinrich Salomon brachte sie im Februar 1962 unter den Hammer; bei einem Schätzpreis von 2750 DM erzielte er dafür stolze 3800 DM. Fünf Jahre danach kam das gleiche Stück abermals zum Angebot. Ein Frankfurter Auktionshaus offerierte die kunstvoll restaurierte rote 3-Pfennig-Marke unter der Los-Nr. 3799 mit 3500 DM. Das Stück erreichte schließlich den Betrag von 6400 DM. Danach ist die restau-

rierte Rarität nicht mehr im Handel gesehen worden.

Dieses Beispiel zeigt deutlich, daß es Marken gibt, die trotz Restaurierung geschätzte Raritäten sind, wobei zu bemerken ist, daß der geschilderte Fall Hunderte von Parallelen hat. Wenn von Reparaturen die Rede ist, dann muß auch von den Reparateuren gesprochen werden. Die Zahl der wirklichen Könner in diesem Metier ist, selbst weltweit gesehen, winzig klein. Auf der ganzen Welt gibt es kaum ein Dutzend Koryphäen, die imstande sind, Reparaturen der höchsten Güteklasse auszuführen. In der Bundesrepublik haben wir einen international anerkannten Spitzenkönner, einen wirklichen Künstler auf seinem Gebiet. Das Einkommen von Spitzenrestauratoren ist mit dem von Modeärzten vergleichbar. 1000 DM für die Behandlung einer Rarität ist durchaus normal. Bei großen Seltenheiten liegen die Preise noch höher. Philatelistische »Schönheitschirurgen« der Topklasse befassen sich verständlicherweise auch nur mit entsprechend hochwertigen Objekten. Wie sie ihre Arbeit ausführen, wie sie es fertigbringen, eine in zwei Hälften gerissene Rarität wieder zusammenzufügen – und das so vollendet, daß es einem Laien nicht möglich ist, die Restaurierung zu erkennen –, bleibt ihr großes Geheimnis.

Das Zusammenfügen der Papierfasern und die Wiederherstellung des Markenbildes erfordert begreiflicherweise – neben der künstlerischen Fähigkeit – ein Höchstmaß an Konzentration. Ein Spitzenkönner wird sich nur dann der Behandlung einer großen Rarität widmen, wenn er dazu in der nötigen Verfassung ist. Aber neben einem Paganini oder Oistrach haben immer unzählige versucht, der Geige Töne zu entlok-

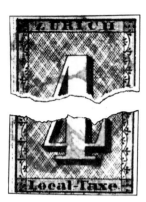

Der Meister muß in Stimmung sein – zwei Hälften wieder kunstvoll vereinigt

ken, auch solche, die lieber hätten die Finger davon lassen sollen. Bei den Reparaturen ist dies ähnlich. Es gibt Raritäten, die von Dilettantenhand in einer primitiven Art und Weise zusammengeflickt wurden, daß nicht einmal mehr ein Meister des Fachs imstande ist, einen derartigen Torso zu retten. Solche Stücke sind für die Philatelie verloren. Ein bekannter Händler bezeichnete eine ungestempelte Sachsen-Dreier in der teuren braunroten Farbe und dazu noch mit vollständigem unterem Bo-

genrand als sammlungsunwürdigen Trümmerhaufen. Die Marke hatte ursprünglich einen Scherenschnitt, der etwa einen Zentimeter ins Markenbild reichte. Ein Stümper hatte versucht, diesen Fehler zu beheben, und ruinierte dabei das seltene Stück vollends.

Nachgummierung – dem Betrug Tür und Tor öffnen. Bei einer schadhaften Rarität eine eventuell fehlende Ecke zu ergänzen erscheint verständlich; einleuchtender Grund ist die Wiederherstellung des optischen Gesamteindrucks. Was aber könnte ein Motiv dafür sein, einer ungestempelten Marke, deren Rückseite keine postamtliche Gummierung mehr trägt, neuen Gummi aufzutragen. Ein Postwertzeichen rückseitig mit neuer Klebefläche zu versehen heißt fachlich: sie nachgummieren. Nachgummiert werden in erster Linie Marken aus relativ moderner Zeit, bei denen der Preisunterschied zwischen sogenannten »postfrischen« und »nicht postfrischen« Marken gewaltig ist. Befindet sich auf der Gummiseite ein Klebefalz oder auch nur ein Stückchen davon, so ist die Marke nicht mehr postfrisch. Je mehr die Gummifläche einer Marke durch Papierrestchen behaftet ist, desto geringer ist ihr Preis gegenüber einem postfrischen Exemplar. Marken, die – obwohl ungebraucht – überhaupt keine Gummierung aufweisen, werden als »ohne Gummi« bezeichnet.
Aber nun zu den gravierenden Preisdifferenzen zwischen »mit Falz« und »postfrisch«. In einer bekannten deutschen Briefmarkenzeitung sucht ein Händler die deutschen Zeppelinpost-Sätze aus den dreißiger Jahren mit Falz zu kaufen und offeriert für die »Südamerikafahrt« 310 DM, für die »Polarfahrt« 400 DM und für die »Chi-

Die »postfrische« Polarfahrt – drei Werte für 1200 DM gesucht. Die Rückseite entscheidet über den Preis

Die »nicht postfrische« Polarfahrt – ein kleiner Klebefalz drückt den Ankaufswert auf nur 400 DM

cagofahrt« 380 DM. Im gleichen Heft wünscht ein anderer Händler die gleichen Serien in postfrischem Zustand zu erwerben und bietet 850 DM, 1200 DM und 1100 DM. Der letztere bezahlt für die postfrische Ausführung annähernd die dreifachen Beträge, wie sein Berufskollege für solche Stücke geben will, die mit einem kleinen Klebefalz behaftet sind.

Zu dem geschilderten Vorgang habe ich eine beträchtliche Anzahl von Nichtphilatelisten nach ihrer Meinung befragt. Es waren Bankleute, Anwälte, Mediziner, Hotelportiers, Pädagogen und Handwerker, ein grundverschiedener Personenkreis, dessen Antworten jedoch dem Sinn nach alle gleich lauteten: Sie variierten von unbegreiflich bis verrückt. In der Tat ist es schwer faßbar, daß zwei Markenserien, die beide absolut perfekt und fehlerfrei sind, im Preis um 300 Prozent differieren können, nur weil sich bei dem einen Satz ein Klebefalz auf der Rückseite befindet und bei dem anderen nicht.

Nach allem, was wir bisher zu diesem Thema hörten, scheint es jedoch leicht vorstellbar, daß der eine oder andere Besitzer von Marken mit schadhafter

Inserat vom Gummierungsexperten – neuer Leim auf alten Marken

Gummierung diesen mißlichen Zustand ändern möchte, wenn er zum Beispiel ein Inserat liest, wie es in der DBZ auf Seite 1792 der Ausgabe vom 5. Juli 1975 erscheint. (Auch im »Briefmarken-Spiegel« vom Juli 75 wirbt der Gummierungsexperte mit gleichem Text für seine Künste.) Nach unseren Gesetzen ist es jedermanns Recht, seine Briefmarken rück- oder auch vorderseitig mit Gummiarabicum bestreichen zu lassen. Betrügerischen Charakter erhält die Sache erst mit dem Versuch, nachgummierte Stücke als vollwertig unterzubringen. Daß dies laufend und auch mit Erfolg geschieht, ist allgemein bekannt.

Der Bundesprüfer für alle Briefmarken-Ausgaben Westberlins, Hans Georg Schlegel, ist auch berufener Experte in Sachen echten oder falschen Gummis. Was Schlegel in seiner jahrelangen Praxis an Marken aus dem Verkehr gezogen hat, die von ihren Besitzern im guten Glauben als postfrisch gekauft worden waren, deren Gummi sich aber bei genauer Untersuchung als raffinierte Imitation herausstellte, ist gewaltig. Was nicht zur Prüfung auf Schlegels Schreibtisch landete, sondern unerkannt durch die Philatelie geistert, dürfte gigantisch sein. Daß jemand eine Marke nachgummieren läßt, um damit einen anderen aufs Kreuz zu legen, ist reiner Betrug. Warum aber ehrenwerte Sammler ihren eigenen gefalzten Briefmarken neuen Klebstoff verordnen und sie zum Gummierungsexperten schicken, um dann später in der Traumwelt zu leben, sie hätten so gut wie postfrische Exemplare, kann wohl nur ein Seelendoktor ergründen.

Die Problematik mit dem nachträglichen Gummi gab es in diesem Maße nicht immer. Vor einigen Jahrzehnten schenkten die damaligen Sammler den Gummiseiten viel weniger Aufmerksamkeit, und die Philatelisten des neunzehnten Jahrhunderts sahen im Gummi eine Nebensächlichkeit, vielfach lösten sie ihn sogar ab. In uralten Fachzeitschriften wurde direkt empfohlen, ungestempelte Briefmarken von der Gummierung zu befreien, um die Marke vor schädlichen Einflüssen zu bewahren. So ändern sich Zeiten und Ansichten.

Als gültige Maxime für die heutige Generation darf gelten: Feinste Erhaltung ist und bleibt die beste Anlage. Ideal-stücke kann man nicht zu teuer bezahlen, denn irgendwo auf der Welt gibt es mit Sicherheit einen Liebhaber, der bereit ist, eine noch höhere Summe hinzulegen, so pflegte ein Händler zu sagen. Ein ganz berühmter amerikanischer Sammler, der bekannt dafür war, traumhaft schöne Stücke zu »irren« Preisen zu kaufen, erläuterte seinen vermeintlichen Leichtsinn folgendermaßen: Wenn ich für ein Luxusexemplar 1000 Dollar bezahle, das nach Meinung von Experten höchstens 500 wert ist, was spielt es schon für eine Rolle. Die Freude, die mir das Stück bei jeder Betrachtung gibt, ist mir 5 Dollar wert. Habe ich sie nur 201 mal angesehen, dann schulde ich – theoretisch – der Marke bereits Geld.

Fälschungen – Schreckgespenster der Philatelisten

Noch nicht einmal zehn Jahre waren seit Erscheinen der ersten Briefmarke vergangen, da entdeckte man im Frühjahr 1850 auch schon die erste Fälschung. Markenfälscher waren bereits zu einem Zeitpunkt am Werk, als es noch gar keine Sammler gab, die man hätte betrügen können.

Die ersten Briefmarkenfalsifikate hatten nämlich den gleichen Zweck wie die amtlichen Freimarken, sie wurden zur Frankierung von Briefen verwendet. Ihre Herstellung erfolgte, um die Post zu schädigen, und wie wir später sehen werden, zum Teil mit großem Erfolg. Diese spezielle Art von Falsifikaten rangiert in der Philatelie unter dem Begriff: *Postfälschungen*. Beschäftigen wir uns zunächst mit dieser Gattung. Von Spezialisten werden Postfälschungen – besonders wenn sie noch auf ganzen Briefen sind – sehr hoch geschätzt und meist mit enormen Preisen bezahlt, die vielfach mehr als das Tausendfache der entsprechenden echten Marke ausmachen.

Die erste Briefmarke, die ein Fälscher für seine dunklen Geschäfte mißbrauchte, war gleichzeitig die – am 1. Januar 1850 erschienene – erste Marke Spaniens. Ihr Postpreis lautete auf 6 Cuartos – auch damals ein relativ geringer Betrag –, das Markenbild zeigte den Kopf der spanischen Königin mit Diadem. Wahrscheinlich glaubte der Fälscher, daß man einer Marke mit niedrigem Nominalwert keine große Aufmerksamkeit schenken würde, die Chance, daß der Betrug entdeckt werden könnte, also gering sei. Es sollte aber alles ganz anders kommen. Der geplante Schwindel mit der »falschen Isabella« flog bereits bei der Herstellung auf, weil ein Ganove, der den Vertrieb der Falsifikate übernehmen sollte, mit seinem »Meister« Ärger bekam und diesen verpfiff.

Die Hüter des Gesetzes griffen ein, und die Sache kam im April 1850 in Alicante vor Gericht. Alle gefälschten Marken waren zunächst beschlagnahmt und später unter amtlicher Aufsicht vernichtet worden. Lediglich bei den Prozeßakten verwahrte man zwei Stücke gewissermaßen als »Corpus delicti«. Als nach vielen Jahren Gras über die Angelegenheit gewachsen und der Vorgang praktisch vergessen war, gelangten die amtlichen Schriftstücke mit den beiden »Postfälschungen« in private Sammlerhand. Angeblich soll der Erstbesitzer einen erheblichen Betrag für wohltätige Zwecke gestiftet haben, um in den Besitz des ungewöhnlichen Materials zu gelangen. Dann – so wird erzählt – hätte er die zweite der beiden Fälschungen vernichtet, um ein Unikat zu besitzen. In der Tat kennt man bis auf den heutigen Tag nur *eine* »falsche Isabella«, sie gilt als die wahre Königin unter den Fälschungen, denn sie ist die älteste, die seltenste und die teuerste Postfälschung überhaupt.

120 Jahre nach dem Prozeß in Alicante wechselte die schwarze Fälschung für stolze 500 000 Pesetas ihren Eigentümer, damals ein Betrag von etwa 25 000 DM. Es ist mit Sicherheit die höchste Summe, die jemals ein Liebhaber wissentlich für eine falsche Briefmarke hinlegte. – Ist ein derartiger Käufer nun verrückt oder skurril, weil er den Gegenwert von zwei neuen Automobilen der Mittelklasse für ein kleines Falsifikat aus dem Jahre 1850 ausgibt? Wahrscheinlich ist er völlig normal, denn was er kaufte, ist ja keine

Zertifikat für die »falsche Isabella« – nur 1 Stück bekannt

Fälschung schlechthin, sondern zweifellos ein einzigartiges Stück philatelistischer Geschichte, das außer ihm kein zweiter besitzen kann.

Die echte Isabella von 1850

Die falsche Isabella von Alicante

Die Postfälschungen von Verona und Mailand. Diese beiden italienischen Städte gehörten bis 1866 zu den Gebieten Lombardei und Venetien des Kaiserreichs Österreich; dort kursierten ab 1850 eigene Marken, deren Wertangaben auf Centesimi lauteten. Fünf verschiedene Wertzeichen waren im Umlauf. Zwei von ihnen – die mit den am häufigsten verwendeten Wert-

stufen, zu 15 und 30 Centesimi – erkor sich 1853 ein Kupferstecher aus Verona als Vorlage für seine Fälschungen aus. Bereits im November 1853 wurde der Betrug entdeckt, die Verantwortlichen verhaftet und ihre Produkte beschlagnahmt. Von den konfiszierten unbenützten Exemplaren gelangten einige in Privatbesitz. Sie sind heute etwa 4000 bis 6000 DM pro Stück wert. Die gestempelte Ausführung ist mit etwa der Hälfte dieser Beträge anzusetzen. Auf vollständigen Briefen er-

In Verona gefälscht – tausendmal teurer als das Original

reichte die falsche 15-Centesimi schon Preise bis zu 10000 DM und die 30-Centesimi sogar Beträge von fast 15000 DM. Die Originalmarken dagegen sind auf Briefen für ein Tausendstel der genannten Summe zu haben, für 10 oder 15 DM kann man die schönsten 15-C- und 30-C-Briefe kaufen.

Im Jahre 1857 brachten Fälscher in Mailand gleich drei verschiedene Sorten von gefälschten Marken unter die Leute. Sie fälschten die Werte zu 15, 30 und 45 Centesimi und hatten dabei beträchtlichen Erfolg. Ihre Vertriebsorganisation beschränkte sich nämlich nicht nur auf Mailand, sondern man kennt diese Postfälschungen auch mit den Stempeln von anderen Orten, so zum Beispiel von Como, Lecco, Lodi,

Padova, Venezia und Vicenza. Obwohl die Mailänder Falsifikate wesentlich häufiger sind als die von Verona, ist ein gut erhaltenes Exemplar nicht unter 2000 DM zu haben.

Mailänder Fälschungen – mit großem Erfolg die Post betrogen

»Experten« stöbern deshalb gern in alten Händlerbeständen, in der Hoffnung, eine »teure falsche« für eine »billige echte« ergattern zu können. Diese »Schatzsucher« werden aber nur sehr selten fündig. Doch unlängst hatte wieder mal einer Erfolg, er fand im Lager eines Berliner Händlers einen mit einer 15-Centesimi frankierten Brief, der den Poststempel Treviso trug. Der clevere Mann brauchte nicht einmal seine Lupe zu zücken, um festzustellen, daß er ein herrliches Stück der Veroneser Postfälschung vor sich hatte. 10 DM war der Preis für diesen Brief. Weitere 20 DM investierte der Käufer für ein Telefongespräch nach Österreich. Heute befindet sich das rare Poststück in einer bedeutenden Sammlung in Innsbruck, und wenn man dem jetzigen Eigentümer glauben darf, hat er nur 50000 Schilling für den Brief bezahlt.

In alter Zeit wurde auch im deutschen Kaiserreich die Post gelegentlich durch Fälscher beziehungsweise Fälschungen um ihre Gebühren gebracht.

Zum Beispiel tauchten 1883 in Barmen falsche 50-Pfennig-Marken auf. Und die rote 10-Pfennig, die von 1889 bis 1900 an allen deutschen Postschaltern zu haben war, wurde gar mehrfach zum Schaden der Post gefälscht. Falsifikate sind aus Höchst, aus Rixdorf, Dresden und Hannover bekannt. Alle diese Stücke sind erheblich mehr wert als die Originale, jedoch bewegen sich die Preise wesentlich unter denen der vorab beschriebenen Postfälschungen aus der Donaumonarchie.

Falsifikate, deren Ziel es war, die Postkassen zu schädigen, wurden überwiegend vor 1900 in Umlauf gebracht. Sogar vor den Marken des päpstlichen Kirchenstaates schreckte die »Fälscherzunft« nicht zurück und kopierte drei verschiedene Werte, nämlich solche zu 1, 5 und 8 Bajocchi. Auch im Königreich Neapel, das von 1858 bis 1860 eigene Marken verausgabte, tummelten sich diverse Fälscher. Sie imitierten die Wertstufen zu 2, 10 und 20 Grana gar mehrfach. Als 1861 das Königreich Italien seine ersten acht Briefmarken herausbrachte, zirkulierten schon bald nach Erscheinen vier davon als »Postfälschungen«; sie alle sind selbstverständlich viel teurer als die Originale.

Den Rekord auf dem Gebiet der Postfälschungen hält jedoch Spanien, für das man in den ersten fünfundzwanzig Jahren seit Einführung eigener Marken etwa fünfzig Fälschungen nachweisen kann. Falsifikate zum Schaden der Post sind von vielen, aber nicht von allen Staaten bekannt. Sie besitzen einen großen Reiz für fortgeschrittene Philatelisten und sind deshalb sehr gesucht. Auch in den Katalogen und der Fachliteratur werden diese Stücke natürlich verzeichnet und gebührend bewertet.

Die Herren Fälscher bitten zur Kasse. Es gibt kein Sammelgebiet, das auch nur annähernd so viele Fälschungen aufweisen könnte wie die Philatelie. Diese Tatsache spricht zunächst einmal für die große Verbreitung des Markenhobbys, aber gleichzeitig auch für die oft geradezu groteske Sorglosigkeit, mit der zu allen Sammlergenerationen gekauft wurde. In der Tat gab es immer – und gibt es auch heute noch – eine erschreckend große Zahl von Sammlern, die sich in einer verblüffenden Arglosigkeit von ihrem Geld trennen. Es ist und war in erster Linie der große Kreis der Sorglosen, von denen die Fälscher Lohn und Brot bezogen. Zunächst einmal wollen wir die diversen Arten von Briefmarkenfälschungen, die sich gegen die Sammler richten, in zwei Gruppen aufteilen.

Die eine Gruppe besteht aus den sogenannten Ganzfälschungen. Wie der Name bereits sagt, ist an solchen Stücken alles falsch. Die zweite Gruppe sind die Teilfälschungen, in diese Rubrik fallen in erster Linie echte Marken mit falschen Stempeln oder falschen Aufdrucken.

Behandeln wir aber zunächst die erste Gruppe. Die meisten aller bekannten Ganzfälschungen stammen aus der Zeit vor 1900 und sind in der Regel so primitiv ausgeführt, daß sie für ein geschultes Sammlerauge keine Gefahr darstellen. Um simple Fälschungen zu erkennen, muß man nicht Experte sein.

Echter George Washington

Monacos 5-Fr.-Marke von 1885 – echt!

Primitive Fälschungen – keine Gefahr für Philatelisten

5-Fr.-Marke, gefährliche Fälschung mit Stempel »Monte Carlo«

Es folgen Falsifikate in besserer Ausführung, die auch der geübte Philatelist nicht sofort erkennt, und danach kommen die gefährlichen Fälschungen. Sie sind so gut ausgeführt, daß nur die wirklichen Sachkenner beurteilen können, ob echt oder falsch.

Die Produkte des Jean de Sperati. Dieser eigenartige Mann, der im Oktober 1884 in Mittelitalien als Sohn eines angesehenen Offiziers das Licht der Welt erblickte, gilt in der Philatelie als der Meisterfälscher Nummer eins.

Ein kleiner Kreis von Insidern jedoch möchte das Wort Fälscher nicht mit ihm in Zusammenhang gebracht wissen, sondern sieht in Sperati auch heute noch – lange nach seinem Tode – den begnadeten Kopisten und Nachahmer. Diese Auffassung ist keinesfalls von der Hand zu weisen, denn das für alle Fälscher ganz charakteristische Moment ihrer dunklen Tätigkeit – die Gewinnsucht – schied bei Sperati aus. Seine Erzeugnisse wurden natürlich nicht echt, weil ihm das Profitdenken fehlte, aber eine gewisse Sonderstellung nehmen die »Nachahmungen« des Jean de Sperati doch ein.

So werden seine Imitationen gelegentlich sogar auf Versteigerungen als sogenannte Sperati-Fälschungen angeboten. Kein Auktionator würde daran denken, andere Fälschungen in seine Kataloge aufzunehmen, Sperati-Produkte jedoch machen da eine Ausnahme.

Wer war dieser sonderbare Kopist, der es verstand, Briefmarkenraritäten so vollendet nachzuahmen, daß selbst Experten sie für echt erklärten? Er war zweifellos ein ganz großer Markenkenner, der unter dem Zwang stand, klassische Marken zu imitieren. Das Wieso und Warum könnte sicher nur ein Psy-

chologe klären, denn Bereicherung war keineswegs die Triebfeder seines Schaffens.

Folgende Episode ist für ihn und seine Mentalität bezeichnend. Während des Zweiten Weltkrieges lebte Sperati in dem von deutschen Truppen unbesetzten Teil Frankreichs, hier war auch seine Werkstatt, in der er seine Kopien herstellte. Eines Tages gab er auf dem dortigen Postamt einen Einschreibebrief nach Lissabon auf, dessen Inhalt aus einer Anzahl außergewöhnlich kostbarer Briefmarken bestand. Bei besagten Seltenheiten handelte es sich aber natürlich ausschließlich um Meisterwerke aus eigener Produktion. Es war Sperati bekannt, daß sein Brief mit größter Wahrscheinlichkeit von der Postzensur angehalten und der Inhalt geprüft werden würde. Das geschah auch tatsächlich, aber eben darauf hatte es der Meisterfälscher angelegt.

Einige Tage, nachdem er den Brief abgesandt hatte, bekam Sperati den erhofften Besuch der Kriminalpolizei. Die Beamten erklärten ihm, daß er bei dem Versuch, hochwertige, klassische Briefmarken ins Ausland zu transferieren, erwischt worden sei, man hätte seinen Brief beschlagnahmt, der Tatbestand, illegal Kapital ins Ausland zu verbringen, sei erfüllt. Ein derartiges Delikt ließe eine empfindliche Geldstrafe erwarten, führten die Kriminalbeamten weiter aus.

Nun war Sperati am Zug, der seinerseits lakonisch erklärte, daß sämtliche in dem beschlagnahmten Brief enthaltenen Marken keineswegs Originale seien, sondern von ihm persönlich hergestellte Kopien. Die Beamten glaubten natürlich kein Wort davon, jedoch wurden die beschlagnahmten Marken auf amtliche Weisung dem damals in

Jean de Sperati – ein Fälscherkönig?

Südfrankreich maßgebenden philatelistischen Experten Prof. Dr. Edmond Locard zur Begutachtung eingeschickt.

Nach geraumer Zeit erklärte Prof. Locard, eine gewissenhafte Untersuchung habe ergeben: Sämtliche Stücke sind ohne Zweifel Originale und von bedeutendem Wert. Sperati wurde zu 300 000 Franc Geldstrafe verurteilt. Bei einem späteren Prozeß gegen Sperati im Jahre 1948 in Paris wiederholte der Experte Locard seine Auffassung, es handle sich bei den Objekten um Originale. Leon Dubus, ein zweiter Sachverständiger, erklärte jedoch dem Gericht, nach seinen Untersuchungen handle es sich bei den vorliegenden Stücken nachweislich um Fälschungen.

Das vom Gericht gefällte Urteil lautete auf ein Jahr Gefängnis, zuzüglich einer Geldstrafe. Sperati legte Revision ein, und eine zweite Instanz reduzierte die Strafe auf eine Geldbuße von 5000 Franc, bei der damaligen Inflationswährung ein geringer Betrag.

Sperati verkaufte seine Produkte stets als das, was sie waren, nämlich als Imitationen. Er hat nie versucht, auch nur ein einziges Stück als echt unterzubringen. Seine meisterhaften Reproduktionen wurden aber von seinem Kundenkreis weitgehend zum Betrug benutzt. Häufig wurden sie in Kollektionen manipuliert und dort als Originale bewertet. Noch heute geistern viele hundert seiner »Kunstwerke« unerkannt durch die Philatelie oder sind in Sammlungen untergetaucht, deren Besitzer nicht wissen, daß sie ein Meisterwerk des Jean de Sperati im Album haben.

Eben wegen ihrer vielfach meisterlichen Ausführung wurden die Produkte eine ernste Gefahr für die gesamte Philatelie. Die »British Philatelic Association« nahm Kontakt zu dem großen Kopisten auf und erreichte, daß dieser seine Tätigkeit einstellte. Die Engländer erwarben die gesamten »Markenbestände« des Meisters und sämtliche für die Fabrikation erforderlichen Einrichtungen. 1955 veröffentlichte sie in zwei stattlichen Bänden und limitierter Auflage von 500 Exemplaren das Werk des Jean de Sperati. Dieser Mann nimmt zweifellos eine Sonderstellung ein, er hat – wenn auch negativ – philatelistische Geschichte gemacht.

Die Clique der Briefmarkenfälscher und notorischen Betrüger ist international, die Arbeitsweise reicht vom kleinen Ein-Mann-Betrieb im Dachstübchen bis zum organisierten Ganovenring, der in Fälschungen en gros macht. Dieser Sorte geht es nur darum, mit möglichst geringem Aufwand fette Gewinne zu erzielen, bei ei-

Bayerns »schwarze Einser« – ein Meisterprodukt des Jean de Sperati

Ungestempeltes Original der schwarzen 1-Kreuzer-Marke

nem denkbar kleinen Risiko. Ganzfälschungen wären viel zu aufwendig, die Fälscher der Gegenwart sind deshalb nur auf Teilfälschungen spezialisiert.

Die Stempelfälschungen sind ein bevorzugtes Gebiet. Es gibt Briefmarken, die man in ungestempeltem Zustand für ein paar Pfennig beschaffen kann und die, mit einem echten Poststempel versehen, ein Vielfaches wert sind, ja zum Teil sogar Tausende von D-Mark kosten.

Der gravierende Unterschied bei vielen Marken zwischen ungebraucht »billig« und gestempelt »teuer« findet seine Erklärung unter anderem darin, daß ein beträchtlicher Teil von Briefmarken nur eine kurze Verwendungszeit hatte und demzufolge wenig benutzt wurde. Nach Außerkurssetzung solcher Wertzeichen gelangten die ungebrauchten Restbestände vielfach in den Handel. Teilweise in so beträchtlichen Mengen, daß eben die ungestempelte Marke so häufig anzutreffen ist, daß sie gegenüber der gestempelten nur mit einem Bruchteil bewertet wird. Diese Sorten sind das Dorado der Stempelfälscher. Die in dieser noblen Zunft tätigen Schwindler benutzen also echte Marken, um durch Anbringen einer falschen Abstempelung den Wert bedeutend zu erhöhen. Sie verfälschen also Originale.

Einer der ersten Betrüger dieser Art – der recht erfolgreich operierte – war der Fälscher Klöcking. Sein Gebiet waren die altdeutschen Marken, von denen er all jene »aufwertete«, die nur eines Stempels bedurften, um teuer zu werden. Spätere Käufer wiegte er in Sicherheit, indem er die Marken oft noch auf alte Briefe oder Briefteile montierte.

Über besagten Klöcking berichten die »Lübecker Nachrichten« vom 24. Mai 1912 wie folgt: »Seit etwa 14 Tagen besuchte ein gewandt auftretender, gut gekleideter Herr, der sich Schröder nannte, die begüterten Briefmarkensammler unserer Stadt und bot ›altdeutsche Marken‹ von bedeutendem Wert zum Kauf an. In den meisten Fällen waren es alte Lübecker und Mecklenburg-Strelitzer Marken auf den Originalbriefen mit prächtigen Stempeln von Lübeck und Neustrelitz, die das Herz jedes Sammlers höher schlagen ließen und zu hohen Preisen willige Abnehmer fanden. Briefe, Marken und Abstempelungen waren einwandfrei, und man schöpfte um so weniger Verdacht, als der Schwindler nur mit ein oder zwei Stücken an die Sammler herantrat. Es handelte sich um Marken der alten Posten vor Gründung des Norddeutschen Postbezirks. Diese Marken sind ungebraucht circa 1 bis 2 Mark wert, weil sie aus den alten Restbeständen kommen, die nach Auflösung der Posten an Händler zu ganz billigen Preisen verkauft wurden und noch heute in Massen vorhanden sind. Gebraucht, und besonders auf alten Originalbriefen, steigt der Wert zum Teil bis in die Hunderte von Mark. Einem Sammler, der auch hineingefallen war, stieg nun am Abend vor Himmelfahrt gleich nach dem Fortgang des Händlers der Verdacht auf, ob man es wohl mit falschen Sachen zu tun hätte, zumal der Verkäufer sich in Irrtümer verwickelt hatte. Er suchte gleich am nächsten Morgen mehrere andere Sammler auf, von denen er annahm, daß auch diese durch den Schwindler beglückt worden seien, und in wenigen Stunden wurde festgestellt, daß zwei Briefe, Mecklenburg-Strelitz 3-Silbergroschen braun, genau denselben Stempel trugen (Rundstempel Neustrelitz 28. 11.), ebenso drei Lübecker Briefe (großer runder Zweiringstempel, Lübeck, 16. 9., 9-10). Ein derartiges Zusammentreffen – sogar das Ausgabedatum lautete gleich – war unmöglich, und es war klar, daß man es mit einem ganz gefährlichen Gauner zu tun hatte. Nun galt es, diesen unschädlich zu machen. Sofort wurde bei der hiesigen Kriminalpolizei Anzeige erstattet, die sich an Hand des gesammelten Materials sofort von der Richtigkeit unserer Behauptungen überzeugte. Es wurden nun weitere Sammler verständigt, was um so leichter war, als die meisten Sammler Lübecks sich zu dem Lübecker Postwertzeichensammlerverein zusammengeschlossen haben. Dem Vorstand dieses Vereins gelang mit Hilfe eines weiteren Mitgliedes die Aufdeckung der Sache. Am Tage nach Himmelfahrt glückte es in der Wohnung eines Mitgliedes, dem der Schwindler auch von den falsch gestempelten Marken anbot, der rasch benachrichtigten Polizei, den Schröder festzunehmen. Unser von Anfang an gehegter Argwohn, daß Schröder mit dem berüchtigten Klöcking identisch sei, bestätigte sich, denn bei der Vernehmung gab er zu, sich eines falschen Namens bedient zu haben und in Wirklichkeit Klöcking zu heißen.«

Der ehemalige Apotheker Klöcking war bei seiner Festnahme kein unbeschriebenes Blatt mehr, im Gegenteil, bereits in Frankfurt/M. und Hannover hatte man ihn zu Gefängnisstrafen verurteilt. Klöcking gehörte neben dem berüchtigten Krippner, der um 1890 sein Unwesen trieb, zu den gefährlichsten Stempelfälschern der Jahre vor dem Ersten Weltkrieg.

Nach dem Ersten Weltkrieg ging der Schwindel mit den falschen Stempeln durch alle Jahrzehnte bis in unsere Tage weiter. Die Technik hat sich seit Krippner und Klöcking auch nicht geändert, denn damals wie heute stempelten die Herren Fälscher fast ausschließlich mit Zinkklischees, wie sie jeder graphische Großbetrieb und jede Klischee-Anstalt nach entsprechenden Vorlagen herstellen kann. Die Zahl dieser »Verfälscher« geht – vom Beginn der Philatelie bis zur Gegenwart gesehen – in die Hunderte. Die Möglichkeit, mit geschickter Hand aus einer Mark tausend machen zu können, übt auch heute noch auf die Fälscher einen unwiderstehlichen Reiz aus, obwohl ihre Tätigkeit meist von kurzer Dauer ist. In jüngster Zeit operierten einige dieser »Brüder« mit einer derartigen Frechheit, daß sie sogar interessierten Kreisen falsche Stempel verkauften.

In den fünfziger Jahren gab es einen »Künstler«, der imstande war, Poststempel zu »malen«, und das in einer verblüffenden Exaktheit, daß sogar Experten seine gemalten Falschstempel zunächst für echt hielten. Für seine Arbeiten benutzte er weder Pinsel noch Feder, sondern er erfand ein Spezialverfahren, das darin bestand, Zündhölzchen auf die gewünschte Stempelstärke zurechtzuschnitzen und damit die Farbe aufzutragen. Auch dieser Fälscher »amtierte« nur kurze Zeit, dann hatte man ihn erwischt, denn er war zu spezialisiert und malte ausschließlich Stempel der ehemaligen deutschen Kolonien, noch dazu vorwiegend solche, die besonders selten waren. Als er den Stempel von Gründorn, einem Ort im früheren Deutsch-Südwestafrika, innerhalb weniger Monate dreimal in den Handel brachte, platzte die Sache. Besagter Gründorn-Stempel ist nämlich eine Rarität, die ganz selten im Handel auftaucht.

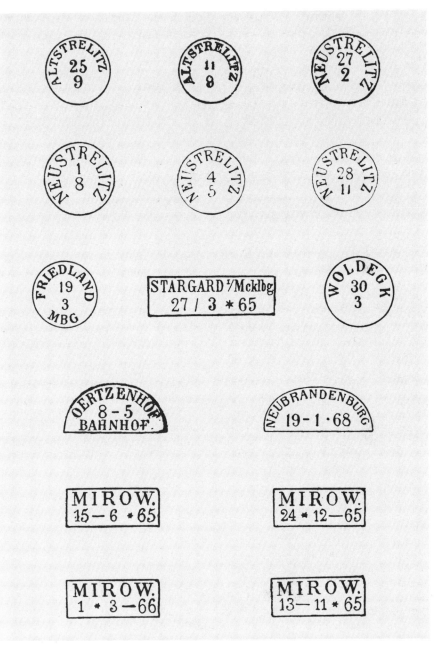

Gibt es in Ihrer Sammlung Marken mit diesen Stempeln? – Dann sind sie garantiert falsch!

Tsintau-Stempel – mit dem Zündhölzchen gemalt

Echter Poststempel von Tsintau Kiautschou

Ein anderer sog. »Stempel-Maler« schenkte seine ganze Liebe dem Stempel »Tsintau Kiautschou«. Eine gelbbraune 3-Pfennig-Marke mit diagonalem Aufdruck »China«, von der Kaiserlichen Post in diesem ehemals deutschen Pachtgebiet verwendet, wird in ungestempelter Ausführung vom Michel-Katalog mit 220 DM bewertet, für das gestempelte Exemplar aber steht der stattliche Katalogpreis von 6000 DM verzeichnet. Ein profitables Betätigungsfeld für den Fälscher. Die vergrößerten Abbildungen lassen auch für einen Laien die erheblichen Unterschiede zwischen »echt« und »gemalt« deutlich werden. Für einen Experten stellt diese Stempelfälschung keine Gefahr dar, ihre Ausführung ist in allen Details zu plump geraten.

Wie wir wissen, kann eine billige Marke auch durch einen amtlich angeordneten Überdruck ganz gewaltig an Wert gewinnen. Den sogenannten Aufdrukken gilt deshalb gleich nach den Stempeln das erklärte Interesse der Fälscher.

Ein interessantes Beispiel dafür ist die aus vierzehn verschiedenen Marken bestehende Serie von Westberlin, die zu Anfang 1949 an die Postschalter kam. Bei diesem Satz handelte es sich um eine provisorische Ausgabe. Man verwendete nämlich bereits ungültige Wertzeichen aus der Zeit vor der Währungsreform, die man mit einem diagonalen roten Aufdruck »Berlin« versah und in dieser Form aushilfsweise knapp ein Jahr benutzte. Diese Serie ist heute so selten, daß sie sich für 1000 DM spielend an Händler verkaufen läßt. Die Urmarken, also jene ohne den roten Überdruck, hingegen gibt es in Massen. Sie sind ohne Schwierigkeiten für etwa 1 DM zu haben. Daß bei diesen Möglichkeiten Fälscher natür-

lich große Chancen sehen, liegt auf der Hand. Der Satz ist demzufolge auch hinreichend zu Fälschungen mißbraucht worden. Jeder Sammler, der ein derart teures und fälschungsanfälliges Objekt erwerben will, sollte deshalb zuvor unbedingt das Gutachten eines autorisierten Experten einholen. Die Herstellung von Aufdruck-Provisorien verläuft häufig nicht fehlerfrei. Es kommt zum Beispiel vor, daß die Überdrucke einmal kopfstehend oder auch doppelt auf die Marken gelangen. Derartige Fehldrucke sind natürlich selten, gegenüber der normalen Marke entsprechend teurer und werden deshalb von Spezialisten gesucht.

Im November 1947 erschien im Saargebiet eine Überdruck-Ausgabe, die notwendig wurde, weil sich die Währungsangabe änderte. Die Marken, deren Postpreis bisher in Pfennig und Mark angegeben war, wurden nun mittels Aufdruck in Centime oder Franc umgeändert. Dreizehn Werte umfaßte diese Aushilfsausgabe, und bei vier davon liefen einige Bogen zweimal durch die Maschine, hatten nun doppelten Aufdruck und waren damit rare Fehldrucke, die der Katalog mit 1400 DM bewertet. Die vier »normalen« Marken aber, die nur einmal die Druckmaschine passierten, sind so häufig, daß ihr Katalogwert nur ganze 45 Pfennig beträgt.

Nun haben ausgekochte Fälscher die echt überdruckten Bogen mit einem zweiten falschen Aufdruck versehen, um den Wert auf mehr als das Dreitausendfache zu steigern. Für Sammler, die nur gebrauchte Marken sammeln, bekamen diese Machinationen noch falsche Abstempelungen. Die merkwürdigsten Zwitter waren damit geschaffen. Echte Marke mit echtem Aufdruck, dazu ein falscher Aufdruck und falscher Stempel, verrückter geht es kaum noch.

Raul de Thuin – der fleißige Fälscher. Wenn wir von Aufdruck-Fälschungen sprechen, muß sein Name unbedingt Erwähnung finden. Seine negative Tätigkeit erstreckte sich auf ziemlich alle Bereiche der Philatelie. Er fälschte nicht nur Marken, sondern auch komplette Briefe mit seltenen Frankaturen, ferner Stempel und mit ganz besonderer Vorliebe Aufdrucke. Von den süd- und zentralamerikanischen Staaten gibt es nur ganz wenige Überdrucke, die von de Thuin nicht gefälscht wurden. Er fertigte mittels seiner Druckplatten aus billigen Werten die »hochwertigsten Raritäten«.

Die Mengen von falschen oder verfälschten Marken, die de Thuin in den Handel brachte, sind nicht bekannt, wohl aber die Anzahl der verschiedenen Sorten, die der Meister während seiner Tätigkeit in den fünfziger und sechziger Jahren fälschte beziehungsweise verfälschte. Die Zahl ist gewaltig: Allein von Mexiko sind es weit über 400 verschiedene Marken, derer er sich annahm und von denen er vereinzelt fünfzig und mehr Stücke pro Sorte produzierte. Raul de Thuin lebte in Mexiko und befaßte sich – wie bereits erwähnt – vorrangig mit den Ausgaben Lateinamerikas. Die meisten seiner Schöpfungen blieben auch auf dem amerikanischen Kontinent, in Europa findet sich nicht viel von seinen Produkten, und in der Bundesrepublik besteht für die Sammler kaum eine Gefahr, auf die Erzeugnisse des eminent fleißigen Fälschers hereinzufallen. Innerhalb von zehn Jahren konnte ich in den Sammlungen bundesdeutscher Philatelisten nur sechs de Thuinsche Schöpfungen feststellen, es waren alles Briefe mit gefälschten raren Frankaturen von Nordamerika.

Im Gegensatz zu den »Kunstwerken« des Jean de Sperati ist die Mehrzahl der Machwerke des Mexikaners in der Ausführung ziemlich harmlos, zumindest für den Experten. Seine gefälschten Aufdrucke jedoch muß man als sehr gefährlich bezeichnen, einige sind den Originalen gegenüber täuschend ähnlich. Eine Aufzählung und genaue Beschreibung der Fälschungen de Thuins wurde von der American Philatelic Society vorgenommen und als Buch veröffentlicht. Titel: »The Yucatan Affair«, Umfang: über 500 Seiten.

Eine weitere Gruppe von Fälschern benötigt für ihre Tätigkeit hochgradiges handwerkliches Geschick, teilweise sogar künstlerische Fähigkeiten. Diese Art von »Marken-Kriminellen« beschäftigt sich unter anderem damit, aus einer billigen Briefmarke einen teuren Fehldruck herzustellen. Es gibt eine ganze Reihe von Postwertzeichen, die für derartige Machinationen geeignet sind.

Die falschen Mittelstücke. Fehldrucke verdanken bekanntlich ihre Existenz der Unachtsamkeit des Personals in den Druckereien. Zu den markantesten, teuersten und beliebtesten zählt die folgende Sorte. Bei Briefmarken, deren Druck in zwei verschiedenen Farben ausgeführt ist, kommt es – wenn auch äußerst selten – vor, daß durch verkehrtes Einlegen der Markenbogen in die Druckmaschine die eine Farbe kopfstehend zur anderen gedruckt wird.

Bei der 1919 bis 1921 in Österreich verausgabten Markenserie war dies gleich bei drei Werten der Fall. Die Marken zu 2, 4 und 20 Kronen dieser

Ausgabe zeigen alle dasselbe Bild. Umgeben von einem jugendstilartigen Rahmen, der die Landesbezeichnung und die Wertangabe enthält, befindet sich im Zentrum die Ansicht des Wiener Parlamentsgebäudes. Bei den genannten Werten kamen einige Bogen beim Druck des Mittelstückes versehentlich verkehrt herum in die Maschine, was zur Folge hatte, daß das Parlament auf dem Kopf stand. Diese »kopfstehenden Parlamente« sind gegenüber den normalen bedeutende Raritäten. Der 2-Kronen-Fehldruck zum Beispiel ist genau 7200mal so teuer wie die normale Marke. Bei der 4-Kronen-Marke ist das Verhältnis ähnlich, und die 20-Kronen-Marke mit dem kopfstehenden Mittelstück ist gar 38000mal teurer als die gewöhnliche Marke. Ge-

Das Parlament steht Kopf!

Die Rückseite im Quarzlicht aufgenommen – der Schwindel ist deutlich zu sehen

schickte Fälscher haben immer wieder versucht, diese gigantischen Wertdifferenzen für sich zu nutzen, indem sie das Mittelstück aus der billigen normalen Marke herausnahmen, um es kopfstehend wieder einzusetzen und damit den Fehldruck vorzutäuschen. »Reparatur-Fälschungen« dieser Art sind unter der Quarz-Analysenlampe immer klar erkennbar, wie aus der Abbildung ersichtlich ist. Trotzdem, von praktisch allen »kopfstehenden Mittelstücken«, die besonders wertvoll sind, gibt es Verfälschungen in der geschilderten Art.

In den zwanziger Jahren arbeitete ein Fälscher an der Côte d'Azur fast zwei Jahre lang in einem eleganten Hotel. Sein Zimmer mit Blick auf das blaue Meer war gleichzeitig Werkstatt zur Herstellung »kopfstehender Mittelstücke«. Der Erlös aus seiner Produktion ermöglichte ihm das recht aufwendige Hotelleben. Nur durch den Umstand, daß er eines Tages – nach reichlichem Champagnergenuß – einer Herzattacke erlag, wurde seine lukrative Tätigkeit bekannt.

Im Gepäck des Verblichenen fanden sich unter anderem sechzehn italienische Portomarken aus dem Jahre 1870, deren Wertangabe auf 1 Lira lautete. Bei allen stand das Mittelstück mit der Wertziffer »1« auf dem Kopf. Sämtliche Exemplare waren natürlich raffinierte Fälschungen, denn auch bei dieser Fehldruck-Rarität ist der Preisunterschied gravierend. 4 DM notiert der Katalog für die normale Marke, die »kopfstehende Mitte« jedoch wird mit beachtlichen 10000 DM bewertet.

Die Perforation einer Marke kann für deren Preis oft von entscheidender Bedeutung sein. Auch diesen Umstand lassen Fälscher nicht außer acht und manipulieren teure Zähnungsvarianten. Eine liechtensteinische Freimarke aus dem Jahre 1930 kann zum Beispiel 10 DM oder 5000 DM kosten, ein Zähnchen nur macht den Preisunterschied aus.

Marken, die in einer anderen als ursprünglich vorgesehenen Farbe gedruckt wurden, nennt man Farbfehldrucke. Mit Chemikalien versuchen Fälscher bei geeigneten Stücken die gewöhnliche in die rare Farbe umzuwandeln. Die 5-Pfennig-Marke der Deutschen Reichspost aus dem Jahre 1900 wurde zum Beispiel in Grün gedruckt, ein in ganz geringer Stückzahl erschienener Versuchsdruck, den die Reichsdruckerei herstellte, war dagegen blau. Von dieser sehr seltenen und teuren Spezialität gibt es so viele chemische Verfälschungen, daß der Michel-Katalog ausdrücklich vor derartigen Machinationen warnt.

Auch der »Kohinoor« unter den ganz großen Altdeutschland-Seltenheiten, der berühmte Baden-Fehldruck, reizte die Fälscher. Bei dieser legendären Rarität handelt es sich um eine badische 9-Kreuzer-Marke aus dem Jahre 1851, die versehentlich auf blaugrünem statt auf rosa Papier gedruckt wurde. Nur drei Exemplare sind von dieser märchenhaften Seltenheit bekannt. Verfälschungen wurden hergestellt, indem man die rosa Papierfarbe der normalen 9-Kreuzer-Marke zunächst völlig ausbleichte und dann in blaugrünem Ton neu einfärbte. Auch dieser Schwindel ist für den Fachmann mit den nötigen Hilfsmitteln relativ leicht aufzudecken. Trotzdem geistert eine beachtliche Zahl »Umgefärbter« durch die Philatelie. Im großen Altdeutschland-Handbuch von Hans Grobe steht deshalb auch bei der Beschreibung dieser Marke in Klammern vermerkt: (viele Fälschungen).

Eine weitere Marke des Großherzogtums Baden wird heute noch gerne verfälscht, es ist die 1-Kreuzer-Marke von 1853. Bei dieser Freimarke erfolgte der Druck in schwarzer Farbe auf weißem Papier, ein Jahr zuvor aber druckte man die gleiche Marke auf bräunlichem Papier, diese wiederum ist etwa zehnmal so teuer wie die Marke auf weißem Papier. In schwarzem Kaffee oder starkem schwarzem Tee gebadet nimmt das weiße Papier nach einer gewissen Zeit die bräunliche Farbe der teureren Version an. Aber auch hier gibt es bestimmte Merkmale, aus denen der Kenner feststellen kann, was gut oder böse ist.

Der bei fast allen Sammlern bekannte »blaue Merkur«, eine österreichische Zeitungsmarke aus dem Jahre 1851, wird ebenfalls häufig mit Chemikalien traktiert, um ihn in den fünfzigmal teureren »gelben Merkur« umzufärben.

Den »Merkur« mit spezieller Sodalösung verfälscht

Tatsächlich spricht eine besondere Farbvariante des »blauen Merkur« auf eine spezielle Sodalösung in der Form an, daß sich der blaue Farbton in ein Olivgelb verwandelt. Derart manipulierte Stücke werden aber von Experten stets erkannt.

Zur großen Palette der Möglichkeiten des Verfälschens zählt auch das Entfernen von Federzügen. In klassischer

Zeit kam es verschiedentlich vor, daß die Entwertung einer Marke nicht durch Poststempel erfolgte, sondern durch Tintenstriche (Federzüge) oder handschriftliche Vermerke sowohl mit Tinte als auch vereinzelt mit Farbstift. Gewisse Sorten, die mit Tinte entwertet wurden, sind im ungestempelten Zustand große Raritäten. Dies gilt bei deutschen Marken besonders für die erste Emission des Herzogtums Braunschweig. Braunschweigs erste 1-Silbergroschen-Marke, die im Januar 1852 zur Verwendung kam, kostet zum Beispiel ungestempelt, in makelloser Erhaltung zumindest 10000 DM. Ein feines Exemplar mittels Tintenstrich entwertet ist hingegen schon für etwa 300 DM zu haben. Solche Stücke werden gern »gewaschen« und dann als die sehr teure ungebrauchte ausgegeben. Die Kataloge weisen auf derartige Machenschaften ausdrücklich hin.

Entfernte Federzüge finden sich bei einer erheblichen Anzahl von klassischen Marken, einige besonders anfällige sollen noch erwähnt sein. Dies ist Bayerns erste 6-Kreuzer-Marke, die ungestempelt etwa hundertmal so teuer ist wie mit Tinte entwertete. Dazu gehören ferner die erste 4-Skilling-Marke aus Norwegen aus dem Jahre 1855 und die erste 10-Kopeken-Marke aus Rußland, außerdem die beiden ersten Freimarken Finnlands sowie die Erstausgabe der Vereinigten Staaten von 1847. Ungestempelte Exemplare von Österreichs erster Emission oder aus Lombardei-Venetien, beide 1850 erschienen, sind gleichfalls sehr kritisch auf eventuell entfernte Tinte hin zu untersuchen.

Von den ehemaligen britischen Kolonien gibt es eine Reihe sehr teurer Werte, die wegen ihres außergewöhnlich hohen Nominalwertes kaum postalischen Zwecken dienten, sondern in der Mehrzahl für fiskalische Gebühren Verwendung fanden. So gibt es Marken mit dem erstaunlichen Postpreis von 25 £, 500 Dollar oder 200 Rupien, sie sind ungebraucht durchweg erstrangige Seltenheiten. Wenn derartige Marken für fiskalische Zwecke gebraucht wurden – in Afrika zum Beispiel zur Entrichtung der erheblichen Gebühren bei Jagdscheinen für Großwild –, erfolgte die Entwertung meist mit einem violetten Amtssiegel, wie wir es von unseren Reisepässen kennen. So verwendet sind die Marken nur ein Bruchteilchen der ungestempelten Stücke wert. Derartige Stempel lassen sich aber zum Teil so raffiniert entfernen, daß jeder Laie schwören würde, die entsprechend behandelten Marken sind unbenutzt. Viele Sammler sind von routinierten Schwindlern mit derartigen Exemplaren hinters Licht geführt worden.

Ein anderer Trick, gutgläubige Philatelisten zu betrügen, wird bei den alten Marken der USA ziemlich häufig angewendet. Von den klassischen Emissionen der Vereinigten Staaten gibt es nämlich eine erhebliche Anzahl von Probedrucken, die vielfach wesentlich billiger als die Originale sind. Die Druckproben, die zur Verfälschung und Vortäuschung von Originalen mißbraucht werden, sind meist aus starkem Karton und haben keinerlei Perforation. Die in diesem Metier tätigen Fälscher schaben geschickt den Karton so dünn, daß er der Stärke des üblichen Markenpapiers entspricht, dann wird die Rückseite gummiert, und anschließend erhält das Fabrikat noch die erforderlichen Zähne. Derart manipulierte Stücke sind für den Sammler äußerst gefährlich. Ex-

Oben: Verfälschter Probedruck; darunter: Original. – Der Unterschied ist kaum zu erkennen

perten erkennen jedoch an verschiedenen Details den Schwindel.

Neben den bisher geschilderten Arten von Fälschungen zum Schaden der Sammler gibt es noch diverse weitere Sorten von falsch gefärbter Gummierung – bei einigen Marken erhöht andersfarbiger Gummi erheblich den Wert – bis zu ausradierten sogenannten Specimen-Aufdrucken. All diese Machinationen werden nur zu einem Zweck produziert, nämlich um besonders leichtsinnigen und gutgläubigen Philatelisten das Fell über die Ohren zu ziehen. Es kann den Sammlern nicht oft genug gesagt werden: »Augen auf!« Stücke, die fälschungsgefährdet sind, nur mit der Expertise eines anerkannten Prüfers erwerben!

Spionage- und Propagandafälschungen. Besonders im Zweiten Weltkrieg wurden auf beiden Seiten auch gefälschte Briefmarken zu Zwecken der Kriegspropaganda benutzt. Diese staatlich sanktionierten Falsifikate sind für Deutschland-Spezialsammler von sehr großem Interesse.

Die Amerikaner fälschten zum Beispiel die deutsche 12-Pfennig-Marke mit dem Kopfbild Adolf Hitlers, indem sie die Gesichtspartie zu einem Totenkopf verzerrten und die Inschrift »Deutsches Reich« in »Futsches Reich« änderten.

Von der amerikanischen Felddruckkerei in Rom wurden im Herbst 1944 falsche 6-Pfennig- sowie 12-Pfennig-Hitlermarken hergestellt, die dann von alliierten Flugzeugen vornehmlich über Bayern und Österreich abgeworfen wurden.

Sowjetrussische Fälschungen für Deutschland bestanden aus Antikriegspropaganda-Karten mit eingedrucktem Wertzeichen oder Feldpoststempeln. Bisher hat man Karten mit acht verschiedenen Motiven festgestellt.

Die Engländer produzierten die meisten Sorten dieser Spionage- und Kriegspropagandafälschungen. Neben gefälschten Freimarken zu 12 Pfennig beziehungsweise 3 Pfennig mit den Kopfbildern Hindenburgs und Hitlers stellten die Briten noch diverse sehr originelle Propagandafälschungen her, die Marken des Dritten Reichs ähnlich sahen, aber andere Motive und Inschriften hatten. So verwendeten sie zum Beispiel den Rahmen einer Gedenkmarke, die aus Anlaß des 9. November 1943 erschienen war, änderten aber das Mittelstück. Die Originalmarke zeigt einen Adler im Kampf mit Schlangen, die Fälschung dagegen Heinrich Himmler, der einen Zivilisten fesselt.

In Anlehnung an die Sondermarke der

Winterhilfsausgabe von 1938 gibt es zwei Falsifikate, die einen Soldaten mit stark verstümmeltem Gesicht zeigen und im Hintergrund Julius Streicher und Hermann Göring mit Sektglas beziehungsweise Heinrich Himmler, der für die Winterhilfe sammelt.

Verstümmelter Landser, sammelnder Himmler – britische Propagandafälschungen

Für die sogenannte »Witzleben-Fälschung« diente den Engländern die Gedenkmarke zum 9. November 1943 als Vorlage. Die Briten ersetzten den SA-Mann, der auf dem Original abgebildet ist, durch ein Bild des Generalfeldmarschalls von Witzleben und änderten den Text des oberen Schriftbandes in »Gehängt am 8. August 1944« um. Die beiden Abbildungen zei-

Gehängt am 8. August 1944 – die sogenannte »Witzleben-Fälschung«

Die Gedenkmarke zum 9. November 1943 diente als Vorlage

gen, welche große Ähnlichkeit das Original und die Propagandafälschung haben.

Eine weitere Fälschung – die sogar auf echt gelaufenen Briefen vorkommen soll – zeigt statt des Hitlerkopfes ein Porträt von SS-Führer Himmler. In den besetzten Gebieten Polens, dem damaligen Generalgouvernement, verwendete die polnische Untergrundbewegung auf Briefen, die Propagandamaterial enthielten, eine Marke, die anstelle des Kopfbildes von Adolf Hitler jenes des Generalgouverneurs Frank zeigte. Echt gelaufene Briefe mit dieser Propagandafälschung – die auch britischen Ursprungs ist – sind außerordentlich selten und werden mit Beträgen um 3000 DM bezahlt.

Auch von deutscher Seite wurden solche Fälschungen für Großbritannien hergestellt. So sechs verschiedene Werte der britischen Dauerserie mit dem Kopf König Georgs VI., bei denen man extra kleine Abweichungen ins Markenbild brachte. Das Kreuz auf der englischen Krone zum Beispiel wurde durch einen Davidstern ersetzt. Die britische Marke von 1937, damals aus Anlaß der Krönung erschienen, wurde 1943 als Propagandafälschung vertrieben. Inschriften und Symbol waren völlig verändert, und neben dem König

Georg befindet sich auf dem Falsifikat statt der Königin ein Bildnis von Stalin. In der ersten Hälfte der fünfziger Jahre sind Propagandafälschungen von einigen Postwertzeichen der DDR in Umlauf gesetzt worden, sie gelten auf Briefen als sehr gesuchte Sammelobjekte.

Die ersten registrierten Produkte dieser Art waren den Freimarken der Werte zu 12 beziehungsweise 24 Pfennig sehr ähnlich, beide zeigten jedoch als Markenbild den Kopf Wilhelm Piecks mit einem Strick um den Hals, ferner war die Umschrift »Deutsche Demokratische Republik« in »Undeutsche Undemokratische Diktatur« geändert. Bei dem 12-Pfennig-Wert der Freimarkenserie von 1953 wurde von den Fälschern die Inschrift »Arbeite langsam in der Undeutschen Undemokratischen Republik« angebracht.

Bei einem weiteren Wertzeichen mit dem Bild der damaligen Stalinallee in Ostberlin findet sich auf den Propagandafälschungen noch der Zusatz

Die Originalmarken vom gleichen Brief

Propagandafälschung, 1955 unerkannt in Ostberlin verwendet

»Straße des 17. Juni«. Die Landesbezeichnung wurde wieder in »Undeutsche Undemokratische Republik« verändert. Die Abbildung auf Seite 184 unten zeigt zwei dieser Stücke. Sie wurden mit fünf weiteren echten Marken unerkannt verwendet, auf einem Eilbrief, der am 25. Juli 1955 in Ostberlin aufgegeben wurde und an einen Empfänger in der Bundesrepublik Deutschland adressiert war.

Die Aussätzigen – Phantasie- und Schwindelmarken. Unter diesen Begriff fallen Erzeugnisse, die der reinen Phantasie ihrer Schöpfer entsprungen sind. Derartige Produkte haben mit postamtlichen Briefmarken nicht das geringste zu tun. Die Fabrikation solcher »Marken« erfolgte, um den Sammlern seltene Ausgaben, Druckproben oder dergleichen vorzugaukeln.

Schon in der Zeit vor 1900 haben Schwindler Länder »erfunden«, die es gar nicht gab, und von solchen »Geisterstaaten« Druckerzeugnisse in den Handel gebracht, die sie für Briefmarken ausgaben.

Als in den achtziger und neunziger Jahren des vorigen Jahrhunderts die Nachfrage nach den seltenen provisorischen Marken der ehemaligen konföderierten Staaten von Amerika stark anstieg, offerierten Ganoven »Raritäten«, die sie selber anfertigen ließen und die nur ihrer Phantasie entsprangen.

Um die Jahrhundertwende machten Marken von »Sedang« von sich reden, einem Land, das natürlich niemals existierte. In den fünfziger Jahren »erfand« ein großer amerikanischer Händler den Staat »Mulukku Selatan«, von dem er eine große Zahl vielfarbiger Serien mit schönen Motiven herstellen ließ. Gedruckt wurden diese Schwindelmarken – es klingt fast unglaublich – in der hochrenommierten Wiener Staatsdruckerei.

Noch erstaunlicher aber erscheint die Tatsache, daß diese Phantasieprodukte in gewaltigen Mengen und auf der ganzen Welt Käufer fanden. Bunte Papierchen, die attraktiv aussehen, dazu noch billig sind, finden offenbar bei allen Sammlergenerationen ihre Kunden, auch wenn sie mit dem Begriff »Postwertzeichen« absolut nichts zu tun haben.

In den Vereinigten Staaten gibt es sogar einen eigenen Spezialkatalog für jene Phantasieprodukte, die dort »phantom stamps« genannt werden, und Sammler dieser Geistermarken haben sich in einem eigenen Klub zusammengefunden. Die USA sind eben auf allen Gebieten ein Land der unbegrenzten Möglichkeiten.

Eine Phantasiemarke aus dem Dritten

Die »Narvik-Marke« – 100 DM für ein Phantasieprodukt

185

Reich tauchte zu Beginn der fünfziger Jahre auf. Im Michel-Spezialkatalog ist sie mit dem Hinweis versehen: »ein Phantasieprodukt aus der Nachkriegszeit«. Es ist die sogenannte »Narvik-Marke«. Sie zeigt in ihrer Mitte den Ehrenschild, der den Kämpfern verliehen wurde, die den berühmten norwegischen Erzhafen 1940 eroberten. Dieses Erzeugnis ist auf Original-Briefmarkenpapier mit Hakenkreuz-Wasserzeichen gedruckt worden. Dadurch glaubte man zunächst an eine offizielle Druckprobe, denn wie sollte ein Phantasieprodukt auf amtlichem Postwertzeichenpapier aus dem Dritten Reich gedruckt werden können? Der Trick war folgender: Die Hersteller benutzten die freien Ränder eines Gedenkblocks, der im April 1937 anläßlich des 48. Geburtstags von Adolf Hitler erschienen war und auf Papier mit Hakenkreuz-Wasserzeichen gedruckt war.

Ein hundertprozentiges Phantasieerzeugnis ist die Narvik-Marke aber nicht. Sie basiert vielmehr auf einem Entwurf, den der österreichische Gebirgsjäger Alois Reithofer 1941 bei einem Lazarettaufenthalt anfertigte und dem damaligen Reichspostminister einreichte. Die Vorlage wurde jedoch abgelehnt, und Reithofer verschenkte seinen Entwurf nach dem Kriege. Der neue Besitzer war dann der Initiator für die Narvik-Marke, die genaugenommen eine Vervielfältigung des Originalentwurfs darstellt. Heute zahlen Liebhaber für ein Stück auf Wasserzeichenpapier gern 100 DM und mehr, es gibt nämlich noch einen späteren Nachdruck in stark abweichender Farbe und auf gummiertem Papier ohne Wasserzeichen.

Im April 1970 tauchte in der Bundesrepublik eine Schwindelmarke auf, die auf rotem Grund das schwarze Kopfbild Lenins zeigt. Dieses Produkt ist verschiedentlich unerkannt durch die Post auf Briefen befördert worden. Von interessierter Seite wurde später versucht, diese »Mache« zur Propagandafälschung aufzuwerten. Entsprechende Kreise dichteten dem Phantasieprodukt einen hohen Wert an, gaben den rein privaten Unsinn als Rarität aus und barbierten damit erfolgreich allzu leichtgläubige Philatelisten. Angeblich sollen Leute vierstellige Beträge für diesen Unfug hingeblättert haben.

Es ist gar nichts dagegen einzuwenden, wenn ein Sammler derartige Phantommarken für einen vertretbaren Betrag – als kuriosen Beleg – seiner Kollektion einverleibt. Daß es aber eine nicht unbeträchtliche Zahl von Käufern gibt, die für blanken Unsinn nennenswerte Summen ausgeben, ist eine kaum faßbare Tatsache. Der seriöse Handel warnt seit eh und je vor üblen Machwerken aller Art, dennoch finden die Schwindler immer wieder ihre Opfer.

Fälschungsbekämpfung. Markenkriminelle aller Art haben in der Bundesrepublik Gott sei Dank einen starken Gegner, die »Bundeszentrale für Fälschungsbekämpfung«. Diese lobenswerte Institution wird vom Bund Deutscher Philatelisten e.V. und dem Allgemeinen Postwertzeichen-Händlerverband getragen. Die Leitung der Fälschungsbekämpfung liegt in den Händen eines Oberstaatsanwalts und eines Rechtsanwalts. Es ist dieser Einrichtung zu verdanken, daß vielen Fälschern das Handwerk gelegt werden konnte.

Auch in anderen Staaten haben Philatelistenverbände dem Fälschungsunwesen den Kampf angesagt. Durch entsprechende Veröffentlichungen in bundesdeutschen und internationalen Fachorganen werden Sammler und Händler über das eventuelle Auftauchen neuer Fälschungen oder sonstigen Schwindel ausführlich informiert. Sammler in aller Welt genießen dadurch einen ganz erheblichen Schutz vor Verlusten.

Markenprüfer und Atteste. Sehr wesentlich und bedeutsam für jeden Sammler ist es zu wissen, ob seine besten Stücke auch wirklich echt und von einwandfreier Beschaffenheit sind. Früheren Generationen, etwa den Philatelisten der Jahre vor dem Ersten Weltkrieg, war es nur wichtig zu wissen: »Die Marken sind Originale.« Heute spielt der Qualitätszustand bei der Markenbewertung eine entschieden größere Rolle als etwa um 1900. Folgender Vergleich soll verdeutlichen, wie ungeheuer wichtig es für den Sammler heute ist, zu wissen, ob eine Rarität repariert oder perfekt ist. Von der bekannten Sachsen-Dreier rot – Altdeutschlands Modemarke Nummer eins – zum Beispiel kann man ein bildschönes Exemplar für 2000 DM kaufen, ein zweites gleichfalls bildschönes Stück aber kostet 12000 DM. Ein ungeschulter Sammler wird zwischen beiden Marken keinen Unterschied feststellen können, der Experte aber erkennt: Die billige ist kunstvoll restauriert, das um 10000 DM teurere Stück jedoch von makelloser Beschaffenheit. Um die Echtheit und den Erhaltungsgrad einer Marke zu bestimmen, gibt es eine große Zahl von autorisierten Experten, von denen jeder ein Spezialist auf einem oder mehreren Gebieten ist. Diese Garde der Markenkenner

sind die »Bundesprüfer«, Mitglieder im Bund der philatelistischen Prüfer e. V. München. Zur Zeit amtieren genau 86 Bundesprüfer, von denen 18 Ausländer sind, ein gewaltiges Expertenteam für fast alle Gebiete der Philatelie.

Die Namen und die Anschriften sowie die Prüfgebiete der Bundesprüfer sind in einer besonderen »Prüferliste«, die auch die Prüfordnung enthält, erschienen. Sie ist gegen eine geringe Gebühr vom Verlag Neues Handbuch der Briefmarkenkunde e. V., Auslieferung Andreas Salzl, 846 Schwandorf, Brennesstr. 1, zu beziehen.

Die Bundesprüfer stehen allen Sammlern zur Verfügung, jeder Philatelist kann ihnen seine Marken, von denen er wissen möchte, ob sie echt oder falsch, einwandfrei oder restauriert sind, zur Prüfung einsenden. Ein beigefügter frankierter Rückumschlag erleichtert dem Prüfer die Arbeit. Für ihre Tätigkeit steht den Experten natürlich eine Vergütung zu. Unter Paragraph 12 der Prüfordnung, Absatz 2, heißt es im Wortlaut: »Die Gebühr beträgt, wenn nicht anders vereinbart, bis zu 4 Prozent vom jeweiligen Michel-Netto-Katalogwert oder, wo ein solcher nicht anwendbar ist, bis zu 4 Prozent vom Handelswert.« Diese 4 Prozent erheben die Prüfer selbstverständlich nur, wenn es sich bei den Prüfobjekten um Originale handelt, bei Fälschungen berechnen sie im allgemeinen nur eine geringe Pauschalgebühr.

Für besonders hochwertige Objekte empfiehlt es sich, ein sogenanntes Foto-Attest ausstellen zu lassen. In ihm beschreibt der Prüfer das entsprechende Stück unter Berücksichtigung der jeweiligen Erhaltung und fügt dem Gutachten ein Foto des attestierten

Exemplars bei. Bei einem Verkauf von seltenen und teuren Marken ist die Realisierung ungleich einfacher, wenn für die jeweiligen Werte Foto-Expertisen eines Bundesprüfers vorhanden sind. Die meisten Käufer verlangen heute beim Erwerb einer Rarität, daß ein zum Objekt gehöriges Foto-Attest mitgeliefert wird. Auch an dieser Stelle soll nochmals erwähnt werden: Sammler – seid vorsichtig! Kauft besonders hochwertige oder fälschungsgefährdete Marken nur mit dem Zertifikat eines anerkannten Experten.

Juwelen der Philatelie und allerlei Geschichten

Die Mauritius-Story. Es gibt keine Briefmarke, deren Popularität auch nur annähernd die der Blauen Mauritius erreicht. Von dieser legendären Rarität geht eine unerklärliche Faszination aus. Die meisten Laien halten sie außerdem für die seltenste und teuerste Briefmarke der Welt; weder das eine noch das andere trifft zu. Gibt sich unter Nichtsammlern einer als Philatelist zu erkennen, so bleibt meist die lapidare Frage nicht aus: »Haben Sie auch eine Blaue Mauritius?« Natürlich hat der Befragte keine, aber das wußte der Fragesteller auch, denn ihm ging es ja letztlich nur darum, zu zeigen, daß er selbstverständlich die berühmteste aller Briefmarken kennt.

In der Tat, es ist unbestreitbar, die Blaue Mauritius ist – und das seit über hundert Jahren – die prominenteste Kostbarkeit der gesamten Philatelie. Von 1000 Personen unterschiedlichster Standes- und Altersklassen, denen man die Frage stellte: »Was ist eine Blaue Mauritius?«, gaben 992 sinngemäß die Antwort: »Eine seltene Briefmarke.« Nur acht von tausend konnten sich unter einer Blauen Mauritius nichts vorstellen.

Bis zum heutigen Tag konnte nicht klar festgestellt werden, wie die Blaue Mauritius zu ihrem einzigartigen Image gekommen ist. Es gibt nämlich noch eine »Orangerote«, die – obwohl genauso wertvoll und selten wie die »Blaue« – praktisch nur in Fachkreisen bekannt ist. Beide Marken sind so interessant, daß es sich lohnt, Näheres über sie zu wissen.

Zunächst einmal ist die Bezeichnung »Orangerote« oder »Blaue Mauritius« nur in Laienkreisen gebräuchlich, für Philatelisten heißen die beiden berühmtesten Marken die »Mauritius-Post-Office«. Die Inschrift »POST OFFICE« nämlich, die sich im linken Schriftband der Marke befindet, ist das

Die berühmte »Blaue Mauritius«, deren korrekte philatelistische Bezeichnung »Two-Pence-Post-Office« lautet

189

entscheidende Kriterium für die beiden Raritäten. Aus einem erhalten gebliebenen Brief des Kolonialpostmeisters J.S. Bowring, den er an den Kolonialsekretär richtete, geht hervor, daß am 20. September 1847 die »notwendigen Briefmarken« zur Ausgabe bereitlagen. Es waren insgesamt 500 Stück einer orangeroten »One-Penny«-Marke und die gleiche Menge einer »Two-Pence«-Marke, die in dunkelblauer Farbe gedruckt war. Letztere ist die weltberühmte Blaue Mauritius.

In späterer Zeit wurden auf der Insel Mauritius noch viele Briefmarken verausgabt, die blau oder orangerot waren, den Wert der beiden Post-Office erreichte aber keine auch nur annähernd. Zwischen 1847 und 1947 erschienen in Mauritius noch weitere 21 blaue Marken, von denen die billigste mit ganzen 40 Pfennig im Katalog bewertet wird.

Kurz zurück zur Inschrift »POST OFFICE«, die, wie wir bereits wissen, die Seltenheit der beiden Marken von 1847 ausmacht. Alle ab 1848 verausgabten Stücke tragen nämlich anstelle des Wortes »OFFICE« die Bezeichnung »PAID«, später verschwindet auch diese, und die Wertzeichen führen nur noch den Landesnamen »Mauritius«. Wenn wir künftig von der Blauen oder

»POST PAID« statt »POST OFFICE«, der entscheidende Unterschied zwischen Rarität und Weltseltenheit

Orangeroten Mauritius sprechen, so wollen wir sie philatelistisch korrekt als 1-Penny- oder 2-Pence-Post-Office bezeichnen.

Es ist aktenkundig, daß von jeder Post-Office 500 Exemplare hergestellt und verbraucht wurden. Der weitaus größte Teil davon ist aber verschollen. Bis heute sind von der One-Penny zwei ungestempelte und elf gestempelte Stücke bekannt geworden. Die Two-Pence ist sechsmal ungestempelt und sechsmal gestempelt registriert. Alle Post-Office-Marken haben ihre Geschichte und meist auch einen lückenlosen Besitzernachweis seit ihrer »Entdeckung«.

Theoretisch ist es durchaus möglich, daß auch heute noch eine der 975 verschollenen Post-Office irgendwo auftaucht. Die Praxis jedoch hat ergeben, daß Generationen von philatelistischen Schatzsuchern in den letzten sieben Jahrzehnten kein weiteres Stück mehr zutage gefördert haben. Nach keinen anderen Marken haben Sammler derart intensiv gesucht wie nach den beiden Mauritius-Marken.

Gesucht wurde hauptsächlich in den Jahren 1880 bis etwa 1910, aber auch davor und danach stöberten Unentwegte alte Skripturen und Hinterlassenschaften durch, um vielleicht eine dieser Kostbarkeiten zu entdecken. Bei dieser emsigen Suche kamen zwar keine Post-Office zum Vorschein, wohl aber viele interessante Marken aus den verschiedensten Ländern.

Studiert man die Geschichte jeder einzelnen der insgesamt 25 Post-Office-Marken und forscht nach ihrer Herkunft, so stößt man nicht weniger als zwölfmal auf den Namen Borchard als Erstbesitzer. Madame Borchard war die Frau eines Großkaufmanns aus Bordeaux, der besonders in der zwei-

Die beiden berühmten Post-Office One-Penny und Two-Pence zusammen auf einem Brief nach Bordeaux. Eine absolut einmalige Weltrarität. Sie befindet sich in Privatbesitz und ist gegenwärtig mit etwa 1 000 000 DM zu bewerten

ten Hälfte der vierziger Jahre des neunzehnten Jahrhunderts lebhafte Handelsbeziehungen mit Mauritius unterhielt. Als Monsieur Borchard in den sechziger Jahren starb, wurde sein Geschäft liquidiert, Korrespondenzen und Skripturen wanderten im Möbelwagen zu einem Papierhändler, der sich verpflichtet hatte, sie einstampfen zu lassen. Da die Hinterlassenschaft nicht mehr nach Briefmarken durchsucht wurde, ist zu vermuten, daß unersetzliche philatelistische Werte vernichtet wurden.

Es verblieben Frau Borchard nur einige Mauritius-Marken, die sie bereits früher gefunden und aufgehoben hatte. Darunter befanden sich zwölf Post-Office. Es waren im einzelnen sechs Exemplare der One-Penny (darunter die beiden einzigen ungestempelten Exemplare) und sechs Two-

Pence. Frau Borchard besaß damit die größte Menge an Mauritius-Post-Office, die sich jemals in einer Hand befunden hat. Der gegenwärtige Nettowert dieser zwölf Weltseltenheiten dürfte zumindest 5 000 000 DM betragen.

Zwei One-Penny-Post-Office auf einem Brief – das Kronjuwel der Philatelie. 1897 entdeckte ein Mister Howard in einem Basar in Bombay das kostbarste Stück der Philatelie. Der philatelistisch versierte Herr soll fassungslos gewesen sein, als er beim Durchblättern alter Skripturen plötzlich einen Brief in Händen hielt, dessen Frankatur aus den beiden feinsten Exemplaren der orangeroten One-Penny-Post-Office bestand.

Sammler unserer Generation werden nachempfinden können, mit welchem Gefühl der Entdecker seinen Schatz betrachtet haben muß. Howard kaufte den Brief und will angeblich 50 £ dafür bezahlt haben. Dieser Betrag erscheint bei dem Fundort »Basar« unwahrscheinlich hoch. Eines aber ist sicher: Im November 1898 verkaufte der Entdecker sein »Juwel« für bare 1375 Pfund Sterling einem Mister Peckitt, der seinerseits wieder so tüchtig war, den »Traumbrief« sofort für 1800 £ an den großen britischen Sammler Vernon Roberts in Manchester zu veräußern.

Besagter Vernon Roberts muß ein sehr vermögender und enthusiastischer Sammler gewesen sein, der dazu noch einen besonders guten philatelistischen Geschmack besaß, denn er kaufte im gleichen Jahr auch den schönsten Brief mit einer einzelnen One-Penny-Post-Office. Der Lieferant war wiederum Herr Peckitt aus London, der Preis 1000 £.

Interessant ist auch die Geschichte dieses Briefes. Er wurde 1898 von der Witwe eines Herrn Edmund Duvivier in Port Louis auf Mauritius unter alten Briefschaften ihres Mannes gefunden. Das Kuvert war an den Verstorbenen selbst adressiert und enthielt eine Einladung des Gouverneurs zu einer großen Ballnacht. Die Marke trägt den Datumsstempel vom 21. September 1847. Mister Peckitt zahlte der Witwe Duvivier bare 600 £ in Gold für diese Rarität. Das war im Jahre 1898 ein enormer Betrag für einen alten Brief.

Was aber die Preise angeht, die Mr. Roberts bezahlte, so ist es erstaunlich, daß bereits Ausgang des neunzehnten Jahrhunderts ein Briefmarkensammler bereit war, für zwei Post-Office-Briefe die damals gigantische Summe von 2800 £ zu zahlen, ein Betrag, der zu jener Zeit 56 000 Goldmark entsprach. Wo sind die Roberts-Briefe heute? Bei den meisten Post-Office-Marken sind natürlich auch die gegenwärtigen Besitzer bekannt, denn nur einige wenige umgeben sich mit dem Schleier der Anonymität. Der Brief aus der Sammlung Vernon Roberts' mit der einzelnen One-Penny befindet sich seit langer Zeit in der Kollektion des englischen Königshauses, der andere mit den beiden schönsten Exemplaren der One-Penny-Post-Office liegt in einem sicheren Banktresor in New Orleans. Seine Besitzer, die Brüder Rodger und Raymond Weill, sind zwar Berufsphilatelisten und gehören zu den prominentesten Raritätenhändler der Welt, ihr Vermögen aber erlaubt es ihnen, die größte Kostbarkeit der Philatelie – den »Kohinoor« unter den Briefmarkenjuwelen – für sich zu behalten. Übrigens, 380 000 $ zahlten sie im Jahre 1968 auf einer großen New Yorker Auktion für diesen Schatz aus Papier.

Eine Blaue Mauritius wird versteigert. Im April 1972 kam zum erstenmal in der Geschichte der Philatelie eine ungestempelte Two-Pence-Post-Office auf deutschem Boden unter den Hammer. Das altrenommierte Hamburger Briefmarken-Auktionshaus Edgar Mohrmann & Co. war beauftragt, die Weltrarität anläßlich seiner Frühjahrsauktion an den Mann zu bringen. Da ich die Marke selbst versteigerte und daher sämtliche mit dieser Verkaufstransaktion verbundenen Details logischerweise genauestens kenne, möchte ich die entscheidenden Phasen dieses Geschäftes in allen Einzelheiten schildern.

Es begann mit dem Auktionskatalog für eine Briefmarken-Versteigerung, die Ende 1971 in New York abgehalten wurde. Das Angebot enthielt viele

FP 274

Mauritius, 1847

„POST OFFICE" TWO PENCE, dunkelblau,
ungestempelt, außerordentlich farbtief und frisch.

Die „Blaue Mauritius":
Die prominenteste und berühmteste Briefmarke.
Die Weltrarität von allerhöchstem Rang, von der
nur 12 Exemplare bekannt sind.

Das angebotene Exemplar ist seit 1869 bekannt und wird 1899
erstmals in einer deutschsprachigen Zeitschrift beschrieben
und abgebildet, nämlich in der von HUGO KRÖTZSCH verleg-
ten »Deutschen Briefmarken-Zeitung« vom 13. Juli 1899. Der
ausführliche Bericht besagt, daß diese 2 d POST OFFICE aus
dem Besitz der Madame Borchard (Bordeaux) stammt und im
November 1869 durch die Händlerin Desbois (Bordeaux) an
Herrn J. B. Moens (Brüssel) verkauft wurde. Am 19. November
1869 erwarb Dr. Legrand, ein damals prominenter Sammler,
das Stück für 250,– Goldfranken von J. B. Moens. Im Juli 1897
gelangte die gesamte Legrand-Sammlung in den Besitz des
Pariser Händlers Lemaire, der sie seinerseits an Monsieur Ber-
nichon (Paris) verkaufte. Von Letztgenanntem erwarb der berühmte Kunsthändler H. J. Duveen 1898 die Marke für £ 1200
(damals = 24 000,– Goldmark). Im Jahre 1909 gelangte Mr.
W. H. Peckitt durch Tausch in den Besitz des Stückes und verkaufte es kurz danach an Mr. H. P. Manus, in dessen Kollektion die »Two Pence« für 24 Jahre verblieb. 1933 versteigerte
das britische Auktionshaus Plumridge & Co. die »Manus-
Sammlung«, Käufer der »Blauen Mauritius« war Mr. T. Allen.
Der nächste Besitzer wurde König Carol von Rumänien. Als
auch dessen Kollektion zur Realisierung gelangte, erwarb der
»Briefmarken-König« René Berlingin die Top-Rarität der Philatelie. In seinem Auftrag wird jetzt diese philatelistische Kostbarkeit angeboten.

Titelfoto!   Schätzpreis ca. DM 275 000,–

erstrangige Seltenheiten, die, zum Teil farbig abgebildet, den Katalog zierten. Auf der Rückseite entdeckte ich, etwa in der Größe eines Stückchens Würfelzucker, die erheblich verkleinerte und recht primitiv ausgeführte Farbreproduktion einer Two-Pence-Post-Office. Die Farbe entsprach nicht im entferntesten der des Originals, und außerdem war es mir völlig unverständlich, wie man eine derart große Seltenheit so klein und häßlich abbilden konnte. Die Katalogbeschreibung entsprach dem Foto. »Die Briefmarke aller Briefmarken« wurde mit zwei Zeilen als ein Stück von fehlerhafter Qualität bezeichnet. (Nun ist es wichtig zu wissen, daß von allen zwölf bekannten Two-Pence-Marken nur ein einziges Exemplar – unter Anwendung heutiger Qualitätsmaßstäbe – als wirklich fehlerfrei zu bezeichnen ist. Diese absolut perfekte Marke befindet sich in der Kollektion des britischen Königshauses.) Es traf mein Philatelistenherz zutiefst, eine Weltrarität dieser Dimension so stiefmütterlich behandelt zu wissen.

Die New Yorker Auktion ging über die Bühne, und – wie konnte es bei dieser Präsentation anders sein – die »Blaue« blieb unverkauft. Nun griff ich zum Telefon und rief den Besitzer des Stückes an, den weltbekannten Sammler Rene Berlingin. Monsieur Berlingin war gleichfalls über die schlechte Behandlung seiner blauen Post-Office erbost und nach kurzer Unterhaltung bereit, mir die Marke für die nächste internationale Mohrmann-Auktion zu übergeben.

Es dauerte nicht lange, da flatterten zwei mit Plastikfolie umhüllte Pappstückchen auf meinen Schreibtisch. Inhalt der eigenartigen Verpackung: die ungestempelte blaue Two-Pence-Post-Office. Nach einem längeren Telefonat mit Herrn Berlingin waren wir uns einig, den Schätzpreis für die Marke auf 275000 DM festzusetzen, mit dem Zusatz »circa«.

Jetzt studierte ich die Geschichte dieses Stückes, um die Rarität mit einem möglichst lückenlosen Besitzernachweis auf der Auktion präsentieren zu können. Unter der laufenden Nummer 274 des Auktionskataloges kam die Weltseltenheit mit der auf Seite 193 stehenden Beschreibung zum Angebot.

Kaum waren 8000 Mohrmann-Kataloge an einen weltweiten Interessentenkreis in 42 Staaten verschickt und die ersten Berichte über die bevorstehende »Mauritius-Auktion« in der Presse erschienen, da meldete sich ein wahrhaftig Geisteskranker und behauptete, die Marke sei sein Eigentum und ihm während des Krieges bei einem Bombenangriff aus Saarbrücken abhanden gekommen, ich sollte ihm das Stück zurückschicken, dann wäre die Sache erledigt. Nachdem ich ihm erklärte, die angebotene Mauritius habe sich während des Krieges im Besitz des Königs Carol von Rumänien befunden, meinte der bedauernswerte Mensch: »Schade. Dann ist meine woanders.«

Es meldeten sich aber noch weitere skurrile Typen, die die Blaue Mauritius zu verkaufen hatten. Einer verlangte 1000 DM; dafür würde er dann die Adresse einer alten Dame preisgeben, die drei Blaue Mauritius ihr eigen nenne. Wahrscheinlich wird es sich um solche mit 40-Pfennig-Katalogwert gehandelt haben.

Wie gesagt, schon Wochen vor der Auktion berichtete die Presse über das bevorstehende Ereignis, und ganz besonders ausführlich die Berliner Tageszeitungen und der SFB in seiner Sendung »Berlin am Abend«. Diese

„Königin" kam im Koffer

Kauft ein Berliner die „Blaue Mauritius" für das Postmuseum?

Wurde wie wild „beschossen" — der Herr aus Hamburg mit dem geheimnisvollen Koffer. Sein Inhalt: die berühmte „blaue Mauritius" (l.)

R. W. Berlin, 17. März
Er hätte einem Kriminalfilm entstiegen sein können — der Mann mit dem Koffer, der gestern auf dem Flughafen Tempelhof aus einer Maschine aus Hamburg kletterte. Mit geheimnisvoller Miene und schwarzem Köfferchen schritt er die Gangway hinab.

Kaum hatte er Berliner Boden betreten, da wurde auch schon wie wild auf ihn „geschossen" — allerdings nur mit Fotoapparaten. Der Grund für den „Überfall": im Koffer befand sich die berühmteste und im Handel teuerste Briefmarke der Welt, die „blaue Mauritius". Ihr Schätzwert: 275 000 Mark. Die Versicherungssumme für den Flug: 350 000 DM.

Der Abstecher der „ungezackten Königin" an die Spree hat natürlich einen Grund: Im Hamburger Auktionshaus Edgar Mohrmann soll sie am 10. April unter den Hammer kommen. Und der Herr aus Hamburg war nach Berlin gekommen, um die blaue Rarität einem prominenten Bauunternehmer vorzulegen. Er soll die Absicht haben — so wird gemunkelt — sie dem Berliner Postmuseum zur Verfügung zu stellen, falls er bei der Auktion den Zuschlag erhält.

Nur zwölf Exemplare der „blauen Mauritius" sind bekannt. Eine dieser philatelistischen Seltenheiten ist im Reichspostmuseum Berlin verschollen. Drei weitere Stücke befinden sich in Museen, eines in der Sammlung der englischen Königin Elizabeth. Sieben sind in Privathand.

Die „blaue Mauritius", die jetzt zum erstenmal auf einer deutschen Auktion versteigert werden soll, ist seit 1869 beworben.

Wirbel um nur 5 Quadratzentimeter Papier; aber die »Blaue Mauritius« ist eben mehr als nur eine Briefmarke. Nicht nur die Berliner Tagespresse berichtete über die Versteigerung dieses »Marken-Juwels«, im ganzen Bundesgebiet und im Ausland schrieb man darüber

---

konzentrierte Berichterstattung hatte folgenden Grund:

Eines Tages hatte ich den Anruf eines sehr vermögenden Berliners erhalten, der mir erklärte, seine Tochter sei dafür, die Mauritius zu kaufen, um sie dem Berliner Museum zu schenken. Er wäre jedoch interessiert, das Stück zuvor einmal zu sehen, denn er hätte noch nie Gelegenheit gehabt, eine Blaue Mauritius zu betrachten.

Der Wunsch war mir Befehl, denn die Mauritius-Reise nach Berlin bot ja ideale Public-Relations-Möglichkeiten. So ging es dann am Vormittag des 16. März 1972 mit PanAm nach Berlin. Zunächst hielt die Presse den Abflug recht unauffällig im Bild fest, der Empfang an der Spree aber war triumphal. Ein Dutzend Pressefotografen und Kameraleute des Fernsehens waren bereits auf dem Flugfeld versammelt, als der PanAm-Clipper ausrollte. Der Berliner PR-Chef der Fluggesellschaft stürmte die Gangway herauf und nahm mich in Empfang. Ich griff meinen

195

Abbildung 20
Der einmalige Schweden-Fehldruck. Europas seltenste und kostbarste Briefmarke. Die starke Vergrößerung zeigt alle Details dieser Weltrarität, deren Nettowert bei über 500 000 DM liegt. Wie alle die ganz großen klassischen Kostbarkeiten hat auch der berühmte Schweden-Fehldruck seine Geschichte und einen lückenlosen Besitzernachweis seit seiner Entdeckung im vorigen Jahrhundert. Eigentümer dieser Seltenheit ist Monsieur Christian Berlingin aus Ruggel in Liechtenstein.

Abbildung 21
Die One-Cent-British-Guiana. Sie ist die teuerste Briefmarke der Welt und befindet sich im Privatbesitz eines Amerikaners, der für das Stück im Jahre 1970 über 1 000 000 DM bezahlte. Von dieser Marke existiert nur das eine hier gezeigte Exemplar. Obwohl es in der Philatelie noch andere einmalige Berühmtheiten gibt, wird die häßliche Kostbarkeit mit dem Segelschiff auf rotem Grund – seit eh und je – als die seltenste Marke der Welt bezeichnet. Auch die »Lebensgeschichte« dieser Einmaligkeit ist interessant, spannend und geheimnisvoll.

Abbildung 22
Die blaue 2-Cent von British-Guiana steht der berühmten One-Cent an Seltenheit nicht nach. Auch von diesem legendären Fehldruck gibt es nur das eine Stück auf einem Brief an den Lord Bischof von British-Guiana. Der Wert dieser philatelistischen Einmaligkeit ist nur zu schätzen. Er dürfte mit Sicherheit erheblich über 250 000 DM liegen, denn schon im Herbst 1968 wurde dieses Unikat auf einer Edgar-Mohrmann-Auktion in Hamburg mit 175 000 DM zugeschlagen. Wäre ausschließlich die Seltenheit für den Preis maßgebend, dann wäre die »blaue 2-Cent« noch erheblich unterbewertet. Aber für Unikate dieser Rangordnung gelten ja ohnehin Liebhaberpreise. Der angegebene Betrag ist nur eine vorsichtige Schätzung, ein enthusiastischer Sammler mit den entsprechenden Geldmitteln wäre vielleicht bereit, einen weit höheren Betrag für diesen einmaligen Brief hinzulegen.

20

21

22

schwarzen Aktenkoffer mit der kostbaren Fracht, unten erwarteten uns die Reporter mit gezückten Objektiven. Noch auf dem Rollfeld mußte ich mein Köfferchen aufmachen und die Kostbarkeit – sie befand sich in einer eigens gefertigten blauen Saffianmappe – der interessierten Presse vorführen. Danach ging es zu Interviews in die Lounge der PanAm, die erstmals in ihrer jahrzehntelangen und traditionsreichen Geschichte eine Blaue Mauritius als Fluggast hatte.

Am folgenden Tag gab es keine Berliner Tageszeitung, die nicht in großer Aufmachung und mit Abbildungen über die ungewöhnliche »Besucherin« an der Spree berichtete. Im »Berliner Telegraf« schrieb Heino Eggers: »Lollo und Sophia wären vor Neid erblaßt, hätten sie das Aufgebot von Fotografen und Fernsehleuten vor der Gangway erblickt. Warum soviel Aufwand? Die etwas füllige Dame mit dem Diadem im Haar veranlaßte sogar das Flughafenpersonal, für Augenblicke die Arbeit im Stich zu lassen, um ihr einmal ins Antlitz zu blicken. Lüften wir endlich das Geheimnis: Bei dem Berlin-Gast handelt es sich um niemand anders als die berühmteste Briefmarke der Welt, die Blaue Mauritius.«

»›Königin‹ kam im Koffer«, so überschrieb die Bild-Zeitung in fetten Lettern ihren Artikel und fuhr dann wörtlich fort: »Er hätte einem Kriminalfilm entstiegen sein können – der Mann mit dem Koffer, der gestern auf dem Flughafen Tempelhof aus einer Maschine aus Hamburg kletterte. Mit geheimnisvoller Miene und schwarzem Köfferchen schritt er die Gangway hinab. Kaum hatte er Berliner Boden betreten, da wurde auch schon wie wild auf ihn ›geschossen‹ – allerdings nur mit Fotoapparaten. Der Grund für den ›Überfall‹: Im Koffer befand sich die berühmteste Briefmarke der Welt, die Blaue Mauritius.«

Entzückend die beiden ersten Sätze aus der »Berliner Morgenpost«, in denen es heißt: »Zum erstenmal in ihrem Leben ist sie gestern geflogen, die kleine 125 Jahre alte Dame in Blau. Und als sie am Vormittag auf dem Flughafen Tempelhof ankam, wurde sie mit großem Bahnhof empfangen.«

Siegfried Wichmann von der »Berliner Zeitung« schrieb in seinem Bericht: »Welch ein Glück, daß ich kein Briefmarkensammler bin! Wäre ich einer, hätte ich gestern vor Ehrfurcht erblinden müssen. Ich habe die Blaue Mauritius gesehen! Nie habe ich erlebt, daß um ein kleines Stück Papier wie dieses soviel Aufhebens gemacht wurde.«

»›Zum erstenmal fliegt eine Blaue Mauritius mit unserer Gesellschaft!‹ jubelte ein Sprecher der PanAm, als er mir die Ankunft des längst aus dem Verkehr gezogenen Postwertzeichens ankündigte. Um 11 Uhr 40 landete das gute Stück in Berlin. Es befand sich in einer eigens für sie angefertigten Mappe. Die Mappe lag in einer Dokumententasche. Die Dokumententasche lag in einem Aktenkoffer. Dieser war mit einem Zahlenkombinationsschloß gesichert. Und Briefmarken-Versteigerer Wolfgang Jakubek aus Hamburg hielt ihn fest in der Hand. ›Was tun Sie mit der Marke in Berlin?‹ fragte ich ihn. ›Ich bin selbst Berliner‹, gestand er. ›Und ich wünsche, daß diese Marke einmal zu Berlin gehört. Hier gibt es die Nofretete, hier fehlt die Blaue Mauritius.‹ Und weil sie fehlt, zeigte Wolfgang Jakubek gestern ein prachtvolles Exemplar einem Berliner Interessenten, dessen Namen er aber nicht preisgeben wollte. Von diesem Mann erhofft er sich, daß er während der Versteige-

Jeder wollte der erste sein: Fotografen drängelten sich, um das kleine blaue Ding möglichst genau „einfangen" zu können.   Fotos: Irm Kühn

Besuch einer alten Dame

Zum erstenmal in ihrem Leben ist sie gestern geflogen, die kleine 125 Jahre alte Dame in Blau. Und als sie am Vormittag auf dem Flughafen Tempelhof ankam, wurde sie mit großem Bahnhof empfangen. Ihr Begleiter konnte nur noch schweigend dastehen und sie für die Fotografen halten: Die kleine blaue Dame — auf einem Stückchen Papier abgebildet — ist die berühmte „Blaue Mauritius".

Den Berlin-Besuch hat diese Weltrarität des Briefmarkenhandels nicht nur um des Fliegens willen angetreten, sondern weil sie einen neuen Besitzer sucht und sich hier besichtigen lassen will. Denn irgendwo in dieser Stadt wohnt jemand, der 275 000 Mark für diese Briefmarke ausgeben würde.

Das prominenteste und berühmteste Wertzeichen, von dem nur 12 Exemplare bekannt sind, wird am 10. April in dem Hamburger Auktionshaus Edgar Mohrmann meistbietend versteigert. Damit wird zum erstenmal eine „Blaue Mauritius" auf einer deutschen Auktion angeboten. Auftraggeber ist der „Briefmarken-König" René Berlingin, der sie aus der Sammlung des Königs Carol von Rumänien ersteigert hat.   **-ine**

Das Prunkstück: die „blaue Mauritius"

250000 Mark wollte ein Berliner für die berühmte Blaue Mauritius ausgeben. Alle Zeitungen, wie hier die »Berliner Morgenpost«, berichteten über den »Besuch der Königin« oder »der alten Dame« in Berlin

200

rung am 10. April in Hamburg zum Ruhm aller Berliner Philatelisten beiträgt, indem er am meisten bietet.«
Mein heimlicher Wunsch ging nicht in Erfüllung. Der Berliner Interessent war kein Philatelist. Ihm imponierte zwar die »Blaue«. Sein Herz aber eroberte sie nicht. Die Order, die er mir mit nach Hamburg gab, lautete: »Das Stück darf mich maximal 250000 DM kosten. Für diesen Preis bin ich zum Kauf bereit.« Es waren deutliche, klare Worte, die mir die Gewißheit gaben: Diese Mauritius war nur zu einem kurzen Besuch in Berlin, an die Spree zurückkehren wird sie mit Sicherheit nicht.
Der Auktionstermin rückte näher – inzwischen hatte ich mit dem Stück eine zweite Reise in den Raum Frankfurt/Main unternommen, da meldeten drei weitere Liebhaber ihr Interesse für die Post-Office an. Nun wußte ich, zumindest vier Personen werden am 10. April um die blaue Two-Pence pokern. Zumindest vier Herren haben 250000 DM oder mehr übrig, um sie für einige Quadratzentimeter Briefmarke auszugeben.
Inzwischen machte die »Blaue« weiter in der Presse von sich reden. Günter Schlichting schrieb am 9. April in der »Welt am Sonntag« einen hochinteressanten Artikel mit dem Titel »Ein Ball mit vielen Folgen«. Darin erwähnte er die weitverbreitete Vermutung, daß die beiden Post-Office-Marken auf Initiative von Lady Gomm – der Gattin des britischen Gouverneurs – zurückzuführen seien. Die britische Lady gab nämlich am 30. September 1847 einen großen Ball und legte angeblich größten Wert darauf, daß ihre extravaganten Einladungskarten in Kuverts verschickt wurden, die auch mit Briefmarken frankiert waren, so wie im fernen Mutterland üblich. Schlichting berich-

tete auch die sehr unwahrscheinliche Story über den jungen Freiherrn von Beckow, der angeblich 1927 auf dem Dachboden des elterlichen Hauses sechs Briefe von einem seiner Vorfahren gefunden haben will, die mit zwanzig (!) Post-Office-Marken frankiert waren. Der Ausgang dieser Kriminalgeschichte: Von Beckow reiste nach Berlin, um seinen Fund schätzen zu lassen – und wurde ermordet. Der mutmaßliche Täter beging Selbstmord. Die Marken blieben verschwunden.
Am 8. April war die Blaue Mauritius Gast beim Fernsehen. In der »Aktuellen Schaubude«, einer beliebten Unterhaltungssendung des NDR, wurde sie vorgestellt. Einen Tag später interessierte sich ein Kamerateam des WDR Köln für sie, und dann kam am 10. April ihr ganz großer Auftritt. Nachdem sie zwanzig Jahre im Besitz des belgischen Multimillionärs Rene Berlingin gewesen war, sollte das teure Stück von jenem Montag an einem anderen gehören – aber wem?
Wie immer zu den Versteigerungen betrat ich den Auktionssaal kurz nach 8.30 Uhr. An Presse und Fernsehen gewöhnt, war ich diesmal echt erstaunt, nicht weniger als acht Kameras zu sehen. Auf dem Auktionspult standen neben meinem Saalmikrophon noch fünf weitere Mikrophone von Fernsehen und Hörfunk. Jupiterlampen leuchteten im altehrwürdigen Festsaal, und pausenlos klingelte das Telefon.
Von all dem Trubel unberührt posierte in einer dezent beleuchteten Vitrine der Star des Tages auf rotem Hintergrund in einer blauen Ledermappe. Kenner, Laien, Journalisten und Pressefotografen bestaunten das Juwel, auch sein Besitzer, Monsieur Berlingin, warf noch einen letzten Blick auf die kleine, blaue Post-Office, die ihm

252000 DM offeriert der Raritätenhändler vom Rhein

eine Stunde später nicht mehr gehören sollte. Im vollen Saal baute sich eine undefinierbare Spannung auf. Man wollte es nun endlich wissen, wer wird bei der Lfd. Nr. 274 bieten und wer wird den Zuschlag bekommen.

Um 9 Uhr begann ich die Versteigerung. Nach einer knappen Stunde war es dann soweit, eine kurze Pause – an allen Fenstern wurden die schweren alten Vorhänge zugezogen. Die grellen Leuchten der Fernsehleute gehen an und tauchen den Saal in ein unwirkliches Licht. Jetzt wurde die Lfd. Nr. 274 von mir ausgerufen. Ich nannte noch einmal das Objekt, das jeder hinreichend kannte, und erklärte, die Steigerung würde 2000-DM-weise erfolgen.

Es war mäuschenstill, als meine Worte

kamen: »Ich bitte den Saal um ein Angebot!« Sekundenlang tiefes Schweigen – dann endlich aus der zweiten Reihe rechts ganz ruhig der Satz: »Ich sage zweihunderttausend.« Der Herr im mitternachtsblauen Anzug mit weißen Nadelstreifen war der Düsseldorfer Raritätenhändler Wilhelm Bartels, ein cleverer Geschäftsmann, der genau wußte, jetzt müssen die Gegner Farbe bekennen.

Und Farbe bekannte der Herr im dunkelgrauen Glencheck in der fünften Reihe, indem er unübersehbar seine Bieter-Nummer – die 55 – vor sich postierte. »202000 sind im Saal«, meldete ich mich. Jetzt kam Farbe ins Spiel. Bartels bekam einen steifen Arm, wie es im Fachjargon heißt, was bedeutet, er behielt die Hand oben,

202

ohne einmal zurückzuzucken, bis wir bei 228000 DM waren, dann bot die »Nummer 55« 230000. Bartels zögerte einen Moment, dann ließ er die Partie weiterlaufen, bis sein Gegner stolze 250000 bot. Jetzt nahm der Raritätenkäufer vom Rhein den Arm runter. Ich wiederholte: »250000 zum ersten, 250000 zum zweiten.« Noch einmal überbot Bartels, indem er dazwischenrief: »252000.« Der Herr mit der Nummer 55 stutzte, griff in die Jackettasche und klimperte mit einer Handvoll Kleingeld, dabei rief er mir zu: »Einen Moment bitte, ich muß noch eben mal mein Kleingeld zählen.« Der Saal lachte, dann ergänzte er: »Ja, es reicht noch, ich biete 254000 Mark.«

Bartels paßte. Nach dreimaliger Wiederholung des Gebots donnerte ich den Hammer auf das grüne Filztuch des Auktionspultes. Die blaue Post-Office war verkauft, der Bann gebrochen, der neue Besitzer stand fest – oder nicht?
Ich machte eine kurze Pause, um dem Käufer zu gratulieren. Den Zuschlag erhielt Herr Arnold Ebel sen., der jahrzehntelang erfolgreich Briefmarken versteigert hatte, bis er sich selbst den Ruhestand verordnete und der Berufsphilatelie ade sagte. Im Falle »Blaue Mauritius« aber betrat er noch einmal die Bühne, um die Post-Office zu kaufen.
Er tat es nicht für sich, sondern im Auf-

Mit 254000 DM den Zuschlag erhalten. – Der Sieger im Bieterduell vor der Vitrine, in der die Kostbarkeit – von Sicherheitsbeamten bewacht – während der Auktion ausgestellt war

203

trag eines »privaten Sammlers aus Westeuropa«, so äußerte sich Ebel gegenüber Journalisten und fügte auf die vielen Fragen der Reporter hinzu: Sein Auftraggeber liebe Briefmarken über alles, nicht aber die Publicity. Er sei nicht steinreich, sondern lediglich ein wohlhabender Mann, kein Industrieller und kein Adliger.

Die einzige ungestempelte Two-Pence-Post-Office, die bisher in Deutschland versteigert wurde, hat einen lückenlosen Besitzernachweis von 1869 bis 1972, über 100 Jahre ließ sich ihr Weg verfolgen, dann ging sie in den Besitz eines »Unbekannten« über. Den Kaufpreis von 287000 DM (incl. der Auktionsgebühren) erhielt die Firma Edgar Mohrmann & Co. von einer diskreten Bank überwiesen, aus Westeuropa, versteht sich.

Die vierzehnte One-Penny. Wie wir wissen, gibt es dreizehn orangerote Post-Office-Marken. Sie alle haben ihren Stammbaum und sind in der einschlägigen Fachliteratur ausführlich beschrieben. Kein Buch, keine Veröffentlichung aber berichtet von der vierzehnten Marke! Es existiert tatsächlich noch ein vierzehntes Stück. Auch diese Marke befand sich ehemals in der riesigen Kollektion des Briefmarken-Königs Rene Berlingin. Der berühmte Sammler erwarb sie im Zweiten Weltkrieg mit dem Marken-Nachlaß eines belgischen Bankiers. Besagter Banker war bereits vor 1900 verstorben, seine Kollektion hatte annähernd fünfzig Jahre im Familienbesitz geruht.

Aus den Aufzeichnungen des damaligen Sammlers war zu entnehmen, daß dieser die Post-Office 1870 von dem berühmten Brüsseler Händler J. B. Moens erworben hatte. Seit der Zeit

schlummerte sie unbekannt und vergessen in des Bankiers Kollektion. Rene Berlingin hat die Existenz der Marke nie publiziert oder gar heraus-

Die 14. One-Penny – teilweise die Farbe verloren

Das gleiche Stück – ¹/₄ von Meisterhand instand gesetzt

gestellt. Grund dafür war sicher der recht desolate Zustand des Stückes. Zwar hat die Post-Office herrlich breite Ränder, sie ist sogar das bestgerandete Exemplar einer One-Penny, aber zwei heftige, kreuzweise aufgesetzte Tintenstriche beschädigten Papier und Markenbild. Beim Versuch, die Marke zu reinigen, litt außerdem noch die orangerote Farbe.

Trotzdem, das Stück ist und bleibt eine echte Post-Office. Berlingin trennte sich 1972 auch von dieser Marke, der Käufer ließ sie von *dem* Spitzenkönner der Restaurierkunst konservieren, der außerdem die abgelösten Farbteilchen wieder meisterhaft ergänzte. Die Abbildungen zeigen das Stück vor und während der Restaurierung. Deutlich hebt sich das wiederhergestellte obere Viertel auf dem zweiten Bild vom unteren Markenteil ab. Obwohl recht erheblich restauriert, ist sie dennoch eine der legendären Post-Office – die vierzehnte One-Penny.

Der schwedische Tre-Skilling-Fehldruck. 1974/75 machte urplötzlich eine renommierte Rarität wieder mal von sich reden und dazu noch in negativer Form. Seit ihrer Entdeckung vor fast hundert Jahren als seltenste Marke Europas vergöttert, vielfach von großen und größten Experten auf Herz und Nieren geprüft und stets für gut befunden, soll die Weltseltenheit – man höre und staune – plötzlich falsch sein. Zu diesem Resultat zumindest kam ein skandinavisches Gremium von Herren, die, wie es heißt, alle Experten sind.

Bei dieser berühmten und jetzt negativ beurteilten Marke handelt es sich um einen sogenannten Farbfehldruck. Besagtes Exemplar ist die erste Freimarke Schwedens aus dem Jahre 1855.

Schwedens berühmte »TRE SKILL. BCO« in Gelb statt Grün – Europas seltenste Marke

Ihre Wertangabe lautet auf 3 Skilling. Aber sie ist nicht, wie es für diese Wertstufe vorgeschrieben war, in Grün, sondern in Gelb gedruckt worden, in einer Farbe, die in verschiedenen Tönen für den Wert zu 8 Skilling Verwendung fand.

Die Entstehung derartiger Varianten kann verschiedene Ursachen haben. Wir wollen auf die speziellen Möglichkeiten gar nicht eingehen, sondern uns gleich mit der Geschichte dieses Stückes beschäftigen.

Entdeckt wurde der berühmte Fehldruck im Winter 1885 von dem damals vierzehnjährigen Schüler Georg Wilhelm Backman. Der Knabe war in den Weihnachtsferien bei seiner Großmutter zu Besuch und erzählte ihr, daß ein Briefmarkenhändler in Stockholm sieben Kronen für schwedische *Tre-Skilling*-Marken von 1855 bezahlte. Die freundliche Oma gestattete ihrem Enkel, in alten Briefschaften des verstorbenen Großvaters nach der so »hoch« bezahlten Marke zu suchen. Sein Entdeckerglück war indes nicht sehr groß. Er fand zwar viele Briefe mit allen möglichen Marken, aber von dem gesuchten 3-Skilling-Wert nur ein einziges Exemplar.

Der junge Backman löste die Marke sorgfältig von der Unterlage, verwahrte sie in einem Buch und nahm sie nach den Ferien mit nach Stockholm. Tage darauf suchte er den Händler Liechtenstein auf, um seinen Fund zu Geld zu machen.

Backman schilderte später die Verkaufsverhandlungen so: Liechtenstein sagte nach kurzer Betrachtung des Stückes: »Die 3-Skilling ist ja gelb, junger Freund.« »Ja, wie soll sie denn sein?« fragte der kleine Backman. »Grün natürlich«, entgegnete der Händler. Nun fürchtete der Schüler ernstlich um den erhofften Betrag, aber nach eingehender Untersuchung zahlte Liechtenstein sieben Kronen für jene Marke, von der bis heute kein weiteres Stück gefunden wurde.

Nun der »Lebenslauf« und die preisliche Entwicklung des »Schweden-Fehldrucks«. Nach achtjährigem Besitz beauftragte Liechtenstein den Wiener Händler Sigmund Friedl, das Stück dem größten Briefmarkensammler aller Zeiten, dem Baron Philippe la Renotiere de Ferrari, zu verkaufen. Der Handel wurde 1893 perfekt. Ferrari zahlte 4000 Goldgulden.

Erst 29 Jahre später kam das Unikat auf der vierten Ferrari-Auktion wieder zum Vorschein. Jetzt untersuchte der damals bedeutendste Schweden-Spezialist Baron Leijonhufvud den noch wenig bekannten Fehldruck. Seine eingehenden Untersuchungen ergaben, daß die Marke zweifellos echt sei. Darüber hinaus stellte er fest, daß die Marke von einer 1857 gedruckten Auflage stammt, für die ein dickeres Papier verwendet wurde.

Wie es nun technisch zu dem Fehldruck kam, erklärte der Experte so: Vor Druckbeginn der 1857er Auflage erfolgte eine eingehende Reinigung der Druckplatten, und bei dieser Arbeit muß versehentlich ein Tre-Skilling-Klischee in die Platte der 8-Skilling-Wertstufe gelangt sein. Der Fehler scheint jedoch bald erkannt und behoben worden zu sein. Diese Auffassung spricht auch für die einmalige Seltenheit, denn bis zum heutigen Tage ist kein zweites Stück dieses Fehldrucks gefunden worden.

Auf der Ferrari-Auktion 1922 erwarb Baron Erik Leijonhufvud die Rarität für einen Betrag von etwa 3000 Dollar, ein sehr geringer Preis unter Berücksichtigung der Tatsache, daß es sich um ein Unikat handelte. Knapp vier Jahre später erwarb ein schwedischer Ingenieur das Stück für 5000 Dollar. Zwei Jahre danach – 1928 – kaufte Dr. Ramber aus Göteborg die Marke für 7000 Dollar. Sie blieb neun Jahre in seinem Besitz, bis sie 1937 für 15000 Dollar von König Carol erworben wurde. 1950 trennte sich der im Exil lebende rumänische König von einigen seiner philatelistischen Kostbarkeiten; der Schweden-Fehldruck ging in den Besitz von Rene Berlingin über, dieser vermachte ihn 1972 seinem Sohn Christian.

Im Herbst 1972 beauftragte mich Berlingin, für die Weltseltenheit einen Interessenten zu finden. Der berühmte Fehldruck kam nach Hamburg, wo er zehn Monate in einem Safe der Commerzbank ruhte. Drei ernsthafte Interessenten konnte ich bewegen, Gebote abzugeben. Die höchste Offerte lautete auf stattliche 500000 DM. Berlingin lehnte ab – die halbe Million war ihm zu wenig. Es kam zwischen uns zu keinem Geschäft, die gelbe Tre-Skilling ging nach Liechtenstein – wo Christian Berlingin zu Hause ist – zurück.

1974 wurde die prominente Rarität auf der Internationalen Markenschau »Stockholmia 74« gezeigt und danach von verschiedenen Experten untersucht. Resümee dieser Prüfungen: Keiner der Herren gibt ein klares Urteil über die Marke ab, weder so noch so, alle aber »zerreden« das Stück mit negativen Hypothesen und persönlichen Ansichten.

Unwiderlegbare Beweise für eine Fälschung kann keiner erbringen. In seiner Expertise schließt Karl-Erik Stenberg aus Täby eine chemische Verfälschung aus einer normalen »grünen« Marke aus; er schreibt: »Die Farbe der 3-Skilling-Banco-Marke in Gelb, die den Stempel ›N:KOPP BERGET 13. 7.‹ trägt, ist *nicht* durch chemische Umfärbung einer grünen Marke entstanden. Die Farbnuance unter der Analysenlampe erinnert am ehesten an die achte Lieferung des 8-Skilling-Banco-Wertes, welche am 8. Sept. 1857 zum Zentrallager geliefert wurden.«

Der Kenner führt weiter und recht langatmig aus, was im Bereich der Möglichkeiten lag und was unwahrscheinlich war, ferner, daß die Druckstöcke in einem sicheren Schrank gut eingeschlossen waren und wer den Schlüssel hatte (offenbar enorm wichtige Fakten für die Echtheitsprüfung). Letztlich kommt Herr Stenberg zu dem Resultat: »Meine Meinung ist, daß die 3-Skilling-Banco in Gelb im Zusammenhang mit der Nachdruckperiode entstanden ist und daß die Marke mit einem echten Stempel ›N:KOPP BERGET‹ nachgestempelt wurde.« So schließt das Expertgutachten, das

am 31. Januar 1975 in Näsbypark unterzeichnet wurde. Die Ansicht des Herrn Stenberg ist seine rein persönliche Meinung, und man muß sie als solche akzeptieren. Eine stichhaltige Beweisführung pro oder contra Fehldruck wird in seinen Ausführungen nicht erbracht.

Die Ergebnisse der Untersuchungen eines anderen Experten müssen jeden Kenner klassischer Marken zum Kopfschütteln veranlassen. Während aus Stenbergs Attest großes philatelistisches Fachwissen spricht, darf man bei dem mit Friedrich Schaffer unterzeichneten Befund nur hoffen, daß die Übersetzung ins Deutsche nicht stimmt. Obwohl das Philatelistengremium keine konkreten Resultate vorweisen konnte, sondern es dabei bewenden ließ, die gelbe Tre-Skilling »schlechtzumachen«, so haben die Herren doch wenigstens eines erreicht: Sie lieferten der Presse Schlagzeilen.

Um das Thema Schweden-Fehldruck zu beenden, möchte ich abschließend meine private Ansicht zu dieser Marke äußern. Die Geschichte des Stückes ist nicht zu bestreiten. Die Marke wurde 1885 entdeckt, danach läßt sich ihr Weg lückenlos verfolgen. Wenn also eine Fälschung oder Verfälschung vorliegen sollte, dann müßte sie logischerweise vor 1885 erfolgt sein. Da der vierzehnjährige Entdecker und seine Großmutter als Fälscher auszuschließen sein dürften, erhebt sich die Frage: Wer war der »Täter«? Und wie und warum brachte er das Stück in die alten Briefschaften der Witwe? Ahnte er, daß der kleine Backman danach suchen würde? Alles doch schrecklich unwahrscheinlich – ja geradezu grotesk.

Viel einleuchtender und wahrscheinlicher erscheint mir: Die Marke ist echt! Der Schweden-Fehldruck war mir zehn Monate lang anvertraut worden, und ich habe mir die Marke dutzendemal sehr kritisch unter die Lupe genommen. Auch für mich gab es anfangs Zweifel, und ich dachte zunächst an das nächstliegende, nämlich an eine chemische Verfälschung von Grün in Gelb. Dieser Annahme widerspricht aber die Papierqualität, die exakt jener der gelben 8-Skilling gleichkommt. Außerdem gibt es viele weitere Details, die eine Farbveränderung ausschließen. In diesem Punkt deckt sich meine Ansicht genau mit der des schwedischen Experten Karl-Erik Stenberg. Nur seinen weiteren recht komplizierten und für mich wenig logischen Ausführungen kann ich nicht folgen. Unter Abwägung aller Eventualitäten und Möglichkeiten habe ich mich für den wahrscheinlicheren Weg entschlossen: Ich halte die seltenste Marke Europas für echt – zumindest so lange, bis mir jemand das Gegenteil beweist.

Der »Sizilien-Fehldruck«. Das ehemalige Königreich Sizilien verausgabte im Januar des Jahres 1859 eigene Briefmarken. Es erschienen an den sizilianischen Postschaltern sieben Marken in den Wertstufen von $^1/_2$ Grano bis 50 Grana, die alle das Kopfbild des Königs Ferdinand zeigten. Die Marken unterscheiden sich nur durch ihre verschiedenen Wertangaben und Druckfarben. Die am häufigsten verwendete Freimarke dieser Serie war die blaue 2-Grana-Marke. Sie wurde in erheblichen Mengen verbraucht und ist auch heute noch eine der billigen klassischen Marken; nicht einmal 50 DM sind nötig, um ein gut erhaltenes Exemplar zu erwerben. Der niedrigste Wert hingegen – die $^1/_2$-Grano – wurde in

Die blaue $^1/_2$-Grano von Sizilien – nur 2 Stück kennt man von dieser Fehldruckrarität

Orange gedruckt und ist ziemlich selten. Noch seltener aber und nur in zwei Exemplaren vorhanden ist die $^1/_2$-Grano in Blau, sie ist der »Sizilien-Fehldruck«.

Obwohl eine exorbitante Rarität, ist diese Marke in Philatelistenkreisen weitgehend unbekannt. Man weiß jedoch, daß sich die beiden vorhandenen Stücke ursprünglich auf einem Brief befanden, von dem sie bald nach ihrer Entdeckung – bedauerlicherweise – abgenommen wurden. Es ist traurig, daß eine Weltseltenheit von so hohem Rang nicht einmal in allen Katalogen verzeichnet steht. Eine bedauerliche Unzulänglichkeit: doch die meisten Katalogherausgeber lassen häufig billigen Varianten eine längere Beschreibung zukommen, über erstrangige Spitzenraritäten aber bringen sie zuweilen kein Wort.

Wohltuend unterscheiden sich hier der

britische »Stanley-Gibbons-Katalog« und die italienischen Spezialkataloge, die ihrer größten Kostbarkeit der klassischen Epoche selbstverständlich eine Katalognummer beiordnen, so zum Beispiel der renommierte Bolaffi-Katalog, der aber keinen Preis nennt. Ein Exemplar dieses Fehldrucks befindet sich in italienischem Privatbesitz, das andere in der berühmten Berlingin-Kollektion. Lange Zeit war diese Kostbarkeit im Postmuseum des Fürstentums Liechtenstein in Vaduz zu besichtigen. Dort war der Sizilien-Fehldruck als Leihgabe an einem Ehrenplatz ausgestellt.

Das Unikum von Bergedorf. Bergedorf, ehemals gemeinsamer Besitz der Freien und Hansestädte Hamburg und Lübeck, hatte in den sechziger Jahren des neunzehnten Jahrhunderts eigene Marken. Die teuersten von den fünf verschiedenen Bergedorfer »Postmarken« waren jene mit den Wertbezeichnungen 3 beziehungsweise 4 Schilling. Diese schon im losen Zustand außerordentlich seltenen Marken werden auf

Briefen zu hochdotierten Raritäten. Das Nonplusultra aller Bergedorf-Frankaturen besteht aus drei 3-Schilling-Marken und zweien zu 4 Schilling, sie befinden sich alle auf einer nach Paris adressierten Briefvorderseite.
Die Geschichte ihrer Entdeckung ist zwar nicht verbürgt, aber recht originell. Während der Pariser Besetzung durch die Preußen im Deutsch-Französischen Krieg 1870/71 war ein preußischer Offizier mit großer Vorliebe für die französischen Weine auf der Suche nach besonders erlesenen Sorten. Bei dieser Gelegenheit lernte er den Lieferanten eines hohen französischen Postbeamten kennen, der ihm erzählte, im Keller jenes Herren gäbe es einige Dutzend Flaschen, auf die der Preuße besonders scharf war. Der deutsche Offizier besuchte den Pariser Beamten, und obwohl der Krieg gerade vorüber war, gab es wegen gemeinsamer Weininteressen zwischen den beiden keine Ressentiments. Der Franzose war nicht bereit, von seinen kostbaren Weinbeständen etwas abzugeben, wohl aber bewirtete er seinen

17 Schillinge auf einem Brief – die größte Rarität von Bergedorf

Gast – und sich selbst – mit den exklusivsten Sorten sehr reichlich. Man traf sich öfter mal, und neben dem Thema Wein kamen auch persönliche Dinge in die Unterhaltung. So erfuhr der Franzose, daß die Gemahlin des preußischen Offiziers aus einem kleinen bei Hamburg gelegenen Städtchen namens Bergedorf stammte. »Ah, Bergedorf«, sagte der Franzose, »ist mir gut bekannt.« »Wie ist das möglich?« wollte der Deutsche wissen. Da öffnete sein Gastgeber einen Sekretär, entnahm diesem eine längliche Holzkassette, aus der er nach einigem Suchen einen Brief angelte und seinem Gast überreichte. Dieser betrachtete das Poststück erstaunt, es trug fünf Postmarken von Bergedorf. Der Offizier gestand, derartige Marken zuvor noch nicht gesehen zu haben. Noch ein Fläschchen, und der hohe Postbeamte überreichte seinem Besucher den Brief zur Erinnerung und mit entsprechenden Komplimenten für Madame.

Als die Preußen Paris räumten, trat der Brief im Offiziersgepäck die Reise nach Berlin an, wo die gebürtige Bergedorferin auf ihren Gemahl wartete. Der »Brief aus Paris« ruhte etwa zwanzig Jahre, dann benutzte ihn der etwas leichtsinnige Junior des preußischen Kriegers zur Bezahlung einer Spielschuld. Zuvor aber schnitt er noch das restliche Briefpapier von der Vorderseite – aus Gründen der Pietät –, denn auf der Rückseite hatte der Weinkenner aus Paris eine Widmung für seinen damaligen Gast angebracht.

Die »Zinnober-Merkure« von Budweis. Zu den prominentesten Seltenheiten der Philatelie gehört die in Fachkreisen als »Zinnober-Merkur« bekannte österreichische Zeitungsmarke aus dem Jahre 1856. Die rote

Marke mit dem nach links blickenden Merkurkopf ist die bedeutendste Rarität unter den vielen seltenen Marken der Donaumonarchie. Beträge, für die man auch ein Mercedes-Sport-Coupé bekommen kann, sind für den Erwerb des recht unscheinbaren »Merkurs« nötig.

Die quadratische Marke mit der Inschrift *»K.K. Zeitungs-Post-Stämpel«* hat nicht einmal eine Wertziffer vorzuweisen, die ihren Postpreis nennt. Trotzdem, Philatelisten, die es sich leisten können, legen Summen um die 50000 DM für ein ausgesucht gutes Exemplar auf den Tisch. Die Marke war

1856 erschien der Merkurkopf in Zinnoberrot – heute kostet er soviel wie ein Mercedes-Sport-Coupé

auch vor 1900 schon sehr selten und hochbezahlt, so daß die bedeutenden Händler der damaligen Zeit sie für ihre großen Kunden händeringend zu kaufen suchten.

An einem warmen Septembertag des Jahres 1879 machte der böhmische Hopfenhändler Karel Ruzicka den größten »Zinnober-Merkur-Fund«, der bekannt wurde. Bekannt wahrscheinlich nur deshalb, weil die wertvollen »Merkure« noch am Tage der Entdeckung wieder verschwanden.

Am Morgen des besagten Tages besuchte Ruzicka in Budweis einen Geschäftsfreund, der ihm versprochen hatte, in seinem Bekanntenkreis nach alten Marken zu suchen. Bei Ankunft des Hopfenhändlers hatte sein Gastgeber schon ein prallgefülltes Leinenbeutelchen mit vielen hundert von Skripturen heruntergerissener Marken auf dem Tisch liegen. Der Sammler Ruzicka sortierte schnell die Spreu vom Weizen. Neun rote Marken fanden sein ganz besonderes Interesse. Diese wickelte er vorsichtig in Schreibpapier und deponierte sie oben auf dem mit den übrigen Marken vollgestopften Säckchen. Für die Freundlichkeit, ihm die Marken überlassen zu haben, gab der Hopfenhändler seinem Geschäftsfreund einen besonderen Rabatt und machte sich dann auf den Weg nach Prag. Den Markenbeutel hatte er in einem kleinen Handköfferchen aus Rohrgeflecht sicher verstaut.

Gegen Abend kam Karel Ruzicka in der tschechischen Hauptstadt an. Auf dem Bahnhof traf er zwei alte Schulfreunde, und man beschloß, ein gemeinsames Abendessen und ein paar Kühle zu sich zu nehmen. Der Abend wurde feuchtfröhlich, und als der Hopfenhändler sein Hotel erreichte, war es bereits sehr spät.

Am nächsten Morgen war der Kater schnell verflogen, als Ruzicka feststellte, daß sein Handköfferchen fehlte. Alles Suchen blieb erfolglos, das Behältnis tauchte nicht wieder auf. Auch nicht, nachdem in Prager Zeitungen mehrfach ein Inserat erschienen war: »Handkoffer aus Korbgeflecht mit wertlosen persönlichen Dingen ging

am Abend des 3. September verloren. Finder erhalten gute Belohnung von Karel Ruzicka …«

Der Ablauf dieser Story ist verbürgt, und bei dem Aufwand, den der Geschädigte in Szene setzte, um sein Reisegepäck wieder zu finden, ist es auch sehr wahrscheinlich, daß es Zinnober-Merkure waren, die hier verlorengegangen waren. Ruzicka jedenfalls erzählte noch jahrelang im Freundeskreis: »Ich hatte neun rote ›Merkure‹, neun rote ›Merkure‹.«

Die »Lady McLeod« von San Fernando. Ausgang der vierziger Jahre des neunzehnten Jahrhunderts schaufelte sich ein Raddampfer durch das blaue Wasser der Karibik. Von Port of Spain nach San Fernando führte sein Weg, den er im Liniendienst befuhr. Dieses alte mit Hilfssegeln versehene Dampfschiff hat für Philatelisten, zumindest für Kenner der klassischen Philatelie, eine ganz besondere Bedeutung.

Auf seiner regelmäßigen Route zwischen den beiden Häfen beförderte die »Lady McLeod« neben Passagieren und Fracht auch Briefpost. Für diese ordnete der Schiffseigner den Frankierungszwang an und verausgabte eigene Wertzeichen, die er das Stück für 5 Cents verkaufen ließ. Die erste Schiffspostmarke war geboren, sie erschien am 24. April 1847 und gilt – obwohl ein privates Postwertzeichen – als die erste Marke von Trinidad.

Ihr Markenbild zeigte die dampfende »Lady McLeod«, darunter die verschlungenen Initialen des Schiffsnamens, eine Wertangabe fehlte. Die Herstellung dieser außerordentlich reizvollen klassischen Marke erfolgte als Kupferstich, die Druckfarbe war Dunkelblau.

Obwohl der Reeder ein ziemlich auf-

Kein Landesname, keine Wertangabe — dennoch eine hochkarätige Seltenheit, die erste Marke von Trinidad

wendiges Wertzeichen herstellen ließ, gab es an Bord des Steamers keinen Stempel, um die Marken zu entwerten. Das Ungültigmachen erfolgte durch zwei kreuzweise angebrachte Tintenstriche. Diese sind meist so heftig, daß sie die Bildseite der äußerst seltenen Marke zum Teil verletzten. Die wenigen ungebraucht erhaltenen Stücke stammen wohl ausschließlich von Briefen, die dieser rabiaten Entwertung entgangen sind.

Heute gibt es auf der ganzen Welt von der originellen Rarität sicher keine fünf Dutzend mehr, und auf Briefen dürfte es nur ein Bruchteil davon sein. Bei der extremen Seltenheit kann man die Preise für diese Marke noch als durchaus zivil bezeichnen. Ein herrlicher Brief nach San Fernando adressiert brachte unlängst 20000 DM. Verglichen mit europäischen Raritäten etwa gleichen Seltenheitsgrades ein recht bescheidener Betrag.

Ein vernichteter Fund trug dazu bei, die Marke so außerordentlich selten zu machen. 1883 bezog ein altes Handelshaus in San Fernando neue Kontorräume. Bei dieser Gelegenheit trennte man sich natürlich von überflüssigem Ballast, und dazu gehörte auch überal-

terte Korrespondenz. Der holländische Kaufmann Gabriel de Grooth, damals kurze Zeit in San Fernando ansässig, bat darum, die überflüssigen Skripturen erwerben zu dürfen, da er als Sammler für die alten Marken Interesse hätte. Der Handel wurde abgeschlossen. De Grooth erwarb den Bestand, der nach seinen Angaben nur Briefe aus der Zeit von 1845 bis 1870 enthielt. Nach späteren Aussagen des Käufers befand sich darunter: ein Bündel Briefschaft mit den alten Dampfschiffmarken von Trinidad, die alle mittels Tintenstrichen annulliert waren.

Sofort nach dem Kauf ließ de Grooth die Partie sorgfältig verpacken und in Leinwand einnähen. Der Ballen wurde mit Wäschetinte beschriftet, Empfänger war der Vater des jungen Kaufmanns, der Bestimmungsort lautete Rotterdam. Das Frachtstück ging mit dem nächsten britischen Dampfschiff Richtung Europa ab. In Rotterdam jedoch traf es nie ein. Irgendwo zwischen San Fernando und dem niederländischen Hafen muß es verschwunden sein.

Gabriel de Grooth vermutete Jahre später, als er wieder in seiner Heimat war, man hätte ihm einen sehr üblen Streich gespielt und sein Ballen mit alter Briefschaft wäre nie auf ein Schiff gelangt, sondern in San Fernando verblieben. Grund zu dieser Annahme hätte er, weil er leichtsinnigerweise im Bekanntenkreis erzählt habe, diese alten Briefe wären sein größtes Geschäft und das Hundertfache des Einstandes wert. Ein Schlitzohr hätte durch entsprechende Verbindung und Bestechung die Partie an sich gebracht. Die de Groothsche Theorie scheint aber mit Sicherheit falsch zu sein, denn wäre dem so, dann müßten die kostbaren »Lady-McLeod«-Briefe doch irgendwann einmal im Handel wieder aufgetaucht sein. Doch das sind sie – leider – nicht.

Zwanzig Sachsen-Dreier an der Wand. Die berühmte rote 3-Pfennig-Marke aus dem Königreich Sachsen gilt bekanntlich als Altdeutschlands beliebteste Rarität. Etwa fünfundzwanzig Jahre, nachdem sie, für ganze 3 Pfennig das Stück, an den Postschaltern zu haben war, entdeckte man einen vollständigen Originalbogen, der aus zwanzig dieser seltenen Marken bestand. Die genauen Umstände ihres Auffindens sind nicht zuverlässig verbürgt. Eines aber ist so gut wie sicher – der Bogen klebte an der Wand.

Nach einer Darstellung war er in einem Gasthof in Eibenstock, nach anderen Schilderungen in einer kleinen sächsischen Posthalterei gefunden worden. Jedenfalls steht fest, seine Entdecker haben ihn äußerst unglücklich vom Fundort entfernt, denn das Stück erlitt beim Abnehmen verschiedene Beschädigungen.

Trotzdem erwarb der Wiener Händler Sigmund Friedl dieses Unikat für angeblich 400 Goldmark. Ein Gemälderestaurator wurde von Friedl bemüht, die Kostbarkeit in einen optisch repräsentativen Zustand zurückzuversetzen. Im neuen Look war der Bogen für den berühmten Marquis de Ferrari ein ideales Stück. Der Preis, den er bezahlte, ist nicht verbürgt, es sollen 1000 Goldgulden gewesen sein.

1922 kam das Stück erstmals unter den Hammer. Als in Paris die Riesensammlung des Grafen in diversen Versteigerungen zur Auflösung gelangte, zahlte der Tabakkönig Maurice Burrus beachtliche 55000 Goldfranken für die zwanzig roten Sachsen-Dreier. Nach dem Tode von Burrus gelangte das kostbare Objekt über den Berliner Raritätenhändler Walter Kruschel in die große Altdeutschland-Kollektion des inzwischen verstorbenen Schweizer Sammlers Anderegg. Als dieser seine altdeutschen Marken in den sechziger Jahren verkaufte, kam der Bogen nach Frankfurt am Main. Hartmut C. Schwenn, der damals für einige Jahre mit Großauktionen und philatelistischen Investmentpaketen, die er an den Schaltern verschiedener Banken verkaufen ließ, die philatelistische Welt in Atem hielt, präsentierte den Bogen auf einer seiner Auktionen. 600000 DM lautete der Schätzpreis für die altdeutsche Rarität, ein Betrag, der jeden Insider zum Kopfschütteln oder Achselzucken veranlaßte.

Auch ich wollte mir diese Versteigerung nicht entgehen lassen und reiste nach Frankfurt. Im Auktionssaal wimmelte es von Reportern und Journalisten, Kameras wurden in Stellung gebracht, das große »Ding« konnte steigen. Mein Nachbar in der letzten Reihe des Saales war der bekannte Markenhändler Walter Ahlefeld – in Expertenkreisen Graf Ahlefeld genannt –, auch er wartete auf die »Gala-Vorstellung«. Dann war es soweit. Die Scheinwerfer gingen an, Tonbänder rotierten und zeichneten jedes Wort des Versteigerers auf. Der Chef des Hauses stellte die Rarität, für die er wohl einen Auftrag zu haben schien, zum Verkauf. Alles wirkte ein wenig steif und unwirklich, zumindest für den Insider im Auktionsgeschäft. Der Auktionator wiederholte sich, er schien auf etwas zu warten. Da, endlich, in einer der ersten Reihen meldete sich ein Herr. Er wollte den Block kaufen für bescheidene 620000 DM, und er bekam ihn auch. Der Hammer fiel, die Kameraleute hatten ihre Story im Kasten.

Abbildung 23
Dieser herrliche Lübeck-Brief vom 23. Januar 1863 gilt als einer der schönsten von »Alt-deutschland«. Er war das Begleitschreiben für ein »Muster ohne Werth«, wie aus dem handschriftlichen Vermerk des Absenders zu ersehen ist. Am 15. Oktober 1975 bezahlte ein großer Liebhaber von erlesenen Altdeutschland-Briefen 31 000 DM für das rare Poststück. Die weit über 100 Jahre alte hanseatische Kostbarkeit wurde in die USA verkauft

Abbildung 24
Das wohl schönste Paar der preußischen 4-Pfennig-Marke von 1858 diente als Frankatur für eine Zeitungssendung nach Hagen. »Der Berggeist« hieß die damals verschickte Zeitschrift. Klassische Marken in so erlesener Erhaltung werden als Luxusstücke bezeichnet. Der Besitzer dieses »Streifbandes« kauft ausschließlich alte Marken der höchsten Qualitätsklasse, er besitzt damit international sehr stark gefragte Anlagewerte mit einer Rendite, die kein Sparbuch und kein festverzinsliches Papier bieten kann

Abbildung 25
Häßlich, aber teuer. Mit genau 100 000 DM bewertet der deutsche Michel-Katalog diese vier »Segelschiffe« von British-Guiana aus dem Jahre 1856. Aber selbst für 200 000 DM könnte man sie nicht kaufen, denn ihr Besitzer ist die Königin von England Marken, deren Ausführung und Herstellung in so primitiver Form erfolgten, haben deshalb auch die international gebräuchliche Bezeichnung »die Primitiven«. Bei dieser Sorte Marken handelt es sich überwiegend um beliebte und gesuchte Raritäten, es gibt sie sowohl von überseeischen als auch von verschiedenen europäischen Staaten

Abbildung 26
St. Vincent, eine der Westindischen Inseln, verausgabte 1880 diese originellen Provisorien. Um fehlende $^1/_2$-Penny-Marken zu ersetzen, überdruckte man die reichlich vorhandenen Six-Pence mit dem neuen Wert in Rot. Aus Sparsamkeitsgründen aber wurden sie senkrecht perforiert, und damit wurden aus einer Six-Pence zwei provisorische $^1/_2$-Penny. Die linke Hälfte der mittleren Marke aus der unteren Reihe ist zehnmal teurer als die anderen. Der Grund: Ein unaufmerksamer Drucker hatte hier einen Bruchstrich vergessen

23

1 Ex. Der Berggeist

Sr. Wohlgeboren

Herrn Dr. Zehme,

Director der Gewerbe-Schule

in

Hagen.

24

25

26

Mit zwanzig Sachsen-Dreier eine Galavorstellung gegeben

Jeder Versteigerer macht nach dem Verkauf eines derart spektakulären Objektes eine kleine Pause, um dem Käufer zu gratulieren und die Spannung abklingen zu lassen, so auch H.C. Schwenn. Der »Käufer« – ein Gentleman vom Scheitel bis zur Sohle – strahlte zurückhaltendste Eleganz aus und beantwortete würdevoll die Fragen der Presseleute. Walter Ahlefeld sah mich an, ich ihn, wir dachten beide das gleiche. Alle Insider waren sich einig, hier wurde »eine Flasche gedreht« oder hier gab es eine »Gala-Vorstellung«, wie man im Fachjargon den Vorgang nennt, wenn ein bestellter »Scheinbieter« den Zuschlag für ein in Wirklichkeit unverkauftes Objekt erhält.

So etwas kommt natürlich nur ganz selten vor und wird von großen Häusern bestenfalls praktiziert, wenn es gilt, den Nimbus, der ein »Traumobjekt« umgibt, zu erhalten.

Der Stern des großen H.C. Schwenn begann allmählich zu sinken, der Firmengründer verließ sein Unternehmen, und einige Zeit danach stellte das Schwennsche Markenimperium seine Tätigkeit ein.

Doch wo blieb nun der berühmte rote 3-Pfennig-Bogen nach der »Vorstellung«? Er wanderte in einen sicheren Banksafe und blieb dort bis zum Spätsommer 1971. Dann angelte ich mir diese spektakuläre Seltenheit durch Vermittlung eines Freundes, der das Schwennsche Erbe verwaltete. Der Sachsen-Bogen kam nach Hamburg und wurde im Oktober 1971 auf der internationalen Herbstauktion des Hauses Edgar Mohrmann & Co. unter der Los-Nr. 1636 abermals angeboten. Mohrmann beschrieb den einzigen Originalbogen der Sachsen-3-Pfennig-rot als die größte und spektakulärste Altdeutschland-Rarität. Der Ausruf war diesmal erheblich billiger – er lautete 250000 DM. Dennoch konnte ich zu diesem Preis keinen Käufer finden. Mit 220000 DM begann ich die Versteigerung, bei 228000 fiel der Hammer. Fast 100 Jahre, nachdem man die zwanzig kleinen, quadratischen Sachsen-Dreier von der Wand kratzte, zahlte ein Liebhaber inklusive der Auktionsprozente eine gute Viertelmillion für den von Meisterhand restaurierten Originalbogen.

Die grünen 9-Kreuzer-Marken des Freiherrn von Türckheim. Altdeutschlands Traumrarität Nummer eins ist der legendäre Baden-Fehldruck. Er ist nicht nur nach meiner Meinung vor dem roten Sachsen-Bogen einzustufen. Ganz simpel erklärt liegt der Fall wie folgt.
Die erste Markenausgabe von Baden kam 1851 an die Postschalter und bestand aus vier verschiedenen Marken. Sie lauteten auf die Wertstufen zu 1 Kreuzer, 3 Kreuzer, 6 Kreuzer und 9 Kreuzer. Alle Werte wurden in Schwarz auf verschiedenfarbigem Papier gedruckt. Bei der 9-Kreuzer-Marke war die Papierfarbe lilarosa, bei der 6-Kreuzer grün.
Mehr als vierzig Jahre nach dem Erscheinen dieser »ersten Baden« fand ein Sammler bei der Durchsicht alter Korrespondenz eine 9-Kreuzer, exakt in der Papierfarbe, wie sie die 6-Kreuzer-Marken hatten. Eine grüne 9-Kreuzer-Marke war entdeckt. Händler und Sammler, denen der Entdecker seine »grüne 9« zeigte, meldeten Bedenken an und machten das Stück mies, darauf entschloß er sich, das Exemplar dem damals wohl berufensten Kenner vorzulegen.
Der Oberlandesgerichtspräsident Carl Lindenberg war Baden-Experte par excellence. Er untersuchte das bisher unbekannte Stück; dabei kam ihm ein glücklicher Zufall zu Hilfe. Der Freiherr von Türckheim legte auf einem Sitzungsabend des Berliner Philatelisten-Klubs einen vollständigen Brief vor, der ebenfalls mit einer grünen 9-Kreuzer-Marke frankiert war. Der Brief stammte aus der Familienkorrespondenz und war an den Geheimen Legationsrat von Türckheim nach Karlsruhe gerichtet. Später entdeckte der adlige Herr noch das Pendant zu diesem Brief. Er fand nämlich ein weiteres Kuvert mit einer »grünen 9« an den gleichen Empfänger. Die raren Poststücke unterschieden sich lediglich durch ihre verschiedenen Aufgabeorte. Während der eine am 20. Juli 1851 dem Postamt in Orschweier zur Beförderung übergeben wurde, erhielt den anderen das Postamt in Ettenheim am 25. August 1851 zur Spedition. Was zunächst eigenartig erscheinen mag – nämlich die verschiedenen Abgangsorte –, hat eine sehr einleuchtende Erklärung. Das Gut des Freiherrn von Türckheim lag in herrlicher badischer Landschaft, etwa in der Mitte zwischen

Altdeutschlands seltenste Marke, der legendäre Baden-Fehldruck – 1851 an den Geheimen Legationsrat von Türckheim nach Karlsruhe geschickt

Ettenheim und Orschweier. Post aus dem Herrenhaus wurde je nach Gelegenheit mal in dem einen, mal in dem anderen Städtchen aufgegeben. Der Portosatz nach Karlsruhe betrug von beiden 6 Kreuzer. Daraus ist zu schließen, daß der 9-Kreuzer-Fehldruck unerkannt als 6-Kreuzer-Marke verbraucht wurde. Außerdem war für die Postbeamten »grün« gleich 6 Kreuzer. Über die Entstehung dieses Fehldrucks wurden verschiedene Theorien aufgestellt. Keine war bisher zu beweisen. Tatsache ist, die grüne 9-Kreuzer-Marke von Baden gehört zu den berühmtesten Fehldrucken der gesamten Philatelie und ist *die* Seltenheit Altdeutschlands.

Bis heute sind nur drei Exemplare bekannt geworden. Eines davon befindet sich auf deutschem Boden, nämlich der in Orschweier aufgegebene Brief. Er ist Eigentum der Deutschen Bundespost. Das zweite an den Geheimen Legationsrat von Türckheim gerichtete Poststück mit dem Aufgabeort Ettenheim zierte die Sammlungen des Marquis de Ferrari und des berühmten Sammlers Alfred H. Caspary; seit 1956 befindet sich die Marke in der gewaltigsten Altdeutschland-Kollektion der Welt und die liegt in New York. Fehldruck Nummer drei hat ebenfalls einen ausländischen Besitzer. Er befindet sich seit vielen Jahren in Frankreich. Diese dritte 9-Kreuzer-Marke sitzt nur auf einem Stückchen Briefpapier, die näheren Umstände ihrer Verwendung sind demzufolge nicht feststellbar. Zur Entwertung diente der badische Nummernstempel mit der Ziffer »2«. Er weist lediglich aus, daß der Brief, auf dem sich das Stück ehemals befand, in Achern aufgegeben wurde.

One-Cent-British-Guiana – 280000 Dollar zum dritten. Eine Marke aus dem Jahre 1856 – an Häßlichkeit kaum zu überbieten – gilt als die kostbarste Briefmarke der Welt. Verausgabt hat dieses von Legenden umwobene philatelistische Juwel die ehemalige britische Kronkolonie Guiana.

Die ersten Postwertzeichen aus diesem kaum bekannten und unbedeutenden Stückchen des britischen Weltreichs wurden in der Kolonie selbst hergestellt. Einer kleinen Druckerei in der winzigen Hauptstadt Georgetown blieb es vorbehalten, mit ihren denkbar primitiven technischen Möglichkeiten philatelistische Raritäten der Spitzenklasse produziert zu haben. 1850 stellten die Drucker Joseph Baum und William Dallas die erste Serie von vier Freimarken her.

Die Marken waren rund und so simpel ausgeführt, daß sie einem Stempelabdruck ähnlicher sahen als einer Briefmarke. Der Druck erfolgte auf farbigem Papier in schwarzer Farbe. Innerhalb des Kreisbogens befand sich die Landesbezeichnung »British Guiana«, im Zentrum war die Wertangabe angeordnet, sie lautete auf Cent. Die niedrigste Wertstufe lautete auf 2 Cent, das Markenbild war auf ein blasses rosa Papier gedruckt. Die 4-Cent-Marke hat gelbes Papier in diversen Tönungen. Die Marke zu 8 Cent druckte man auf Grün und schließlich den 12-Cent-Wert auf einem kräftigen Blau.

Als »Cotton Reel's« gingen die runden Raritäten aus dem Jahre 1850 in die philatelistische Geschichte ein. Ihr Seltenheitsgrad steht genau im umgekehrten Verhältnis zur Wertangabe. Am häufigsten findet sich die 12-Cent-Marke. Die 8-Cent ist schon seltener anzutreffen, die 4-Cent noch seltener, und die 2-Cent ist eine der großen klassischen Raritäten. Darüber hinaus befindet sich in dieser Ausgabe noch eine Rarität höchsten Grades, nämlich die blaue 2-Cent-Marke. Ein Farbfehldruck, von dem bisher nur ein Exemplar entdeckt wurde und von dem heute kein zweites Stück mehr gefunden werden dürfte.

Dieser legendäre Guiana-Fehldruck befindet sich auf einem vollständigen Brief vom 7. März 1851 und ist an den Lord Bischof von Guiana in Georgetown adressiert. Der Absender war der Vikar von Leguan, der in der kleinen Stadt Demerara lebte und seinen Vorgesetzten mit diesem Schreiben zu einem Dinner einladen wollte.

Auch über die Entstehung dieser märchenhaften Seltenheit hat man sich den Kopf zerbrochen, ohne den damaligen Sachverhalt genau ergründen zu können. Fest steht, der Brief an den Lord Bischof von Guiana ist einmalig – ein klassisches Unikat.

Heute befindet sich die Weltseltenheit in der Privatsammlung eines großen Philatelisten, zuvor zierte sie zwei der berühmtesten Kollektionen, zunächst die des Grafen Philippe la Renotiere de Ferrari und danach jene des Tabakkönigs Maurice Burrus.

Doch obwohl die blaue 2-Cent-Marke unbestritten ein Unikat ist, beansprucht eine andere Marke der kaum bekannten britischen Überseebesitzung die Ehre für sich, der Philatelie größte Kostbarkeit zu sein, nämlich die One-Cent von 1856. Auch von ihr ist nur ein Stück bekannt.

Wie die »Cotton Reel's« wurde auch die provisorische Ausgabe, zu der die einmalige One-Cent gehört, von Joseph Baum und William Dallas gedruckt. In der Ausführung waren diese Marken nicht wesentlich besser als jene von 1850, aber was sie zeigten, war doch schon etwas anspruchsvoller. Für den Druck dieser provisorischen Ausgabe verwendete man wieder farbiges Papier in Purpurlila und Dunkelblau, dessen Oberfläche sehr diffizil war und sich sehr leicht beschädigen ließ.

Hergestellt wurden nur 4-Cent-Werte, die in der Mitte ein Segelschiff zeigten, umgeben von einer simplen Linieneinfassung und geziert durch den Wahlspruch der unbedeutenden Kolonie: »Damus Petimus Que Vicissim.« Um dieses primitive Mittelstück gruppierte sich die Inschrift »British Guiana Postage 4 cents«, und zwar nochmals von einfachen Linien umrahmt. Beide 4-Cent-Provisorien, die auf Purpurlila und ganz besonders die auf Dunkelblau, sind Seltenheiten.

Knapp zwanzig Jahre nach ihrer Verwendung war es – wie schon beim Schweden-Fehldruck – wiederum ein Schüler, der die philatelistische Entdeckung machte, indem er ein purpurlila Exemplar fand, dessen Wertangabe nicht auf vier, sondern auf einen

Cent lautete. Das erste und das einzige Stück dieser Marke war gefunden.

Der Knabe L. Vernon Vaugham aus Georgetown war auf Markensuche. Er blätterte in alter Familienkorrespondenz, und überall, wo er fündig wurde, schnitt er die Marken von den Briefen. Beim späteren Betrachten seiner Ausbeute fand er ein recht ungewöhnliches Stück, dessen Randverlauf achteckig war. »Demerara AB. 4 1856«, so lautete die Abstempelung auf dieser seltsamen Marke. Dem jungen Vaugham war eine derartige Briefmarke nicht bekannt, und so befragte er den Mann, von dem er glaubte, Näheres erfahren zu können. Es war der pensionierte Beamte mit Namen McKinnon. Er galt als einer der wenigen Markenkenner im kleinen Georgetown, und ihm legte der markenbegeisterte Schüler seinen Fund vor.

Dem Betrachter fiel die Wertangabe »One Cent« auf, denn die Marken in dieser Zeichnung lauteten alle auf 4 Cent. Wohl mehr aus Gefälligkeit kaufte er dem Jungen das häßliche lilarote Achteck für sechs Schilling ab.

Bei McKinnon verblieb die Marke, bis dieser seine Sammlung einige Jahre später für 120 £ an eine englische Markenhandlung in Liverpool verkaufte. Thomas Ridpath, Inhaber der Firma, entnahm der gerade neu angekauften Kollektion ein einziges Exemplar – die besagte One-Cent. Er bot das Stück dem Grafen Philippe la Renotiere de Ferrari für 150 £ zum Kauf an. Ferrari griff zu und war damit Besitzer jener sagenumwobenen Marke, von der man sagt, sie sei die kostbarste und die seltenste der Welt. Ferrari behielt das Stück bis zu seinem Tode.

Als später die berühmte Kollektion versteigert wurde, kam die einmalige 1-Cent-British-Guiana wieder in den

Blickpunkt der Öffentlichkeit und dann am 6. April 1922 im Pariser Hotel Drouot unter den Hammer. Für 300000 Franc ließ sie der große amerikanische Sammler Arthur Hind ersteigern.

Von nun an ranken sich wieder merkwürdige Geschichten um das achteckige Unikat. Die schönste davon dürfte mit Sicherheit reiner Phantasie entspringen. Es wird nämlich erzählt, daß man Arthur Hind kurz nach dem Erwerb des Stückes ein zweites angeboten habe. Mr. Hind lud den Besitzer zu sich ein, betrachtete und verglich das andere Exemplar mit dem seinen und bestätigte die Authenzität des Stückes. Die Herren wurden schnell handelseinig, und nachdem die Marke gegen einen entsprechenden Scheck ihren Besitzer gewechselt hatte, setzte der große Hind zunächst eine Zigarre in Brand und danach seine Neuerwerbung. Dem fassungslosen Verkäufer soll Hind erklärt haben: »Die One-Cent-British-Guiana ist und bleibt die seltenste Marke der Welt und ihr Besitzer Arthur Hind.«

Nach dem Ableben dieses großen Sammlers verliert sich der Weg der Marke eine Zeitlang im dunkeln, wiederum umgeben von vielerlei Geschichten. Aber 1970 tauchte sie wieder auf: in Originalfarbe auf dem Titel des aufwendigen Katalogs für eine Raritäten-Auktion des renommierten New Yorker Versteigerungshauses Robert A. Siegel. Mit diesem unansehnlichen achteckigen Unikat erzielte »Bob« Siegel einen Weltrekord im internationalen Briefmarkenauktionsgeschäft. Die rotviolette 1-Cent aus dem Jahre 1856 – einst vom kleinen Vaugham für sechs Schilling verkauft – brachte 280000 Dollar und damit den höchsten Preis, der jemals für eine einzelne Briefmarke bezahlt wurde. Käufer war der amerikanische Raritätenhändler Irvin Weinberg, in dessen Besitz sich das Stück noch heute befindet. Wer Ambitionen hat, ein Unikat von größtem Image zu besitzen ... die Marke ist verkäuflich.

The Missionaries. Einige der seltensten Marken stammen mitten aus dem Pazifischen Ozean, ihre Heimat liegt etwa 2000 Meilen südwestlich von San Francisco, es ist die Trauminsel Hawaii. Schon 1851 – nur zwei Jahre, nachdem die erste Marke auf deutschem Boden erschienen war – brachte das damalige Königreich Hawaii vier Briefmarken heraus. Die erste mit der Wertbezeichnung 2 Cent gehört zu den ganz großen Raritäten der Philatelie, aber auch die 5-Cent-Marke

Die beiden 13-Cent-Missionaries von Hawaii – wegen einer 2-Cent aus dieser Serie geschah 1892 ein Mord

222

und die zwei anderen, sie haben beide die ungewöhnliche Wertangabe von 13 Cent, sind bedeutende Seltenheiten.

Ihren Namen, »The Missionaries«, haben die raren Freimarken dem Umstand zu verdanken, daß sie hauptsächlich von Missionaren verwendet wurden, denn außer ihnen war um 1850 kaum jemand auf den Sandwichinseln des Schreibens kundig. Von diesen großen Seltenheiten sind fast alle Stücke mehr oder weniger stark beschädigt beziehungsweise restauriert, und zwar ist daran das ungewöhnlich empfindliche Papier, das man als Zukkerrohrpapier bezeichnet, schuld.

Um die seltenste und kostbarste der »Blauen Missionare«, die 2-Cent, rankt sich sogar eine Mordgeschichte: Der bekannte französische Sammler und vermögende Kaufmann Gaston Leroux wurde im Sommer des Jahres 1892 in seiner Pariser Wohnung ermordet aufgefunden. Der Grund für dieses Kapitalverbrechen blieb lange Zeit im dunkeln, denn es gab offenbar kein Motiv für die Bluttat. Man fand den toten Leroux in seinem Arbeitszimmer, umgeben von vielerlei Kostbarkeiten wie Goldmünzen, Bargeld, wertvollen Gemälden und Antiquitäten. Der Täter hatte nichts angetastet.

Die ermittelnden Beamten mußten ergo einen Raubmord ausschließen – und dennoch war es einer. Die polizeilichen Ermittlungen bewegten sich im Freundes- und Bekanntenkreis des Toten, denn die Vermutung lag nahe, daß der Täter mit den Gewohnheiten seines Opfers gut vertraut war.

Als man für das Gericht eine vollständige Aufstellung aller Wertsachen anfertigte, enthielt diese natürlich auch die Briefmarkensammlung von Leroux. Einer der mit dem Fall betrauten Beamten besaß philatelistische Kenntnisse

und studierte den Inhalt der Kollektion äußerst sorgfältig. Seine Ausdauer brachte ihn auf eine mögliche Fährte, er entdeckte nämlich auf einem Albenblatt, das viele kostbare Marken von Hawaii enthielt, Leim und Papierrestchen, deutliche Spuren, daß von diesem Feldchen eine Marke entfernt worden war. Auf diesen vielleicht völlig bedeutungslosen Umstand konzentrierte der Inspektor nun seine Nachforschungen.

Der Kriminalbeamte suchte die verschiedensten Pariser Händler auf, bei denen der reiche Leroux Kunde gewesen war, und befragte sie, ob ihnen der Ermordete kürzlich eine Hawaii-Marke zum Kauf angeboten habe – es war bei keinem der Fall.

Von einem der Händler wurde dem Inspektor aber eine sehr interessante Mitteilung gemacht. Der Beamte erfuhr, daß Gaston Leroux eine Zwei-Cent-Hawaii der Ausgabe von 1851 besaß, und eben diese Marke fehlte in der Kollektion.

Weitere Nachforschungen führten zu dem Sammler Hector Giroux. Der Kriminalinspektor mit den philatelistischen Kenntnissen suchte diesen Mann auf und führte sich als Sammler ein, und da er einiges von Marken verstand, entwickelte sich zwischen den beiden ein gewisser Kontakt.

Eines Tages war es dann soweit. Der Sammlerstolz von Giroux war so groß, daß er seinem Besucher das kostbarste Stück seiner Kollektion zeigen mußte: Es war die blaue 2-Cent-Marke von Hawaii.

Hector Giroux wurde wegen Mordverdachts verhaftet. Vor dem Untersuchungsrichter brach er unter der Last der Indizien zusammen und gestand. Das Motiv für seinen Raubmord war eine kleine blaue Marke, die 41 Jahre vor der Tat für 2 Cent auf Hawaii zu haben war. Das Gericht verurteilte Giroux wegen Raubmords zum Tode, begnadigte ihn aber später zu lebenslanger Haft. Während der Gerichtsverhandlung erklärte der Mörder, daß er unter einem Zwang stand, diese Marke besitzen zu müssen. Er hatte versucht, seinem Opfer die Marke zu höchstem Preis abzukaufen, ohne Erfolg. Dann war er bereit gewesen, eine wesentlich wertvollere Kollektion für dieses Stück in Tausch zu geben, aber auch das lehnte Leroux ab. Als alle Versuche, die Marke käuflich zu erwerben, fehlschlugen, sah er nur noch die Möglichkeit, den Besitzer zu beseitigen.

Die seltenste Marke Japans, nur in einem Stück bekannt

Kopfstehende Inschrift zwischen zwei Drachen. Die jüngste unter den großen philatelistischen Entdeckungen erfolgte erst vor einigen Jahren in den Vereinigten Staaten. Ein aufmerksamer Sammler entdeckte die seltenste Marke Japans. Bei der Durchsicht von alten Briefmarken aus dem Reich der aufgehenden Sonne hielt er plötzlich ein Exemplar aus der ersten Serie Nippons in Händen, bei dem die Inschrift – sie besteht nur aus japanischen Schriftzeichen – auf dem Kopf stand. Von einem Fehldruck dieser Art hatte die philatelistische Welt bisher noch nie gehört.

Die Entdeckung war eine Sensation. Experten erhielten die »neue Weltseltenheit« zur Begutachtung und stellten eindeutig fest, die Marke ist ohne jeden Zweifel echt. Damit hatte die Philatelie ein neues klassisches Unikat und Japan seine Briefmarken-Rarität Nummer eins.

1973 beauftragte der Besitzer ein bekanntes amerikanisches Briefmarkenhaus, das auf den Handel mit seltenen Japan-Marken spezialisiert ist, mit

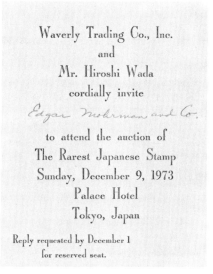

Waverly Trading Co., Inc.
and
Mr. Hiroshi Wada
cordially invite
Edgar Mohrman and Co.
to attend the auction of
The Rarest Japanese Stamp
Sunday, December 9, 1973
Palace Hotel
Tokyo, Japan

Reply requested by December 1
for reserved seat.

Als Japans größte Rarität versteigert wurde, gab es besondere Einladungskarten für die Auktion

dem Verkauf dieser Marke. Die Waverly Trading Co. brachte das Superstück in Tokio unter den Hammer. Für einen Betrag von umgerechnet etwa 100000 DM fand die Marke mit der kopfstehenden, schwarzen Inschrift, die links und rechts von Drachen eingefaßt ist, einen neuen Besitzer und blieb dort, wo sie einst hergekommen war, im Reich der aufgehenden Sonne.

Ein Markenalbum – 1000000 Dollar wert. Im Juni 1954 erschien das renommierte amerikanische Magazin *Life* in ungewöhnlicher Aufmachung: Über 100 bunte Briefmarken aus aller Welt und allen Epochen zierten in Originalgröße das Titelblatt des Magazins.

Der Leitartikel beschäftigte sich auf acht Seiten mit den seltensten und teuersten Marken der Welt und trug die Überschrift »Stamp Album Worth $ 1000000«.

Was *Life* an Bildmaterial zusammenbrachte, stellt eine einzigartige Raritäten-Konzentration dar und ist in dieser Form bisher nie wieder in der Presse gezeigt worden. *Life* bildete diese Raritäten weitgehend in Farbe ab und gab unter den einzelnen Objekten deren Nettopreis an. Für den Philatelisten der Gegenwart eine außerordentlich interessante Dokumentation. Die Raritätenpreise von damals mit denen von heute zu vergleichen ist sehr aufschlußreich, denn sie belegen in eindrucksvoller Form, welch sichere Geldanlage in philatelistischen Spitzenstücken möglich ist und welch attraktive Verzinsung sie bringen.

Die damalige Bewertung der gezeigten Stücke ließ *Life* durch ein Expertenteam vornehmen. Sie stellten also in etwa die Nettopreise von 1954 dar, wobei geringe Abweichungen nach oben oder unten selbstverständlich sind. Betrachtet man die alte Valutierung, so

Objekt	Bewertung nach *Life*	Erzielter Betrag
British Guiana 1-Cent 1856	Life 1954 420000 DM	Verkauft 1970 Erlös 1000000 DM
Mauritius, Post-Office-One-Penny 2 Stück auf Brief	Life 1954 315000 DM	Verkauft 1968 Erlös 1520000 DM
Österreich, »Zinnober-Merkur«	Life 1954 8400 DM	Verkauft 1973 Erlös 50000 DM
Neapel, »Trinacria« ungestempelt	Life 1954 8400 DM	Verkauft 1974 Erlös 54000 DM
USA, »Blue Alexandria« (siehe Farbtafel 4)	Life 1954 75600 DM	Verkauft 1975 Erlös 250000 DM
Hawaii, Missionaries 2-Cent und 5-Cent auf Brief	Life 1954 147000 DM	Verkauft 1968 Erlös 600000 DM
USA, Lockport-Brief	Life 1954 37800 DM	Verkauft 1973 Erlös 170000 DM
British Guiana Nr.-1-Paar, auf Brief	Life 1954 147000 DM	Verkauft 1975 Erlös 500000 DM

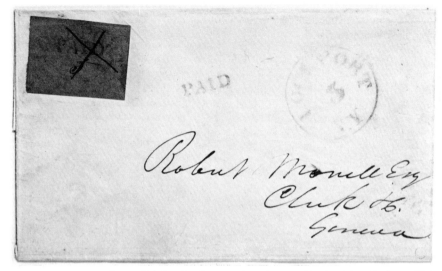

Der einmalige »Lockport-Brief«, die kaum erkennbare »Postmeister-Marke« (links oben) ist ein Unikat und nur auf diesem Poststück bekannt

ist zunächst festzustellen, es gibt keine Marke, deren Preis nicht gestiegen wäre. Die Größe des Wertzuwachses aber ist sehr großen Schwankungen unterworfen. Während sich im ungünstigsten Fall bei einigen Stücken der Wert nur verdoppelte, erreichte er bei den günstigsten Sorten mehr als das Zehnfache.

Bei einigen Stücken möchte ich die »alten« *Life*-Preise von 1954 den zwischenzeitlich erreichten gegenüberstellen. Die Dollarbeträge sind nach den jeweils gültigen Kursen in D-Mark umgerechnet (vgl. Tabelle S. 225).

Bei diesen acht Beispielen wollen wir es bewenden lassen, man darf sie als einen repräsentativen Querschnitt betrachten. Der berühmte Schweden-Fehldruck, über den ich bereits ausführlich berichtete, wurde von den *Life*-Experten, umgerechnet, mit 168000 DM bewertet. Der Besitzer lehnte vor

einigen Jahren ein Angebot von 500000 DM als nicht attraktiv genug ab.

Die kopfstehende Jenny. Eine amerikanische Flugpostmarke aus dem Jahre 1918 ist das Teuerste, was die Aerophilatelie ihren Anhängern zu bieten hat. Das Postwertzeichen mit der Wertstufe 24 Cent ist in den Farben Rot und Blau gedruckt. Die blaue Mitte zeigt das erste amerikanische Post-

Die teuerste Flugpostmarke der Welt – ein Fehldruck

flugzeug, die »Curtis Jenny«, einen stabilen Doppeldecker.

Eben dieser Doppeldecker »fliegt« auf hundert Exemplaren in Rückenlage, mit anderen Worten, er steht auf dem Kopf. Beinahe auf dem Kopf stand auch Mr. Robey, als er am Erscheinungstag dieser Marke an einem New Yorker Postamt für bare 24 Dollar einen Bogen von 100 Stück erhielt, bei dem alle Flugzeuge so aussahen, als würden sie gerade einen Looping drehen. Der Käufer mobilisierte den Beamten nachzusehen, ob er noch weitere Bogen mit kopfstehenden Flugzeugen liefern könne. Der Beamte wiederum verständigte seinen Vorgesetzten, daß er soeben unerkannt – einen Fehldruckbogen verkauft habe. Man forderte den Käufer auf, er möge die erworbenen »Kopfsteher« zurückgeben und sich mit hundert normalen Marken begnügen. Der Käufer wies das Ansinnen ganz entschieden zurück, und da es keine gesetzliche Handhabe gab, diesen ordnungsgemäß erfolgten Kauf rückgängig zu machen, mußte man den stolzen Besitzer der 100 Fehldrucke mit seinem Schatz gehen lassen.

Wenig später waren durch Telegramme alle amerikanischen Ämter, bei denen diese Marke vorrätig war, verständigt, ihre Bestände auf Fehldrucke durchzusehen. Die Suche blieb erfolglos, es wurde nirgendwo ein zweiter Bogen entdeckt. Mr. Robey fand einen Käufer, dem der Bogen 15000 Dollar wert war. 14776 Dollar Profit war der Lohn für diesen Fund. Auf den ersten Blick ein stolzer Gewinn, mit den heutigen Preisen verglichen so gut wie nichts. 1973 versteigerte ich eine sehr feine »kopfstehende Jenny« für 100000 DM. Das ist in etwa auch gegenwärtig noch der Preis für ein Exemplar dieser Rarität in erlesener Erhaltung. Übrigens, diese Marke existiert nur ungestempelt, denn bisher hat niemand versucht, sie auf einen Brief zu kleben, obwohl sie noch kursgültig ist.

Die Bären von Charnley & Whelan.
Zu den berühmtesten klassischen Seltenheiten der Welt gehören die sogenannten »Postmeistermarken« der Vereinigten Staaten. Ihre Entstehung

1846 verausgabte der Postmeister von Brattleboro im amerikanischen Bundesstaat Vermont diese eigenartige 5-Cent-Marke. Der gegenwärtige Handelswert ist über 50000mal höher als der damalige Postpreis

hatte folgende Ursache. Am 1. Juli 1845 traten in den USA aufgrund eines Kongreßbeschlusses neue einheitliche Postgebühren in Kraft. Danach waren für jeden einfachen Brief, der über eine Distanz von weniger als 300 Meilen zu befördern war, 5 Cent zu berechnen und für solche, deren Bestimmungsort über 300 Meilen vom Aufgabepostamt entfernt lag, betrug die Gebühr 10 Cent. Bei entsprechend hohem Gewicht der Poststücke konnten sich die Gebühren verdoppeln, verdreifachen usw.

Diese Verordnung veranlaßte eine Reihe von Postmeistern in verschiedenen Städtchen, sich eigene Wertzeichen oder sogar spezielle Briefumschläge mit entsprechendem Werteindruck zu beschaffen, um den Betrieb zu rationalisieren und praktikabler zu gestalten. Alle »Postmaster-Provisionals« sind selten, die meisten von ihnen große und allergrößte Raritäten.

Die Postmeister folgender Städte verausgabten Marken oder Kuverts:

1. Daniel Bryan in *Alexandria, VA.* (siehe Farbtafel 4)
2. Martin F. Revell in *Annapolis, MD.*
3. James M. Buchanan in *Baltimore, MD.*
4. Worcester Webster in *Boscawen, N.H.*
5. Frederick N. Palmer in *Brattleboro, VT.*
6. Hezekiah W. Scovell in *Lockport, N.Y.*
7. Asa H. Waters in *Millbury, Mass.*
8. Edward A. Mitchell in *New Haven, Conn.*
9. Robert H. Morris in *New York, N.Y.*
10. Welcome B. Sayles in *Providence, R.I.*
11. John M. Wimer in *St. Louis, Mo.*

In elf Städten also waren Postmeister avantgardistisch. Sie benutzten bereits Postwertzeichen, bevor die ersten staatlich verausgabten Briefmarken der USA am 1. Juli 1847 an die Postschalter kamen.

Zu allen Sammlergenerationen übten die Marken des Postmeisters J.M. Wimer einen ganz besonderen Reiz auf die Philatelisten aus. Die einprägsame klassische Ausführung dieser in Kupfer gestochenen Raritäten gab ihnen einen besonderen Namen, sie gingen als die »Bären von St. Louis« in die Geschichte der Philatelie ein.

Wimer verausgabte zwischen 1845

Ein herrlicher Brief mit den »Bären von St. Louis« aus der berühmten Charnley & Whelan-Korrespondenz

228

und 1847 drei verschiedene Werte, sie lauteten auf 5 Cent, 10 Cent und 20 Cent. Der feine Kupferdruck erfolgte in schwarzer Farbe auf graugrünem oder graulila Papier. Seltenheiten sind sie alle drei, eine besonders große aber ist die 20-Cent-Marke.

Wie wir bereits wissen, haben Schatzsucher und Zufallsentdeckungen die Philatelie um bedeutende Raritäten bereichert, auch um eine erfreuliche Zahl »Bären von St. Louis«, und das kam so.

Das Bankhaus Charnley & Whelan in Philadelphia trennte sich eines Tages von alten Skripturen und Akten. Ein Rohproduktenhändler wurde beauftragt, den lästigen Ballast abzuholen. Aus diesem Bestand stammen die schönsten Briefe mit den faszinierenden kleinen Bären von St. Louis. Darunter Raritäten der höchsten Klasse. Wenn ab und zu mal eines dieser antiken Poststücke auf einer Versteigerung auftaucht, dann wird es mit Tausenden von Dollar bezahlt, und im Auktionskatalog steht stolz: »Aus der Charnley & Whelan-Korrespondenz.« – Aber kaum einer weiß, daß dieser riesige Schriftwechsel einmal für lächerliche fünfzig Dollar verkauft wurde.

Locals. Unter Locals versteht man die große Zahl aller Privatpostwertzeichen der USA. In keinem Land der Erde haben Privatgesellschaften – neben der staatlichen Post – in derart großem Umfang Briefe, Fracht, Geld und Gold befördert.

Zur Zeit der Kolonialisierung wurden in den unendlichen und unerschlossenen Weiten Nordamerikas die Postgeschäfte weitgehend von privaten Unternehmen abgewickelt. Die prominenteste Gesellschaft jener Zeit war Wells, Fargo & Company, die im Juli 1852 damit begann, den »Wilden Westen« postalisch zu betreuen. Im April 1861 startete Wells-Fargo den berühmten Pony-Expreß, eine abenteuerliche Einrichtung, die auch vielen Nichtphilatelisten aus Wildwest-Filmen ein Begriff ist.

Es war eine phänomenale Leistung, was die rauhen Burschen vollbrachten, die in einer gigantischen Reiterstafette Tag und Nacht über die Prärien jagten, allein mit sich, ihrer Posttasche und dem Colt, den Wells-Fargo mitlieferte. In nur zwölf Tagen überbrückten sie die sagenhafte Distanz von 2100 Meilen, trotz Hitze, Kälte, Staub und Regen. Kein Wunder, daß es Sammler gibt, deren ganze Liebe sich auf die Postgeschichte des Wilden Westens konzentriert.

Billig ist dieses Hobby allerdings nicht. Für einen Brief, der in den Satteltaschen trinkfester Rauhbeine mehr als 2000 Meilen durch den Wilden Westen galoppierte, hat man schon ein paar Tausendmarkscheine hinzulegen. Dafür ist man aber auch Besitzer einer posthistorischen Kostbarkeit, und Sammler, die mit besonderem Enthusiasmus bei der Sache sind, behaupten, noch das Donnern der Hufe auf dem harten Prärieboden zu hören, wenn sie mit einem dieser »wilden« Briefchen allein sind.

Warum, weshalb eine derart strapaziöse Postbeförderung? Der Grund war einfach: Die Schiffsverbindungen von der amerikanischen Westküste zu den großen Handelsplätzen an der Ostküste waren nicht sonderlich günstig. Die Segler gingen zweimal monatlich auf die Reise, die Post benötigte 28 bis 30 Tage, um ihren Empfänger zu erreichen. Auch die sogenannte »Overland-Route« der staatlichen Post schaffte es nicht schneller. Durch den Pony-Expreß wurde die Zeit auf etwa die Hälfte reduziert.

Billig aber war es nicht, einen Brief durch die Prärie reiten zu lassen. Fünf Golddollar für eine halbe Unze Briefgewicht war der Preis bei Einführung der Reiterstafetten, später ging er etwas herunter. Neben Wells-Fargo operierten in vielen Teilen der USA private Postbeförderer, die eigene Marken oder Briefumschläge verwendeten.

Die Amerikaner räumen diesen kleinen, interessanten Dokumenten aus ihrer Geschichte einen gebührenden Platz ein. Ihr Spezialkatalog führt sie genau wie die offiziellen Postwertzeichen. Die amerikanischen Privatpostgesellschaften hatten zum Teil ein sehr weitreichendes Beförderungsnetz, andererseits besorgten sie nur den Postverkehr im örtlichen Bereich oder auf ganz speziellen Strecken. Ihre Wertzeichen sind vielfach recht häufig und für jedermann erschwinglich, aber es gibt unter ihnen auch erstrangige Seltenheiten, die Tausende von Dollar kosten.

Die Spezialisten auf diesem außerordentlich interessanten Gebiet der Philatelie lieben ganz besonders vollständige Briefe, deren Aussage natürlich ungleich größer ist als bei einer losen Marke. Es gibt bei den »Local-Briefen« Stücke, die nur in zwei, drei Exemplaren vorkommen, einige sind sogar absolute Unikate. Einige dieser Marken besitzen einen fast kuriosen Charakter, wie beispielsweise die der Bicycle Mail Route.

Grund für die Verausgabung dieser merkwürdigen Wertzeichen war ein Streik der American Railway Union im Jahre 1894. Um den Postverkehr auf der Strecke Fresno–San Francisco und umgekehrt in Gang zu halten, organisierte ein gewisser Arthur C. Banta –

Ein Dokument aus den Pionierjahren der USA. – Die Reiterstafetten des »Pony-Expreß« beförderten diesen Brief in zwölf Tagen durch den Wilden Westen. Der ovale Aufgabestempel von San Francisco datiert vom 17. Juli, der runde Stempel von St. Joseph zeigt als Datum den 29. Juli. Genau zwölf Tage war der Umschlag in den Satteltaschen der Postreiter, dann wurde er von St. Joseph nach New York mit der Eisenbahn weiterbefördert

Ein entzückendes Liebesbriefchen aus dem Jahre 1843, frankiert mit einer sogenannten »Carrier«-Marke der United States City Despatch Post, die bis 1846 in New York operierte

Vertreter einer Fahrradfabrik – diesen originellen Notdienst. Seine Radfahrer starteten ihre erste Postbeförderungstour am 6. Juli 1894 und stellten bereits am 18. Juli ihre Tätigkeit wieder ein. Während ihres Bestehens beförderte die Fahrrad-Post Bantas lediglich 380 Briefe.

Zwischen Portland und Boston organisierte 1861 Mr. J. H. Prince eine regelmäßige Brief- und Frachtbeförderung durch ein nur nachts verkehrendes Dampfschiff. Auch er verausgabte eigene Marken für seinen Postdienst, die er für 2 Cent das Stück verkaufte. Die amerikanische Privatpostmarken sind ein außerordentlich interessantes Sammelgebiet. Wer aber heute in Deutschland beginnen wollte, sich davon eine Kollektion anzulegen, wird bei uns auf fast unüberwindliche Schwierigkeiten stoßen, denn die Marken sind praktisch nur in den Vereinigten Staaten zu beschaffen.

Interessantes, Kurioses und Skurriles von gestern und heute

Rundfragen – anno 1899. Die »Revue Philatelique Française« stellte im Jahre 1899 einer Reihe bedeutender Philatelisten die Frage: »Was muß man tun, was vor allem vermeiden, damit das Sammeln von Postwertzeichen auch im zwanzigsten Jahrhundert in seiner jetzigen Blüte erhalten bleibt?« Major E. B. Evans warf einen Rückblick auf die Geschichte des Sammelns und meinte, daß durch die gewaltige Zahl von Neuerscheinungen – die es früher nicht gab – aus dem harmlosen Vergnügen Philatelie eine ziemlich teure Passion wurde. Diese Ausdehnung der Philatelie berge die größte Gefahr für sie. So hätten sich die ursprünglich auf postalische Bedürfnisse beschränkten Marken, die eine Art Papiergeld gewesen seien, zu Spekulationsobjekten entwickelt, die gewisse Staaten veranlaßten, Marken für das Sammlerpublikum zu produzieren.

Der große Kenner und Sammler George B. Duerst aus Manchester meinte, daß zur Erhaltung und Förderung der Philatelie unbedingt die Erziehung der jüngeren Philatelisten durch gute, interessante, nicht zu schwerfällige Zeitungsartikel erforderlich sei. Andererseits wünschte er, daß man die kleinen Sammler nicht verachten oder demütigen möchte. Man müsse Alben und Ausstellungen durch Vermerke zu den Marken instruktiv machen. Endlich müsse man Fälscher und Fälschungen, die Spekulanten sowie die schlechten Zahler bekanntgeben, mit einem Wort: den Markt reinigen. (Anmerkung von heute: Bravo, Mr. G. B. Duerst. Ihre Zeilen von 1899 sind bis in die Gegenwart aktuell geblieben.)

Der Berliner Händler Paul Lietzow sah den größten Schaden in der Überproduktion von Marken und äußerte sich gegen alle spekulativen Ausgaben, die er aus den Katalogen und Alben sowie aus den Fachblättern verbannen möchte. Monsieur Pierre Mahe aus Paris wandte sich gegen das allzuweit getriebene Spezialistentum, er wünschte einen vereinfachten, aber doch ausreichenden Katalog, der den kleineren Sammlern genügen würde. Die jetzigen komplizierten Kataloge mit ihren Preisen für jede Varietät müßten auf den Anfänger nur abschreckend wirken.

Sehr pessimistisch äußerte sich Herr Marconnet aus Nancy. Für ihn war die Hauptgefahr die Spekulation, ferner bemängelte er die Kataloge, die nach seiner Auffassung keine loyalen Führer der Sammler seien. Ein idealer Katalog müsse keine Geldpreise, sondern nur den Seltenheitsgrad der Marken angeben. Marconnet wetterte weiter: Gewisse Marken würden weit überzahlt, weil sie Mode seien. Und diese Mode würde von interessierten Händlern noch zu Unrecht gefördert. Sie förderten mitunter auch das Sammeln gewisser Länder. Wenn sie ausverkauft und ihren Gewinn eingesackt hätten, so seien sie die ersten, die das eben noch Verkaufte heruntersetzten, um eine neue Ware anzupreisen.

Der Sammler aus Nancy redete sich noch endlos seinen Ärger von der Leber, aber folgende kurze Passage dürfte für die Philatelisten der Gegenwart noch recht interessant sein: Solange es Spekulanten geben werde, werde es auch Dumme geben. Man müsse die Sammelobjekte zur Befriedigung persönlicher Wünsche und nicht in der geheimen Hoffnung, sie mit Nutzen verkaufen zu können, erwerben.

Herr Major Ohrt aus Berlin, ein Name, der den fortgeschrittenen Deutschland-Sammlern auch heute noch bekannt ist, sah die Situation so: Nach dem 1896 erfolgten Zusammensturz des Kartenhauses der Preise werde die Philatelie von selbst gesunden, besonders wenn die Spekulanten, weil sie nicht mehr leicht und schnell verdienen können, sie verlassen.

H. A. Slade aus England hielt die Zukunft der Philatelie, da sie Zerstreuung, die Möglichkeit des Forschens, intelligentes Studium und Geldfragen so glücklich in sich vereinige, für völlig gesichert.

Abschließend noch die Meinung von Herrn Hofrat Suppantschitsch aus Wien. Er meinte unter anderem: Die Philatelie werde sich ausdehnen, weil das Markensammeln einen weit größeren Reiz ausübe als jedes andere Sammeln und weil man in Marken spekulieren werde, solange es Sammler gebe. Auch Krachs würden daran nichts ändern, die Lücken würden sich schnell wieder füllen, die Philatelie habe eine Zukunft.

Für uns in der Gegenwart ist es sehr aufschlußreich, Meinungen und Ansichten von anno 1899 kennenzulernen, denn letztlich waren die Probleme damals nicht so wesentlich verschieden von unseren heutigen.

Die Schatzsucher des Grafen Miklos Dessewffy.

Der Graf mit dem klangvollen ungarischen Namen war in Preßburg zu Hause und als enthusiastischer Philatelist bekannt, dessen besonderes Interesse den ungarischen Marken der Ausgabe von 1874 galt. Diese Serie ist in einem besonders feinen Kupferdruck hergestellt und – zumindest im gestempelten Zustand – relativ billig. Die Druckplatten für diese Emission tendierten zu einer sehr raschen Abnutzung, deshalb waren die Kupferstecher bemüht, auftretende Fehler durch Nachgravierungen zu beheben. Durch diese »Korrekturen« sollten die Platten möglichst lange in druckfähigem Zustand erhalten bleiben. Die vorgenommenen Retuschen veränderten natürlich das Markenbild, und es entstanden dadurch sogenannte Typenunterschiede. Eben diese minimalen Varianten waren das ganze Glück des blaublütigen Ungarn.

Alle Marken der Ausgabe 1874, deren er habhaft werden konnte, kaufte er zusammen, um sie auf die kleinen Druckunterschiede zu durchsuchen, die er so liebte. 1896 gelang ihm der

Ein kleiner Ausschnitt aus der »Typen-Forschung« des Grafen Dessewffy

große Coup. Drei prall gefüllte große Säcke, insgesamt weit über hundert Kilogramm, von ungarischen Marken aus den siebziger und achtziger Jahren hatte er aufgetrieben. Diese Masse allein unter die Lupe zu nehmen war ihm selber aber gar nicht möglich. Er wollte jedoch seine Typenstudien der Öffentlichkeit zur Kenntnis bringen und deshalb mußte die Forschung nach den kleinen Unterschieden vorangetrieben werden.

Gesagt, getan. Er engagierte drei Studenten, die, an einem langen Tisch postiert und mit großen Lupen bewaffnet, die kleinen gezähnten Kupferdrukke auf Herz und Nieren prüfen mußten. Entdeckte einer der jungen Männer eine dem Grafen noch unbekannte Variante, so wurde er mit einem Sonderpreis bedacht, aber auch für das Auffinden ihm schon bekannter Retu-

schen gab es eine Prämie. Als der fanatische Ungar das Ergebnis seiner Studien veröffentlichte, ließ er gleichzeitig die Fachwelt wissen: Etwa vorgefundene neue Typenarten, die hier noch nicht vertreten sind, wolle man gütigst Herrn Grafen Miklos Dessewffy in Preßburg, Krönungshügelplatz 2, vorlegen.

Haben Sie noch Briefe aus dem Krieg? Im Berlin der Nachkriegszeit, wo jeder irgendwie sehen mußte, wie er zurechtkam, unternahm ein »Schatzsucher« besonderer Art seine täglichen Runden. Ein unscheinbares freundliches Männchen mittleren Alters wanderte in verschiedenen Bezirken von Straße zu Straße und von Haus zu Haus. Er klingelte an jeder Tür und stellte überall die gleiche Frage: »Ha-

ben Sie Briefe aus dem Krieg ... oder andere zu verkofen?«
Dieses ungewöhnliche Ansinnen veranlaßte die meisten Befragten zu der Gegenfrage:»Was suchen Sie?« Dann erzählte der Mann seine verprogrammierte Story. Er sagte, daß er zu Forschungszwecken Briefe aller ehemaligen deutschen Feldposteinheiten suche, dies täte er nicht für sich, sondern im Auftrag eines amerikanischen Offiziers und deshalb sei er auch in der Lage, in Naturalien aller Art zu zahlen. Für Stücke, die der alliierte Krieger für seine Studien benötige, könne er von Kaffee über Fleischkonserven bis zu Zigaretten alles liefern. Und wenn sein Gegenüber anzubeißen schien, unterstrich er seine Schilderung, indem er sich eine gute Virginia ansteckte. Auch die amerikanische Windjacke, die Militärhose und die typischen US-Stiefel, die er trug, machten seine Schilderung glaubwürdig.

Viele der Befragten baten den komischen Markenkäufer herein, um ihm etwas zu zeigen, andere versprachen, nach solchen Objekten zu suchen, und er möchte doch nochmals wiederkommen. Sehr viele waren in der denkbar schlechten Zeit interessiert, mit dem Mann ins Geschäft zu kommen, um sich für ein paar Feldpostbriefe Fleisch oder Zigaretten einzuhandeln. Wo keine der benötigten Feldpostbriefe vorhanden waren, da taten es dann auch andere oder gar ganze Markensammlungen, gleich welcher Art. Der eigenartige Aufkäufer suchte und fand so allerlei interessante Marken, fast zwei Jahre übte er diese seine recht einträgliche Tätigkeit aus.

Der Hauptabnehmer dieses Kauzes, ein verstorbener Berliner Händler, mit dem ich gut befreundet war, erzählte mir des öfteren von dem Marken-

hausierer im US-Look und was für tolle Objekte er bisweilen anbrachte. Durch den Dreh mit der Feldpost entdeckte er zum Beispiel Dutzende sehr hochwertiger Inselpost-Briefe, Feldpostbriefe mit besonderen Militärpostmarken, wie sie nur von deutschen Einheiten in der Ägäis verwendet wurden. Diese Partie allein wäre heute Tausende wert.

Spielen Sie doch selbst Schatzsucher. Die Möglichkeit, in den eigenen vier Wänden oder im Bekanntenkreis eine lohnende philatelistische Entdeckung zu machen, ist durchaus gegeben. Natürlich darf man nicht erwarten, die berühmten Mauritius aufzuspüren oder sonstige Weltseltenheiten. Aber zum Beispiel Feldpostbriefe aus dem Zweiten Weltkrieg finden sich heute noch in unendlich vielen Familien. Die meisten derartigen Poststükke sind natürlich nur von minimalem Wert, aber es gibt auch eine nicht unerhebliche Zahl deutscher Militärpostmarken, die – besonders auf ganzen Briefen – mit Beträgen bezahlt werden, die zum Teil in die Tausende gehen.

Erst in jüngster Zeit wurden mehrfach von Laien sogenannte Inselpost-Briefe beim Sichten alter Korrespondenz gefunden und zu Geld gemacht. Sie brachten ihren Entdeckern erfreuliche Sümmchen. Man muß keineswegs philatelistische Kenntnisse besitzen, um feststellen zu können, was ein Inselpost-Brief ist. Das zu ergründen, ist sehr einfach. Zwei deutsche Feldpostmarken, eine blaue mit dem Bild des Transportflugzeuges Ju 52 und eine rotbraune, die im Queroval den ehemaligen Hoheitsadler zeigt, wurden in verschiedenen Formen mit dem Wort »INSELPOST« überdruckt und dienten nur den Militäreinheiten auf den be-

Zwei ungestempelte Inselpost-Marken; auch sie werden heute hoch bezahlt

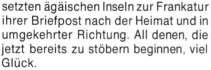

Zwei Luftfeldpost-Marken mit verschiedenen Aufdrucken »INSELPOST« auf Briefen aus der Heimat an die Front

setzten ägäischen Inseln zur Frankatur ihrer Briefpost nach der Heimat und in umgekehrter Richtung. All denen, die jetzt bereits zu stöbern beginnen, viel Glück.

Funde, die viel Geld bringen, lassen sich auch bei den deutschen Marken der Nachkriegszeit machen. Besonders in den Jahren 1945 bis 1946, als man sich in Ost und West vielfach lokaler Provisorien bediente, um Karten oder Briefe zu frankieren, erschien eine beachtliche Zahl von Aushilfsausgaben, die heute teuer und gesucht sind. Viele bundesdeutsche und Berliner Sondermarken aus der ersten Hälfte der fünfziger Jahre liegen gegenwärtig bereits im Preis so hoch, daß sich eine Suche lohnt. Laien sollten auf jeden Fall alte Briefschaften von Fachleuten durchsehen lassen.

2000 DM bekommen Sie, wenn ... Ihre 1-DM »Wellen« hat. Nach der Währungsreform erschien 1948 in Westdeutschland – noch vor Gründung der Bundesrepublik – die sogenannte »Bauten-Serie«. Diesen Beinamen bekam die Ausgabe, weil auf allen ihren Marken Bauwerke abgebildet waren. Die 1-DM-Marke, in leuchtend grüner Farbe gedruckt, zeigt das Lübecker Holstentor. Der Druck erfolgte auf einem speziellen Markenpapier mit Wasserzeichen, das die Buchstaben »DP« in ständiger Wiederholung zeigt.

Derartige 1-DM-Marken gibt es in riesigen Mengen, die Stücke kosten nur Pfennige; aber eine spezielle Variante dieser ordinären Freimarke ist eine ausgesprochene Spitzenrarität unter den deutschen Nachkriegsmarken. Der Unterschied zu den gewöhnlichen Stücken besteht im Wasserzeichen. Der »Fehldruck« nämlich wurde auf einem Papier gedruckt, dessen Wasserzeichen nicht – wie offiziell angeordnet – aus Buchstaben, sondern aus Wellenlinien bestand. Dieser gravierende Unterschied wurde während der Verwendungszeit der Marken gar nicht bekannt, denn bis zum heutigen Tag ist kein ungestempeltes Exemplar aufgetaucht – man kennt nur gestempelte.

Das erste gebrauchte Stück tauchte aus der sogenannten Kiloware auf. Ein Sammler, der die nach Gewicht gekauften Marken von anhaftendem Papier befreite, entdeckte beim Ablösen plötzlich ein Exemplar, dessen nasse Rückseite eindeutig und unübersehbar parallel verlaufende Wellenlinien zeigte. Er stutzte natürlich, drehte das Stück um und sah, daß es sich um den 1-DM-Wert mit dem Lübecker Holstentor handelte. Der Poststempel war deutlich lesbar und wies aus, daß diese Marke in Düsseldorf verwendet worden war. Allmählich tauchten auch von anderen Kilowaren-Wäschern weitere solcher Fehldrucke auf, alle mit Poststempeln von Düsseldorf.

Nun schien es erwiesen: Diese extrem seltene Variante wurde unerkannt in Düsseldorf verbraucht, in welcher Menge, blieb unbekannt. Aufgrund der Tatsache, daß die Anzahl der aufgefundenen Wellenlinien-Marken sehr gering ist, war die Menge der auf diesem Papier gedruckten 1-DM-Marken mit Sicherheit ganz minimal. Nach Bekanntwerden dieser Rarität setzte in allen Landen das große »Waschen« ein. Hunderttausende von 1-DM-Marken wurden von lästigem Papier befreit,

um das Wasserzeichen erkennen zu können. Der Erfolg war minimal, wiederum ein Beweis für die extreme Seltenheit dieser Variante.

In jüngster Zeit ging ein Berliner Händler die Suche etwas geschickter an. Er hatte in seinem Lager noch erhebliche Mengen von nicht abgelöster Kiloware der westdeutschen Bauten-Serie. Bevor er begann, die Masse einzuweichen, sortierte er zunächst mal all solche Paketkartenabschnitte heraus, auf denen gar keine 1-DM-Werte klebten. Jetzt kam die zweite Lese, nur Stücke mit dem Ortsstempel von Düsseldorf durften ins Wasser. Der Marken wässernde Berufsphilatelist war ein Glückspilz. Vier Stücke des raren Fehldrucks, als Block zusammenhängend, schwammen ihm entgegen, Zwei schöne volle Stempel von Düsseldorf zeigten an: Die Rarität wurde am 24. Juni 1950 in der nordrheinwestfälischen Landeshauptstadt als Porto für eine Paketsendung verwendet.

Der Postbeamte, der damals die zwei schönen Stempel auf die vier Marken plazierte, konnte mit Sicherheit nicht annehmen, daß gut 25 Jahre später, nämlich am 15. Oktober 1975, der Block mit ehemals 4 DM Postpreis auf einer großen Auktion unter den Hammer kommen würde, mit der folgenden Beschreibung: »1-DM-Bauten mit WZ-Wellenlinien! Der einzige bekannte Vierer-Block dieser prominenten Nachkriegsrarität. Taufrische und makellose Qualität mit zwei vollen Stempeln ›Düsseldorf 7‹ vom 24. 7. 50. Da dieser ›Fehldruck‹ unerkannt verbraucht wurde und ungestempelt nicht existiert, wohl die imponierendste unter den ›modernen‹ Deutschland-Seltenheiten. Einmaliges Liebhaberstück. Ausruf: DM 12500.«

Schatzsuchen wird in der Philatelie

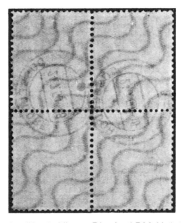

Der berühmte Vierer-Block »1 DM. Holstentor« auf Papier mit Wasserzeichen »Wellenlinien«, er gilt als Westdeutschlands bedeutendste Nachkriegsrarität

auch heute noch ab und zu mit Erfolg belohnt.

Sammler sind glückliche Menschen.
Dieser Satz hat zweifellos seine Richtigkeit. Aber die Art und Weise, wie je-

der einzelne mit seinem Hobby glücklich wird, ist doch sehr verschieden. Kauzige, eigenbrötlerische und skurrile Typen finden sich immer unter ihnen. Da aber das Steckenpferd Philatelie die meisten Anhänger hat, gibt es bei den Markenfreunden wahrscheinlich mehr Sonderlinge als sonstwo. Ich bin sicher nicht berufen, die Psychologie der Sammler zu analysieren. Aber warum sollte man eigentlich nicht ein paar Worte über häufig anzutreffende Eigenarten verlieren und einige Erlebnisse mit besonders merkwürdigen Persönlichkeiten streifen.

Jägerlatein nennt man es, wenn sich Berichte über Jagderlebnisse ins Phantastische steigern; Briefmarkensammler können das vielfach noch besser. Aufschneiden ist in der Philatelie weit verbreitet. Nun möchte ich bei Gott nicht alle Sammler als Aufschneider abstempeln, sondern nur feststellen: Übertreiber gibt es nicht wenige, wie mich die Erfahrung aus über zwei Jahrzehnten lehrte.

Eines von vielen Beispielen aus meiner Praxis spielte sich folgendermaßen ab: Zunächst kam eine schriftliche Anfrage ins Haus – Absender: eine Anwaltskanzlei –, ob die Möglichkeit bestände, die große und wertvolle Kollektion eines verstorbenen Klienten exakt zu bewerten, dies wäre sowohl für die Erben als natürlich auch für die Erbschaftssteuer wichtig. Die Erstellung von Wertgutachten gehört zu meinem Job, also lasse ich meine Sekretärin das Anwaltsbüro anrufen, um einen Termin zu vereinbaren. Das Treffen wurde für einige Tage später arrangiert, die Besichtigung der Kollektion sollte an Ort und Stelle stattfinden, nämlich in der Stahlkammer einer Großbank, wo die wertvolle Sammlung deponiert war. Jetzt las ich nochmals den Brief, wo es unter anderem wörtlich hieß: »...sammelte in intensiver Form seit vier Jahrzehnten. Nach einer alten Katalogwert-Aufstellung des Verstorbenen ergibt sich ein Betrag von weit über 600000 Mark ...« Man mußte also eine recht beachtliche Kollektion erwarten.

Am Besichtigungstag waren neben dem Anwalt nicht weniger als sechs Erben anwesend. Die Direktion der Bank hatte ein Besprechungszimmer reserviert, in dem nun insgesamt acht Personen versammelt waren. Der Inhalt von zwei Schließfächern wurde ausgeräumt und vor mir aufgetürmt, etwa 30 Bände galt es zu taxieren. Als ich das erste Album durchzublättern begann, starrte die kleine Gemeinde wie gebannt auf die meist sehr mager bestückten Seiten. Der zweite Band wurde auch nicht fetter. Mir wurde klar, hier war ein »Reichrechner« am Werk. – Dem Branchenfremden sei erklärt, jede Kollektion, ob groß oder klein, trägt die »Handschrift« des Sammlers, der sie zusammenstellt. Es ist in der Tat wie beim Lesen eines Briefes, die Schrift verändert sich im allgemeinen nicht, sie behält von der ersten bis zur letzten Seite ihren Charakter. – Die typische »Handschrift« des verstorbenen Sammlers zeigte mir, er hatte Freude daran, sich »reich-zurechnen«; er streute sich selbst Sand in die Augen, er wollte wahrscheinlich in dem Glauben leben, eine wertvolle Kollektion zu besitzen. Ein solcher Mann zum Beispiel wird, wenn von einer Marke unterschiedlich bewertete Varianten vorkommen, stets die teuerste rechnen. Auch Neudrucke – und wenn noch so simpel – waren für ihn grundsätzlich Originale. Die Marken von Helgoland – bei denen Neu- und Nachdrucke gang und gäbe sind – bewertete er beispielsweise mit 58000

DM, ihr realer Katalogwert betrug nicht einmal 580 Mark, und in diesem Rhythmus ging es munter weiter, Seite für Seite – Band für Band.

Ich machte mir meine Notizen und ließ mich auf Fragen aus der Trauergemeinde wenig ein, denn es lag auf der Hand: Hier vermuteten die Erben ein kleines Vermögen und wahrscheinlich der Anwalt auch. In meinem Wertgutachten brachte ich dann zum Ausdruck, daß der gegenwärtige Netto-handelswert aller in den Alben enthaltenen echten Marken etwa 3000 DM beträgt. Der Traum vom großen Markenschatz war für die Angehörigen vorbei. Einer von ihnen nahm das Ergebnis mit Gelassenheit auf; sein Kommentar über den Verblichenen: »Das war bei seiner Mentalität nicht anders zu erwarten.«

Die Einstellung, Dinge bewußt falsch zu sehen, sich eine Traumwelt der großen Werte aufzubauen und auch daran zu glauben, sich also an Illusionen hochzuziehen, kommt bei Sammlern nicht selten vor. Der soziale Stand des einzelnen spielt dabei überhaupt keine Rolle. Berufsphilatelisten werden mit dieser Sorte Sammler ziemlich oft konfrontiert, es gibt deshalb auch im Fachjargon eine besondere Bezeichnung für sie, man nennt sie schlicht: Spinner. Sammeln heißt, sich in eine besondere, eigene Welt – abseits der Realitäten des Alltags – zurückzuziehen und in ihr Freude und Entspannung zu finden. Was man sammelt und wie hochwertig im einzelne die Objekte sind, aus denen man seine Kollektion formt, ist ohne Bedeutung für das angenehme Gefühl, mit seinen »Schätzen« glücklich zu sein.

Unlängst berichtete eine Briefmarken-Zeitung von einer Veröffentlichung in der sowjetischen Presse. In dem Artikel erklärten verschiedene russische Mediziner, daß es als erwiesen anzusehen sei: Briefmarkensammeln wirkt beruhigend, fördert die Ausgeglichenheit, baut Spannungen ab, kurz, ist geeignet, das in unserer hektischen Zeit oft stark strapazierte Nervenkostüm sehr positiv zu beeinflussen. Es lenkt Kranke vom Grübeln ab und ist damit dem Genesungsprozeß förderlich. Auf einen Nenner gebracht, könnte man sagen: Briefmarkensammler leben gesünder. Dazu wäre festzustellen, daß Philatelisten auffällig häufig ein begnadetes Alter erreichen. Der Kreis von Achtzigjährigen, die sich auf Auktionen tummeln und im Vereinsleben aktiv sind, ist wahrhaft erstaunlich.

Der Gärtner packt die Alben ein. Nach der Episode mit der Erbschaft des philatelistischen Illusionisten noch ein kurzes Erlebnis mit einem entgegengesetzten Sammlertyp – einem Realisten mit angenehmem Understatement.

Wie gang und gäbe, ein Sammler möchte einen Teil seiner Kollektion versteigern lassen. Bei entsprechend großen Objekten erfolgt die Übernahme nicht selten am Wohnort des Besitzers. In diesem Fall war das ein eleganter Ort in der Nähe einer europäischen Hauptstadt.

Ich reiste an und wurde auf dem Flughafen von einem livrierten Chauffeur empfangen. In einem Bentley ging es auf die Reise, nach knapp einer Stunde erreichten wir unser Ziel. Der schwere Wagen rollte durch ein großes, altes Portal eine alleeartige Auffahrt hinauf. Ich registrierte die außerordentliche Exklusivität des Anwesens, das Herrschaftshaus – denn so mußte man es wohl nennen – wirkte wie Sanssouci en miniature. An der Eingangstür erwarte-

te mich im seidenen Dressinggone der Hausherr. Eine Persönlichkeit von distinguierter Eleganz und etwa siebzig Jahren. Obwohl wir uns zum erstenmal sahen, gab es eine sehr herzliche Begrüßung, wir merkten beide, der Kontakt ist hergestellt.

Der Sammler führte mich in ein eigens für seine Markenleidenschaft eingerichtetes Kabinett, der Raum maß etwa zwanzig Quadratmeter. Hier gab es so ziemlich alles, was ein Philatelist für sein Hobby benötigt, und hier befanden sich in holzverkleideten Geldschränken die Alben, in denen seine Kollektion untergebracht war. Zunächst standen für den Verkauf nur die Marken von Nord- und Südamerika zur Diskussion, immerhin zwei Dutzend Bände. Mein Gastgeber bat mich, in aller Ruhe den Bestand durchzusehen. Er selbst zog sich zurück, da er es gewohnt war, am Nachmittag zu ruhen. Ich machte mich an die Arbeit und nach etwa zwei Stunden stand meine Kalkulation fest: Die Alben mit den nord- und südamerikanischen Marken repräsentierten einen Nettowert von etwa 150 000 DM.

Beim anschließenden Tee entwickelte ich dem Besitzer meine Vorstellungen für den Verkauf beziehungsweise ich versuchte, das zu tun, aber mein Gegenüber winkte nur ab mit den Worten: »Sie machen das schon; der Gärtner packt die Alben ein.« Danach hatte ich noch Gelegenheit, einen Abend lang andere Hobbys des Hausherrn kennenzulernen, teure Weine, seltene Whisky-Sorten und eine Kollektion von Krawatten für den eigenen Bedarf, letztere enthielt weit über tausend Exemplare, in Spezialschränken sorgfältig geordnet. Das Briefmarkenmaterial ging per Luftfracht nach Hamburg und wurde versteigert, den Betrag sollten wir auf

Abruf bereithalten. Der Abruf kam, über ein volles Jahr später, von der Riviera. Sammler von diesem Format sind natürlich ungleich seltener anzutreffen als die vorab geschilderte Sorte.

Der Dieb aus dem Finanzministerium. Eine besonders originelle Geschichte berichtete das »Journal für Buchdruckerkunst« in einer Ausgabe von 1889. Danach hatte die Polizei einen jungen Mann namens Rudolf Pribitschko in Budapest verhaftet. Besagter Pribitschko bot vornehmlich in Zigarrenläden große Mengen ungebrauchter und kursgültiger 5-Kreuzer-Marken, erheblich unter Postpreis, zum Verkauf an. Ein Händler, der Verdacht geschöpft hatte, informierte die Polizei, die den Verkäufer stellte.

Der Inhaftierte verweigerte jegliche Aussage über die Herkunft der Postwertzeichen. Schließlich wurde festgestellt, daß der Verdächtige vom Budapester Gerichtshof wegen Unterschlagung verfolgt wurde. Die Beamten entdeckten in seiner Wohnung einen Sack mit weit über zehntausend 5-Kreuzer-Marken. Diese Marken entstammten Bogen, die wegen Druckmängeln von der ungarischen Staatsdruckerei ausgemustert worden waren. Pribitschko mußte diese zur Vernichtung bestimmten Makulaturbogen irgendwie aus der Staatsdruckerei erlangt haben.

Die Untersuchungen ergaben, daß der eigentliche Dieb der frühere Reichstagsabgeordnete Szecsödy war. Dieser war ehemals Gutsbesitzer. Sein Geltungsbedürfnis hatte ihn aber in die Politik getrieben; und dabei war sein Besitz von den Wahlunkosten verschlungen worden. Szecsödy versuchte, den Käufer seines Gutes durch eine

Bombe zu töten, und wurde deshalb für geisteskrank erklärt. Aus der Irrenanstalt als geheilt entlassen, kam er als Rechnungsrevisor ins Finanzministerium und begann dort sehr bald, seine Diebstähle zu organisieren, die folgendermaßen durchgeführt wurden:

Die Drassche Ziegelei war damals beauftragt, den Druckausschuß im Auftrag des Finanzministeriums zu verbrennen; dies hatte im Beisein diverser Amtspersonen zu geschehen. Szecsödy bestach jedoch den Oberheizer Gasparek, die Makulaturrollen in einen »kalten« Ofen zu werfen und später – die Kommission überzeugte sich ohnedies nur sehr selten durch Augenschein von der Vernichtung der Marken – wieder herauszunehmen. Anschließend nahm der ehemalige Reichstagsabgeordnete die »heiße« Ware in Empfang und ließ sie durch seine Kumpanen, den Cafetier Fay, den Studenten Kuhinka, den Kommis Pribitschko, unter die Leute bringen. Der Betrug kam durch einen anonymen Brief zutage, den die Geliebte von Kuhinka an die Oberstadthauptmannschaft geschrieben hatte. Die exakte Höhe des Wertes, den die entwendeten Marken hatten, ist nicht bekannt. Es wird jedoch vermutet, daß es sich um mehr als 10 000 Gulden handelte.

Alte Marken müssen nicht selten sein. Eine unter Laien weit verbreitete Annahme, daß alte Briefmarken selten und teuer sein müssen, ist grundlegend falsch. Es gibt eine Fülle von Marken aus dem neunzehnten Jahrhundert, die für Pfennige zu haben sind. Je mehr wir uns dem Jahr 1900 nähern, desto größer wird der Verbrauch von Freimarken und folglich auch deren Auflagezahlen.

242

Im deutschen Kaiserreich wurden die jährlichen Verbrauchsziffern in Form exakter Statistiken veröffentlicht. Der gesamte Verbrauch überschritt 1896 erstmals die Zwei-Milliarden-Grenze! Der Löwenanteil davon fiel auf die 10-Pfennig-Marken, von denen genau 739742686 Stück verkauft wurden, was einer Menge von über zwei Millionen Exemplaren täglich entspricht. Auch von der grünen 5-Pfennig-Marke wurden über 352 Millionen abgesetzt.

Imponierend ist der Postkartenverbrauch, der damals erheblich höher war als heute, denn nicht weniger als 262302578 Karten zu 5 Pfennig Postpreis wurden 1896 unter Kaiser Wilhelm geschrieben.

Die Berliner Rohrpost beförderte im gleichen Jahr 490656 Sendungen, davon waren 187483 Briefumschläge (sie kosteten 30 Pfennig) und 303173 Rohrpostkarten zu je 25 Pfennig. Bis auf die Berliner Rohrpost, bei der die Benutzung rückläufig war, stieg der Markenverbrauch 1897 weiter an, insgesamt um 150 Millionen Stück gegenüber 1896. Marken, die über viele Jahre gültig waren und per anno in derartigen Massen Verwendung fanden, sind auch heute noch und trotz ihres Alters sogenannte Massenware. Aber auch bei derartig ordinären Stücken können besondere Poststempel den Wert gewaltig erhöhen. Selbst billige Marken, die in den ehemaligen deutschen Kolonien zur Frankatur benutzt wurden, stellen häufig hochbezahlte Seltenheiten dar.

Der Koffer aus Neustadt. Wer in den ersten Augusttagen 1945 entlang den Gleisen der Strecke Neustadt an der Dosse–Berlin wanderte, hätte etwa zwei Fußstunden hinter Neustadt neben dem Bahnkörper Briefmarken entdecken können. Über mehrere Kilometer lagen Zehntausende von ungestempelten Marken – aus dem gerade in Trümmern und Rauch untergegangenen Dritten Reich – in Feld und Flur verstreut. Ein groteskes Bild, den Führer des tausendjährigen Reiches, kurz nach dem Zusammenbruch, in -zigfacher Ausführung auf Äckern und im Unkraut des Bahndamms verstreut zu finden. Wie es dazu kam, ist eine typische Episode aus der Zeit unmittelbar nach dem Kriege.

Ein Berliner Händler hatte einen Koffer, prallgefüllt mit Sonderserien aus dem Dritten Reich, in die Kleinstadt an der Dosse verlagert, um seine Schätze vor alliierten Bomben zu schützen. Dort überdauerte der Markenbestand wohlbehalten das Kriegsende. Als die ersten unregelmäßigen Zugverbindungen wieder aufgenommen wurden, dachte auch der Markenkaufmann daran, seinen Besitz in die ehemalige Reichshauptstadt zurückzuholen.

Auf dem Dach eines der hoffnungslos überfüllten »Hamsterzüge« ging die beschwerliche Reise nach Neustadt. Für die Rückfahrt, so schwor sich der Händler, werde er versuchen, einen Sitzplatz im Abteil zu organisieren. Die Sache klappte auch, er hatte in einem der uralten Wagen, in die man von beiden Seiten ein- und aussteigen konnte, ein Stückchen Holzbank zum Sitzen ergattert. Hier saß er eingekeilt zwischen Kartoffelsäcken und gehamsterten Naturalien aller Art, die die hungernden Großstädter Richtung Berlin schleppten.

Nach zwanzig Minuten Fahrzeit wurde der Zug gestoppt, weil einige trinkfeste Rotarmisten Lust verspürten, ein Stückchen mitzufahren. Es sollte wohl so sein, die paar Krieger wollten ihre wodkaschweren Glieder ausgerechnet in besagtem Abteil ausstrecken. Sie waren freundlich und verteilten »Papyrossa«, sagten »Kamerad kaputt« und verlangten die zwei Holzbänke. Die ursprünglichen Platzinhaber drängten, so gut es ging, in den überfüllten Gang. Da fiel der Blick eines Soldaten auf das Gepäckstück, das absolut nicht zwischen die ramponierten Kohle- und Kartoffelsäcke paßte. Er entdeckte den mit zwei Riemen gesicherten Lederkoffer: »Koffer gutt, Koffer serr gutt.«

Es lag auf der Hand, daß er sich auch für den Inhalt interessierte. Dem Markenhändler stockte der Atem, als der ostische Krieger das Behältnis unter der Holzbank hervorzuziehen begann, auf seine kräftigen Schenkel hievte und dann die Ledergurte abschnallte.

Das Unheil nahm seinen Lauf, ein Schloß nach dem anderen schnappte auf, der Deckel wurde ungewöhnlich sachte geöffnet, ein maßgerecht geschnittenes Stück Wellpappe kam zum Vorschein. Dann legte der Betrachter die Pappe beiseite, darunter fand er kleine rechteckige Päckchen in Papier eingewickelt, die mit einer Aufschrift versehen waren. Als er die erste Verpackung aufriß, war es soweit: Gleich viermal sah ihn das Antlitz des Führers an, umschrieben mit den markigen Worten: »Wer ein Volk retten will, kann nur heroisch denken« – das alles auf einem Gedenkblock, der einst zu »Führers Geburtstag« erschienen war. Der Mann aus dem Osten stutzte, griff dann mit beiden Händen in den Koffer und riß den Inhalt heraus. Fast überall Hakenkreuze, Panzer, Krieger und Waffen, dazwischen Adolf Hitler, am Rednerpult, im Medaillon, im Profil, in Feldherrnpose mit hochgeschlage-

nem Mantelkragen, es war einfach zuviel. »Hitler nix gutt, Hitler kaputt«, brüllte der Soldat, die schlafenden Kameraden wurden wach, und das, was sie sahen, veranlaßte sie, einzustimmen in: Hitler kaputt. Jetzt griffen sie alle in den Koffer und ließen die Blocks und die Bogen aus dem Fenster flattern, minutenlang dauerte das Schauspiel, dann war die letzte Marke über sowjetzonale Äcker verweht. Die Geschichte endete gottlob glimpflich, denn außer dem Verlust der Marken war kein Schaden entstanden, die Krieger interessierten sich erfreulicherweise nicht dafür, wer der Besitzer des besagten Koffers war, der so ganz und gar nicht in diesen Zug nach Berlin paßte.

Der Tapeten-Sammler aus Virginia. Erstmals im Jahre 1910 erschienen in vielen kleinen lokalen Tageszeitungen der amerikanischen Bundesstaaten Virginia, Carolina, Louisiana und Alabama merkwürdige Inserate, in denen ein Mister Jerome S. Moresby Briefumschläge aus dem amerikanischen Bürgerkrieg suchte, die aus Tapete gefertigt sind.

Tatsächlich hatte in den Südstaaten die Papierknappheit während des Krieges von 1861 bis 1865 dazu geführt, daß man aus Tapetenrollen Briefkuverts herstellte. Die gemusterte Seite wurde für diese merkwürdigen Umschläge nach innen verarbeitet. Kuverts dieser Art sind recht selten, und Scotts USA-Spezialkatalog listet diese rare Variante unter der Bezeichnung »wall paper cover« und bewertet sie natürlich wesentlich höher als einen herkömmlichen Briefumschlag.

Sammler, die sich auf die konföderierten Staaten spezialisieren, schätzen derartige Briefe sehr, obwohl ja nur ihre Innenseite verrät, daß sie aus einem so zweckfremden Material hergestellt wurden. Bis etwa 1916 erschienen in längeren Abständen immer wieder die Anzeigen Moresbys, der in einem kleinen Nest in Virginia lebte. Markenhändler, die sich aufgrund der Inserate mit dem Mann aus Virginia in Verbindung setzten, um auch andere Poststücke zu verkaufen, bekamen die unwirsche Mitteilung, daß sein Interesse ausschließlich solchen Objekten gelte, nach denen er inseriert habe, und nichts anderem.

Nach dem Ersten Weltkrieg sah man keine dieser Annoncen mehr, offenbar hatte der Inserent seinen Bedarf gedeckt, man hörte nichts mehr von ihm … bis zum Jahre 1951. Ein altes Landhaus in der Nähe von Richmond, das schon seit geraumer Zeit unbewohnt war, wurde verkauft. Im April dieses Jahres begann eine Bauarbeiterkolonne mit dem Abriß, der Polier inspizierte noch einmal den baufälligen Kasten, bevor ihn Bulldozer zusammenwalzten. In einem der alten Räume blieb er stehen und bestaunte verwundert die Wände. Sie waren mit merkwürdigen alten Briefen tapeziert, um deren Anschriftseite sich in eigenartiger Form Tapetenstückchen verschiedenster Sorten gruppierten. Bei genauerer Betrachtung war festzustellen, daß die ganzen Kuverts, mit denen die Wände beklebt waren, aus Tapete bestanden. Der Boß der Baukolonne schüttelte den Kopf über den skurrilen Wandschmuck, dann gab er den Abriß frei. Die Briefe des Jerome S. Moresby – in vielen Jahren mühevoll zusammengetragen – wanderten auf eine Schutthalde, sein ehemaliger Besitzer hatte es nicht mehr erlebt.

Die Marotte, sich die Wände mit Briefmarken zu tapezieren, ist nicht etwa einmalig. Im neunzehnten Jahrhundert hatte bereits ein britischer Händler sein Kontor mit ganzen Markenbogen der ersten Postwertzeichen von den Ionischen Inseln beklebt. Im Berlin der zwanziger Jahre präsentierte ein Vereinsvorsitzender den überraschten Sammlerkollegen sein Markenstübchen, das er mit peinlicher Exaktheit von der Decke bis zum Fußboden mit Inflationsmarken tapeziert hatte. Er verwendete ganze Bogen, von denen zuvor die Ränder abgetrennt wurden, damit sich nahtlos Marke an Marke fügen ließ. Sicher wird es noch weiteren philatelistischen Wandschmuck dieser Art geben, Sammler sind halt glückliche Menschen, ihrer Kreativität sind keine Grenzen gesetzt.

Ein Keller in der Burgstraße. Auch diese Geschichte aus dem Berlin der ersten Nachkriegsmonate des Jahres 1945 ist typisch dafür, welch unwahrscheinliche Dinge sich in dieser wirren Zeit abspielen konnten. Sie ist nicht etwa eine »Erfindung«, sondern hat sich tatsächlich zugetragen – alte Berliner Philatelisten, besonders aus der Gegend um den »Alex« und Rosenthalerplatz und die Tauschfreunde vom »Krausnick-Keller«, werden sich noch gut an die damaligen Vorgänge erinnern können.

Eigentlich begann es mit einem sehr menschlichen Bedürfnis. Ein junger Mann, der eben mit List und Tücke einer Schwarzmarktrazzia entwischt war, wählte einen Umweg, um mit seiner »Ware« sicher nach Hause zu kommen. Er passierte die in Trümmern liegende Burgstraße (Ostberlin) nahe dem Berliner Schloß, da verspürte er ein menschliches Regen, das sich nicht mehr zurückdrängen ließ, er mußte irgendwo seine Notdurft verrichten. Zwischen den Ruinen fiel sein Blick auf eine mit Trümmerschutt übersäte Kellertreppe.

Er glaubte seinen Augen nicht zu trauen, als er fast am Ende der Stufen, wo diese in die Dunkelheit führten, verschiedene Briefmarken entdeckte, die merkwürdigerweise so frisch erhalten waren, als hätte sie jemand erst vor kurzer Zeit dort verloren. Der junge Mann schlich die Treppe hinab und sammelte die paar Stücke ein; dabei glaubte er, daß sich der Markensegen im Dunkel noch fortsetzte. Er eilte nach Hause, um einen Freund, der Besitzer einer Karbidlampe war, zu mobilisieren, mit ihm gemeinsam die mysteriöse Sache aufzuklären.

Die zwei Halbwüchsigen machten sich am gleichen Nachmittag auf den Weg zu der Ruine in der Burgstraße. Mit Herzklopfen ging es gemeinsam den halb verfallenen Kellereingang hinunter, die Lampe wurde in Betrieb genommen, und die beiden Burschen leuchteten in die muffige Dunkelheit. Außer nackten Mauern und einem halb verschütteten Gang war nichts zu sehen. Sollten sie weiter vordringen? Die zerbombten und zerschossenen Häuser konnten zu tödlichen Fallen werden, wenn eine Wand oder Decke einstürzte.

Beide waren jung und wollten es genau wissen, was hier los war. Sie krochen ganz vorsichtig weiter, denn der Gang war hier nicht einmal mehr begehbar. Nach einigen Metern konnte man wieder stehen, es kam ein Mauervorsprung, der eine Nische bildete, dann entdeckten sie eine offene Metalltür, wie man sie in fast allen Luftschutzkellern hatte, und das, was dahinter war, schien den beiden wie ein Märchen.

Der fahle Schein ihrer Lampe fiel auf eine Reihe alter Geldschränke, deren Türen offen waren. Tüten und Schachteln voll mit Briefmarken bedeckten den Kellerboden. Die Jungen wateten durch die verstreute Markenpracht auf die Stahlschränke zu. Die Türen zeigten deutliche Spuren gewaltsamer Öffnung. In den Schränken sah es wild aus, Kästen, Bücher und Alben waren durcheinandergeworfen, überall lagen lose Marken und ganze Bogen herum. Es war eine gespenstische Szene, alles erschien so unwirklich, und dennoch mußte man den Eindruck gewinnen: Hier hatte bereits jemand alles genau durchsucht und das, was ihm nicht zugesagt hatte, wahllos in die Tresore oder auf den Boden geworfen. Den beiden Jungen war klar, dieser Keller war eine »Goldmine«, denn auch Briefmarken ließen sich zu Geld machen, und derartig große Mengen, wie sie hier herumlagen, mußten einen erheblichen Wert besitzen.

Da beide nicht in der Lage waren, zu beurteilen, was billig oder teuer war, rafften sie das, was ihnen am wertvollsten erschien, zusammen und brachten es stillschweigend nach Hause. Einen Schwarzhändler, der mit allem Geschäfte machte, auch mit Briefmarken, offerierten sie ihren Schatz und wurden handelseinig. Für einige »Stangen« amerikanischer Zigaretten nahm er den Jungen die Marken ab.

Das Geschäft schien sich anzulassen, die beiden gingen also wieder auf Tour, aber siehe da, als sie das Trümmergrundstück in der Burgstraße erreichten, war bereits die Konkurrenz dabei, sich einzudecken. Der Karbidlampen-Besitzer hatte seinem Bruder unter Abnahme des großen Ehrenwortes von der »Schatzkammer« berichtet. Dieser suchte sich ebenfalls einen »Kompagnon«; keiner konnte dichthalten, und in kurzer Zeit war der »Markenkeller« in der Burgstraße reichlich bevölkert. Es dauerte nicht sehr lange, und die alten Geldschränke waren »ausgefegt« – die letzte Marke verschwunden.

Das Interessanteste aber an dieser Geschichte ist ihr Anfang. Wem gehörten die Marken? Und wer öffnete die Geldschränke?

Die Ruine in der Burgstraße beherbergte ehemals die Geschäftsräume des berühmten Briefmarkenhändlers Philipp Kosack, der seinerzeit wohl der größte dieser Branche war. Die wertvollsten Objekte seines riesigen Lagers waren bereits vor dem Kriege ins Ausland verlagert worden, aber ein enormer Bestand von Marken der niederen und mittleren Preisklasse war in den Kellerräumen des Geschäftshauses, wohlverwahrt in dicken Geldschränken, verblieben. Die Bombenangriffe auf die ehemalige Reichshauptstadt legten auch die Burgstraße in Trümmer und mit ihr das Haus Nr. 8, in dem die uralte Markenhandlung von Philipp Kosack zu Hause war.

Als die Rote Armee im April 1945 Berlin erobert hatte, war ein Herr K. für die sowjetische Militärbehörde als Dolmetscher tätig. Dem Antifaschisten K. gelang es durch seine erstklassigen Verbindungen zur russischen Besatzungsmacht, die Kosackschen Stahlschränke durch ein Spezialkommando von Pionieren öffnen zu lassen. Herrn K. war absolut klar, daß die Russen für den Inhalt der Schränke nicht das geringste Interesse zeigen würden – und so war es auch. Er aber konnte so in aller Ruhe die erste Lese halten.

K. war ein Markenkenner und gab sich nicht mit dem Ballast ab, er sortierte tagelang die besten Sorten aus dem riesigen Volumen aus. Dennoch hatte er einiges übersehen. Seine »Nachfol-

ger« nämlich fanden noch reichlich besseres Material. Den Kellereingang hatte K. übrigens selbst mit Trümmerbrocken verbarrikadiert, um »seine« Marken vor Entdeckung zu schützen.

Welchen Wert die Briefmarkenbestände aus den geplünderten Kosack-Tresoren besaßen, war und wird nie zu ermitteln sein. Bedeutende Raritäten enthielten die Schränke ohnehin nicht mehr. Aber nach den Schilderungen des Herrn K. und unter Zugrundelegung heutiger Preise dürften die aus den Trümmern der Burgstraße 8 gesammelten Reste des Kosack-Lagers immerhin einen Wert von einigen hunderttausend D-Mark ausgemacht haben.

Wesentlich später ließen die rechtmäßigen Eigentümer weitere total verschüttete Tresore freilegen, von deren Existenz auch Herr K. nichts geahnt hatte. Mit der Realisierung ihres Inhalts war der Berliner Händler Friedrich W. beauftragt, und noch bis in die sechziger Jahre konnte er seinen Kundenkreis mit den interessanten Partien aus dem gewaltigen Lager versorgen.

1958 kaufte ich aus dieser Quelle das Japan-Lager und schoß damit wohl den größten Bock in meinem Berufsleben. Mit bescheidenem Nutzen versilberte ich den Bestand an einen Händler in Tokio, heute wäre dieses Objekt ohne Schwierigkeiten mit dem dreißigfachen Betrag zu verkaufen, ja bei einigen Spezialitäten wäre die Steigerungsrate noch weit höher. Vorbei – auch Profis sind gegen Fehler nicht gefeit.

Der Markenschatz der SS – Legende oder Wirklichkeit? Etwa zwanzig Jahre nach Kriegsende, als das bundesdeutsche Wirtschaftswunder in voller Blüte stand, hörte ich kurz hintereinander in zwei europäischen Großstädten zum erstenmal ein merkwürdiges Gerücht, das mir in den folgenden Jahren noch öfter begegnete.

Meine beiden ersten Informanten hatten mit Briefmarken nur am Rande zu tun. Ein Österreicher und ein Schweizer – beide waren sich nicht bekannt – berichteten übereinstimmend, im November 1944 hätten zwei hohe Offiziere der Waffen-SS, von denen der eine infolge einer Kriegsverletzung gehbehindert war, im Auftrag der SS-Führung einen offensichtlich speziell gefertigten Metallkoffer von Wien nach Zürich gebracht und dort in einer Bank deponiert.

Nun, ein derartiger Transport kann durchaus erfolgt sein, nur, daß der Inhalt des Koffers aus hochwertigsten Briefmarken bestanden haben soll, klang recht unwahrscheinlich. Dennoch – der Mann aus Wien behauptete, genaue Kenntnis zu haben, und zwar von einem ihm persönlich bekannten SS-Offizier, der in den besetzten Ostgebieten für die Beschlagnahmung von Briefmarken verantwortlich gewesen war.

Nach seiner Information wurden alle konfiszierten Objekte auf besonders hochwertige Stücke durchgesehen, diese dann entnommen und an eine besondere »Auffangstelle« nach Wien geleitet, wo eine Registrierung und Bewertung auf Basis von Schweizer Franken erfolgte. Auch aus den anderen besetzten Gebieten seien beschlagnahmte hochwertige Sammlermarken nach Wien geleitet und dort registriert worden.

Das besondere Interesse der SS für philatelistische Seltenheiten wurde damit erklärt, daß im Spätherbst 1944 in der SS-Führung der Krieg bereits als verloren galt. Hohe Offiziere, wie unter anderem Obergruppenführer Müller, waren zu dieser Zeit schon damit beschäftigt, die Organisation »Odessa« aufzubauen, die dem amerikanischen Geheimdienst später große Rätsel aufgab. Auch den Spitzen-Chargen der SS war bekannt, daß sich gute Briefmarken an jedem Ort der Welt leicht verkaufen lassen würden und, da sie bequem und unauffällig zu transportieren sind, praktisch eine Art Universalwährung darstellten.

Noch eine andere Verbindung zwischen Philatelie und SS existierte, wenigstens als Gerücht. Jahrelang war behauptet worden, der ehemalige Sowjetoffizier Victor Panin aus Baku sei Besitzer einer Blauen Mauritius. Das rare Stück soll er von einem in russische Gefangenschaft geratenen SS-General geschenkt bekommen haben. Dieser wiederum hätte die Marke in einem russischen Kloster beschlagnahmen lassen. Diese Story ist wiederholt veröffentlicht worden, durch erschöpfende Recherchen wurde jedoch 1973 die Geschichte als eine Ente entlarvt. Ein Victor Panin existierte zwar, und er interessierte sich auch für Briefmarken, aber eine Mauritius-Post-Office hat er nicht und hat auch nie eine besessen.

Wahrscheinlich werden auch die Gerüchte um den in der Schweiz deponierten »Markenschatz« der SS ins Reich der Fabel zu verbannen sein, obwohl einer der Informanten sogar die Endsumme nennen konnte, mit der die exakte und in Schweizer Franken vorgenommene Aufstellung vom November 1944 geendet haben soll. Der Betrag lautete auf 9,4 Millionen Schweizer Franken, fast zu schön, um wahr zu sein.

Marken, die noch niemand sah. Seit etwa zwanzig Jahren sammle und archiviere ich ungewöhnliche Geschichten, Berichte und Gerüchte, die mit der Philatelie irgendwie in Beziehung stehen. Der folgende Bericht besitzt überwiegend geschichtlichen Charakter und berührt die Philatelie nur am Rande, dennoch dürfte er für viele Sammler von Interesse sein. Die Möglichkeit, daß sich die Schilderung so zugetragen hat, ist keineswegs von der Hand zu weisen.

Ausgangs der fünfziger Jahre besuchte mich des öfteren in meinem damaligen Berliner Büro ein ehemaliger polnischer Offizier, der im Auftrag seines Wirtschaftsministeriums Westeuropa bereiste. Er war Sammler und hatte eine Vorliebe für die erste Marke Polens, von der er jedes feine Stück kaufte. Er sprach ein fast akzentfreies Deutsch und besuchte mich bei jeder seiner Reisen, die ihn über Berlin führte. Wir hatten nach kurzer Zeit einen freundschaftlichen Kontakt und unterhielten uns auch gelegentlich über rein private Dinge.

Bei einer dieser Unterhaltungen schilderte mir mein Gast ein Kapitel der jüngsten polnischen Geschichte, das mir damals völlig unbekannt war.

Als die Front im Osten immer näher an die deutsche Reichsgrenze rückte, zogen sich die in den Beskiden stationierten deutschen Einheiten aus diesem unübersichtlichen und vielfach schwer zugänglichen Waldgebiet zurück, auch die auf dem Rückzug befindlichen Kampfverbände mieden diese Landschaft, deren Struktur allenthalben Tücken und Fallen barg.

Dennoch konzentrierte sich in den unzugänglichen Tälern und den endlosen finsteren Wäldern der Beskiden ein großes Militärpotential, die sogenannte »Aufständische Ukrainische Armee«, eine große antisowjetische Militäreinheit von vielen tausend Mann.

Die nach Westen drängende Rote Armee interessierte sich nicht für den südpolnischen Raum, sie umging die Beskiden und die Hohe Tatra. Die Verbände der »Aufständischen Ukrainer« blieben zurück.

Nach dem Krieg wurde der neue polnische Staat gleich mit einem schweren Problem belastet, denn im Süden des Landes gingen die Kämpfe weiter. Neben den Ukrainern hatten sich auch noch polnische Banden in den Beskiden etabliert, die gegen ein sozialistisches Polen waren. Noch bis in den Sommer 1946 beherrschten diese Einheiten weite Teile des südpolnischen Raumes und regierten dort mit unvorstellbarer Gewalt. Die Kämpfe der polnischen Armee gegen diese nach Tausenden zählenden Guerilla-Truppen reichten bis in das Frühjahr 1947.

Mein Besucher Constantin H. hatte 1945 und 1946 als junger Offizier zu den Einheiten gehört, die den unzugänglichen Teil der Beskiden von den Rebellen befreien sollten. Er erzählte mir, daß die Ukrainer zumindest bis Anfang 1946 eine gut funktionierende Einrichtung besessen hatten, die man am treffendsten als Militär-Kurierdienst bezeichnen könnte. Mein Besucher behauptete, daß von dieser Kurierpost zwei spezielle Marken verwendet wurden, die nach seiner Erinnerung ziemlich groß gewesen seien. Die Papierfarbe soll grün und rot gewesen sein und der Druck hauptsächlich aus Schrift bestanden haben, an nähere Einzelheiten könne er sich nicht erinnern, weil er zu damaliger Zeit der Sache keine große Bedeutung beigemessen habe.

Auf meine Frage, wie er denn dazu

kam, diese Marken zu sehen, erhielt ich folgende Erklärung: Bei einem Gefecht in der Nähe von Sanock entdeckte er in einem gerade verlassenen Erdbunker angebrannte Schriftstücke, die offenbar in letzter Sekunde vernichtet werden sollten, da sie aber feucht waren, blieben sie weitgehend erhalten. Unter diesem Fund befanden sich einige Umschläge mit den beschriebenen großen Marken. Der Inhalt war für die Polen ohne Bedeutung, deshalb beließ man die Papiere dort, wo sie waren, und sprengte den Erdbunker.

Weiter berichtete mir der ehemalige Offizier, daß einer dieser aufständischen Kuriere durch die Patrouille einer anderen ihm bekannten Einheit gestellt und gefangen wurde. Am Körper des Mannes hätte man einige Umschläge mit Meldungen gefunden, auf den Kuverts hätten sich grüne Zettel befunden. Wo diese Briefe während der Kampfhandlungen verblieben sind, war ihm nicht bekannt. Constantin H. war jedoch sicher, daß von der »Aufständischen Ukrainischen Armee« Kurierpostmarken verwendet wurden, denn durch Funk verständigten sich die Rebellen nur sehr wenig, da sie vermeiden wollten, durch Anpeilung geortet zu werden.

Die Geschichte klingt einleuchtend und glaubwürdig. Mein Informant war zudem ein zweifellos honoriger Mann. Vielleicht liegt irgendwo in den Beskiden unbeachtet ein Umschlag mit einer großen grünen oder roten Marke, es wäre eine posthistorische Seltenheit von höchstem Rang.

Die Flugbriefe des Vogelmenschen von Malbun. Hanns Dieter Dombrowski, philatelistisch versierter Redakteur einer großen deutschen Sonntagszeitung, hat eine besonders enge Beziehung zu Liechtenstein, deren Marken und Postverhältnisse. Kein Wunder also, daß Dieter Dombrowski einer der ersten war, der Kenntnis hatte – und darüber berichtete –, daß für den März 1975 ein einzigartiger Erstflug in dem kleinen Fürstentum geplant war.

In Liechtenstein rüstete ein (trotz seiner 58 Jahre) vor Vitalität strotzender Sohn des Landes zum ersten Drachen-Postflug der Welt. Der Mann, der sich auf ein derart abenteuerliches Unterfangen vorbereitete, hatte bereits seiner Königlichen Hoheit, Prinz Charles, dem britischen Thronfolger, das Skilaufen beigebracht. Sepp Ender, das ist der Name des exzellenten Skilehrers, der außerdem noch Leiter der Drachenflugschule im liechtensteinischen Wintersportparadies Malbun ist.

Die Idee, mit einem umgeschnallten Postsack an seinen Delta-Flügeln hängend als fliegender Postillion ins Tal zu schweben, kam dem Ender Sepp beim abendlichen Schoppen mit einem örtlichen Briefmarkenhändler. Einen derart risikoreichen Flugversuch startet man natürlich nicht, ohne die Öffentlichkeit durch die Presse zuvor ausreichend informiert zu haben, also berichteten Zeitungen in der Schweiz und das »Liechtensteiner Volksblatt« von dem bevorstehenden Ereignis. Besondere Flugvignetten wurden gedruckt und ein Sonderstempel beschafft, der die Inschrift »Delta-Air-Mail Fürstentum Liechtenstein« trug.

Von den Einnahmen aus diesem Projekt sollten karitative Einrichtungen profitieren, der liechtensteinischen Landesmutter – Fürstin Gina – wurde zuvor eine Spende von mehreren tausend Schweizer Franken für behinderte Kinder avisiert. Durch die verschiedenen Presseberichte wirbelte die

Durch den Drachenflieger von Malbun beförderter Brief

ganze Angelegenheit im kleinen Liechtenstein erheblichen Staub auf, und selbst die Kreispostdirektion in St. Gallen ließ veröffentlichen: Die Nachahmung des Poststempels und der Briefmarke seien Strafbestände, die vom Rechtsdienst der Generaldirektion der PTT überprüft würden. Der Jux eines mutigen Sportlers hatte offenbar ein paar Provinzbeamte in Panik versetzt.

Auf den Akteur der ganzen Geschichte machte der Wirbel wenig Eindruck, er saß mit seinem Postsack auf dem Sareiserjoch – beziehungsweise in einer gemütlichen Berghütte – und wartete auf günstiges Wetter für seinen Start. Am 29. März 1975 war der Sturm abgeklungen, und die Winde waren günstig. Der Delta-Flieger startete mit tausend Briefen im Rucksack und schwebte

von begeisterten Zurufen der Wintersportler begleitet zu Tal.

Zwei Briefe hatte Dieter Dombrowski dem Vogelmenschen anvertraut – sie waren an ihn selbst adressiert und mit gültigen liechtensteinischen Briefmarken für den offiziellen Teil der Postbeförderung versehen, beide erreichten ihren Empfänger.

Sepp Ender rüstet zu neuen Taten, sein Ziel, von der Gafleispitze auf Vaduz niederzuschweben, wird er sicher verwirklichen – natürlich mit einem Rucksack voller Briefe.

Die Kripo-Story oder Besuch am ersten Feiertag. Am 25. Dezember 1969 lag in Hamburg Schnee; es war ein angenehmer, ruhiger Weihnachtstag. Viele Einwohner hatten die Stadt an der Elbe verlassen, um während der

Festtage irgendwo Ferien zu machen, so auch der Inhaber einer ruhigen Neubauwohnung, die im Obergeschoß lag und von der ihr Besitzer glaubte, sie wäre praktisch einbruchsicher. Es sollte sich am Abend des 25. 12. herausstellen – sie war es nicht.

Zwei Einbrecher hatten sich das verwaiste Heim zu einem Beutezug auserkoren. Durch das Treppenhaus gelangten sie auf den Boden, von dort auf das flache Dach und von da mit einem Tau auf den Balkon in der obersten Etage. Die Balkontür zu öffnen war für die »Spezialisten« wahrhaft kein Problem. Nun war das saubere Duo am Ziel seiner Träume. Dutzende von wertvollen Briefmarkenalben brauchten die Herren Einbrecher nur aus simplen ungesicherten Schränken zu entnehmen und dann abzutransportieren. Das Glück war ihnen dazu noch hold, denn in der Wohnung fanden sie einen Schlüsselbund. Der beschwerliche Weg über das Dach erübrigte sich jetzt, man konnte die mit Briefmarkenalben gefüllten Koffer bequem durch die Wohnungstür in den Lift befördern und nach unten fahren. Die Beute wurde zunächst in Schließfächern auf einem U-Bahnhof deponiert.

Dann starteten die Ganoven ihre zweite Tour, die diesmal wesentlich einfacher war, da sie ja die Wohnungsschlüssel hatten. Sie leisteten ganze Arbeit und schleppten alles, was sie an Briefmarken fanden, weg, dabei hob sich einer der Gauner tatsächlich einen Bruch. Kurz nach Weihnachten mieteten sie zunächst in einem anderen Stadtteil ein Zimmer, um die Beute unterzustellen. Mit einem ganz geringen Teil des gestohlenen Gutes reisten sie dann zur Geldbeschaffung nach Berlin. Nachdem der Einbruch entdeckt war, ging

von der Hamburger Kriminalpolizei sofort eine Aufstellung über die gestohlenen Objekte an den Briefmarkenhändler-Verband und alle Kripo-Dienststellen.

Das Schicksal nimmt seinen Lauf. In Berlin bekommt ein Briefmarkenexperte von einem Händler Marken zur Begutachtung vorgelegt und erkennt aufgrund der Kripo-Information, daß es sich um das in Hamburg gestohlene Material handelt. Der Markenkenner aus Berlin ruft den Hamburger Kriminalinspektor Harry Kroeger an – einen Fachmann auf dem Sektor Briefmarken-Kriminalität –, dieser veranlaßt nun die Kripo in Berlin, den Händler, der die Marken ahnungslos erwarb, aufzusuchen und den Ankaufsbeleg zu überprüfen.

Dabei stellt sich heraus, der Verkäufer ist ein einschlägig vorbestrafter Einbrecher. Bei weiteren Ermittlungen um diese Person stößt der Hamburger Kripoinspektor auf den Namen eines Einbrechers aus der Hansestadt, den er zwei Jahre zuvor bei einem anderen »Marken-Einbruch« überführte. Der Zusammenhang wird klar. Kroeger reist nach Berlin und sucht den zwischenzeitlich in Untersuchungshaft einsitzenden Verkäufer der gestohlenen Marken in Moabit auf. Nachdem sich der Beamte mit Namen und Dienststelle vorgestellt hatte, fiel der Inhaftierte um und sagte: »So ein Mist, mein Hamburger Kumpel meinte, es geht alles o. k., wenn nicht der Kroeger den ›Bruch‹ bearbeitet.« Pech für die beiden, die Sache vom ersten Feiertag war nun mal Kroegers Fall!

Mit dem Ganoven von der Spree reist der Kripomann an die Elbe zurück und verhaftet dort den Hamburger Komplizen, der eine Tatbeteiligung entschieden bestreitet. Es kommt zu einer Ge-

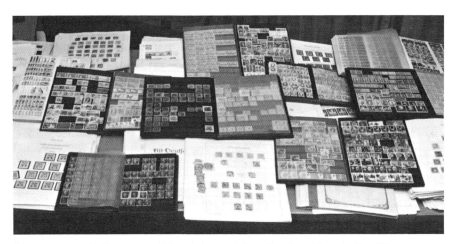

Diebesgut von der Hamburger Kripo sichergestellt – der Eigentümer hatte Glück

genüberstellung. Nach heftiger Diskussion zwischen den Tätern erkennen die zwei, daß ein umfassendes Geständnis – aufgrund der erdrückenden Beweise – wohl der beste Weg wäre. In dem kurz nach der Tat angemieteten Zimmer befanden sich nur kärgliche Reste aus dem Einbruch. Den weitaus größten Teil des gestohlenen Gutes hatten die sauberen Herren wirklich profihaft untergebracht. Erstklassig verpackt und als Akten deklariert, deponierten sie ihre Beute in einem Speicherhaus. Die Miete für die Aufbewahrung hatten sie für achtzehn Monate im voraus bezahlt. Vom Gericht wurden beide Täter zu einer mehrjährigen Haftstrafe verurteilt.

Der Geschädigte hatte ein enormes Glück, ihm konnten 95 Prozent seiner Werte zurückgegeben werden. Inspektor Kroeger von der Hamburger Kripo verbuchte wieder einmal einen hundertprozentigen Erfolg.

Nicht alle Einbrüche und Markendiebstähle gehen aber für die Besitzer so glimpflich aus, häufig bleiben die gestohlenen Werte verschollen. Jeder Besitzer einer wertvollen Briefmarkensammlung sollte erkennen, welch große Gefahr eine leichtsinnige Aufbewahrung mit sich bringt. Kein Mensch käme auf die Idee, bare zwanzig-, dreißig- oder fünfzigtausend D-Mark in einen Bücherschrank oder eine Kommode zu legen und ohne Aufsicht tage- oder gar wochenlang liegen zu lassen. Bei Briefmarkensammlungen in dieser Größenordnung ist das anders. Hier legen die Besitzer häufig eine geradezu naive Sorglosigkeit an den Tag, indem sie viele tausend Mark ungeschützt aufbewahren.

Die Maxime dieser Geschichte: Sammler, sichert eure Sammlungen. Werte, die für die Ganovenzunft interessant sein können, gehören in einen Banksafe oder sollten zumindest durch andere, wirkungsvolle Sicherungen geschützt sein.

Berühmte Sammler – berühmte Sammlungen

In der weit über hundertjährigen Geschichte der Philatelie gab es viele große Sammler. Der älteste unter den berühmten war bereits Advokat in London, als am 6. Mai 1840 die erste Marke der Welt in England erschien. Die Briten schufen das erste Postwertzeichen, kein Wunder, daß sie auch den ersten bedeutenden Sammler stellten.

Der »Patriarch« der Briefmarkensammler war W. A. S. Westoby, geboren 1815. Nach dem Studium der Rechte an der Universität Cambridge etablierte er sich zunächst als junger Anwalt in London, später lebte er lange Jahre auf dem Kontinent, am längsten in Paris. Westoby gilt auch als einer der ersten, die sich mit philatelistischer Forschung beschäftigten.

Während seines Aufenthaltes in Frankreich fand er einen engen Kontakt zu den bedeutenden französischen Sammlern Dr. Legrand, Rondot und Herpin. Letzterer ist der Erfinder des Wortes Philatelie. Herpin gab dem Hobby mit den meisten Anhängern seinen wissenschaftlich klingenden Namen. Westoby krönte seine philatelistischen Forschungen mit der ersten wirklich wissenschaftlichen Monographie über die Marken eines Landes mit dem Werk »The Postage and Telegraph Stamps of Great Britain«, das er mit seinem Freund Philbrick verfaßte.

Westoby verkaufte seine prächtige Kollektion noch zu Lebzeiten an den Marquis de Ferrari. Der erste große Briefmarkensammler starb im Herbst 1899. Mit dem Käufer der Sammlung Westoby sind wir schon bei der Persönlichkeit, die als größter Briefmarkensammler aller Zeiten gilt.

Der Graf Philippe la Renotiere de Ferrari. Eine seltsame Erscheinung war der Mann, der bis zu seinem Tode im Jahre 1917 die größte Briefmarkenkollektion, die je existierte, aufbaute. Bereits um seinen Namen gab und gibt es Diskussionen. Er wurde unter anderem als Marquis, als Baron und einfach als Herr von Ferrari bezeichnet. In diversen Veröffentlichungen schreibt man ihn am Ende auch mit einem »y«, aber all das ist für sein Leben und Wirken als Philatelist ohne jeden Belang.

Es gab und gibt keinen Sammler, über den derart viel geschrieben wurde und dem man auch nur ein annähernd so großes Interesse entgegenbrachte wie dem legendären Ferrari. Ich halte es für völlig überflüssig, in diesem Rahmen seine Vorfahren über Jahrhunderte zurückzuverfolgen und sein angeblich gestörtes Seelenleben zu analysieren. Für uns wichtig erscheint mir der in seiner Art einmalige Sammler, mit dessen Namen die meisten Philatelisten Raritäten, Einmaligkeiten und unendlich viel Geld verbinden.

In der Tat war Ferrari durch ein riesenhaftes Vermögen in der Lage, sich jeden philatelistischen Wunsch zu erfüllen. Viele Händler der damaligen Zeit sollen wie die Kletten an ihm geklebt haben. Das ist nicht weiter verwunderlich, denn wo Ferrari zum Einkauf vorfuhr, gab es blanke Goldstücke für die Verkäufer. Zwei bedeutende, inzwischen verstorbene deutsche Berufsphilatelisten, die den Grafen von Ferrari noch persönlich kannten, erzählten mir über ihr Zusammentreffen mit dem einzigartigen Sammler.

Der Berliner Briefmarkenprüfer Georg Richter wußte zu berichten, daß Ferrari stets im März die ehemalige Reichshauptstadt besuchte, dort lernte er ihn auch im Frühjahr 1902 kennen. Der große Sammler kam zu dieser Zeit meist aus Ägypten, wo er sich häufig im Januar und Februar auf ärztliches Anraten aufhielt und dann immer schon wegen seines gebräunten Gesichts im noch kalten Berlin auffiel.

In seiner Begleitung hatte er stets einen Diener, mit dem er die für ihn wichtigen Briefmarkenhändler mit der Droschke abfuhr. Wenn seine Kutsche vor einer Markenhandlung hielt, raffte der Diener Fußsack, Fußbank und eine ausgebeulte Ledertasche zusammen und half dann seinem Herrn beim Aussteigen. War Ferrari irgendwo angesagt, so hatte der Händler stets ein eigenes Plätzchen für den Markenkrö-

sus, um ihn von der übrigen Kundschaft abzuschirmen. Sobald der große Kunde Platz genommen hatte, zog ihm der Diener die Galoschen aus und verstaute Ferraris Beine in dem gefütterten Fußsack, dann wurde ihm das kleine Bänkchen untergeschoben, und nun konnte der Kauf beginnen.

Ferrari zahlte sofort in bar und meist mit Goldstücken. Aber es war natürlich für die Händler nicht leicht, einem so großen Sammler noch etwas Passendes verkaufen zu können. Im Frühjahr 1902 fand in Berlin während des Ferrari-Besuches eine Markenauktion statt. Der berühmte Philatelist erschien persönlich mit Diener und Fußsack, und als er für einen »Doppel-Genf-Brief« bei 600 Goldmark den Zuschlag erhielt, konnte man im Saal eine Stecknadel fallen hören. Heute regt sich niemand auf, wenn für einen Luxusbrief mit einer »Doppel-Genf« 80 000 DM erzielt werden.

Der erst kürzlich verstorbene, renommierte Markenkenner August Drahn erzählte mir des öfteren, wie er als Junge dabei sein durfte, wenn der große Ferrari in Köln bei seinem Onkel – der damals das führende Markengeschäft in der Domstadt betrieb – Marken kaufte.

Ferrari meldete seinen Besuch immer für einen Sonntagvormittag an. Dann saß er stundenlang und ließ sich Marken und Briefe vorlegen, und der kleine »August« durfte dabei helfen. Drahn erinnerte sich, daß Ferrari stets sehr großzügig war. Jedesmal, wenn Ferrari ging, bekam der »kleine Gehilfe« eine stattliche Anerkennung für seine Sparbüchse.

Der ledige und kinderlose Markenfürst hatte für seine gigantische Kollektion das Deutsche Postmuseum als Erben bestimmt. Der Erste Weltkrieg sollte jedoch seine testamentarische Verfügung zunichte machen, die märchenhafte Sammlung kam nie nach Deutschland.

Bei Kriegsausbruch, im August 1914, befanden sich die nach Hunderten zählenden Bände der »Ferrari-Sammlung« in Paris. Der Graf war – was seine Staatsangehörigkeit betraf – Österreicher, für die Franzosen also ein feindlicher Ausländer. Das war Grund genug, den gesamten Besitz zu beschlagnahmen. Grundstücke, Bankkonten, der immense Markenbesitz, kurz das in Frankreich befindliche Vermögen, wurden auf Regierungsbeschluß eingezogen.

Ferrari gelang es, in die Schweiz zu entkommen, wo er bis zu seinem Tode – im Jahre 1917 – in Lausanne lebte. Der Verlust seiner geliebten Briefmarken hatte mit Sicherheit einen negativen Einfluß auf den Gesundheitszustand des Marquis, daß er aber seinen Tod bewirkt haben soll, wie vielfach behauptet wird, ist zumindest nicht beweisbar.

Die dem Berliner Postmuseum vererbte Sammlung wurde im Auftrag des französischen Staates in den Jahren 1921 bis 1926 in Paris versteigert. Bewußt verteilte man die Auktionen über einen längeren Zeitraum, um den Markt aufnahmefähig zu halten. Die Marken des toten Grafen stellten eine derartige Konzentration philatelistischer Werte dar, daß es geboten schien, die Mammut-Sammlung wohldosiert unter die Käufer zu bringen. Zählt man die Versteigerungstage zusammen, so benötigten die Auktionatoren weit über einen vollen Monat, um die größte Allround-Sammlung, die jemals von einem privaten Sammler aufgebaut wurde, zu realisieren. Das Ergebnis, ein Betrag von etwa dreißig Millionen Franc, wurde dem Deutschen Reich auf das Reparationskonto gutgeschrieben.

Wollte man alle Sammler, wollte man alle Kollektionen, die groß, berühmt, einmalig, kurz erwähnenswert sind, beschreiben, wäre das Stoff für ein eigenes Buch. Eine Reihe profilierter Philatelisten aus Vergangenheit und Gegenwart müssen aber in jedem Falle noch genannt werden. Es gab und gibt natürlich auch heute noch unter den Philatelisten viele prominente Namen. Briefmarken wurden von Königen und Präsidenten, von großen Industriellen, Wissenschaftlern, Künstlern, Fürsten, Herzögen, Grafen, Baronen, Sportlern usw. gesammelt.

Philatelisten waren beziehungsweise sind zum Beispiel König Georg von England, König Carol von Rumänien, die ägyptischen Könige Fuad und Faruk, Präsident Roosevelt, Präsident Harding, General MacArthur, der Schauspieler Yul Brynner, der Komponist Robert Stolz, der Kunsthändler Duveen, der Großfürst Alexis Michaelowitsch, der Maharadscha von Bahawalpur, der Altbundestrainer Sepp Herberger, der Tabak-Magnat Maurice Burrus usw.

Diese wenigen Namen aus dem riesigen Kreis der »Sammler-Prominenz« zeigen doch schon in anschaulicher Weise, daß die Philatelie es versteht, die unterschiedlichsten Mentalitäten in ihren Bann zu ziehen. Ob Kunsthändler oder General, ob Komponist oder König, ob Industrieller oder Schauspieler, sie alle entdeckten den Reiz und die Faszination, die von den kleinen Marken ausstrahlen.

»Freier Otto« zahlte die höchsten Preise. Im Sommer des Jahres 1899 hatten verschiedene deutsche Markenhändler einen äußerst schmerzlichen Verlust zu beklagen, einer ihrer besten Kunden hatte das Sammeln aufgegeben. Der plötzliche Entschluß des forschen Käufers, der Philatelie ade zu sagen, traf einige Händler wie ein Blitz aus heiterem Himmel, besonders solche, die sich speziell für ihr »bestes Pferd im Stall« noch mit Raritäten eingedeckt hatten, auf denen sie nun zunächst sitzenblieben.

Ein Augenleiden war der Grund, weshalb der Baron Otto von Transehe-Roseneck seinen geliebten Markensport aufgab. Seine Ärzte hatten ihm dazu geraten. In der Tat hatte der Baron es auch mit seiner Sammelleidenschaft übertrieben. Nächtelang saß er bei Petroleumlicht und betrachtete seine Schätze unter der Lupe. Auch beim Einkauf war er maßlos, denn er zahlte, ohne mit der Wimper zu zukken, jeden geforderten Preis.

Große deutsche Händler der damaligen Zeit schnalzten mit der Zunge, wenn sie nur seinen Namen hörten, und in einer bedeutenden Berliner Marken-Firma wurde der Träger eines so altehrwürdigen Namens unter den Angestellten nur liebevoll als »Freier Otto« bezeichnet.

Die herrliche Kollektion des Barons von Transehe-Roseneck erhielt die Firma Paul Kohl in Chemnitz zum Verkauf, seinerzeit eine führende deutsche Briefmarken-Firma. Das Markenhaus Kohl bemühte sich über Jahre, die Raritäten des blaublütigen Philatelisten mit der großzügigen Ader an den Mann zu bringen.

Der adlige Sammler hatte in der Tat – für damalige Verhältnisse – »irre« Beträge für seine Kostbarkeiten bewilligt. So zahlte er im Jahre 1896 für die 4-Cent, 8-Cent und 12-Cent der ersten Ausgabe von British-Guiana – in luxu-

riöser Erhaltung, versteht sich – bare 10 000 Goldmark. Dieser Preis war damals so verrückt, daß ihm daraufhin in Berlin der entzückende Spitzname »Freier Otto« verliehen wurde. Der genaue Betrag, den der Baron mit dem vielen Geld in seine Sammlung verpulvert hat, ist nicht bekannt, man erzählte sich damals in Händlerkreisen, es wäre mehr als eine volle Million gewesen.

Unter den Raritäten der Roseneckschen Kollektion befanden sich alle großen Europa-Seltenheiten in allerfeinsten ungebrauchten Exemplaren, so zum Beispiel die Marken des Königreichs Neapel und des Großherzogtums Toskana, ferner die berühmten »Ochsenköpfe« von Rumänien.

Der Baron kaufte schöne Marken auch mehrfach, von den berühmten österreichischen Zeitungsmarken besaß er den gelben, den rosa und auch den Zinnober-Merkur je in drei Kabinettstücken. Die alten Schweizer Kantonal-Marken waren ungestempelt und auf Briefen lückenlos vertreten, zum Teil sogar mehrfach. Eine Kollektion in der Art, wie sie der Baron Otto von Transehe-Roseneck besessen hatte, existiert heute nicht mehr. Seine Sammlung soll tatsächlich alle europäischen Marken vollständig enthalten haben, sowohl ungestempelt als auch gestempelt und vielfach noch auf Briefen, außerdem noch eine Reihe seltenster Übersee-Werte.

Daß ein so bedeutender »Preisankurbler« nun nicht mehr am Markt war, veranlaßte ein zeitgenössisches Briefmarken-Journal zu einem fast nachrufähnlichen Bericht, in dem der folgende Satz wörtlich erschien: »Für unsere Händlerkreise ist es ein schwerer Verlust, daß der Herr, welcher in der Hausse-Zeit die größten Ankäufe machte, das Sammeln aufgegeben hat.«

Arthur Hind, einer der ganz Großen. Es ist schwer, ja fast unmöglich, eine Rangliste aufzustellen, wer nach dem legendären Ferrari die folgenden Plätze unter den großen Sammlern einnimmt beziehungsweise eingenommen hat. Alfred H. Caspari, Maurice Burrus und Arthur Hind sind etwa auf gleicher Ebene anzusiedeln. Wir wollen uns mit einem dieser drei berühmten Philatelisten beschäftigen, mit Arthur Hind.

1856 in Bradford geboren, machte Arthur Hind sein Glück in Amerika. Mit vierundzwanzig Jahren gründete er die Hind & Harrison Plush Company. Das Unternehmen florierte derartig gut, daß Hind in wenigen Jahren ein gewaltiges Vermögen besaß. Etwa um 1890 entdeckte er sein Interesse für die Philatelie, aber erst nach der Jahrhundertwende kaufte er in großem Stil und begann systematisch mit dem Aufbau seiner Kollektion.

Als in den zwanziger Jahren die berühmte Ferrari-Sammlung in Paris unter den Hammer kam, war Arthur Hind der größte Käufer. Er war außerdem ein ständiger und sehr guter Kunde bei allen bedeutenden Auktionshäusern der Welt.

Wenn Hind ein Stück haben wollte, dann bekam er es auch. Wo er oder seine Agenten auf einer Versteigerung auftauchten, bekam die Konkurrenz stets »kalte Füße«, denn wenn er ein Objekt unbedingt besitzen wollte, bot er so lange, bis die Gegner geschlagen waren.

Er galt als außergewöhnlich couragierter Käufer.

Nach dem Tode von Arthur Hind versteigerte das renommierte Londoner Auktionshaus H. R. Harmer in den Jahren 1934 und 1935 diese phänomenale Sammlung in wohldosierten Auktionen, um den Markt aufnahmefähig zu halten. Lediglich die hervorragende Sammlung von amerikanischen Marken realisierte Harmer nicht. Sie war schon zuvor in New York unter den Hammer gekommen und hatte etwa 250 000 Dollar gebracht. Würde man diese traumhaften USA-Marken heute verauktionieren, dürfte das Ergebnis wahrscheinlich mit einer Null mehr enden.

In den Hindschen Markenschätzen befanden sich natürlich auch die beiden berühmten Post-Office von Mauritius, sogar in doppelter Ausführung, einmal ungestempelt und einmal beide gemeinsam auf einem Brief nach Bordeaux.

Dieser einmalige Brief war gleichzeitig auch das teuerste Stück der berühmten Sammlung. Am Dienstag, dem 12. Juni 1934, wechselte die Kostbarkeit den Besitzer, für 5000 Pfund Sterling ersteigerte der Hamburger Auktionator Edgar Mohrmann die einmalige Weltseltenheit.

Mohrmann kaufte diesen Brief nicht für sich, sondern im Auftrag des Tabakmagnaten Maurice Burrus. Der Kaufpreis von 5000 £ entsprach damals exakt 66 140 Reichsmark. Die ungestempelte One-Penny-Post-Office wurde vom Auktionator mit 2500 Pfund zugeschlagen, und 1500 Pfund erzielte die blaue Two-Pence im ungebrauchten Zustand.

Weitere markante Preise von damals für den interessierten Philatelisten von heute: 2050 £ war der Preis für eine der berühmten 2-Cent-Missionaries von Hawaii. Die größte Schweiz-Rarität, der ungestempelte Block von 6 Stück der sogenannten Doppel-Genf, wurde mit 1700 £ bezahlt. Und nur 300 Pfund weniger erzielte eine der größten Altdeutschland-Seltenheiten, nämlich der einmalige Block von 12 Exemplaren der seltenen grünen $^1/_3$-Groschen-Marke von Oldenburg aus dem Jahre 1859. Sachsens berühmter $^1/_2$-Neugroschen-Fehldruck von 1851 erzielte in einem Blockstück von 10 Marken 950 Pfund; das waren seinerzeit knapp 12 000 Reichsmark, heute wird ein einziges Exemplar mit etwa 15 000 DM bewertet.

Der Hind-Sammlung ging es so wie den meisten großen Kollektionen nach dem Tode ihres Besitzers. Was ein Mann in Jahrzehnten mit Liebe, Ausdauer und viel Geld aufgebaut hat, geht in einigen Tagen über den Auktionstisch eines Versteigerers in alle Welt. Der Trost für die Hinterbliebenen: Der Markenbesitz großer Sammler bringt fast immer wesentlich mehr, als ursprünglich für ihn ausgegeben wurde.

John R. Boker jun., der Größte der Gegenwart. Würde man die vielen herrlichen Kollektionen der bedeutendsten Sammler unserer Zeit zu Geld machen – die Boker-Sammlung dürfte mit Sicherheit den höchsten Preis bringen.

Mister John R. Boker jun., amerikanischer Staatsbürger und in New York zu Hause, nennt eine Kollektion sein eigen, die in Größe, Inhalt und Zusammensetzung einmalig ist.

Zunächst einmal besitzt der Amerikaner die wertvollste Sammlung von Marken der altdeutschen Staaten, die es auf der Welt gibt. Kein Privatmann, kein Museum kann ihm auf diesem Gebiet das Wasser reichen. Beim Studium des Altdeutschland-Handbuchs von Hans Grobe findet man bei bedeutendsten Raritäten immer wieder die Bemerkung »Sammlung Boker«. Bei Altdeutschlands Rarität Nummer eins,

dem legendären Brief mit dem »Baden-Fehldruck«, ist dies natürlich auch der Fall.

Nicht nur die Altdeutschland-Kollektion des Marken-Routiniers aus den USA ist einzigartig, sondern auch die Systematik, mit der er sie aufbaute. Gleich nach dem Kriege machte sich Mister Boker daran, eine genaue Aufstellung anzulegen, in der sämtliche »Spitzenstücke« von Altdeutschland enthalten waren – unter Berücksichtigung von Qualität und ihrer philatelistischen Bedeutung. Nach dieser Liste begann er die Raritäten aufzuspüren und Stück für Stück zusammenzutragen. Seine finanziellen Möglichkeiten, kombiniert mit den entsprechenden Verbindungen, sorgten dafür, daß sich die Sammlung bestens entwickelte. Nach dreißig Jahren intensiver Raritäten-Jagd sind es nur noch einige wenige Stücke, derer er bisher nicht habhaft werden konnte.

Aber die Boker-Sammlung ist selbstverständlich auf anderen Gebieten genauso stark besetzt, auch bei den Marken der USA und denen der konföderierten Staaten von Amerika enthält diese märchenhafte Kollektion Raritäten von höchstem Rang. John Boker ist ein Connoisseur par excellence und außerdem ein Feinschmecker in Sachen Philatelie. Er besitzt durch sein enormes Fachwissen eine große Überlegenheit gegenüber vielen anderen bedeutenden Sammlern. Abgesehen von den bisher genannten Gebieten besteht die »Boker-Collection« aus einer Konzentration erlesenster Raritäten der ganzen Welt. Die herrlichsten klassischen »Ochsenköpfe« des Fürstentums Moldau sind genauso in dieser einzigartigen Sammlung enthalten wie die erlesensten Qualitätsstücke von Reunion, Westaustralien, Spanien oder beispielsweise Buenos Aires. Die größte Briefmarken-Sammlung der Gegenwart ist ganz geprägt von der Persönlichkeit ihres Besitzers, für den nur das Feinste gut genug war.

Roger Loeillet – Verliebt in die »alten Franzosen«. Die mit Abstand größte Sammlung klassischer Frankreich-Marken liegt an der Riviera. Ihr Besitzer Monsieur Loeillet, Industrieller und Präsident des Fußballklubs von Nizza, hat diese glanzvolle Kollektion ohne Rücksicht auf Kapitaleinsatz in vielen Jahren aufgebaut; sie ist heute das bedeutendste Objekt dieser Art. Aber neben den »alten Franzosen« begeisterte sich der reiche Fabrikant auch für die Marken der Altdeutschland-Staaten und für die Spaniens. Was er bisher an philatelistischen Kostbarkeiten zusammengetragen hat, macht mit Sicherheit einen zweistelligen Betrag in Millionen Mark aus.

Briefmarken-König und Schloßbesitzer. Etwa fünfundzwanzig Kilometer von der belgischen Hauptstadt entfernt residiert in einem riesigen alten Landhaus – dem Chateau Pachy – umgeben von neunzehn Hektar Park und Blumen ein besonders interessanter Philatelist, der Immobilienhändler, Schloßbesitzer und Multimillionär Rene Berlingin. Die Zeit, die ihm seine Geschäfte lassen, widmet er den Briefmarken, und von ihnen hat er genug. Der »Briefmarken-König« – wie er gern genannt wird – ist nicht etwa nur ein reicher Sammler, nein, er ist in erster Linie ein großer Philatelist mit ganz bedeutendem Fachwissen und einem enormen »Marken-Gedächtnis«. Ein interessantes Stück, das er irgendwann und irgendwo einmal gesehen hat, ist in seinem Gedächtnis auf Abruf gespeichert.

Die Art, wie Monsieur Berlingin zu sammeln pflegt, darf man als etwas eigenartig bezeichnen. Ihm genügen zum Beispiel kleine Pergamin-Tütchen und ein alter Schuhkasten, um für einige Hunderttausend D-Mark philatelistische Kostbarkeiten unterzubringen. Aufwendige Alben hält der Marken-Krösus für überflüssig, für ihn ist die Marke selbst das Wesentliche, schöne Präsentation erachtet er als nebensächlich.

Der ungewöhnlich vielseitige Sammelstil des bekannten Markenliebhabers dürfte einmalig sein. Er besitzt nicht

Briefmarken-König Berlingin, in der Hand eine Blaue Mauritius, posiert an der Tür zur Stahlkammer. – Im Hintergrund Millionenwerte in einer Unzahl von Bänden untergebracht

nur klassische Spitzenraritäten, sondern ganze Kollektionen, in denen die Marken nicht nur einzeln, sondern in ganzen Bogen vertreten sind. Auch die Vormarkenzeit übte auf den enthusiastischen Sammler einen großen Reiz aus, und so kann es nicht verwundern, daß seine Kollektion von vorphilatelistischen Briefen weit über 100 000 Stück enthält.

Nachdem sich Monsieur Berlingin vor einigen Jahren von seinen beiden Mauritius-Post-Office getrennt hatte, verblieb der legendäre »Schweden-Fehldruck« als teuerstes Einzelstück in Berlinginschem Markenbesitz. Zur Zeit macht der eigenwillige Sammler vor allem Jagd auf Raritäten, die weniger bekannt und prominent sind, den berühmten Kostbarkeiten der Philatelie an Seltenheit aber nicht nachstehen, häufig sogar noch rarer sind. Die sogenannten »Semstwo-Marken«, halbamtliche Wertzeichen aus dem zaristischen Rußland, sind neben Ganzsachen und seltener philatelistischer Literatur ein Spezialgebiet des »Briefmarken-Königs«.

Bei der unendlichen Masse seines Markenbesitzes und der außergewöhnlichen Art, die Werte unterzubringen, kann es vorkommen, daß sich eine Rarität nicht gleich auf Anhieb finden läßt. Denn außer den Schätzen in belgischen Tresoren hat der große Berlingin noch im schönen Liechtenstein eine Fülle philatelistischer Kostbarkeiten – im eigenen Schloß, versteht sich. Etwas über den Wert dieser großen Kollektion zu sagen ist bei der vielseitigen Struktur des riesigen Objektes äußerst schwierig, aber ein zweistelliger Millionenbetrag wäre mit Sicherheit nötig – wollte man die Markenschätze des »Marken-Königs« vom Chateau Pachy erwerben.

Hirojuki Kanai – der Größte im Fernen Osten. Einem Japaner der Gegenwart blieb es vorbehalten, die kostbarsten Mauritius-Marken der Vergangenheit zusammenzutragen. Der japanische Großindustrielle aus Osaka hat nach dem Krieg eine Spezialsammlung aufgebaut, in der die klassischen Ausgaben von Mauritius so einzigartig vertreten sind wie in keiner Kollektion jemals zuvor. Von den berühmten Post-Office, die wir bereits an anderer Stelle eingehend behandelt haben, besitzt der Multimillionär aus Nippon sechs Exemplare. Kein Mensch außer ihm hat in unserem Jahrhundert eine derartige Menge dieser sagenumwobenen Raritäten sein eigen genannt. Um Sammlungen von so märchenhaften Dimensionen aufzubauen, ist natürlich ein immenses Vermögen die Voraussetzung. Philatelisten mit finanziellen Möglichkeiten solchen Ausmaßes sind im »Marken-Sport« genau so selten wie ein Muhammad Ali im Boxen oder ein Franz Beckenbauer im Fußball; aber man muß ja gar kein »Kaiser Franz« sein, um Freude am runden Leder zu haben, und man muß auch kein John Boker sein, um bei seinen Briefmarken Glück und Entspannung zu finden. Das schöne Hobby Philatelie ist ein paar Nummern kleiner genauso reizvoll und bietet seinen Anhängern auch auf »normaler Ebene« ein unendliches Spektrum von Möglichkeiten.

Es ginge über den Rahmen des Buches hinaus, wollte man noch weitere große Sammler und ihre Kollektionen behandeln, aber die Zahl derer, die in die Güteklasse der bisher genannten hineinpassen, ist nicht unbeträchtlich. Hierher gehörte unter anderem Josef Schatzkes, der Franzose mit dem deutschen Namen, dessen Mexiko-, Peru- und Argentinien-Kollektionen zu den bedeutendsten auf diesem Gebiet gehörten. Lassen wir die Betrachtung ausklingen mit einem Sammler, dessen Name ungenannt bleiben soll, der aber mit Stolz von sich behaupten darf, die absolut größte Deutschland-Kollektion zu besitzen. Dieses märchenhafte Objekt umfaßt den gesamten Komplex »Deutschland« von 1849 bis zur Gegenwart. Diese gigantische Sammlung enthält praktisch alles, und was nun wirklich in diesem phantastischen Objekt noch fehlt, konnte der Besitzer trotz aller finanziellen Möglichkeiten bis heute einfach nicht auftreiben, zum Beispiel den berühmten »Baden-Fehldruck«.

Beruf Philatelie – Berufsphilatelisten. Eine von Laien häufig aufgeworfene Frage lautet: Wie wird man eigentlich Berufsphilatelist? Kann man den Markenhandel regelrecht erlernen? Ja, man kann. Bei größeren Briefmarkenfirmen und Auktionshäusern werden gelegentlich auch Lehrlinge zu Berufsphilatelisten ausgebildet.

Der junge »Marken-Eleve« absolviert eine Lehre, die den fachlichen und kaufmännischen Sektor umfaßt, drei Jahre dauert und mit einer Prüfung bei der Handelskammer ihren Abschluß findet. Mit dieser Ausbildung ist der Lehrling dann Briefmarken-Kaufmann.

Die meisten Berufsphilatelisten kommen allerdings aus anderen Branchen zum Markenhandel. In den meisten Fällen haben sie ihr Hobby zum Beruf gemacht und sich ihr Fachwissen selbst angeeignet, es sind also Autodidakten. Die Palette früherer Berufe von heutigen Briefmarkenhändlern ist so bunt wie das Hobby selbst, und man findet unter ihnen Mediziner, Beamte, Friseure, Bankkaufleute, Fleischer,

Polizisten, Architekten, Ingenieure, Apotheker, Gastwirte, Pädagogen und viele andere Berufszweige.

Für einen jungen Menschen, der den Beruf des Markenkaufmanns erlernen möchte, sind die Möglichkeiten, einen entsprechenden Ausbildungsplatz zu finden, freilich äußerst gering. Es gibt selbst bedeutende Firmen, die noch nie einen Lehrling ausgebildet haben, das internationale Hamburger Auktionshaus Edgar Mohrmann & Co. gehört zum Beispiel dazu. In den fast sechzig Jahren seines Bestehens beschäftigte dieses Unternehmen zwar eine beträchtliche Zahl von Fachexperten, aber keinen Anfänger.

Zu den »großen« Ausbildern von jungen Berufsphilatelisten gehört dagegen die altrenommierte Hamburger Briefmarken-Fachhandlung von Wilhelm Sellschopp. Seit seiner Gründung im Jahre 1891 hat dieses bekannte Markenhaus immerhin etwa zwanzig Lehrlinge zu Briefmarken-Kaufleuten ausgebildet.

Der Berufsphilatelist hat eine vielseitige und interessante Tätigkeit, die Initiative und Selbständigkeit erfordert. Ein Briefmarken-Kaufmann im Angestelltenverhältnis bekleidet immer eine Vertrauensstellung, denn er hat ja ständig mit erheblichen Werten zu tun, er wird aber auch entsprechend gut bezahlt. Die Gehälter richten sich natürlich sehr stark nach dem vorhandenen Fachwissen, wer mehr weiß, verdient auch mehr, aber das ist ja letztlich in allen anderen Branchen genauso.

Besonders Philatelisten, die auf dem Auktionssektor Erfahrung haben, sind sehr gefragt, wie häufig aus Inseraten in der Fachpresse zu ersehen ist. Der Job eines Sachbearbeiters für Versteigerungen erfordert ein erhebliches philatelistisches Wissen. Wer sich in diesem Metier versteht, hat aber auch eine außerordentlich vielseitige Tätigkeit und darüber hinaus häufig noch eine Lebensstellung mit entsprechend gutem Einkommen. Einer der absoluten Spitzenkönner auf diesem Gebiet ist der Berliner Berufsphilatelist Helmut von Marck, der seit dem Jahre 1949 die angebotenen Objekte von fast 200 Briefmarkenauktionen fachgerecht beschrieben hat. Berücksichtigt man, daß in einer einzigen Versteigerung meist einige Tausend Positionen unter den Hammer kommen, so dürfte dies zumindest in Deutschland ein Rekord sein. Qualifizierte Berufsphilatelisten sind weder an einen Ort noch an ein Land gebunden. Wer in dieser Branche ein umfassendes Wissen besitzt, der hat die Möglichkeit, auf der ganzen Welt einen gut dotierten Posten zu finden.

Fernsehen – Presse – Philatelie.
Untersucht man, welches Interesse die großen Kommunikationsmittel der Philatelie entgegenbringen, so kann man eindeutig feststellen: Die Tagespresse ist den Briefmarkensammlern gegenüber am aufgeschlossensten. Mit aktuellen Berichten über Neuerscheinungen, Auktionen, Ausstellungen usw. informieren viele Tageszeitungen regelmäßig ihre Leser. In Magazinen, Zeitschriften und Illustrierten dagegen finden sich Veröffentlichungen, die die Philatelie zum Inhalt haben, äußerst selten. Die zuständigen Redakteure in diesem bedeutenden Sektor der allgewaltigen Presse lassen vermutlich außer acht, daß es im deutschsprachigen Bereich etwa fünf Millionen Leser gibt, die philatelistisch ambitioniert sind.
Die Philatelie bietet zudem eine Menge

Material, das spannend, zeitnah und mit Sicherheit von großem allgemeinem Interesse sein dürfte. Zu den interessantesten und problematischsten Themen zählt zweifellos »Die Briefmarke als Anlagewert«. Bisherige Veröffentlichungen in dieser Richtung waren in den meisten Fällen unobjektiv, bewußt negativ, oder sie zeigten eindeutig die Handschrift eines interessierten Laien.
Die Ehre, den bedeutendsten deutschsprachigen Bericht über die Philatelie veröffentlicht zu haben, darf das Nachrichtenmagazin »Der Spiegel« für sich in Anspruch nehmen. In seiner Ausgabe vom 31. Januar 1962 widmet das renommierte Blatt eine ganze Titelgeschichte der Briefmarke und speziell dem Berufsstand des Briefmarken-Versteigerers. »Edmoros Preisraketen« betitelte Kurt Blauhorn – der Autor – seine hochinteressante und treffende Story über den Job des Berufsphilatelisten am Auktionspult.
Seine Schilderungen dieses Metiers treffen auch heute noch zu; was jedoch keine Gültigkeit mehr besitzt, sind die Preise, die Kurt Blauhorn ab und an in seinem Bericht einstreute. Als Preis für ein Luxuspaar der berühmtesten 3-Pfennig-Sachsen gibt der Autor 20 000 DM an, das war 1962. Zwölf Jahre später erzielte ich für ein solches Luxuspaar 77 000 DM. Die schwarze bayerische 1-Kreuzer-Marke von 1849 wurde mit etwa 600 DM bewertet, heute läßt sich ein Idealstück zum fünffachen Preis placieren. Auch die Blaue Mauritius fixiert der Autor preislich und schreibt, daß sie je nach Qualität bis zu 150 000 DM kostet. Exakt zehn Jahre, nachdem diese Zeilen geschrieben waren, versteigerte ich ein Exemplar dieser Weltseltenheit, das mit 287 000 DM bezahlt wurde, ob-

WDR-Redakteur Kai-Dietrich Wulffen auf der Jagd nach zwölf Blauen Mauritius. Hier im Gespräch mit dem Kurator der Königlich-Britischen Sammlung

wohl nicht hundertprozentig perfekt. »Preisraketen« – so heißt es in der Überschrift des vierzehnseitigen »Spiegel«-Artikels von 1962, die wahren Preisraketen aber scheinen mir erst gezündet zu werden.

Massenmedium Fernsehen und die Briefmarke. Allein im deutschsprachigen Raum – wobei die DDR, Österreich und die Schweiz einzubeziehen sind – beschäftigen sich zumindest fünf Millionen Menschen aus allen sozialen Schichten und aller Altersklassen mit dem Freizeitsport Briefmarkensammeln. Einen Personenkreis von etwa der gleichen Größe darf man als am Marken-Hobby interessiert betrachten. Unter Berücksichtigung die-

ser Tatsachen erscheint es unverständlich, daß die Fernsehgewaltigen von ARD und ZDF der international verbreiteten Freizeitbeschäftigung praktisch keine Aufmerksamkeit schenken, ja man möchte sagen, geradezu »philatelieblind« sind.
Zugegeben, die aktuellen Sendungen der Regionalprogramme und gelegentlich auch die Tagesschau beziehungsweise Heute berichten vereinzelt über bedeutende Versteigerungen und Ausstellungen. Eine feste »Marken-Sendung«, und wenn sie nur fünfmal im Jahr eine Viertelstunde laufen würde, haben die deutschen Sender jedoch nicht, und das ist schade.
Gelegentliche Versuche in dieser Richtung, die unternommen wurden,

mußten zum Scheitern verurteilt sein, weil das, was geboten wurde, auf den Fachmann einschläfernd wirkte und auch den interessierten Laien nur ein Gähnen entlocken konnte. Der Grund, weshalb diese Experimente danebengingen, ist denkbar einleuchtend. Ob Unterhaltungssendung, Fußballländerspiel oder politische Diskussionen, die Macher oder die Kommentatoren müssen im Metier zu Hause sein. Beim Thema Briefmarken ist das nicht anders.

Eine einzige Fernsehsendung lief bisher über die Bildschirme, von der alle Philatelisten begeistert waren und noch heute in höchsten Tönen singen. Verantwortlich für diesen exzellenten philatelistischen Bildschirm-Lichtblick war der Redakteur für Feature und Unterhaltung Kai-Dietrich Wulffen vom WDR, Köln. Herr Wulffen brachte in seinem beliebten Unterhaltungsmagazin »Bitte umblättern« im Dezember 1973 einen etwa fünfzehnminütigen Beitrag über die Blaue Mauritius. In gekonnter Art wurden alle zwölf existenten blauen Post-Office-Marken vorgestellt, über ihre Besitzer berichtet, zum Teil in Form von Interviews. Die ganze Story lief so spannend und flüssig ab, daß unzählige Laien ihr Interesse für die Philatelie entdeckten. Für eine einzige Sendung von ähnlicher Qualität wären Millionen Briefmarkenbegeisterte dankbar.

Im Programm des österreichischen Fernsehens hat seit vielen Jahren eine regelmäßige Sendung für philatelistisch Interessierte ihren festen Platz. Der von Dr. Alexander Kalmar mit Wiener Charme geleitete Beitrag erfreut sich großer Beliebtheit und einer entsprechend hohen Sehbeteiligung.

Bleibt nur noch die Frage offen: Warum ist so etwas in der Bundesrepublik nicht möglich? Die Philatelie bietet genügend allgemein interessierenden und spannenden Stoff. Eine gute »Marken-Sendung« zu produzieren würde außerdem die strapazierten Kassen der Fernsehanstalten nur unwesentlich belasten, da für die Herstellung einer solchen Sendung praktisch kein sehr großer und teurer Aufwand erforderlich ist.

Kaleidoskop

Ich glaube, man kann ein Briefmarkenbuch nicht interessanter beschließen, als noch einmal in Form von Bildern und Texten die ganze Vielgestaltigkeit des so schönen Hobbys »Briefmarkensammeln« Revue passieren zu lassen. Ein so riesiges Gebiet wie die Philatelie – das sich dazu noch ständig weiterentwickelt – ist logischerweise nicht in einem Buch erschöpfend zu behandeln, aber das ist auch gar nicht nötig und war auch nicht beabsichtigt. Die vielseitigen Möglichkeiten, die der Markensport seinen Anhängern bietet, galt es aufzuzeigen und mit Historie und Histörchen auszuschmücken, um die wirklich reizvolle Materie nicht zu trocken und nüchtern vorzustellen. Mit Abbildungen und Beschreibungen von besonders Originellem, Reizvollem und Wissenswertem aus der weiten Welt der Philatelie soll »Knaurs Briefmarkenbuch« ausklingen. Und dem aufgeschlossenen Anfänger möchte ich noch sagen: Alle Sammler haben klein angefangen. Meister fallen auch in der Philatelie nicht vom Himmel und Sammeln bringt in jedem Fall Freude und Entspannung, ganz gleich, welche finanziellen Möglichkeiten dem einzelnen gegeben sind.

Dornier Flugschiff Do X mit 12 Motoren à 500 Ps.

Oben: Sehr beliebt geworden sind Bildpostkarten mit den Abbildungen berühmter Flugzeuge aus dem Propeller-Zeitalter. Die Frankaturen sind für den flugtechnisch interessierten Sammler häufig zweitrangig. Besonders geschätzter Star unter den »Oldtimern« der Luft ist die weltberühmte deutsche DO-X mit ihren 12 Motoren. Auf unserer Abbildung ist deutlich erkennbar, daß die Monteure an den Motoren beschäftigt sind.

Rechts oben: »Cavallini« nennt man die Briefbogen von Sardinien. Sie tragen einen postamtlichen »Franco-Stempel«, dessen Wertangabe auf Centesimi lautet. Diese »Pferdchen« gelten als Vorläufer der ersten Briefmarken und wurden im damaligen Königreich Sardinien schon 1819 verwendet, also 21 Jahre bevor in Großbritannien die erste Briefmarke erschien. Die Abbildung zeigt ein besonders hübsches Exemplar des 25-Centesimi-Wertes, nach Turin adressiert.

Rechts unten: Bei Freunden klassischer Marken genießen die sogenannten »Zierbriefe« große Beliebtheit und werden – gegenüber normalen Briefen – sehr hoch bezahlt. Das hier gezeigte entzückende Kuvert stammt aus dem Jahre 1860, es trägt als Frankatur die erste Briefmarke des Großherzogtums Mecklenburg-Schwerin, die am 1. Juli 1856 verausgabt wurde.

268

Oben: *Deutsche und französische Marken auf einem Brief! So etwas kam nach dem Kriege 1870/71 häufiger vor, denn diese Art der Frankatur war für Post, die aus dem Elsaß und Lothringen nach Frankreich ging – für kurze Zeit – vorgeschrieben. Bei Sammlern sind diese Briefchen sehr beliebt.*

Rechts oben: *Ministerdrucke nennt man die auf kleinen Bogen angefertigten Sonderabzüge des »Atelier de Fabrication des Timbres-Poste« in Paris. Derartig feine Vorzugsdrucke kennt man von den meisten französischen Briefmarken. Die Abbildung zeigt einen dieser »Epreuve de luxe« mit der Marke, die das Wunder-U-Boot »Bathyscaphe Archimede« zeigt, dessen Tauchrekord bei 9200 Meter Tiefe liegt.*

Rechts unten: *Diese Marken dienten keinerlei postalischen Zwecken, es sind Erinnerungs-vignetten an die erste, große österreichische Nordpol-Expedition, die in den Jahren 1872–1874 stattgefunden hat. Obwohl man sie nicht als Briefmarken bezeichnen kann, sind diese »Erinnerungsstücke« bei Spezialisten sehr beliebt und gesucht.*

270

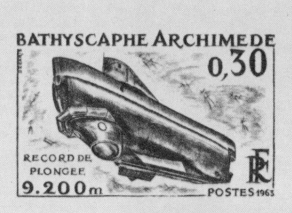

Oben und rechts: Deutsche Sportler auf arabischen Sondermarken und Gedenkblocks. Josef Neckermann (oben), Max Schmeling, Rudi Altig (beide rechts oben) und Gerd Müller (rechts unten) finden sich auf bundesdeutschen Postwertzeichen nicht. – Aber das kaum einem Bürger bekannte arabische Scheichtum Ajman bietet nicht nur die gezeigten Sportler, sondern kann die ganze deutsche Nationalmannschaft von 1970 auf Briefmarken liefern und vieles mehr. Vom seriösen Fachhandel werden diese »überflüssigen Exoten« meist abgelehnt, Ausgaben dieser Art sind reine Geldschneiderei. Einmal erworben, sind die Marken für den Besitzer praktisch unverkäuflich. Wer von seinen Marken erwartet, daß sie sich erfreulich verzinsen, sollte von solchen Emissionen die Finger lassen.

Wem es aber nur darum geht, Freude am Motiv zu haben, der findet – speziell auf den sogenannten exotischen Marken – eine riesige Auswahl in praktisch jeder gewünschten Sportart, ob Reiten, Segeln, Ringen, Tischtennis, Sportschießen, Rudern, Eishockey, Skispringen oder Marathonlauf, um nur einige Disziplinen zu nennen. Auf Briefmarken ist heute so ziemlich alles, was der Sport zu bieten hat, vertreten. Führend in der Produktion vielfarbiger Sportwerbung – in Form von Briefmarken – sind die Ostblockstaaten und die meisten Republiken der Dritten Welt. Ihre Emissionsfreudigkeit basiert in erster Linie darauf, daß keine anderen Artikel für den Staat einen so hohen Profit abwerfen wie die an Sammler verkauften Marken, für die keine Dienstleistung zu erbringen ist.

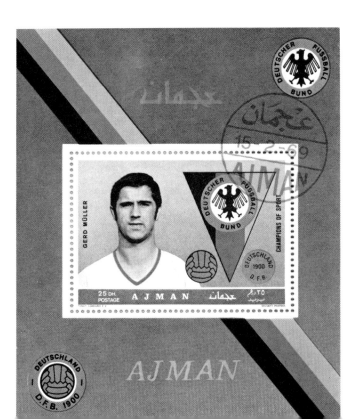

Oben: Auch das gab es – und zwar im Jahre 1938. Ein Brief, von Wien nach Bonn adressiert, trägt österreichische und deutsche Marken. Nicht nur ein Sammler-Kuvert, auch ein Zeitdokument. Derartig kombinierte Frankaturen waren natürlich nicht notwendig, aber die Sammler lieben seit eh und je das Außergewöhnliche und beklebten damals viele Tausende von Umschlägen mit deutsch-österreichischen Mixturen. Der Wert solcher Poststücke ist gering. Man kann Briefe dieser Art für einige D-Mark haben.

Rechts oben: Ein Zeitdokument vom Oktober 1938. Deutsches Militär rückt in die Tschechoslowakei ein. Durch entsprechende Aufdrucke auf den Briefmarken der CSR findet dieses Kapitel europäischer Geschichte seinen Niederschlag. Überdrucke in anderen Varianten sind von diversen Städten bekannt, u. a. von Karlsbad, Konstantinsbad, Niklasdorf und Asch. Die Verwendungsdauer dieser Überdruckprovisorien hat nicht ganz einen Monat betragen, sie endete am 19. Oktober 1938. Danach waren für die Frankatur ausschließlich deutsche Marken zugelassen.

Rechts unten: Postalisch dokumentierte Ballonflüge gibt es seit über 100 Jahren. Diese Karte wurde 1927 zur Erinnerung an einen Ballon-Start in Luxemburg verausgabt. Auch heute noch, und meist zu karitativen Zwecken, werden derartige Ballonfahrten, die Post befördern, veranstaltet.

274

Die erste Marke des päpstlichen Kirchenstaates ist nicht sehr teuer. Obwohl über 120 Jahre alt, kann man ein feines Exemplar für weniger als 100 Mark im Handel erwerben. Zwei Stücke aber, wie sie unsere Abbildung zeigt, kosten nicht etwa 200 D-Mark, sondern etwa 20 000! Warum? – Es handelt sich um ein sogenanntes »Kehrdruckpaar«, denn die beiden Stücke sind kopfstehend zueinander gedruckt. Dieser seltene Umstand erhebt die an sich nicht sonderlich seltenen Marken zu einer großen Rarität, die von Spezialisten – mit entsprechendem Geldbeutel – sehr gesucht ist.

276

»Der doppelte Tempel des Hephaistos« – eine der größten europäischen Fehldruck-Raritäten unter den Ausgaben des zwanzigsten Jahrhunderts. Nur zwei Stücke sollen von dieser Seltenheit existieren. Mit einem Gutachten des anerkannten Griechenland-Experten P. J. Drossos ausgerüstet, kam der »doppelte Tempel« im Herbst 1975 unter den Hammer. Das Hamburger Auktionshaus Edgar Mohrmann & Co. versteigerte die rare Variante. Genau 65550 DM zahlte ein Liebhaber philatelistischer Kostbarkeiten für dieses Beinahe-Unikat.

In jüngster Zeit ist eine bemerkenswert starke Nachfrage für ausgefallene Seltenheiten festzustellen. Kapitalstarke Kunden in aller Welt haben ihre Vorliebe für besonders ungewöhnliche Raritäten entdeckt und sind bereit, für Stücke von musealem Charakter entsprechend hohe Beträge anzulegen. Die »Falsche Isabella« zum Beispiel, die wir im Kapitel »Fälschungen – Schreckgespenster der Philatelisten« behandelten, wurde ebenfalls von Edgar Mohrmann & Co. im Oktober 1975 versteigert. Ein Liebhaber klassischer Spanienmarken, der eigens von Barcelona nach Hamburg flog, um diese berühmte Postfälschung zu ersteigern, bezahlte 33350 DM dafür und damit den bisher höchsten Betrag, der je für eine falsche Marke bezahlt wurde. Für einen potenten Kundenkreis sind philatelistische Seltenheiten en vogue Kostbarkeiten, die sich, was ihren reinen Seltenheitsgrad anbelangt, mit der Blauen Mauritius messen können.

Zwei sehr rare posthistorische Briefe zeigt die junge Dame. Der linke Umschlag ist ein offizieller Dienstbrief vom chinesischen Hof, adressiert an den britischen Handelskommissar in Tibet. Die große Enveloppe enthält die Benachrichtigung, daß der Kaiser von China verstorben ist. Ab 1902 war Tibet nämlich sehr stark von China abhängig. In den Städten Shigatse, Dingri und der Hauptstadt Lhasa befand sich damals eine chinesische Besatzung. Das seltene Poststück ist in seiner Art einmalig. Der rechte Umschlag – er stammt aus dem Jahre 1911 – kommt vom Hofe des Dalai-Lama in Lhasa und ist an einen hohen Würdenträger in Gyantse adressiert. Frankiert ist dieser seltene Brief mit einer der ersten tibetanischen Marken. In der Mitte (unten) befindet sich das »heilige Siegel des Mensch gewordenen Gottes«, also des Dalai-Lama. Die Beförderung dieses außergewöhnlichen Poststückes erfolgte durch Postläufer. Beide Briefe stammen aus einer bedeutenden Ausstellungssammlung, die sich in England befindet.

Das Interesse für die eigenartigen Marken von Tibet, besonders für Briefe, verstärkt sich spürbar. Viele Philatelisten wenden sich Gebieten zu, die – obwohl außerordentlich reizvoll – bisher stark vernachlässigt waren und noch relativ billig sind. Der systematische Aufbau einer Spezialsammlung, selbst vom ausgefallensten Gebiet, ist keine schlechte Geldanlage und hat sich bisher für den Sammler immer bezahlt gemacht. Besitzt eine Kollektion erst einmal den Grad einer Ausstellungssammlung, dann finden sich immer Käufer für derartige Objekte.

278

Bildpostkarten mit eingedruckten Briefmarken, die zu ganz bestimmten Anlässen erschienen, wie zum Beispiel Staatsbesuchen, Jubiläen, Gedenkfeiern usw., entwickeln sich zu einem neuen Hit bei den Ganzsachensammlern. Lange Zeit wenig beachtet, erleben diese reizvollen Karten wieder sehr starkes Interesse. Unsere Abbildung zeigt ein besonders schönes Stück, das im Oktober 1893 zu Ehren des Besuches der russischen Flotte in Toulon verausgabt wurde.

Karten dieser Art waren noch vor wenigen Jahren meist für wenige Pfennige zu haben, und selbst die selteneren Stücke konnte man für einige D-Mark bekommen. Daß sich hier die Preise aufwärts entwickeln mußten, war für Insider vorauszusehen. Da die Nachfrage nach derartigen Poststücken nicht nur anhält, sondern sich weiter verstärkt, dürfte für Material dieser Art die preisliche Aufwärtsentwicklung noch nicht am Ende sein. Der hohe Beliebtheitsgrad, den derartige Karten heute genießen, ist nicht zuletzt auf die momentane Nostalgiewelle zurückzuführen.

Oben: Im Herbst 1946 gab es in Wien eine große antifaschistische Ausstellung unter dem Titel »Niemals vergessen«. Eine besondere Wohltätigkeitsserie kam aus diesem Anlaß an die Postschalter. Zwei bereits gedruckte Werte gelangten jedoch nicht zum Verkauf. Die Besatzungsmächte hatten die Ausgabe der beiden gezeigten Briefmarken verboten, weil ihnen die Abbildungen nicht zusagten. Ein Teil dieser nie erschienenen Marken gelangte aber in den Handel. Heute sind diese beiden Stücke sehr gesucht und werden mit wenigstens 500 DM bezahlt. In Fachkreisen haben sie auch einen speziellen Namen, sie heißen »Blitz und Maske«.

Rechts oben: Die vergessenen Wertziffern sind eine beliebte Fehldruck-Rarität unter den Marken der Bundesrepublik. Als 1955 für die Stuttgarter Landesausstellung zwei Sondermarken erschienen, die einen Postpreis von 7 beziehungsweise 10 Pfennig hatten, entdeckte man einige Bogen, bei denen die Wertangabe »10« fehlte. Diese markante Abart wird natürlich im Vergleich zu den normalen Marken sehr hoch bezahlt. Der Michel-Katalog von 1976 bewertet die »richtige« 10-Pfennig-Marke mit 7 DM, den Fehldruck aber mit 600 DM.

Rechts unten: Im Ersten Weltkrieg bestanden in Japan verschiedene Kriegsgefangenenlager, in denen deutsche Soldaten untergebracht waren. Bando – bei Tokushima gelegen – war eines davon. Hier wurden sogar im Jahre 1918 zwei eigene Briefmarken für die »Lagerpost« verausgabt. Diese beiden mehrfarbigen Wertzeichen mit der japanischen Währungsangabe von 2 beziehungsweise 5 Sen sind bei Deutschland-Spezialsammlern sehr beliebt. Der Michel-Katalog von 1976 bewertet diese interessante Serie ungestempelt mit 850 DM und im gestempelten Zustand sogar mit 1250 DM.

»SCADTA« – kein Land und doch eigene Marken! Zwischen 1920 und 1930 verausgabte die Deutsch-Kolumbianische Luftverkehrsgesellschaft für die Beförderung von Post auf ihrem Liniennetz eigene Briefmarken. Philatelisten bezeichnen sie kurz als die »SCADTA-Marken«. Das eigenartige Wort ist die Abkürzung für »Sociedad Colombo-Alemana de Transportes Aeros«. Der Zweck dieser Marken war, als zusätzliche Frankatur zur Entrichtung der Luftpostzuschläge für Kolumbien zu dienen. Die Marken waren neben den normalen Freimarken des Aufgabelandes auf den Briefen anzubringen. Bei den kolumbianischen Konsulaten und den SCADTA-Agenturen im Ausland waren diese reizvollen Wertzeichen zu haben. Um Valutaspekulationen zwischen einzelnen Ländern zu verhindern, überdruckte man die SCADTA-Marken mit den Anfangsbuchstaben der jeweiligen Staaten. Die Abbildungen zeigen Marken mit den Aufdrucken »GB« = Großbritannien, »H« = Holland und »V« = Venezuela. Weitere Überdrucke gibt es noch für die folgenden Staaten: Deutschland, Österreich, Argentinien, Uruguay, Belgien, Bolivien, Brasilien, Cuba, Canada, Chile, Costa Rica, Dänemark, Spanien, Vereinigte Staaten von Amerika, Frankreich, Italien, Panama, Peru, Schweiz, Liechtenstein, Schweden. Spezialisten schätzen ganz besonders Briefe, die mit SCADTA-Marken frankiert sind.

Die »Sociedad Colombo-Alemana de Transportes Aeros« verausgabte zwischen 1920 und 1930 über neunzig verschiedene Marken. In dieser Zahl sind Abarten und Spezialitäten nicht enthalten. Die Anzahl der speziellen Länderaufdrucke ist dagegen gewaltig, man kennt fast siebenhundert Verschiedenheiten. Die Katalogwerte dieser Ausgaben sind sehr unterschiedlich. Während die billigsten Überdrucke nur einen Katalogwert von 4 DM besitzen, gibt es eine Reihe von sehr seltenen Stücken, die mit mehr als 1000 DM im Michel-Katalog notiert sind. Die Toprarität von allen Marken der »Deutsch-kolumbischen Luftverkehrsgesellschaft« ist ein Fehldruck, von dem nur fünfundzwanzig Exemplare verausgabt wurden. Diese SCADTA-Spitzenseltenheit wird im ungestempelten Zustand mit 10000 DM bewertet, gestempelt registriert der Katalog sogar 16000 DM für diese extrem rare Flugpostmarke.

Der berühmte 250 000-DM-»REBELLEN-BRIEF«, das kostbarste und spektakulärste Poststück aus dem amerikanischen Bürgerkrieg.
Im Jahre 1861 verausgabte die Stadt Livingston in Alabama – damals zu den Konföderierten
Staaten gehörig – diese künstlerisch ausgeführte Steindruck-Marke. Sie ist in einem leuch-
tenden Blau gedruckt und lautet auf die Wertstufe 5 Cent. Der am 12. November 1861 an den
Capt. R. Chapman jr. gerichtete Brief ist mit einem waagerechten Paar dieser imponierenden Rarität frankiert. Das Stück ist nicht nur außergewöhnlich fein erhalten, sondern
absolut einmalig. Unter den »Highlights« der Philatelie nimmt diese bedeutende Kostbarkeit einen der vorderen Plätze ein. Ja, verschiedene Experten bewerten diesen Brief als die
Seltenheit Nummer eins der klassischen Philatelie Nordamerikas.
Für alle hochwertigen Poststücke aus den Jahren des amerikanischen Bürgerkrieges von
1861–1865 ist die Nachfrage in jüngster Zeit rapide gestiegen. Der preisliche Aufwärtstrend
bei den reizvollen alten Briefen aus den »Südstaaten« ist noch lange nicht beendet.

Der »Baden-Fehldruck« – Philatelisten verstehen unter diesem Begriff eine der größten Kostbarkeiten von »Altdeutschland«.

Die Papierfarbe dieser 9-Kreuzer-Marke – die 1851 an die großherzoglich-badischen Postschalter gelangte – ist ursprünglich rosa. Drei Exemplare aber gibt es auf blaugrünem Papier, zwei dieser Mammutraritäten befinden sich jeweils auf vollständigen Briefen, die an den Freiherrn von Türckheim nach Karlsruhe adressiert sind.

Das hier gezeigte Poststück befindet sich in der berühmten »Boker-Sammlung«, der größten Kollektion von altdeutschen Marken, die existiert. Der Michel-Katalog bewertet die Weltseltenheit mit der Bezeichnung Lp. = Liebhaberpreis. Der heutige Nettowert für den seltensten und teuersten aller Altdeutschland-Briefe ist in jedem Falle sechsstellig.

Etwas präziser ausgedrückt: Wäre diese klassische Top-Rarität verkäuflich, würde eine beachtliche Zahl von Interessenten bereit sein, für den Brief Beträge von mehr als 250 000 DM anzulegen. Die gegenwärtige Trendrichtung läßt klar erkennen, daß sowohl große Sammler als auch reine Investoren – mit den notwendigen finanziellen Möglichkeiten – ein niegekanntes Interesse für die hochkarätigen Spitzenstücke der Philatelie zeigen. Briefmarken-»Juwelen« mit Geschichte und einem möglichst über viele Jahrzehnte reichenden Besitzernachweis sind in kapitalstarken Kreisen en vogue. Die Preisentwicklung zeigt auch bei den Super-Seltenheiten – bedingt durch die starke Nachfrage – weiterhin erfreulich ansteigende Tendenz.

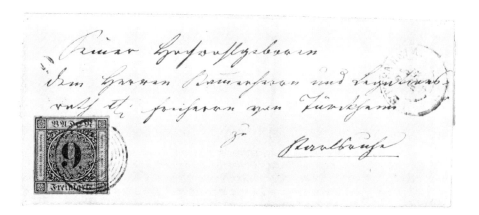

Wissenswertes von Abart bis Ziegenaugen

Abart bedeutet Abweichung von der normalen Marke in bezug auf Zeichnung, Zähnung, Papier, Druckfarbe, Wasserzeichen, Aufdruck usw. Abarten sind Einzelstücke, die sich von den übrigen Werten eines Druckbogens entsprechend unterscheiden.

Abklatsch. Unter dieser Bezeichnung versteht man einen rückseitigen Negativdruck. Die Entstehung von Abklatschen kann verschiedene Ursachen haben. Wenn zum Beispiel druckfeuchte Bogen übereinandergeschichtet werden, drückt sich häufig die Vorderseite auf der Gummiseite des aufliegenden Bogens ab.

Album. In Deutschland verausgabte die Firma G. Wuttig in Leipzig 1862 das erste Briefmarken-Sammelbuch. Es wurde bis zur 19. Auflage fortgesetzt.

Altdeutschland, philatelistische Fachbezeichnung für all jene Briefmarken und Ganzsachen, die bis 1866 in den deutschen Einzelstaaten verausgabt wurden. Mit den Marken des norddeutschen Postbezirks findet Altdeutschland seinen Abschluß.

Annoncenbriefe wurden unter anderem in Deutschland in den Jahren 1873 bis 1902 auf private Initiative herausgegeben. Derartige Reklamebriefe sind auch von anderen Staaten bekannt.

Antwortkarte, 1872 erschien bei der Deutschen Reichspost die erste Antwortkarte. Sie bestand eigentlich aus zwei zusammenhängenden Karten und hatte den Zweck, dem Empfänger gleich die bezahlte Rückantwort mit der eigenen Nachricht ins Haus zu senden.

Antwortschein, eine internationale Einrichtung, die in vielen Ländern des Weltpostvereins herausgegeben wird. Der internationale Antwortschein ermöglicht die Bezahlung von Porto in praktisch jeder Währung.

Auf Brief ist der Fachausdruck für Postwertzeichen, welche sich noch auf dem vollständigen Originalbrief befinden.

Auf Briefstück, philatelistischer Fachausdruck für Postwertzeichen, die sich noch auf einem Teil des Briefes befinden.

Aufklebbare Marken gab es schon vor den ersten Postwertzeichen. 1784 führte der englische Minister William Pitt Fiskalmarken für eine Hutsteuer ein. Die Marken im Werte von 3 und 6 Pence sowie 1 und 2 Shilling wurden auf das Hutfutter geklebt.

Auktionen, Briefmarkenversteigerungen wurden zuerst in Amerika von einem Mister William Leavett im Mai 1870 abgehalten. In England gibt es seit 1872 regelmäßige Briefmarkenversteigerungen. Auf der ersten dieser Auktionen, sie fand am 18. März 1872 statt, war der Höchstpreis für eine einzelne Marke 8 Pfund und 12 Shilling. Eine »amtliche Briefmarkenauktion« veranstaltete schon in den sechziger Jahren des vorigen Jahrhunderts das sächsische Finanzamt zu Dresden. Dort wurden unter anderem im Jahre 1868 alte sächsische Briefumschläge versteigert. Das Höchstgebot für den Posten: 8 Taler pro Zentner.

Aushilfsausgabe ist eine Marken-Emission von provisorischem Charakter. Sie entsteht meist bei Markenmangel durch Aufdrucke. Die älteste Aushilfsmarke dieser Art wurde am 14. Februar 1846 in New York verausgabt. Das älteste Provisorium in Europa erschien am 1. Januar 1865 in Italien, das erste Überdruck-Provisorium von Afrika verausgabte am 8. April 1854 die Insel Mauritius. In Asien gab es 1866 eine erste Aushilfsmarke, und die zu Ozeanien zählende Insel Hawaii hatte bereits 1853 ein Aushilfsprovisorium.

Bedarfsbrief ist die Fachbezeichnung für ein Poststück, das einwandfrei dem wirklichen Bedarf gedient hat und demzufolge unter Berücksichtigung von Gewicht und Entfernung die genaue erforderliche Frankatur trägt. Das Gegenteil ist der »philatelistische Brief« oder »Gefälligkeitsbrief«, der nicht portogerecht frankiert sein muß; meistens ist er stark überfrankiert. Den Postweg jedoch hat er auch ordnungsgemäß durchlaufen.

Bezirksaufdrucke erschienen zwischen 1864 und 1884 auf den Marken von Mexiko. Sie tragen die jeweiligen Namen der betreffenden Postbezirke, in denen die Marken an das Publikum ausgegeben wurden. Auch in der sowjetischen Besatzungszone erschienen unmittelbar nach der Währungsreform derartige »Bezirkshandstempelaufdrucke«.

Bildseitig frankiert, philatelistischer Fachausdruck für Bildpostkarten, bei denen die zur Frankatur verwendeten Marken nicht wie üblich auf der Adreßseite kleben, sondern auf der Bildseite. In dieser Form zu frankieren war in Deutschland zeitweilig verboten, da die bildseitige Frankatur den Beamten bei der Abstempelung mehr Arbeit bereitete.

Blinddruck, Bezeichnung für einen ohne Farbe erfolgten Druckvorgang. Bei Stücken, die in dieser Form die Druckmaschine passierten, erscheint nur ein farbloser Prägedruck.

Block. Vier zusammenhängende Briefmarkenexemplare bilden die kleinste Blockeinheit, nämlich den Vierer-Block. Sechs zusammenhängende sind dann ein Sechser-Block usw.

Briefbogen. Die ersten mit Wertstempeln versehenen Briefbogen gab 1773 die Wiener Stadtpost heraus (auch Klapperpost genannt). Doch ist über deren Aussehen nichts Näheres bekannt geworden.

Briefmarkenbörse. Die erste in Deutschland tätige Briefmarkenbörse wurde 1863 in Mainz gegründet. Kurszettel erschienen in den dortigen Zeitungen regelmäßig. In Berlin wurde die erste Markenbörse im Jahre 1887 gegründet.

Briefmarkenkleid. Ein mit 30 000 bunten Briefmarken geschmücktes langes Kleid mit einem dazu passenden Hut trug im vergangenen Jahrhundert eine junge Dame auf einem Ball in Bermuda. Die verschiedenen Muster zeigten unter anderem auf der Taille einen Adler, der in seinen Klauen eine Erdkugel hielt.

Brustschilde sind die Fachbezeichnung für die ersten beiden Ausgaben des deutschen Kaiserreiches. Sie erschienen 1872/73 und zeigten den geprägten Hoheitsadler mit »Brustschild«. Es gibt zwei Versionen, den kleinen und den großen Brustschild.

Bypost war eine skandinavische Stadtposteinrichtung. Sie bestand in vielen Städten, besonders in Dänemark und Norwegen. Heute sind Briefe mit diesen Bypostmarken sehr gesucht.

»CA«. Die Buchstaben bilden die Abkürzung von Crown Agency. Sie erscheinen als Wasserzeichen auf sehr vielen Marken der britischen Kolonien.

Cancelled. Das englische Wort findet sich in verschiedenen Anordnungen wiederholt als Aufdruck auf Freimarken der ehemaligen britischen Kolonien, die außer Kurs gesetzt waren.

Carlistische Post. Zwischen 1873 und 1875 gaben die spanischen Provinzen Biscaya, Guipuzcoa, Alava, Katalonien, Valencia und Navarra eigene Marken heraus, die sämtlich mit dem Bildnis des Kronprätendenten Don Carlos versehen waren.

Chalmers. James Chalmers, 1782 in Schottland geboren, war Buchhändler und Druckereibesitzer in Dundee. Er gilt als der eigentliche Erfinder der aufklebbaren Briefmarke. Bereits 1834 fertigte er in seiner Druckerei Proben von gummierten Wertzeichen an, die er verschiedenen Parlamentsmitgliedern samt einer Denkschrift vorlegte.

Cleaned. Die englische Bezeichnung für »gereinigt« wird in neuerer Zeit auch bei uns häufiger für solche Marken benutzt, bei denen die ursprüngliche Entwertung in betrügerischer Weise entfernt wurde, um ein ungestempeltes Exemplar vorzutäuschen.

College stamps. Unter dieser Bezeichnung versteht man Marken, die besonders in den siebziger und achtziger Jahren des vorigen Jahrhunderts an britischen Universitäten für die Lokalkorrespondenz ihrer Mitglieder verwendet wurden.

Connell. Charles Connell war Postmeister in der britischen Kolonie Neubraunschweig. Er ließ dort 1861 aus reinem Geltungsbedürfnis eine 5-Cent-Marke anfertigen, die sein Porträt zeigte. Von der britischen Regierung wurde die Verwendung selbstverständlich untersagt. Einzelne Stücke sollen jedoch verwendet worden sein und gehören zu den größten Seltenheiten.

Correspondenz-Karte, aus dem vorigen Jahrhundert stammende Bezeichnung für Postkarte.

Customs post ist die Bezeichnung für die Post des kaiserlichen Seezollamtes in China.

Dampfschiffahrtsmarken. Sie kommen bei den verschiedensten Gesellschaften vor und sind beliebte Sammelobjekte. Älteste Dampfschiffahrtsmarke ist die ausführlich beschriebene »Lady-McLeod-Marke«, die 1847 in Trinidad erschien. Die in Europa am meisten verwendeten Dampfschifffahrtsmarken stammen von der Donau-Dampfschiffahrts-Gesellschaft.

Deutsche Friedensdelegation, so lautet die Inschrift eines amtlichen Stempels, der 1919 vom Postamt in Versailles für die Beamten und Mitglieder der Deutschen Friedensdelegation verwendet wurde.

Deutsche Kriegskarte 1914, ist eine spezielle Sonderkarte, die durch das Zentralkomitee in Berlin vertrieben wurde. Die Karte zeigt ein Bild des Kaisers mit der Unterschrift: »Ich kenne keine Parteien mehr, ich kenne nur noch Deutsche.«

Deutscher Postverein. Er wurde am 18. Oktober 1847 auf dem ersten deutschen Postkongreß in Dresden gegründet. Er umfaßte 17 deutsche Postverwaltungen einschließlich Luxemburg.

DFUTSCHES REICH, der wohl markanteste deutsche Plattenfehler erscheint auf der braunen 3-Pfennig-Marke von 1902.

DILIGENCIA. Das spanische Wort für Postkutsche, Fuhrwerk erscheint neben der Wertangabe als einzige Inschrift auf den ersten Marken von Uruguay.

Doppeldruck entsteht, wenn ein Bogen irrtümlich beim Druck zweimal durch die Maschine läuft. Viele derartige Fehldrucke sind hochbezahlte Raritäten.

Doppelfrankierung. So bezeichnet man den Umstand, wenn ein Poststück mit Marken aus zwei verschiedenen Staaten frankiert ist. Relativ häufig kamen derartige Doppelfrankierungen im Jahre 1871 mit deutschen und französischen Marken vor.

Doppelkreisstempel, auch Zweikreisstempel genannt, ist die Bezeichnung für einen Poststempel, bei dem sich die Inschriften zwischen zwei Kreisen befinden.

Doppelstück. Zwei waagerecht oder senkrecht zusammenhängende Marken bezeichnet man als Doppelstücke oder auch als Paare.

Druckausschuß. Darunter sind fehlerhafte, zur Vernichtung bestimmte Druckerzeugnisse zu verstehen. Ab und zu kommt derartiges Material auf irgendeine Art und Weise in den Handel.

Druckproben. Sie werden angefertigt, um festzustellen, ob die Platte zum Druck exakt eingerichtet ist. Es sind also reine Kontrollabzüge des Druk-kers, um die Qualität des späteren Erzeugnisses zu prüfen. Meistens werden sie nach Gebrauch vernichtet (siehe auch → Probedrucke).

Durchlochung. Eine große Anzahl von Postwertzeichen existiert mit amtlicher oder privater Durchlochung überwiegend von Buchstaben. Die bekanntesten Vertreter dieser Art sind die deutschen POL-Lochungen, die ab 1926 von einer erheblichen Zahl von Polizeibehörden durchgeführt wurden. Der Michel-Spezialkatalog behandelt diese POL-Lochungen sehr ausführlich.

Durchschnittsstück. Das ist eine Marke, die weder durch Fehler noch durch Schönheit auffällt. Man bezeichnet sie auch vielfach als Bedarfsstück.

Durchstich. Eine besondere Art der Markentrennung wurde hauptsächlich im neunzehnten Jahrhundert verwendet und gilt eigentlich als Vorläufer unserer heutigen Perforation. Durchstochene Marken gibt es von vielen europäischen und überseeischen Staaten. Den eigenartigsten Durchstich haben die klassischen Marken von Finnland.

Eckrandstück, auch Bogenecke, nennt man Marken, die aus einer der vier Bogenecken stammen und die vollständigen Ränder an zwei Seiten tragen. Entweder links und oben oder rechts und oben beziehungsweise links und unten und rechts und unten.

Eckstempel nennt man solche Entwertungen, die nur ganz schwach eine Ecke der Briefmarke treffen. Aus derart geringen Stempelteilen ist nicht Ort- und Verwendungsdatum des Poststückes nachzuweisen.

Eilbriefmarke. Die erste spezielle Marke zur Entrichtung der erhöhten Taxe für Eilbriefe wurde 1885 in den Vereinigten Staaten verausgabt. Ihre Wertstufe lautete auf 10 Cent.

Eilmarke. Inschrift auf zwei Marken von Bosnien und Herzegowina aus dem Jahre 1916. Sie diente als Zuschlagsmarke für die beschleunigte Drucksachenzustellung.

Einschreibemarken kommen bei verschiedenen Staaten vor. Sie dienten zur Entrichtung der besonderen Einschreibe-Gebühren. Die älteste Marke dieser Art erschien im Jahre 1856 in Neusüdwales und hatte einen Postpreis von 6 Pence.

Einsteckbücher sind eine beliebte Form für die Unterbringung von Sammler-Dubletten und dienen den Händlern als Lagerbücher.

Eisenbahnmarken wurden von einer großen Zahl von Eisenbahngesellschaften verausgabt. Nach einer Veröffentlichung soll es über 10 000 verschiedene Stücke geben. Sie dienten in erster Linie für Frachtgebühren.

Engelstempel ist die Bezeichnung für einen ungewöhnlichen Sonderstempel, der 1916 zu den Krönungsfeierlichkeiten in Budapest verwendet wurde. Der Stempel zeigt eine von zwei Engeln gehaltene Krone.

Epaulettes ist die französische Bezeichnung für die beiden ersten Marken Belgiens aus dem Jahre 1849. Auch international ist diese Bezeichnung sehr gebräuchlich.

Ergänzungswerte sind solche Briefmarken, die zur Ergänzung einer bereits bestehenden Ausgabe erschienen.

Expreßpostmarke ist eine andere Bezeichnung für den Begriff Eilbriefmarke.

Fabrikwasserzeichen. Verschiedentlich wurden Briefmarken auf Bogen gedruckt, die als Wasserzeichen Namen oder Initialen des Papierherstellers trugen. Derartige Wasserzeichen erfolgten also nicht auf amtliche Anordnung der Postbehörde, sondern sind privater Natur.

Faksimile, findet sich als Aufdruck auf einer erheblichen Zahl von Briefmarken-Imitationen. Sie gehören nicht in den Bereich der Fälschungen, da sie ja durch den Überdruck bereits als Nachahmung deklariert sind. Faksimiles wurden häufig in alten Briefmarkenzeitschriften als Gratisbeigabe mitgeliefert.

Fahnenstempel ist die Bezeichnung für Maschinenstempel, die neben dem Aufgabeort noch eine Fahne zeigen. Man kennt sie hauptsächlich in den USA. Es gibt aber auch eine Reihe deutscher Fahnenstempel.

Farbloser Druck. Einige wenige Marken wurden in einem farblosen Prägedruck hergestellt. Das Markenbild und die Inschriften erscheinen also reliefartig. In Europa verausgabte Sardi-

nien im Jahre 1853 eine derartige Emission.

Faserpapier ist ein spezielles Papier, in das kleine farbige Fasern eingepreßt sind. Es wurde verschiedentlich zum Druck von Marken benutzt, so vor allen Dingen ausgangs des neunzehnten Jahrhunderts in der Schweiz.

Fehldruck, meist sehr seltene und nicht dem verausgabten Original entsprechende Variante einer Briefmarke. Man unterscheidet eine ganze Reihe von Fehldruckarten, wie zum Beispiel Farbfehldrucke, Wasserzeichenfehldrucke, kopfstehende Mittelstücke oder kopfstehende Rahmen, ferner Aufdruck- und Unterdruckfehldrucke u. a.

Fehlliste ist eine vom Sammler angefertigte Aufstellung, welche die in seiner Kollektion fehlenden Marken nennt.

Feldpost. Sie dient im Krieg (zum Teil auch bei Manövern) der Beförderung von Postsachen von Militärangehörigen. Einfache Karten und Briefe sind portofrei. Nachweisbar existierte eine Feldpost bereits in den Heeren Alexanders des Großen im Jahre 330 vor Christus.

Feldpoststempel – Aufgabe- und Herkunftsstempel, die ausschließlich im Bereich der Militärpost Verwendung finden – gibt es in großer Zahl. Der älteste dieser Art stammt aus dem Jahre 1706.

Ferraritäten. So bezeichnet man scherzhafterweise »Pseudoraritäten«, die angeblich besonders für Ferrari fabriziert worden sein sollen.

Fiskalische Entwertung ist und war bei verschiedenen Staaten gebräuchlich, die Postwertzeichen auch als Stempelmarken, also für fiskalische Zwecke, benutzten. Fiskalische Entwertungen erfolgen meist in violetter Farbe oder auch durch Tinte.

Flugpost. Verschiedene Staaten benutzten für Luftpostbriefe spezielle Wertzeichen, die Flugpostmarken. Heute werden in fast allen Ländern die üblichen Freimarken auch für Luftpostsendungen benutzt. Die ersten in Deutschland mit einem Motorflugzeug beförderten Poststücke stammen von dem Flug »Rund um Berlin«, der im November 1911 durchgeführt wurde.

FREI DURCH ABLÖSUNG, so lautet die Inschrift auf sogenannten Verrechnungsmarken des Deutschen Reiches aus den Jahren 1903 bis 1905. Die Wertzeichen dienten für die amtliche Poststatistik.

Ganzsachen lautet der philatelistische Fachausdruck für alle derartigen Poststücke, die einen eingedruckten Wertstempel tragen. Es gibt eine große Anzahl von Verschiedenheiten, wie zum Beispiel Briefkuverts, Postkarten, Streifbänder, sog. Stadtbriefkuverts, Dienstbriefumschläge, Kartenbriefe, Postanweisungen, Nachnahmekarten, Rohrpostumschläge, Rohrpostkarten etc. etc.

Gartenbau-Verein. Er genoß in Preußen in den Jahren 1866 und 1867 für seine Postsendungen Portofreiheit. Zur Kennzeichnung mußte der Verein auf seine Postsendungen kleine Zettelchen kleben, die die Inschrift trugen

»Allgemeine Angelegenheiten des Gartenbau-Vereins«. Auch diverse andere Institutionen genossen zeitweilig diesen Vorteil.

Gebraucht – im Gegensatz zu ungebraucht – drückt aus, daß eine Briefmarke oder Ganzsache postalisch verwendet wurde, also abgestempelt ist.

Gefälligkeitsentwertung. Briefmarken oder Ganzsachen, die, ohne den Postweg durchlaufen zu haben, von den Beamten aus reiner Gefälligkeit abgestempelt wurden, bezeichnet man als Gefälligkeitsentwertung.

Geheimzeichen. Zum Schutz vor Nachahmungen finden sich auf einer Anzahl von älteren Briefmarken Geheimzeichen, die meist aus Punkten, Strichen oder winzigen Buchstaben bestehen. Auch unsichtbare Unterdrucke, die bei einer entsprechenden chemischen Behandlung sichtbar werden, wurden zum Schutz vor Fälschungen verschiedentlich verwendet.

General-Sammeln ist die Bezeichnung für das Sammeln von Marken aller Länder im Gegensatz zum Spezial-Sammeln, das nur einen kleinen Bereich umfaßt.

Gerichtsbriefmarken wurden vor dem Ersten Weltkrieg im zaristischen Rußland herausgegeben und dienten zur Erhebung einer Zustellgebühr für gerichtliche Vorladungen und dergleichen.

Geschnitten ist die Bezeichnung für solche Marken, welche weder eine Perforation noch einen Durchstich besitzen und mittels Schere voneinander getrennt werden müssen.

Geschoßpost kannte man bereits im Altertum, als Briefe durch Pfeil und Bogen oder Schleuder über die Verteidigungsanlagen in eine belagerte Stadt geschossen wurden. Im Zweiten Weltkrieg transportierte unter anderem die deutsche V-1-Rakete zu Propagandazwecken Briefe von britischen Kriegsgefangenen an ihre Angehörigen nach England.

Glanzpapier wurde in seltenen Fällen für den Markendruck verwendet, so unter anderem für die Ausgaben des Kirchenstaates 1867/68.

Goldschlägerhaut ist ein hochempfindliches blasenartiges Papier, das 1866 in Preußen zum Druck der 10- und 30-Silbergroschen-Marken Verwendung fand.

Gratis lautet die Inschrift auf einer Militärfreimarke für die im Kriege 1870 auf schweizerisches Gebiet übergetretenen französischen Soldaten. Der Druck erfolgte in Schwarz auf rosa Papier. Eine Wertangabe hat die Marke nicht.

Grenzpostämter bestanden im Königreich Preußen, in den Niederlanden, der Schweiz und Österreich.

Gültig 9. Armee, findet sich als kleiner Aufdruck auf Marken des Deutschen Reiches, welche im Ersten Weltkrieg im Gebiet der 9. Armee (Rumänien) verwendet wurde.

Halbierungen von Briefmarken verdanken ihre Entstehung dem Mangel von geeigneten Wertstufen. Eine halbierte 12-Kreuzer-Marke zum Beispiel sollte als 6-Kreuzer-Porto dienen. Man kennt derartige Notmaßnahmen von vielen Staaten. Die Halbierungen kommen sowohl diagonal als auch horizontal oder vertikal vor. Viele von ihnen sind auf Briefen erstrangige Seltenheiten.

Hamburger Boteninstitute sind Privatpostanstalten, die seit 1862 existierten und eine Anzahl von Marken verausgabten. Auf Briefen sind diese Privatpostmarken allerdings nicht bekannt.

HAPAG-Marke. Dies ist ein besonderes Privatpostwertzeichen, dessen Verausgabung die Deutsche Reichspost genehmigte. Die Marke diente zur Frankierung von Postsendungen, die von HAPAG-Dampfern im zentral- und südamerikanischen Raum befördert wurden. Besonders auf Briefen sind sie sehr selten.

Helgoländer Neudrucke. Von den Marken Helgolands existiert eine Unzahl von Neu- oder Nachdrucken, deren Herstellung überwiegend auf private Veranlassung erfolgte. Man unterscheidet zwischen Berliner, Leipziger und Hamburger Neudrucken.

Herpin. M. Herpin war ein berühmter französischer Sammler aus der Anfangszeit der Philatelie. Er gilt als Erfinder des Wortes Philatelie.

Hill. Roland Hill, geboren am 3. Dezember 1795, veranlaßte die Einführung der ersten Briefmarke in Großbritannien im Jahre 1840. Die Erfindung der aufklebbaren Marke ist ihm wahrscheinlich nicht zuzuschreiben, sondern einem gewissen James → Chalmers.

Holzschnitt, auch Xylographie genannt, ist eine besondere Druckart, bei der der »Urstempel« in Holz geschnitten wurde.

Hufeisenstempel, wie der Name sagt, ein Poststempel, der keine geschlossenen Kreisbogen aufweist, sondern die Form eines Hufeisens hat.

Imitation, findet sich als Aufdruck auf einer größeren Zahl von Nachahmungen und Fälschungen hochwertiger Briefmarken.

India paper ist ein besonders feines, weiches Papier von cremefarbigem Ton, das aus Bambus hergestellt wird. India paper wird fast ausschließlich für die Herstellung von Probedrucken verwendet, da sich auf diesem Material besonders hochwertige Abzüge erreichen lassen.

Industrielle Kriegswirtschaft. Dieser Text wurde 1918 als dreizeiliger Aufdruck auf Schweizer Briefmarken angebracht. Die so überdruckten Marken stellen eine interne Dienstausgabe des schweizerischen Volkswirtschaftsdepartements dar.

Innendienstmarken ist die Bezeichnung für eine 1920 in Danzig verausgabte Serie, welche nur im inneren Dienst der Post verwendet werden sollte. Man unterscheidet den großen und den kleinen Innendienst.

Isle de Bourbon ist ein in alter Zeit gebräuchlicher Name für Mauritius.

Isrealitische Post war eine Einrichtung, die in den siebziger Jahren des vorigen Jahrhunderts in Wilna bestand. Sie beförderte gegen eine Gebühr von 5 Kopeken Post nach Rußland. Diese Posteinrichtung war nur für Israeliten bestimmt. 1897 stellte sie ihre Tätigkeit auf russische Polizeianordnung ein.

Jubiläumsmarken sind Sonderpostwertzeichen, deren Verausgabung aus Anlaß eines speziellen Jubiläums erfolgt.

Judenpost. Diese Inschrift wurde 1944 auf Lokalbriefmarken im Getto von Litzmannstadt verwendet. Man unterscheidet zwei verschiedene Ausgaben, die aus insgesamt fünf Briefmarken bestehen.

Kabinettspostamt. Dies war eine in Berlin bestehende Einrichtung, die ausschließlich zur Beförderung der Korrespondenz des Herrscherhauses diente. Der älteste bekannte Kabinettspostamtsstempel ist vom 12. 1. 1837.

Kabinettstück ist die Fachbezeichnung für eine Briefmarke von besonders erlesener Erhaltung.

Kammzähnung ist eine besondere Art der Perforation, bei der mit einem Schlag die Briefmarken einer vollständigen waagerechten Reihe oben links und rechts gezähnt werden.

Kastenstempel. Unter dieser Bezeichnung versteht man einen Aufgabe- beziehungsweise Entwertungsstempel, bei dem sich Ortsname und Datum in einem Kasten befinden.

Kastenzähnung. Im Gegensatz zur → Kammzähnung eine Form der Perforation, die den gesamten Briefmarkenbogen mit einem Schlag zähnt.

Katzenaugen. Dies ist die Fachbezeichnung für die dritte Briefmarkenausgabe Brasiliens vom Jahre 1850.

Katzenpost. Dies ist ein denkbar skurriler Versuch von Briefbeförderung, der im Jahre 1879 in Belgien durchgeführt wurde. Aus Lüttich wurden 37 Katzen eine bedeutende Strecke ins Land hinein verfrachtet. Von diesem Ausgangspunkt ließ man sie wieder, mit Briefpost versehen, frei. Knapp fünf Stunden danach traf die erste Katze wieder in Lüttich ein, und nach etwa 24 Stunden waren sämtliche 37 Tiere wieder an ihrem Ausgangspunkt angekommen. Die Distanz betrug über 30 Kilometer.

Kaukasus-Provisorium ist die Bezeichnung für eine halbierte russische 14-Kopeken-Marke, auf deren Hälften sich eine 7 als Aufdruck befindet. Derartige Halbierungen wurden 1883 in Tiflis in sehr geringer Stückzahl verwendet.

Klappe. Fachausdruck für den rückseitigen oberen Teil eines Kuverts, an dem sich die Gummierung befindet. Auch Verschlußklappe genannt.

Klebefalze. Die auch heute noch vielfach zum Unterbringen von Marken in Alben verwendeten kleinen gummierten Papierchen wurden um 1885 erfunden. Es gibt sie in verschiedenen Ausführungen.

Konterbande-Ausgabe ist die Bezeichnung für zwei Freimarken von British-Honduras aus dem Jahre 1915. Sie tragen einen zarten moiréartigen Überdruck. Dieser Aufdruck wurde angebracht, um die Marken sofort als »zur Frankatur ungültig« erklären zu können, falls sie den Deutschen in die Hände fallen würden. Denn 1915 machten die kaiserlichen Kreuzer »Dresden« und »Karlsruhe« im Atlantik Jagd auf feindliche Schiffe.

Kontrollaufdruck. Ein solcher Aufdruck wird gelegentlich von postamtlicher Seite zu statistischen Zwecken und auch aus anderen Gründen angebracht.

Kopftypen ist die fachliche Bezeichnung für Postwertzeichen, deren Zeichnung als Hauptbestandteil einen Kopf zeigt.

Korkstempel. Bezeichnung für primitive Entwertungsstempel, die aus Kork gefertigt wurden. Sie dienten vielfach zur Entwertung von Marken auf Paketkarten und Postanweisungen.

Kreideaufdruck. Ein rautenförmiger Überdruck mit einer stark kreidehaltigen abwaschbaren Farbe wurde verschiedentlich bei russischen Marken vor dem Ersten Weltkrieg vorgenommen. Er sollte die Entfernung der Abstempelung zum Zwecke abermaligen Gebrauchs verhindern.

Kreidepapier ist ein Spezialpapier, dessen Oberfläche aus einer hauchdünnen kreideartigen Schicht besteht. Auch dieses Spezialpapier sollte verhindern, daß die Abstempelung von den Marken entfernt wird. Versucht man dies bei Marken, die auf Kreidepapier gedruckt sind, so löst sich gleich das Markenbild mit auf.

Kriegssteuermarken erschienen zum erstenmal 1874/75 in Spanien und sollten zur Deckung der Unkosten dienen, die der Carlisten-Krieg verursachte. Im Ersten Weltkrieg gaben viele der kriegführenden Länder sogenannte Kriegssteuermarken heraus.

Kriegswohltätigkeitsmarken. Dies ist eine besondere Art von Wertzeichen, die speziell im Ersten Weltkrieg von vielen Ländern verausgabt wurden.

Kugelpost war eine im Mittelalter gebräuchliche Einrichtung, um aus belagerten Städten Briefe herauszuschießen. Im Kölner Stadtarchiv befindet sich ein Pergamentbrief, den man 1475 aus dem belagerten Neuß/Rhein in das Lager der kölnischen Bundesgenossen mit einer Hohlkugel geschossen hatte.

Kuhpost. Zwischen Rothenuffeln und Hille existierte 1878 eine derartige Einrichtung. Sie diente der Paketbeförderung.

Kursdauer ist jener Zeitabschnitt, in dem eine Briefmarke für postalische Zwecke verwendet werden darf, also kursgültig ist. In der Bundesrepublik sind alle ab 1. 1. 1969 verausgabten Marken frankaturgültig. In den Vereinigten Staaten kann man alle Briefmarken ab 1869 (!) frankieren.

Kuvertausschnitte. In diversen Ländern wurden ausgeschnittene Wertstempel von Postkuverts oder Karten ähnlich wie Briefmarken verwendet. Besonders bei den altdeutschen Staaten war dies oft der Fall. Dies geschah häufig, um größere noch vorhandene Bestände an Umschlägen zu verbrauchen.

KZ-Post. Man versteht darunter Briefe oder Karten, die von den Inhaftierten in den Konzentrationslagern für Mitteilungen an ihre Angehörigen verwendet wurden. KZ-Postbriefe tragen besondere Vordrucke beziehungsweise Vorschriften über ihre Verwendung.

Lackstreifen. Zwischen 1900 und 1905 versah man in Österreich Freimarken mit einem lackartigen Schutzaufdruck, der die Entfernung der Abstempelung verhindern sollte.

Landpost-Portomarken verausgabte das Großherzogtum Baden im Jahre 1862. Sie dienten zur Erhebung der Gebühr für die Beförderung von Post in den Landbestellbezirken.

Legionärsmarken sind besondere Markenausgaben, die Legionärseinheiten für ihre Post verwendeten. Von 1919 kennt man polnische und tschechische Legionärsmarken.

Leihhaus. Ein Leihhaus, das spezialisiert war, ausschließlich Geldvorschüsse auf Postwertzeichen zu gewähren, etablierte sich 1897 in New York. In Hamburg ist auch heute noch ein derartiges Unternehmen tätig.

Liebau. In der kurländischen Hafenstadt verausgabte Anfang 1919 ein deutsches Feldpostamt Marken des Deutschen Reiches mit einem diagonalen Handstempelaufdruck »Liebau«, deren philatelistische Fachbezeichnung Liebau-Marken lautet.

Lindenberg. Carl Lindenberg war langjähriger Kurator der Kollektion des deutschen Reichspostmuseums.

Er gilt außerdem als einer der bedeutendsten Forscher auf dem Gebiet der deutschen Briefmarkenkunde.

Linienzähnung ist eine spezielle Form der Perforation, bei der mit jedem Schlag nur eine Linie gezähnt wird. Bei der Linienzähnung finden sich häufig Unregelmäßigkeiten in der Perforation (siehe auch → Kammzähnung und → Kastenzähnung).

Local-Taxe. Inschrift auf der berühmten Züricher 4-Rappen-Marke aus dem Jahre 1843.

Lokalmarken, auch Stadtpostmarken genannt, gibt es sowohl von amtlicher als auch privater Seite. Sie hatten meist nur eine begrenzte Gültigkeit, zum Beispiel innerhalb einer Stadt oder auch zwischen zwei Ortschaften usw.

Lorbeerkranz, kommt als Wasserzeichen bei der ersten Emission preußischer Marken vor.

LÖSEN bedeutet einlösen oder bezahlen und ist neben der Wertangabe die einzige Inschrift auf schwedischen Portomarken aus dem Jahre 1874.

Magazin für Briefmarkensammler ist der Name der ältesten deutschsprachigen Fachzeitschrift. Sie wurde vom 1. Mai 1863 bis zum 1. April 1867 in Leipzig herausgegeben. Insgesamt erschienen 48 Nummern, die heute eine literarische Rarität darstellen.

Makulaturdruck, auch als Druckausschuß bekannt. Man versteht darunter mißlungene Drucke, die vernichtet werden sollten, häufig aber durch Veruntreuung in den Handel gelangten.

Mancin. Auguste Mancin war ein Pariser Graveur, von dem gesagt wird, er wäre der erste Briefmarkensammler der Welt gewesen. Angeblich hat er bereits seine Sammeltätigkeit bei Erscheinen der ersten Briefmarke im Jahre 1840 aufgenommen.

Mangelhafter Druck findet sich gelegentlich bei Briefmarken, die von abgenutzten oder unsauberen Druckplatten hergestellt wurden.

MARINE-FELDPOST, so lautet die Inschrift auf einem Entwertungsstempel, der von den deutschen Einheiten in Tsintanfort 1898 verwendet wurde.

Maschinenstempel. Darunter versteht man eine Einrichtung zum schnelleren Entwerten der Frankatur auf Postkarten und Briefen. Der älteste bekannte Maschinenstempel war bereits in den sechziger Jahren des vorigen Jahrhunderts in Hamburg in Betrieb.

Meldekarten nennt man eine besondere Form von Postkarten, die um die Jahrhundertwende in Ungarn herausgegeben wurden und zur Einsendung an das Einwohnermeldeamt dienten.

Metzger-Post. Das war eine zwischen dem 14. und 17. Jahrhundert in Deutschland weit verbreitete Institution für die Postbeförderung, die von verschiedenen Fürsten und Staatshoheiten sanktioniert war. Sie operierte auch während des 30jährigen Krieges. Diese wohl durch reitende als auch fahrende Boten betriebene Metzger-Post wurde zu Ende des siebzehnten Jahrhunderts von der Thurn und Taxis'schen Reichspost übernommen. Im Mittelalter war sie der wohl wichtigste private Postbeförderer überhaupt.

Mühlradstempel. Das ist eine besondere Form von Entwertungsstempeln, die in Bayern zwischen 1850 und 1869 zur Annullierung der Briefmarken dienten.

Mulready-Umschläge. Unter dieser Bezeichnung versteht man die ersten offiziellen Briefumschläge, die gemeinsam mit der ersten Briefmarke am 6. Mai 1840 in Großbritannien erschienen. Ihren Namen haben sie nach dem englischen Genremaler William Mulready, der den Entwurf lieferte.

Nachdruck. Unter dieser Bezeichnung versteht man ein Druckerzeugnis, das nicht von der Originalplatte stammt, sondern von einer nachträglich angefertigten. Er ist nicht mit dem Neudruck zu verwechseln.

Nachgemalte Type. Das ist eine außergewöhnliche Art, nicht perfekt geratene Marken zu verbessern. Sie wurde 1900 in der Berliner Reichsdruckerei praktiziert, indem man bei einer nicht ganz korrekt gedruckten Teilauflage der 5-Mark-Wertstufe die aufgetretenen kleinen Fehler mit Deckweiß und roter Farbe in Handarbeit zu beseitigen versuchte.

Nachgraviert werden gelegentlich Druckplatten, bei denen sich Beschädigungen oder Abnützungserscheinungen zeigen.

Nachträge. In Form loser Seiten werden von den Albenverlagen in regelmäßigen Abständen Nachträge verausgabt, um ihre Erzeugnisse stets auf dem neuesten und aktuellsten Stand zu halten.

Nadelstich. Das ist ein Fachausdruck für ein mikroskopisch kleines Loch im Papier einer Briefmarke. In tropischen Gebieten können derartige Nadelstiche durch Mikroben und andere Minilebewesen erzeugt werden.

Nähmaschinenzähnung. Sie kommt bei verschiedenen provisorischen Ausgaben vor. Eine Marken-Emission von Albanien aus dem Jahre 1913 wurde tatsächlich auf einer Singer-Nähmaschine gezähnt.

Netzunterdruck. Das ist eine wiederholt auf Briefmarkenbogen angebrachte Sicherheitsvorkehrung, die zur Verhinderung oder Erkennung von Fälschungen dienen sollte. Die Marken Preußens der Ausgabe 1857/58 wurden zum Beispiel mit einem derartigen Unterdruck versehen. Der Unterdruck war fast farblos, wurde aber bei einer Befeuchtung mit Schwefelwasserstoff bräunlich bis schwarz.

Neudrucke. Von der Originaldruckplatte eines verausgabten Postwertzeichens nachträglich hergestellte Abzüge bezeichnet man als Neudrucke. Über den Komplex der Neudrucke gibt es eine große Anzahl hochwertiger philatelistischer Literatur. Als Standardwerk gilt das von P. Ohrt verfaßte Handbuch aller bekannten Neudrucke.

Neujahrsumschläge. Die Gesellschaft vom Roten Kreuz in Odessa verausgabte von 1878 bis 1880 besondere Umschläge für die Beförderung von Neujahrspost, sie waren portofrei. Besonders hübsche Briefkuverts für die Beförderung von Neujahrswünschen wurden auch von der Berliner Lokalpost um die Jahrhundertwende verausgabt.

Norddeutscher Postbezirk. Das ist die postalische Vereinigung der altdeutschen Staaten mit Ausnahme von Bayern und Württemberg.

Nummernstempel ist die fachliche Bezeichnung für einen Entwertungsstempel, der statt des Ortsnamens eine Nummer enthält. Besonders im vorigen Jahrhundert wurden in sehr vielen Staaten Nummernstempel verwendet. Von den altdeutschen Staaten war dies bei Baden, Bayern, Braunschweig, Preußen, Sachsen, Schleswig-Holstein und Thurn und Taxis der Fall.

Nur für Marine-Schiffsposten, so lautet ein Aufdruck, der von der Deutschen Reichspost ab 1897 auf Karten angebracht wurde, die für die Besatzung von deutschen Kriegsschiffen auf Auslandsreisen bestimmt waren. Sie wurden zum halben Nominalwert an die Besatzungsangehörigen verkauft.

Ochsenaugen. Das ist die international gültige philatelistische Bezeichnung für die erste Briefmarkenausgabe von Brasilien, die 1843 erschien und aus drei verschiedenen großformatigen Marken bestand, die weder eine Landesbezeichnung noch eine Währungsangabe enthielten.

Offsetdruck. Im zwanzigsten Jahrhundert wird dieses Druckverfahren am häufigsten für die Herstellung von Briefmarken angewendet.

Oktogon-Umschläge ist die Fachbezeichnung für preußische Briefkuverts, bei denen der Wertstempel eine achteckige Form hat. Auch von anderen Staaten gibt es Umschläge mit achteckigem Markeneindruck. Unter Oktogone jedoch versteht man immer die preußischen Umschläge.

Omaha-Ausgabe, Fachbezeichnung für eine sehr beliebte Briefmarkenserie der USA, die 1898 zur Trans-Mississippi-Ausstellung erschien. Der Satz besteht aus neun Werten.

Original nennt man ein in jeder Beziehung echtes Stück, im Gegensatz zum Neudruck, Nachdruck, Specimen, Faksimile usw.

Paketpostmarken sind spezielle Marken, die von einigen Ländern für die Portoerhebung bei der Paketpost verausgabt wurden, so unter anderem von Italien und den Vereinigten Staaten.

Par Ballon Monte. Das ist eine amtlicherseits angeordnete Aufschrift für Briefe, die während der Belagerung von Paris (1870/71) mittels Ballons aus der eingeschlossenen Festung befördert wurden.

Penalty for Private Use 300 Dollar, so lautet ein Aufdruck auf Dienstbriefumschlägen des amerikanischen Schatzamtes, mit dem der private Gebrauch der amtlichen Umschläge verhindert werden sollte.

Permanent-Album ist die Bezeichnung für ein Briefmarkenalbum mit nicht auswechselbaren Blättern. Solche Alben sind heute nicht mehr gebräuchlich, da gebundene Alben überhaupt nicht mehr im Handel sind.

Pflanzenfaserpapier fand unter anderem in Indien und Japan zur Briefmarkenherstellung Verwendung. Diese einheimischen Papiere haben eine sehr rauhe und ungleichmäßige Struktur, sind also ziemlich empfindlich.

Phantasiemarken. Unter dieser Bezeichnung rangieren Marken, die der reinen Phantasie ihrer Hersteller entsprungen sind und nichts mit postalischen Belangen zu tun haben. Es sind also reine Schwindelerzeugnisse.

Philatelie. Unter diesem Begriff versteht man das Studium und systematische Sammeln von Briefmarken, Briefen und anderen postalischen Dokumenten. Das Wort kommt aus dem Griechischen und wurde von dem französischen Sammler M. Herpin erfunden.

Plattenfehler sind in der Druckplatte enthaltene minimale Beschädigungen, die von Spezialisten gern gesammelt werden. Bekanntester deutscher Plattenfehler ist die Inschrift »DFUTSCHES REICH« statt »DEUTSCHES REICH« bei der kaiserlichen 3-Pfennig-Marke aus dem Jahre 1902.

Pneumatische Post ist eine alte Bezeichnung für die Rohrpost.

Portofreiheitsmarken wurden von einigen Staaten verausgabt, um verschiedenen Institutionen Portofreiheit zu gewähren. Portugal zum Beispiel verausgabte derartige Marken für das Rote Kreuz, den Bürgerschützenverein, die Lissaboner Geographische Gesellschaft und für den Verein zur Bekämpfung der Tuberkulose.

Postablagen gab es unter anderem in Bayern; sie hatten den Zweck, vorwiegend der Landbevölkerung Gelegenheit zu geben, Postsendungen in größeren Dörfern, in denen ein Bedürfnis vorhanden war, direkt aufzuliefern, dort Marken zu kaufen etc. Den Postablagen waren die Postexpeditionen übergeordnet.

Posta Pneumatica. Das ist eine Inschrift auf einer italienischen 10-Centesimi-Marke von 1913, die zur Freimachung von Rohrpostbriefen diente.

Postamt. In Paris wurde 1462 ein erstes Postamt eröffnet, das dem Bürgerpublikum diente.

Postanweisungsmarken wurden Anfang des zwanzigsten Jahrhunderts in San Salvador herausgegeben.

Postal History. Darunter versteht man eine sich neuerdings stark ausbreitende Art des Sammelns. Den Anhängern dieser Richtung geht es weniger um die Briefmarke als um ein vollständiges posthistorisches Objekt.

Postfrisch ist die philatelistische Fachbezeichnung dafür, daß sich eine Marke in absolut dem Zustand befindet, in dem sie von der Post verausgabt wurde. Postfrische Marken müssen also eine makellose und unverletzte Gummiseite haben.

Postkarte. Lange nach Einführung der Briefmarke und amtlich frankierter Briefumschläge wurde die Postkarte erfunden. Um die Ehre, die Postkarte eingeführt zu haben, stritten sich lange Deutschland und Österreich.

Postmarke, so lautet die Inschrift auf sämtlichen Briefmarken, die die Freie und Hansestadt Hamburg zwischen 1859 und 1867 verausgabte.

Postschein ist ein postamtliches Quittungsformular, auf welchem dem Absender die Aufgabe einer Einschreibe- oder Wertsendung bestätigt wird.

Postwesen. Bis auf das Jahr 1276 geht das deutsche Postwesen in seinen Anfängen zurück. Damals organisierten die deutschen Ordensritter die Beförderung ihrer Briefschaften.

Prachtstück. Das ist die heute gebräuchliche Bezeichnung für eine Briefmarke in sauberer, fehlerfreier Erhaltung. In der Qualitätsskala rangiert das Prachtstück unter dem → Kabinettstück.

Prägedruck ist eine relativ aufwendige Druckart, bei der durch einen Prägestempel Teilen des Markenbildes eine reliefartige Wirkung vermittelt wird. Die erste Serie des deutschen Kaiserreiches von 1872 zeigt in ihrer Mitte den geprägten Reichsadler.

Privatpostmarken wurden, wie bereits ihr Name sagt, von privaten Institutionen verausgabt, die sich wie die Staatspost mit der Beförderung von Briefen und dergleichen beschäftigten. Privatpostgesellschaften, die eigene Wertzeichen verausgabten, operierten in großer Zahl in Deutschland, in Skandinavien und den USA. Die während ihres Bestehens beförderten Postmengen sind gigantisch. Viele Sammler setzen sie den amtlichen Postwertzeichen gleich. Über Privatpostmarken gibt es spezielle Kataloge. Das Interesse für diese Marken ist in jüngster Zeit erheblich gestiegen.

Probedrucke sind, wie ihr Name sagt, zur Probe hergestellte Drucke. Sie dienten dazu, festzustellen, ob die Ausführung dem Besteller gefällt. Probedrucke müssen nicht unbedingt mit der endgültigen Ausführung des Druckerzeugnisses übereinstimmen.

Probe, zur Frankatur nicht verwendbar. Dieser Text findet sich als Überdruck auf württembergischen Marken, die in diesem Zustand als Musterstücke an fremde Postverwaltungen abgegeben wurden.

Propagandamarken sind Marken, die zu Werbe- und Reklamezwecken meist von Privatleuten hergestellt werden. Sie dienen keinerlei postalischen Bedürfnissen.

Prüfungen. Die Untersuchung von Postwertzeichen auf Echtheit und Qualitätszustand liegt in der Bundesrepublik in den Händen der sogenannten Bundesprüfer, die gegen ein festgesetztes Entgelt eine Expertise für die ihnen vorgelegten Prüfobjekte erstellen.

Punktstempel, fachliche Bezeichnung für einen nur aus Punkten bestehenden Stempel, der zur Entwertung der Frankatur dient.

Quarzlampe, auch Quarzanalysenlampe genannt, dient der Qualitätsuntersuchung von hochwertigen Briefmarken.

Räte-Republik Bayern, so lautet ein dreizeiliger Aufdruck nichtamtlicher Natur, der während der Rätezeit 1919 in München auf bayerischen Marken angebracht wurde. Es gibt auch deutsche Marken mit dem Aufdruck »Räte-Republik Voigtland«, der 1920 von den Aufständischen im Voigtland angebracht wurde. Auch er ist nicht amtlich.

Rautenstempel, Bezeichnung für rautenförmige Entwertungsstempel. Sie dienten unter anderem im Kirchenstaat zur Entwertung der damaligen Briefmarken. Frankreich verwendete Rautenstempel, die aus Punkten gebildet waren und in der Mitte eine Ziffer trugen, zum Abstempeln von Marken.

Rauten-Wasserzeichen, ein im Deutschen Reich ab 1905 häufig verwendetes Wasserzeichenmotiv. Bei vielen Briefmarken erfolgte der Druck auf Papier mit Wasserzeichenrauten.

Raketenpostmarken. So bezeichnet man rein private Vignetten ohne jeglichen postalischen Charakter. Hauptzweck dieser Marken war es, gutgläubigen Sammlern das Geld aus der Tasche zu ziehen. Verausgabt wurden diese Aufkleber vielfach von »Konstrukteuren«, die mit dem Erlös aus dem Verkauf dieser bedruckten Zettelchen ihre Experimente finanzieren wollten. Die meisten dieser Raketenversuche waren derart kindisch, daß sie heute von technisch versierten Jugendlichen durchgeführt werden könnten. Es gibt aber einige Ausnahmen, die als reelle Versuche zu werten sind.

Recommandirt, früher übliche Bezeichnung für eingeschrieben.

Registered lautet die Inschrift auf drei kanadischen Marken, die eigens für die Frankatur von Einschreibesendungen verausgabt wurden.

Reihenzähler nennt man die auf den Rändern der Markenbogen angebrachten Ziffern, die den Schalterbeamten beim Verkauf und der Abrechnung ein schnelleres Zählen ermöglichen sollen.

Reklameanhänger an Briefmarken mit den Werbetexten von Privatfirmen waren vor dem Ersten Weltkrieg sehr beliebt. Auch heute schätzen die Sammler diese alten Werbeträger.

Retusche. Darunter versteht man eine Nachgravierung. Sie kommt verschiedentlich vor, wenn ein Druckstock schadhaft war. Bei den Marken von Sizilien zum Beispiel kennt man eine größere Zahl von Retuschen.

Rohrpost war besonders im vorigen Jahrhundert in den europäischen Metropolen eine gefragte Einrichtung für schnelle Stadtbriefbeförderung. Die Rohrpost wurde 1854 in London, 1860 in Paris, 1875 in Wien und 1876 in Berlin eingeführt.

Rollenmarken. Das ist die Bezeichnung für solche Briefmarken, die nicht in Bogen gedruckt an den Schalter gelangen, sondern in Rollen an Automaten zu haben sind.

Römische Post, so lautet die Inschrift auf einer Scherzmarke, die 1890 ein Berliner Philatelistenklub herausbrachte.

Rote-Kreuz-Marken wurden von vielen europäischen und überseeischen Staaten verausgabt und mit entsprechendem Zuschlag verkauft.

Rothschild-Ausgabe. Das ist die Bezeichnung für ungezähnte Marken von

Frankreich, die 1869 auf Anordnung des französischen Kaisers für den Bankier Rothschild angefertigt wurden. Sie sollen angeblich speziell für dessen Privatkorrespondenz hergestellt worden sein.

Rückscheine werden von verschiedenen Ländern benutzt, um dem Absender die eigenhändige Unterschrift des Empfängers von Einschreibesendungen zu verschaffen. Früher wurden die Rückscheine vielfach als *Retour-Recepissen* bezeichnet.

Rückseitig bedruckt. Bei den auf Goldschlägerhaut hergestellten preußischen 10- und 30-Silbergroschen-Marken von 1866 erfolgte der Druck rückseitig. Die Druckfarbe wurde also auf die Markenrückseite übertragen, die Goldschlägerhaut, welche transparent ist, ließ die Zeichnung des Markenbildes auch vorderseitig erkennen. Derartige Herstellungsarten sind äußerst selten.

Ruhleben. Der bei Berlin gelegene Ort war im Ersten Weltkrieg Lager für englische Zivilgefangene und gab 1915 eigene Lagerpostmarken heraus.

Satz ist die allgemein übliche Bezeichnung für eine geschlossene Markenserie, in der kein Stück fehlt.

Schutzaufdrucke. Das ist die gebräuchliche Bezeichnung für Kontrollüberdrucke, die hauptsächlich angebracht werden, um die Verwendung gestohlener Postwertzeichen zu unterbinden, gelegentlich auch, um die mißbräuchliche Ausnutzung von Währungsdifferenzen zu verhindern.

Schwindelmarken sind fast so alt wie die Philatelie selbst. Man kennt solche Erzeugnisse bereits seit 1863. Sie sind reine Phantasieprodukte, hergestellt, um gutgläubige Sammler zu täuschen. Zu den bekanntesten gehören die sogenannten Sedang-Marken. Das sind Erzeugnisse des französischen Abenteurers David Mayrena.

Segelflugpost-Marken wurden zwischen 1924 und 1930 wiederholt verausgabt. Sie haben privaten Charakter und sind eigentlich Werbemarken für die damals veranstalteten Segelflugtage. Der Deutschland-Spezialkatalog notiert sie jedoch mit Preisen.

Seidenfaden. Verschiedene klassische Marken von Bayern, Württemberg und der Schweiz wurden auf einem Sicherheitspapier gedruckt, das Seidenfäden enthält, die so angeordnet sind, daß durch jede Marke ein dünner Seidenfaden geht.

Semstwo-Marken, sie werden auch *Ruralmarken* genannt, waren sogenannte Landschaftsmarken, die in verschiedenen Landschaftskreisen des zaristischen Rußland als Privatmarken für die Postbeförderung Verwendung fanden. Sie sind gegenwärtig wieder außerordentlich beliebt. Es gibt unter diesen Semstwo-Marken erstrangige Seltenheiten.

Siderographie ist ein besonderes Tiefdruckverfahren, das vor allem im vergangenen Jahrhundert vielfach für die Markenherstellung Verwendung fand, so unter anderem bei den ersten Marken von Großbritannien und Preußen.

Sinnfein-Marken sind Propagandamarken ohne jeden postalischen Charakter, die im Jahre 1908 in Irland von der sogenannten Sinnfein-Bewegung herausgegeben wurden. *Sinn Fein Eire* bedeutet *Wir Allein Irland.*

Specimen erfolgte als Aufdruck, gelegentlich auch als Durchlochung, auf Marken, die zu Vorlagezwecken dienten. »Specimen« sollte unter anderem einer eventuellen mißbräuchlichen Benutzung vorbeugen.

S. S. S. S. ist die englische Abkürzung für Society for the Suppression of Speculative Stamps, was etwa bedeutet: Gesellschaft zur Unterdrückung von Spekulationsmarken. Ein derartiger Verein wurde 1894 in England gegründet und beschäftigte sich mit der Bekämpfung überflüssiger Briefmarkenausgaben. Die Gesellschaft erstellte auch diverse Veröffentlichungen mit der Angabe von Marken, vor deren Ankauf sie warnte.

Stadtpost. Die erste Stadtpost bestand bereits 1680 in London. Das Porto der Briefe wurde damals im voraus bezahlt und durch einen entsprechenden Stempel bestätigt. Gründer dieser Einrichtung war ein ehemaliger Zollbeamter.

Stadtpost-Zustellungsmarken. Solche wurden von verschiedenen polnischen Städten während der deutschen Besetzung im Ersten Weltkrieg verausgabt. Sie dienten zur Erhebung einer Gebühr, die notwendig wurde, wenn den Empfängern ihre Briefe direkt zugestellt werden sollten. Man kennt sie von Warschau und diversen anderen Städten.

Stecherzeichen sind winzig kleine Geheimzeichen, die der Graveur in den

Urstempel unterbringt und die dann auf den Briefmarken erscheinen. Meistens handelt es sich um die Anfangsbuchstaben des Künstlernamens.

Stempelmarken dienen im Gegensatz zu den Briefmarken zur Erhebung von fiskalischen Gebühren. Sie sind wesentlich älter als die Briefmarke. Im vorigen Jahrhundert kam es in Österreich häufiger vor, daß Briefmarken als Stempelmarken und Stempelmarken als Briefmarken Verwendung fanden. Von Markensammlern werden postalisch verwendete Stempelmarken als Sammelobjekte sehr geschätzt. Das Sammeln von Stempelmarken war lange Zeit völlig vernachlässigt, wird aber seit einiger Zeit wieder mehr gepflegt. Im Gegensatz zu den Briefmarken sind die Preise für Stempelmarken sehr gering.

Streifband. Das Streifband ist eine Art von Ganzsache, die zum speziellen Versand von Drucksachen und Zeitungen vorgesehen war. In den Vereinigten Staaten gab es Streifbänder schon um 1860.

Strichstempel ist der Fachausdruck für einen Entwertungsstempel, der aus einfachen parallel verlaufenden Strichen gebildet wird.

Stumme Stempel ist die Fachbezeichnung für solche Entwertungsstempel, die keinerlei Schrift, Ziffern, Initialen oder dergleichen zeigen. Besonders auf den klassischen Marken Österreichs finden sich stumme Stempel.

Suezkanal-Marken sind private Briefmarken einer Dampfschiffahrtsgesellschaft. Sie dienten zur Beförderung zwischen den Orten am Kanal. Das

Markenbild zeigt einen in Fahrt befindlichen Dampfer. Neben der Wertangabe lautet die Inschrift »CANAL MARITIME DE SUEZ«.

Taifun-Provisorium. Das ist die Bezeichnung für eine halbierte 10-Pfennig-Marke der deutschen Kolonie Karolinen, welche in der Landeshauptstadt Ponape 1905 verwendet wurde. Grund war der Mangel an 5-Pfennig-Marken; weil ein Taifun das Postamt zerstört hatte, waren entsprechende Markenbestände vernichtet worden.

Taubenpost. Eine solche bestand in den Jahren 1898/99 zwischen Oakland (Neuseeland) und dem Großen Barriereriff. Sie verausgabte besondere Marken, die jedoch keinen amtlichen Charakter besaßen. Auch auf Hawaii war geplant, Posttauben-Briefe befördern zu lassen. Das Vorhaben wurde aber bald wieder aufgegeben.

Telegraphen-Marken fanden in verschiedenen Staaten eine spezielle Verwendung zur Begleichung der Telegrammgebühren. Belgien zum Beispiel verwendete bis 1903 Telegraphen-Marken auch zur Frankatur von Eilbriefen.

Telephon-Marken, eigentlich sind es Scheine, wurden zuerst vom Deutschen Reich 1884 verausgabt. Sie galten für die einmalige Benutzung des Fernsprechers und lauteten auf die Wertstufen von 50 beziehungsweise 75 Pfennig.

Tiefdruck erfolgt von in Stahl oder Kupfer gestochenen Platten. Bei dieser Druckart nehmen die vertieft gravierten Stellen die Farbe auf und geben sie unter starkem Druck an das Markenpapier ab. Der Tiefdruck hat die Möglichkeit, feinste Linien, Punkte und Striche wiederzugeben.

Timbrophilie ist ein französisches Wort für Briefmarkenkunde.

Trockenpresse, heute kaum noch gebräuchlich; man versteht darunter ein dickes Buch, dessen Inhalt aus stark saugendem Karton besteht, um gewaschene Marken zu trocknen.

Überfrankatur. Darunter versteht man jene auf einem Brief befindlichen Marken, welche ihrem Wert nach das notwendige Porto überschreiten. Briefe dieser Art werden meist von Philatelisten verschickt.

Uhrradstempel ist die Bezeichnung für einen sehr kleinen Rundstempel, dessen Kreisbogen an ein Zahnrad erinnert. In der Mitte dieser Uhrradstempel befinden sich Ziffern, sie dienten in Baden den Landbriefboten, um Marken zu entwerten.

Ungezähnt. Bezeichnung für Marken, die keinerlei Perforation haben.

Untertypen. Fachbezeichnung für geringe, unbedeutende Unterschiede bei Marken der gleichen Type.

Unverkäuflich, so lautet der rückseitige Aufdruck auf einer württembergischen 2-Mark-Marke von 1879. Der Überdruck soll anzeigen, daß dieser Wert an das Publikum nicht abgegeben werden durfte, sondern nur durch Postbeamte zu verwenden war.

Varianten. Darunter versteht man geringe Unterschiede vornehmlich in Papier und Farbe bei gleichen Urmarken, man sagt auch Abarten dazu.

Vineta-Provisorium, Bezeichnung für die im Jahre 1901 an Bord des kaiserlichen Kreuzers »Vineta« hergestellten Aushilfsmarken. Die Herstellung erfolgte, indem man 5-Pfennig-Werte senkrecht halbierte und jede der Hälften mit einem primitiven violetten Wertaufdruck »3 Pf.« versah.

Vollrandig. Das ist die Bezeichnung für eine ungezähnte Marke, deren Ränder an allen vier Seiten klar und voll verlaufen, ohne das Markenbild zu berühren.

Vorausentwertung. Sie wurde in verschiedenen Staaten angewandt. Sie diente der schnelleren Abfertigung von in Massen aufgelieferten Sendungen. Bei der Vorausentwertung werden die ganzen Bogen schon vor der Benutzung annulliert.

Wanderstempel. Das ist die Bezeichnung für einen Stempel, der nicht ständig einer bestimmten Poststelle zugeteilt ist, sondern nach Bedarf ausgegeben wird. Er wurde häufig in Deutsch-Südwestafrika verwendet.

Wasserzeichen werden vielfach zu Sicherheitszwecken auf dem für den Markendruck bestimmten Papier angebracht. Wasserzeichen sollen in erster Linie Fälschungen erschweren. Man kennt sie in vielen Formen.

Weltpostverein (Union Postale Universelle). Die bekannte Einrichtung, in der fast sämtliche Staaten vertreten sind, wurde von dem deutschen Generalpostmeister Dr. Heinrich von Stephan gegründet. Die erste Anregung jedoch zum Gedanken des Weltpostvereins stammt von dem dänischen Postmeister Joseph Michaelsen.

Wertstempel ist die Fachbezeichnung für den auf Ganzsachen befindlichen Werteindruck, der die jeweilige Portohöhe nennt.

Wituland, ein ehemaliges deutsches Schutzgebiet in Ostafrika, wurde 1890 an England abgetreten. Es hatte eine deutsche Postagentur in Lamu. Besondere Marken des Witulandes (Suaheliland) sollen 1889 verwendet worden sein. Die Wertzeichen dieser Art sind jedoch äußerst umstritten.

Zähnung (Perforation), die häufigste aller Trennungsarten bei Briefmarken. Die Zähnung gibt es in einer großen Zahl von Varianten (enge, feine Zähnung oder Mischzähnung usw.).

Zähnungsschlüssel, ein für die Philatelisten wichtiges Hilfsmittel, das zur Bestimmung der exakten Zähnungsart Verwendung findet. Man schreibt die Erfindung des Zähnungsschlüssels dem Franzosen Dr. Legrand zu.

Zeitungsmarken. Sie dienten in vielen Ländern zur Portoerhebung bei Zeitungssendungen. Die erste Zeitungsmarke verwendete Österreich bereits im Jahre 1851.

Ziegenaugen. Das ist die fachliche Bezeichnung für die zweite in Brasilien erschienene Markenausgabe (1844).

Register

Die mit einem Sternchen versehenen Seitenzahlen verweisen auf eine Abbildung